신자유주의와 현대 자본주의 국가의 변화

― 세계헤게모니 국가 미국을 중심으로 ―

박 상 현 지음

2012
백산서당

서 문

이 책은 서울대학교 대학원에 사회학 박사학위 논문으로 제출되었던 것을 수정·보완한 것이다. 논문의 세부적인 오류를 정정하고 설명이 누락되었던 부분을 보충했다. 또 전반적인 내용을 요약하는 형식을 취했던 결론을 '신자유주의의 위기'라는 현재적 상황에 대한 분석으로 대체했다. 논문을 준비하는 과정에 영향을 미친 이론적 주제에 관한 간단한 요약은 연구결과에 대한 이해를 도울 것이다.

신자유주의와 국가의 변화라는 관심은 대학원에 진입하던 시기부터 꾸준히 지속되어 온 것이었다. 문제는 그것을 분석할 수 있는 이론적 도구를 찾는 것이었다. 석사과정에서는 좀 더 근원적인 문제로 '정치'를 사고하는 상이한 방식에 관한 연구를 진행했다. 정치의 자율성과 타율성이라는 발리바르의 명제를 따라 정치의 자율성이라는 관념에 기초한 정치철학, 그리고 정치의 타율성, 즉 생산양식이나 이데올로기 같은 정치의 조건을 전제로 해서 정치를 사고하는 마르크스나 스피노자의 사고를 구별했다.

이런 관점은 마르크스의 『자본』에 비견될 수 있는 국가론이 공백으로 남아 있다는 알튀세르의 문제제기나 1960-70년대 서구 각국에서 전개된 '국가론 논쟁'을 전진적으로 해결하는 실마리를 제공했다. 국가는 자율적 실체가 아니라 조건들의 결합을 통해 설명되어야 하는 대상인 것이다. 여기서 결국 국가의 기능이나 형태를 재생산이라는 관점에서 파악하는 것이 중요하다는 알튀세르적 인식으로 돌아가게 되었다. 국가의 본질은 '폭력의 독점' 또는 '폭력의 축적'에 있지만 경제적 기능과 이데올로기적 기능이 없이는 생산관계를 재생산할 수 없을 뿐만 아니라 자기 자신을 재생산할 수 없다. 알튀세르에 기원을 두는 '국가장치론'은 특정한 기능을 담당하는 제도로서 국가장치와 그들의 복합체로서 국가형태라는 개념으로 재구성될 수 있을 것이다.

현대 국가의 핵심에 위치한 경제적 국가장치의 기능에 대해서는 브뤼노프의 『국가와 자본』이 중요한 이론적 돌파구가 되었다. 화폐와 노동력이라는 특수한 상품의 재생산을 담당하는 국가는 단순한 상부구조가 아니라 자본축적의 일부를 이룬다. 뿐만 아니라 화폐와 노동력의 관리를 결합하는 경제정책의 발전은 20세기 자본주의 국가를 분석할 수 있는 이론적 기초를 제공한다. 이런 시각에서 국가론 논쟁의 한계를 이해할 수 있는 단초가 마련되었다.

국가론 논쟁은 국가의 역사적 형태에 대한 관심을 결여한 '국가도출론'을 논외로 한다면 대부분 보편선거와 사회보장이 일반화된 20세기 자본주의 국가를 배경으로 했다. 그런데 20세기 자본주의 국가의 정치적 형태를 둘러싼 이들의 논쟁은 자본주의 국가가 어떻게 계급권력을 재생산하는가에 관한 구체적인 분석이 부족했다. 이는 궁극적으로 20세기 자본주의에 대한 인식의 제약에서 기인하는 것처럼 보인다. 19세기말-20세기초 유럽의 경험에서 도출된 '국가독점자본주의론' 또는 그 원형으로서 힐퍼딩의 '조직자본주의론'은 가치론·화폐론이나 축적론의 이론적 문제뿐만 아니라 국가에 대한 이해에도 문제를 낳았다. 국가에 의한 시장의 조직화를 통해 구조적 위기의 가능성이 소멸하며, 대신 국가의 정당성이 문제가 된다. 이런 인식은 자본축적의 동역학에 대한 인식을 결여하고 있을 뿐만 아니라 자본의 소유 및 통제라는 문제를 상대화하고 있다. 또 그것은 20세기 자본주의, 특히 미국 자본주의를 분석하는 데 많은 난점을 갖는다.

1997-98년 경제위기를 계기로 자본주의의 역사동역학을 다시 고민하게 된 것도 연구에 큰 영향을 미쳤다. 윤소영 선생이 이끄는 과천연구실 세미나를 통해 자본주의의 구조적 위기에 관한 이론적 성과와 동시에 '금융세계화'의 문제를 이해하게 되었다. 또 브뤼노프의 이론적 기여가 갖는 의미를 알게 되었을 뿐만 아니라 아리기의 『장기 20세기』와 뒤메닐의 『이윤율의 경제학』의 이론적 성과를 접하게 되었다. 20세기 미국의 법인자본주의에 대한 분석을 중심으로 양자의 견해가 접합될 수 있다는 인식은 헤게모니적 자본주의 국가에 대한 분석의 전제가 되었다. 20세기 미국 자본주의의 역사동역학과 국가를 구성하는 제도들에 대한 분석이 결합될 수 있다는 것이다.

19세기말-20세기초 미국에서 새로운 자본이 형성되었을 뿐만 아니라 관리에 의해 추동되는 사회 전반의 제도적 변화가 있었고, 이를 배경으로 국가가 '재형성'되었다. 아리기나 뒤메닐의 작업뿐만 아니라 법인자본주의의 형성과 그것의 계급적·제도적·정치적 효과에 주목하는 역사연구들이 분석을 발전시키는 데 도움이 되었다. 산업혁명 시기에 영국에서처럼 '2차 산업혁명'이라는 명칭에 가장 부합하는 사례로서 '법인혁명' 시기의 미국에서도 자본이 제도적 혁신을 추동함으로써 자신의 요구에 맞게 사회를 재조직했다. 특히 기업과 국가에서 관리자라는 새로운 사회집단이 등장했는데, 자본축적 과정에서 야기될 수 있는 불안정성을 관리했다. 여기서 관리라는 문제는 중요한 쟁점을 제기했다. 뒤메닐의 주장과 달리 기업의 관리자는 사실상 소유의 기능 중 일부를 담당하며, 국가의 관리자는 새로운 지배와 예속의 문제를 수반한다는 점이 분석되어야 했다. 또 산업적 축적과 금융적 축적이라는 자본축적의 동역학과 케인즈주의와 신자유주의라는 '관리국가'의 경제적 실천을 결합시켜서 이해할 수 있다는 결론에 도달했다.

이 책은 관리국가의 핵심에 위치한 경제적 국가장치에 주목함으로써 자본주의 국가의 경제적 기능을 분석하는 데 주력했다. 반면 이데올로기적 기능과 관련해서는 '사회적 시민권'을 뒷받침하는 사회복지·사회보장이라는 측면만을 다루었다. 학교나 가족처럼 민족형태를 이데올로기적으로 재생산하는 기능을 담당하는 제도와 그런 제도에 의한 '주체의 생산'이라는 문제는 차후의 과제로 미룬다. 다만 사회와 민족이 동일한 외연을 갖게 되는 20세기의 '사회-민족국가'에서 자본주의 국가에 의해 행정적으로 지지되는 사회적 시민권은 역사적 이데올로기 분석에 시사하는 바가 있을 것으로 생각된다.

충분히 독창적이지는 않더라도 기존 연구의 이론적·역사적 종합과 재해석에서 위안을 찾으려고 했으나 종합은커녕 혼합에도 미치지 못한 것이 아닌가라는 회의도 없지는 않다. 여러모로 많이 부족한 논문을 지도해주신 임현진 선생님과 그것을 심사해주신 송호근 교수님, 박명규 교수님, 김세균 교수님, 백승욱 교수님께 감사드린다. 석사과정에서부터 논문과 문제의식을 발전시킬 수 있게 도와주신 김진균 선생님과 대학원 과정에서 수학하는 동안 여러 교수님들이 보살펴주신 학은에 감사드린다. 또 대학원에서 지적인 자극이 되었던 선후배들에게도 감사드린다. 특히 논문의 출판을 독려하고 직접 출판사를 소개해주신 임현진 선생님과 어려운 사정 속에서도 부족한 글을 꼼꼼히 검토하고 출판해주신 백산서당의 이범 사장님께 감사드린다.

신자유주의와 현대 자본주의 국가의 변화
― 세계헤게모니 국가 미국을 중심으로 ―

▷ 서 문 · 3

제1장 서 론 ·················· 13

1. 문제제기 · 13
2. 20세기 후반 국가의 변화를 설명하려는 시도들 · 21
   1) 국가의 쇠퇴? · 21
   2) 민족국가의 제도적 적응 · 24
   3) 세계국가, 제국, 새로운 제국주의 · 29
   4) '경쟁국가'와 기술관료 지배 · 32
3. 현대 자본주의 국가의 역사적 변화에 대한 이론적 탐색 · 35
   1) 미국 헤게모니와 20세기 자본주의 분석 · 36
   2) 자본주의 국가의 기능과 형태에 관한 분석 · 41
4. 20세기 관리국가 패러다임을 어떻게 분석할 것인가? · 47
   1) 연구대상으로서 관리국가 패러다임 · 47
   2) 역사동역학적 접근의 필요성 · 50

제2장 **법인자본주의와 관리국가** ················· 59

  1. 세계헤게모니 국가의 역사적 형태 · 59

    1) 공간적 차원: 세계체계와 세계헤게모니 국가 · 60

    2) 시간적 차원: 자본주의의 동역학과 헤게모니 국가의 진화 · 64

  2. 20세기 법인자본주의와 관리혁명 · 69

    1) 법인자본주의와 경영자혁명 · 69

    2) 관리혁명과 자본주의의 새로운 정신으로서 '관리주의' · 74

  3. 관리국가의 형성 · 81

    1) 사회행정의 발전과 노동력 관리의 진화 · 82

    2) 중앙은행의 발전과 화폐관리의 진화 · 87

    3) '행정혁명'과 국가의 관리주의적 재구성 · 92

  4. 관리국가 패러다임과 작동 메커니즘 · 99

    1) 사회적 세력관계와 관리 패러다임 · 100

    2) 관리국가 패러다임의 구성요소와 통일성 · 106

    3) 관리의 대상으로서 경제와 사회 · 116

    4) 관리국가의 정치적·사회적 효과 · 126

제3장 **'산업적 축적'과 케인즈주의적 성장관리** ·············· 137

  1. 법인자본의 산업적 축적과 사회적 타협 · 137

    1) 이중적 타협과 성장의 동역학 · 138

    2) 미국 헤게모니와 민족적 경제관리의 세계적 기초 · 147

  2. 경제정책의 성장관리 패러다임 · 153

1) 이중적 타협의 제도화로서 케인즈주의 · 154

   2) 성장관리를 위한 정책혼합 · 161

 3. 경제정책과 사회정책의 보완적 조합: 성장을 통한 사회문제의 해결 · 168

   1) 재정정책과 사회정책의 통합: 성장-고용의 호순환 · 169

   2) 보험원리의 확장으로서 사회보장 · 173

   3) 빈민에 대한 행정적 관리의 확대: '빈곤과의 전쟁' · 181

 4. 성장관리의 제도적 통일성 · 187

   1) 재량적 정책과 관리의 제도화 · 188

   2) 관료-전문가 지배와 정치의 변모: 정치에서 정책으로 · 195

   3) 사회적 타협의 재생산: 성장관리의 호순환 · 199

제4장 관리국가의 패러다임 위기와 전환 ·············· 205

 1. 법인자본주의의 위기와 '금융의 반격' · 206

   1) 체계적 축적순환의 '징후적 위기'와 스태그플레이션 · 206

   2) '금융의 반격'과 국제적 관리메커니즘의 붕괴 · 211

 2. 관리 패러다임의 균열과 정치화 · 214

   1) 관리 패러다임의 '정치화' · 215

   2) 정치의 과잉과 정치의 공백 · 224

 3. 전환의 불안정성과 관리의 위기 · 231

   1) 갈등적 전환: 신보수주의 경제정책의 역설과 모순 · 232

   2) 불균등한 전환: 신보수주의 사회정책의 한계 · 240

 4. 신보수주의의 역사적 유산 · 247

   1) 국가장치의 경쟁적 적응과 중앙은행의 승리 · 248

2) 세력관계의 재편: 노동에 대한 화폐의 우위 · 255

제5장 '금융적 축적'과 신자유주의적 위기관리 ········· 265

1. 법인자본의 금융적 축적과 금융의 지배 · 266
   1) '금융세계화'와 법인자본주의의 변모 · 266
   2) 소유와 경영의 새로운 동맹 · 272
   3) 국제적 위기관리 메커니즘의 형성 · 276
2. 경제정책의 위기관리 패러다임 · 282
   1) 금융지배의 제도화로서 신자유주의 · 282
   2) 위기관리를 위한 정책혼합 · 288
3. 경제정책과 사회정책의 분절적 조합: 관리를 통한 사회문제의 봉합 · 295
   1) 화폐정책의 지배와 사회정책의 분절화 · 295
   2) 투자원리의 확장으로서 사회보험의 금융화 · 300
   3) 빈민에 대한 관리의 효율화와 선별적 관리 · 305
4. 위기관리의 제도적 통일성: 관리의 유연화 · 309
   1) 정책개혁과 제도개혁: '정부'에서 '통치'로 · 310
   2) 경제-기술관료지배와 정치의 위기 · 318
   3) 금융지배의 재생산: 위기와 위기관리의 악순환 · 323

제6장 결론 : 신자유주의의 위기? ········· 331

▷ 참고문헌 · 343

표 차례

<표 1-1> 관리국가 패러다임의 구성요소 ··············· 48
<표 1-2> 관리국가의 패러다임 ··············· 49
<표 1-3> 주요 분석변수 ··············· 57
<표 3-1> 미국의 실질임금 및 생산성 증가율: 연평균 변화율 ··············· 145
<표 3-2> 미국의 비군사적 증여와 장기자본 투입: 1946~1950 ··············· 150
<표 3-3> GDP 대비 예산수지: 1952~1995 ··············· 163
<표 3-4> 미국의 사회복지 지출: 1950~1980 ··············· 183
<표 4-1> 생산성 저하와 이윤율 하락: 미국과 유럽 ··············· 208
<표 4-2> 정부재정 수입과 지출: 1981-1985 ··············· 234
<표 4-3> 레이건 행정부의 사회보장 개혁 ··············· 245
<표 4-4> 노동조합 조합원수와 조직률 ··············· 259
<표 5-1> 법인세율: OECD 국가, 1982-2001 ··············· 294
<표 5-2> 사회지출: OECD 국가, 1980-2001 ··············· 296
<표 5-3> 미국 금융시장 주요지표 ··············· 324

그림 차례

<그림 1-1> 체계적 축적순환 ·· 39
<그림 1-2> 관리국가의 역사적 동학 ·· 52
<그림 1-3> 분석틀 ·· 54
<그림 2-1> 세계헤게모니의 이행 ·· 66
<그림 2-2> 관리 패러다임의 구성요소와 성격 ······················ 107
<그림 3-1> 미국의 성장기 이윤율 ·· 146
<그림 3-2> 미국의 연방기금 이자율과 인플레이션율 ············ 167
<그림 4-1> 미국의 평균이윤율 추세: 1920~1990 ················· 208
<그림 4-2> 미국의 재정적자: 1960-1990 ······························· 233
<그림 4-3> 미국 기업파산율: 1955-1997 ······························· 235
<그림 4-4> 작업손실수와 단체협상 포괄범위 ························ 258
<그림 4-5> 미국의 생산직 및 비감독직 시간당 실질임금과 노동생산성 추세
·· 262
<그림 5-1> 미국 법인기업의 이윤율: 주요금융부문과 주요비금융부문 ·· 270
<그림 5-2> 국제거래의 요소: OECD 국가 ····························· 271
<그림 5-3> 연방기금 이자율: 1978-2004 ······························· 289
<그림 5-4> 미국 GDP 대비 예산 범주 ·································· 319
<그림 5-5> 미국의 주택가격 ··· 326

제1장 서 론

1. 문제제기

 2008~09년 미국에서 1930년대 대불황 이래 최대 규모의 경제위기가 발생했다. 세계 1, 2위를 다투던 금융기관과 거대기업이 파산에 직면했고 정부에 구제를 요청했다. 1990년대에 라틴아메리카와 동아시아에서 발생한 경제위기가 지역적 차원에 국한되었던 것과 대조적으로 미국에서 발생한 위기는 세계적인 파장을 낳았고 유럽, 라틴아메리카, 아시아 등으로 확산되었다. 세계경제의 중심지였던 미국이 위기에 빠지면서 세계경제 전체가 충격을 받았고 경제적으로 취약한 여러 지점에서 탈구와 파열이 발생했다.
 미국이 전대미문의 세계적 위기의 진앙지가 되면서 과거에 미국이 누렸던 세계적 지도력은 의문에 부딪히고 있다. 여기서 중요한 것은 세계 각지에 직접적으로 개입할 수 있는 미국의 정치적·군사적 힘이 쇠퇴하고 있다는 것이 아니라, 지난 30년 동안 국제기구를 통해 세계적으로 확산되었던 미국식 자본주의 모델이 의심을 받고 있다는 사실이다. 심지어 미국 내에서도 미국 경제의 '좋은 시절'(belle époque)을 이끌었던 신자유주의가 심판대에 올랐다. 1990년대에 세계에서 가장 영향력 있는 인물로 손꼽혔던 연방준비이사회 전 의장 앨런 그린스펀

(Alan Greenspan)은 의회 청문회에 출석해서 자유시장에 대한 자신의 신념이 오류였다는 것을 공개적으로 시인했는데, 이는 신자유주의의 실패를 상징하는 사건이라고 할 수 있다.

불투명한 위기상황이 지속되면서 국가가 문제의 해결사로 등장하는 것으로 보인다. 금융기관, 기업, 주택소유자 등에 대한 구제금융 프로그램과 관련하여 1930년대의 역사적 경험이 재조명을 받고 있으며, 심지어 '새로운 뉴딜'(new New-Deal)이라는 다소 어색한 구호까지 등장한다. 이와 함께 "프리드만이 떠나고 케인즈가 돌아왔다"는 진단이 제시된다. 그렇다면 역사는 반복될 수 있는 것일까? 케인즈주의로의 복귀와 함께 '시장의 시대'는 다시 '국가의 시대'로 대체될 것인가? 20세기 세계헤게모니 국가로서 미국의 역사적 경험이 갖는 세계사적 지위를 고려할 때 이는 현실적으로 중요할 뿐만 아니라 이론적으로도 중요한 문제다.

이 문제에 관한 통상적인 논의는 케인즈주의를 '국가개입주의'와 동일시하고 신자유주의를 '자유시장주의'와 동일시한다. 대부분의 논의는 1980년대 초 레이건이나 대처로 상징되는 신보수주의 세력의 집권을 주요한 사례로 삼아 20세기의 국가개입주의가 쇠퇴하고 시장의 자기조절을 신봉하는 전통적 이념이 부활했다고 주장한다(Jessop, 2002c: 454; Pieterse, 2004: 122-123). 또 몇몇 연구는 신자유주의를 자유시장주의라는 관념을 재확립하고 확산시킨 정당과 엘리트 집단의 인지구조와 도덕적·정치적 전략으로 이해한다(Mudge, 2008: 708; Campbell and Pedersen, 2001: 5; Fourcade and Healy, 2008: 287). 이런 시각에 따를 경우 미국과 유럽의 일부 엘리트 집단이 비현실적인 '시장만능론'을 확산시켰고, 그러한 정치적 과정의 결과로 신자유주의가 제도화되었다. 따라서 금융위기라는 형태로 드러난 '시장의 실패'와 함께 신자유주의 이념도 위기에 빠졌고, 다시 케인즈주의가 복귀할 것이라는 유추가 가능해진다.

그러나 문제가 그렇게 간단하지는 않다. 왜냐하면 자유시장주의 이념에 초점을 맞춘 통상적인 분석은 몇 가지 중요한 사실을 설명하지 못하기 때문이다. 첫째, 일반적 통념과 달리 미국에서 케인즈주의를 폐기하는 결정적인 정책전환은 신보수주의 세력이 집권하기 이전인 1979년에 민주당 정부 하에서 이미 발생했다.[1] 둘째, 1980년대 초에 시장의 자기조절을 신봉하는 신보수주의의 이념적·사상적 영향력이 극대화된 것은 사실이지만, 왜 그 시기에 그러한 현상이 발생했는지, 그 객관적 조건은 무엇인지가 충분히 설명되지 않았다. 셋째, 미국에서 1990년대 민주당 정부도 전통적인 케인즈주의를 폐기했지만, 그렇다고 해서 1980년대 초와 같은 '국가실패론'이나 '정책무용론'을 채택한 것은 아니었다. 오히려 1990년대의 신자유주의는 국가의 개혁을 옹호하는 '정책개혁론'이라는 형태를 취했다. 넷째, 1980년대 이후 국가의 여러 제도적 장치가 해체되거나 시장으로 대체된 경우는 없었다. 자유시장을 신봉했다고 고백했던 그린스펀이 1990년대에 미국에서 주도적 정책기관으로 기능했던 연방준비제도, 즉 중앙은행의 수장이었다는 점은 그러한 사실을 단적으로 보여주는 사례다. 이러한 사실은 신자유주의가 단순한 자유시장주의가 아니라 국가에 의해 실행되는 일련의 정책을 내포했다는 것을 보여준다.

그렇다면 국가에 의해 실행되는 특수한 정치로서 신자유주의는 성공했다고 할 수 있을까? 정치적 의미에서 신자유주의는 성공했다고 평가할 수 있다. 1970~80년대의 경제적 위기와 그에 따른 사회적 불만이 '국가의 실패'라는 형태로 표출되었음에도 불구하고, 국가는 사라지지

---

1) 미국과 마찬가지로 영국에서도 대처가 이끈 보수당 정부가 집권하기 이전에 노동당 정부가 케인즈주의를 폐기했다. 유럽의 여타 국가에서도 이른바 '좌파' 정부가 케인즈주의를 폐기한 사례가 발견된다(Clarke, 1988).

않았고 개혁된 형태로 살아남았다. 1870년대 대불황 이후 사회주의적 노동자운동으로 대표되는 '반체계운동'(anti-systemic movement)이 확산되었던 것과 대조적으로 20세기 말에는 국가의 정책개혁이 급진적 정치를 대체했고 개혁에 실패한 사회주의 국가들은 붕괴했다. 이것이 가능했던 이유는 무엇인가? 그것은 아마도 신자유주의가 단순한 정치적 성공에 머무르지 않고 경제적인 측면에서도 성과를 남겼기 때문일 것이다. 1990년대 미국 자본주의는 신자유주의적 정책개혁을 통해 '제2의 황금기'로 진입하면서 과거의 케인즈주의와 마찬가지로 다시 한 번 세계적인 정치경제적 모델이 되었다. 이러한 성공의 원인은 무엇인가? 그리고 신자유주의가 그런 성공에도 불구하고 결국에는 금융위기의 원인이 된 이유는 무엇인가?

이러한 질문에 답하기 위해서는 사회적 불만이 체계 자체에 대한 정치적 불만으로 증폭되는 것을 차단하는 동시에 경제적 위기를 극복하거나 관리할 수 있는 현대 자본주의 국가의 특수한 능력을 해명할 필요가 있다. 그러한 능력은 국가 활동의 단순한 양적 확대로 설명될 수 없다. 그 이전의 국가와 달리 20세기 국가는 자유나 평등 같은 정치적 가치보다는 경제를 성장시키고 시민의 물질적 안녕을 보장해 주는 것으로부터 직접적인 정당성을 획득한다. 20세기의 고유한 현상으로서 자본주의 국가의 경제정책과 사회정책은 그러한 능력을 뒷받침하는 일상적인 수단이 된다. 여기서 특히 중요한 것은 국가의 정책수단이 아무렇게나 활용되는 것이 아니라 일정한 정책적·제도적 원리를 통해 서로 조정되면서 일관된 방식으로 활용된다는 점이다. 케인즈주의나 신자유주의는 바로 그러한 원리를 지칭한다고 할 수 있다.

케인즈주의와 신자유주의는 다수의 경제적 변수와 사회적 변수로 구성된 복잡한 회로를 상대적으로 일관된 방식으로 연결시키고 재무부, 중앙은행, 사회행정기관 등과 같은 핵심적인 정책담당 기관의 역할과 관계를 조정하는 역할을 한다. '관리 패러다임'으로 불릴 수 있는 이러한 원리는 20세기 국가에 필수적인 것인데, 왜냐하면 경제적·사회적 정책이 일관된 방식으로 연결되지 못할 때 국가는 자본주의적 생산관계를 재생산하지 못할 뿐만 아니라 국가기관 사이의 충돌로 인한 심각한 내적 위기에 직면하기 때문이다.[2] 역으로 국가기관이 상대적으로 통일되고 안정된 '관리능력'을 보여줄 때, 급진적인 '대중정치'의 가능성은 낮아지고 국가의 정치적·경제적 실천에 대한 대중의 예속은 강화된다. 이런 관점에서 볼 때, 20세기의 자본주의 국가는 일관된 관리 패러다임을 통해서만 재생산되는 '관리국가'의 형태를 취하는 것으로 간주될 수 있다.

20세기 세계헤게모니 국가로서 미국의 관리국가는 케인즈주의 관리 패러다임을 최초로 확립했을 뿐만 아니라 그 패러다임의 위기에 대응하는 과정에서 새로운 관리 패러다임으로서 신자유주의를 고안하고 세계적으로 확산시켰다. 신자유주의가 성공할 수 있었던 비결을 밝히기 위해서는 이와 같은 관리국가 패러다임의 역사적 이행과정을 분석할 수 있어야 할 것이다. 또한 신자유주의의 내적 모순과 한계를 인식하려면 신자유주의 지배 하에서 '국가적 관리'가 실제로 어떤 방식으로 실행되었는가를 이해해야 한다. 그것은 다음과 같은 질문으로 구체

---

[2] 그러한 국가의 내적 균열을 보여주는 가장 극단적인 사례는 아마도 1930년대 나치 국가일 것이다. 나치 치하의 독일에서는 법적 체계에 의해 뒷받침되는 '공식적 국가'와 나치당에 의해 지배되는 '비공식적 국가'가 병존하고 있었고, 두 종류의 국가 내에서도 산업, 노동, 군사, 경찰 등을 담당하는 기관이 서로 각자의 권력을 추구했다. 공식적·비공식적 국가를 구성하는 국가기관의 관계는 무제한적인 권력투쟁이라는 원리를 제외하면 어떤 원리에 의해서도 조정되지 않았다. 그러한 파괴적 권력투쟁은 대외팽창과 전쟁을 통해 정치적으로 봉합될 수 있었지만 결코 제거될 수는 없었다(Mason, 1993: 100; Geyer, 1984: 208-221; 박상현, 2010).

화될 수 있다.

첫째, 케인즈주의와 신자유주의는 어떤 국가적 구조, 즉 국가기관의 제도적 배치를 통해 실행되었는가? 어떤 국가기관이 중심이 되어 어떤 방식으로 경제정책과 사회정책을 조합했는가? '관리국가'는 어떤 정책적 실천과 제도적 배치를 통해 자본주의적 생산관계를 어떻게 재생산했는가?

둘째, 케인즈주의에서 신자유주의로의 관리국가 패러다임의 이행을 야기한 구조적 원인은 무엇이며, 특히 국가 내부의 제도적 메커니즘은 어떻게 작동했는가? '국가의 실패'라는 정치적 조건에서 어떻게 중앙은행 같은 기존의 국가기관이 관리 패러다임의 이행을 주도할 수 있었는가?

케인즈주의에서 신자유주의로의 전환은 단순히 특정한 정치이념의 확산의 산물로 간주될 수 없을 뿐만 아니라 개별적인 정책수단이나 그것을 실행하는 국가기구의 변화만으로 설명될 수도 없다. 정책이나 기구의 활동은 서로 연동되어 일정한 패러다임적 성격을 띠게 된다는 점을 고려할 때, 그러한 전환은 정책적·제도적 배치에서 단절을 내포하는 국가의 '제도적 진화과정'으로 묘사될 수 있을 것이다. '자본주의 국가'를 구성하는 제도적 장치는 자본주의의 역사적 동역학, 즉 경제의 장기적인 성장과 쇠퇴라는 구조적 제약요인에 적응함으로써 생존할 수 있다. 그러나 각각의 국가장치는 언제나 다른 국가장치와의 경쟁에 노출되어 있을 뿐만 아니라 그들의 적응능력도 동일하지 않다. 국가장치 사이의 '경쟁적 적응'의 과정에서 그들 사이의 관계가 상대적으로 안정화될 때 관리 패러다임이 제도화된다고 할 수 있을 것이다. 관리 패러다임은 자본축적의 역사적 국면에서 형성된 사회적 세력관계를 제도화하고 재생산하는 방식으로 경제정책과 사회정책으로 대표되는 국가적 정책을 조합한다. 패러다임의 성격을 갖는 정책의 조합은 부분적인 정책적 실패가 발생하더라도 일정한 안정성을 가지고 지속되는 경향이 있다. 그러나 1970년대 말처럼 자본축적의 '구조적 위기'가 발생할 경우에는 사정이 달라진다. 당시에는 기존 패러다임을 따르는 정책의 실패가 누적되면서 축적의 위기가 지속되었다. 그리고 기존 패러다임의 부적합성이 임계(threshold)에 도달했을 때, 마침내 패러다임의 이행이 시작되었다. 특히 이행기라는 특수한 정치적·경제적 환경의 압력으로 인해 다시 한 번 국가장치 사이의 경쟁이 격화되었다. 이런 상황에서 특정한 정책과 그것을 실행하는 국가기관의 적응능력의 차이는 어떤 정책과 국가기관이 이후의 패러다임을 지배할 것인가에 결정적인 영향을 미쳤다. 그 결과 새롭게 지배력을 획득한 국가기관을 중심으로 기존 국가기관의 활동이 재배치되었다. 관리국가의 패러다임이 교체되었고 국가의 제도적 형태도 비가역적으로 진화했다.

다소 추상적인 것처럼 보이는 이러한 역사적 변화는 20세기 자본주의를 대표할 뿐만 아니라 특정한 관리 패러다임을 세계적으로 확산시킬 수 있는 능력을 갖는 세계헤게모니 국가로서 미국의 사례에서 가장 분명한 형태로 확인된다. 20세기 '관리국가'의 전형적 형태인 미국에서 거대 법인기업의 출현과 성장, 그리고 변모 등으로 특징지어지는 자본주의의 역사적 변화가 관리국가 패러다임과 어떤 방식으로 조응했는가를 분석할 필요가 있는 것이다. 더 구체적인 연구의 가설은 다음과 같다.

첫째, 케인즈주의는 관리국가의 성장관리 패러다임이다. 성장관리 패러다임은 재정정책을 중심으로 고용과 성장의 호순환을 안정화했고, 경제정책과 사회정책을 보완적으로 조합했다. 재무부 중심의 재량적 관리 속에서 각 사회행정기관에서도 전문적인 역량을 갖는 관료-전문가(bureau-professional)의 지배가 확립되어 성장관리를 제도화했다.

둘째, 케인즈주의에서 신자유주의로의 관리 패러다임 이행은 관리국가를 형성하는 국가장치 사이의 정책적·제도적 균열과 적응의 역사적 산물이다. 경제적 위기와 정치적 갈등 속에서 위기관리에 고유한 적합성을 보였던 중앙은행이 핵심적인 국가장치로 부상했다.

셋째, 신자유주의는 관리국가의 위기관리 패러다임이다. 위기관리 패러다임은 화폐정책을 중심으로 금융적 축적을 안정화했고, 경제정책과 사회정책을 분절화된 방식으로 조합했다. 중앙은행을 정점으로 하는 경제-기술관료(econo-technocrat)의 지배 속에서 사회행정에서의 전문성은 효율성을 강화하는 경제적·기술적 규칙들에 종속되었고, 제도적 신축성이 증대되었다.

이와 같은 가설이 증명된다면, 신자유주의를 관리국가 패러다임 이행의 산물로 이해하는 동시에 그 모순과 내적 한계를 밝힐 수 있을 것이다. 신자유주의는 관리국가의 패러다임이라는 점에서 단순히 국가의 축소를 의미한다고 볼 수 없다. 그러나 신자유주의적 위기관리 패러다임은 케인즈주의적 성장관리 패러다임과 대조적으로 산업화가 아니라 금융화와 결합되었다는 사실은 중요한 의미를 갖는다. 왜냐하면 금융의 지배가 제도화되면서 그것에 고유한 경제적·정치적 위기가 야기될 위험이 있기 때문이다. 이후 자세히 살펴볼 것처럼 위기관리 패러다임으로서 신자유주의는 빈발하는 금융위기에 대응하기 위하여 기술관료적인 수단을 활용해 금융적 팽창을 외연적·내포적으로 확대하는 경향이 있다. 이와 같은 위기관리 방식은 결국에는 더 큰 위기를 야기할 가능성이 높다. 또 위기관리 과정에서 강화되는 경제-기술관료의 지배는 민주적인 정치적 과정을 약화시킬 수 있다. 이러한 가설적 주장은 20세기 후반 국가의 변화를 설명하려는 여타 이론적 시도와의 비교를 통해 좀 더 분명하게 이해될 수 있을 것이다.

2. 20세기 후반 국가의 변화를 설명하려는 시도

20세기 후반 신자유주의와 그것의 세계적 확산은 거의 모든 곳에서 자본주의 국가의 실질적인 변화를 수반했다. 그러한 변화는 사회적·경제적 역할의 지속적인 증가라는 20세기 국가의 일반적 추세를 역전시키는 것이었다. 이에 따라 국가의 팽창을 자연스러운 현상으로 간주했던 기존의 암묵적인 이론적 가정은 기각되었고, 거시역사적 관점에서 국가의 장기적 궤적에 대한 재검토가 요구되었다. 그 과정에서 현재 진행 중인 국가의 역사적 변형의 원인과 전망에 관해 몇 가지 상이한 견해가 제시되었다.

1) 국가의 쇠퇴?

널리 알려져 있는 것처럼 케인즈주의에 대한 대안으로서 신자유주의는 1980년대 초 미국의 레이건주의(Reaganomics)와 영국의 대처주의(Thatcherism)에 기원을 두었고, 1990년대에 정책개혁과 구조조정정책을 통해 세계 각지로 확산되었다. 그리고 신자유주의의 확산은 기존의 국가를 전반적으로 변화시켰다. 그러한 변화에 관한 가장 일반적인 통념은 자기조절적 시장의 원리를 신봉하는 신자유주의적 이념이 확산되면서 국가에서 시장으로 권력의 중심이 이동했다는 것이다. 이러한 진단은 대부분 1980년대 초에 '국가의 실패'를 주장하면서 시장으로의 복귀를 옹호했던 레이건과 대처 행정부의 실험을 역사적 전거로 한다.

특히 사유화(privatization)와 탈규제, 그리고 세계적 차원에서 자유무역을 강화하는 조처는 자유시장의 원리를 실현하는 사례로 언급된다(Kotz, 2002: 65-66; England and Ward, 2007: 3).

그러나 1980년대의 경험을 넘어 더 장기적이고 일반적인 차원에서 국가의 쇠퇴라는 현상을 분석하는 다수의 연구가 존재한다. 대표적인 것으로 판 크레펠트(Van Creveld, 2002)는 역사사회학적 관점에서 현대적 민족국가의 장기적인 역사적 발전과정을 추적하면서 시장의 합리적 조절능력을 옹호하는 신자유주의의 확산을 국가의 역사에서 근본적인 전환점으로 간주한다(Van Creveld, 2003: 367). 판 크레펠트에 따르면 그러한 전환은 길게는 프랑스혁명 이후, 그리고 짧게는 1930년대 뉴딜 이후 제도화된 특정한 신념체계, 즉 국가를 통해 사회적·경제적 발전을 이룰 수 있다는 신념체계가 붕괴했다는 것을 의미한다. 이런 맥락에서 그는 서양에서 현대로의 이행과 함께 출현·성장·확산되어 온 '허구적 인격'으로서 주권국가가 1945~75년에 정점에 도달한 이후 쇠퇴의 국면에 접어들고 있다고 주장한다.

몇몇 연구는 신자유주의적 세계화라는 국제적 맥락에서 국가의 쇠퇴를 주장한다. 그런 연구의 공통점은 세계화가 단순히 20세기의 개입주의 국가를 위기에 빠뜨리는 것이 아니라 현대적인 국가주권과 국가의 자율성 자체를 약화시킨다고 간주하는 것이다(Costilla, 2000: 96-100). 대표적인 것으로 오마에(Ohmae, 1995: 32-33)는 1980년대를 거치면서 냉전이 종식되고 세계시장의 통합이 가속화되면서 18세기와 19세기에 형성된 현대적 민족국가 자체가 사실상 허물어지고 있다고 주장한다. 거의 동일한 맥락에서 '네트워크 사회의 도래'를 주장하는 카스텔스(Castells, 1997: 243)도 자본, 상품, 서비스, 기술, 미디어, 정보 등의 세계적 흐름이 시간과 공간에 대한 전통적인 국가통제를 대체하고 있다고 진단한다.

이와 함께 전통적으로 국가의 주권과 자율성을 자명한 것으로 간주해 왔던 국제관계론에서도 몇몇 연구가 거시역사사회학의 성과를 수용하면서 장기적인 역사적 관점에서 국가의 쇠퇴를 주장하는 분석을 제시하고 있다. 국제적인 경제적 과정과 정치적 과정을 통일적으로 파악할 것을 주장하는 '국제정치경제적 접근'의 대표자 중 한 사람인 스트레인지(Strange, 1996)는 현재의 상황을 세계사적 의미에서 '국가의 퇴각'(retreat of state)이라고 규정한다.

그녀에 따르면, 세계적인 '자유시장'의 형성, 초민족적 법인기업의 성장, 탈영토화된 금융의 팽창 등은 화폐와 자본의 흐름에 대한 국가의 전통적인 통제력을 약화시킨다. 지금까지 민족국가가 보유했던 화폐주권의 쇠퇴는 그 단적인 사례다(Wallace, 1997: 36; Strange, 1996; 전창환, 2000). 그러나 국가의 퇴각이 단순히 경제적인 것만은 아니다. 왜냐하면 국가의 역량이 쇠퇴하면서 국제적 공간에서 양보를 획득할 수 있는 능력도 쇠퇴하고, 이것이 역으로 시민의 고용과 생계를 보호함으로써 정당성을 획득할 수 있는 국가의 능력을 더욱 약화시키는 악순환이 지속되기 때문이다. 그 결과 국가는 정당성에 대한 독점적 권력을 상실하며, 시민들로부터 충성을 획득할 수 있는 능력도 상실하고 있다. 대신 초민족적 기업, 비정부기구, 국제기구 등과 같은 비국가적 조직이 과거에 국가가 담당하던 역할 중 일부를 담당하고 있다. 이 때문에 국가는 '주권성'과 관련된 통제를 여타의 조직들과 공유해야 한다(Strange, 1996; McCathy and Jones, 1995; Purcell, 2002).[3]

이러한 분석은 20세기 말 국가의 무능과 위기를 분명하게 보여주는 장점이 있다. 그러나 민족국가가 종말을 고하고 있다거나 아니면 쇠퇴

---

[3] 이런 맥락에서 유럽통합의 사례를 분석하는 왈라스(Wallace, 1997: 24)는 국가가 심지어 민족 방어와 영토적 경계를 유지할 능력조차 상실하고 있다고 주장한다.

를 거듭하고 있다는 주장은 국가주권이라는 이념을 다소 과대평가하는 경향이 있다. 왜냐하면 국가의 '주권성'이라는 이념은 사실상 그 절정기에도 결코 완전히 실현된 적이 없었기 때문이다(Denham and Lombardi, 1996: 8; Camilleri and Falk, 1992: 33). 제2차 세계대전 이후 세계의 대다수 지역에서 '형식적 주권'을 갖는 민족국가가 확립되었지만, 대다수 민족국가의 '실질적 주권'은 19세기 유럽의 민족국가들이 향유했던 것보다 훨씬 취약했다(Arrighi, 1994: 67; Wallerstein, 1999: 89). 게다가 현재 이념으로서 국가주권이 약화되는 것이 사실이라고 하더라도 그러한 경향은 결코 균등한 방식으로 관철되지 않는다. 예를 들어 아프리카와 동유럽의 몇몇 지역에서는 실질적인 '국가 붕괴' 사례가 발견되고 있지만, 선진 자본주의 국가에서는 아직까지 국가의 제도적 해체를 예상하기 어렵다. 그리고 대다수 국가에서 국내적으로 강력한 화폐정책을 실행하는 중앙은행의 활동이 두드러지는 것에서 드러나는 것처럼 20세기에 확립된 경제적 국가기관은 여전히 일정한 관리능력을 유지하고 있다. 따라서 20세기에 확립된 국가의 제도적 형태가 무엇이었고, 그것이 어떻게 변화하고 있는가를 밝히는 것이 더 중요한 문제일 것이다.

2) 민족국가의 제도적 적응

민족국가 쇠퇴에 관한 연구가 세계시장이 민족국가의 주권적 능력을 약화시키고 있다고 주장하는 것과 대조적으로 민족국가의 자율성을 옹호하는 국제관계와 역사사회학 연구는 신자유주의적 세계화에도 불구하고 민족국가의 주권성과 자율성은 지속되고 있다고 주장한다(Krasner, 1999; Weiss, 2003a; Wade, 1996; Evans, 1997; Block, 2008). 또한 제도주의적 접근을 취한 몇몇 연구는 신자유주의를 일부 엘리트 세력의 지적·정치적 기획에 기원을 둔 사회적 과정으로 파악하고 그 역전 가능성을 예상한다(England and Ward, 2007; Campbell and Pederson, 2001). 제도주의적 접근과 친화력을 갖는 또 다른 연구자들은 개별 국가 사이의 제도적 차이와 서로 다른 제도적 발전경로에 주목한다(Hall and Soskice, 2001).

국제관계이론에서 크레스너(Krasner, 1999)와 홉슨(Hobson, 2000)은 신자유주의적 세계화가 국가주권을 약화시킨다는 주장은 과장되고 근시안적이라고 주장한다. 크레스너에 따르면, 국제관계 내에서 민족국가의 통제력과 권위는 과거에도 끊임없이 도전받아 왔기 때문에 '세계화'는 결코 새로운 현상이 아니다. 그리고 국제적 협력의 필요성으로 인해 국가가 몇몇 부분에서 통제력을 상실할 수도 있지만, 역으로 그러한 국제적 협력이 국가의 권위를 강화시킬 수도 있다(Krasner, 1999: 34-36). 나아가 홉슨은 국가가 내부와 외부, 국제적인 것과 국내적인 것의 연결 지점에 위치한다는 구조적인 이유로 인해 고유한 자율성을 갖는다고 주장한다. 즉 국가는 국내적 문제에 부딪쳤을 때 그 문제를 극복 또는 완화하기 위해 국제적 영역으로 전환할 수 있고, 또 역으로 국제적 영역에서 문제에 부딪쳤을 때 국내적 영역으로 문제를 전환시킬 수도 있다는 것이다(Hobson, 2002: 230).[4] 이 때문에 국가는 국경 내에서

---

4) 또한 이들은 세계화와 국가주권 쇠퇴의 주요 사례로 언급되는 유럽통합의 사례도 과장될 필요가 없다고 주장한다. 왜냐하면 현재 유럽이 단일국가 또는 연방국가로 이동하고 있는 것은 아니기 때문이다. 또 유럽의 민족국가는 몇몇 경제적 기능과 국방기능을 상실하고 있지만, 사적·지방적 생활에 대해 더 많은 통제력을 획득하고 있다. 게다가 유럽에서 지역적 통합은 여타 지역에서 보편화될 수 없는 고유한 유럽적 현상이다. 즉 유럽이 세계의 미래는 아닌 것이다(Mann, 1993: 130-133).

여전히 사회에 대한 권력을 유지하고 있을 뿐만 아니라 국제체계를 적극적으로 재구성할 수 있는 능력을 갖는다(Hobson, 2000: 10-11; Hirst and Thompson, 1999: 267; 박병영, 2003: 138; Gill, 2003: 256).

다른 한편 역사사회학의 관점에서 국가와 사회의 관계를 분석하는 이들은 국가와 사회의 '상호적 배태성'(mutual embedness)으로 인해 현대의 국가는 고유한 제도적 신축성과 안정성을 갖는다고 주장한다. 이들에 따르면, 국가의 자율성도 국가가 사회 내에 얼마나 배태되어 있는가에 따라 달라진다(Evans, 1995: 228; Hall & Ikenberry, 1989: 14; Hobson, 2000: 228; Weiss, 1998: 35; Gill, 2003: 253).[5] 대표적으로 바이스(Weiss, 1998)는 국제경쟁의 맥락에 대처하기 위해 산업변화를 조정하는 국가의 '변형능력'에 주목하면서 자유시장이 지배하는 세계화와 함께 국가는 쇠퇴할 것이라는 믿음을 '신화'라고 공격한다. 또 그는 국내적 요인을 다시 변수로 도입할 것을 옹호하면서 신자유주의로 대표되는 최근의 변화는 국내의 정치적·사회적 조건에 의해 강제된 것이며, 국제적 제도와 세계적 압력은 국가 또는 국내 사회세력이 자신이 원하는 개혁을 추구하기 위해 활용하는 수단에 불과하다고 주장한다(Weiss, 2003a: 2005: 349; Wade, 1996; Boyer, 1996).

바로 이러한 맥락에서 제도주의적 접근을 따르는 몇몇 이론가들은 신자유주의를 자명한 사실이 아니라 사회적 과정으로 이해하자고 제안한다. '신자유주의화'(neoliberalization)는 시장주의적 이념이 확산되고

---

5) 국가능력과 관련된 논의는 대체로 사회에 대한 국가의 권력을 전제적 권력과 하부구조적 권력으로 구분하고, 현대 사회에서 강한 국가는 전제적 권력을 행사하는 국가가 아니라 사회와 연계되어 사회의 하부구조를 제공함으로써 사회를 실질적으로 변화시킬 수 있는 하부구조적 권력을 행사하는 국가라는 만(Mann, 1993)의 구분을 수용한다. 이런 관점에서 볼 때 강한 국가는 사회와 상호 작용하면서 권력을 공유할 수 있는 국가다(Hall & Ikenberry, 1989: 13; Evans, 1995: 228).

그것을 둘러싼 정치적 협상이 진행되는 특수한 사회적 과정이라는 것이다(Knight, 2001: 43; England and Ward, 2007: 250). 잉글랜드와 와드(England and Ward, 2007: 250)는 신자유주의가 국제화될 수 있는 하나의 지적 운동이며, 그것이 확산되는 과정은 지역과 국가에 따라 다양한 양상을 보이는 미시적 투쟁을 수반한다고 주장한다. 동일한 맥락에서 캠벨과 페더슨(Campbell and Pederson, 2001: 5)이나 머지(Mudge, 2008: 706)는 신자유주의를 지식생산 엘리트들에 의해 생산되고 정당에 의해 채택되는 제도화된 '인지적 원리'로 파악한다. 이들은 기존의 제도적 차이로 인해 신자유주의의 확산이 결코 단일한 형태를 취하지 않았고, 따라서 일종의 '비교 신자유주의' 연구가 필요하다고 주장한다(Kus, 2006: 490). 또 이들은 대체로 기존의 국가가 신자유주의적 경향을 채택하고 매개하며, 따라서 필요하다면 국가가 그것을 봉쇄하고 역전시킬 수도 있다는 입장을 취한다(Campbell and Pederson, 2001: 3).

홀과 소스키스(Hall and Soskice, 2001)의 작업에 의해 촉발된 '자본주의의 다양성'에 관한 연구는 신자유주의적 세계화에도 불구하고 민족적 차원의 국가제도가 결코 무효화되지 않았으며, 오히려 더 중요해진다고 주장한다. 그들에 따르면, '생산의 사회적 체계'를 이루는 기업관계, 노사관계, 교육훈련 체계 같은 국내의 제도는 서로 보완적인 성격을 갖는데, 이 때문에 세계시장에 대한 개방은 국내적 제도를 무효화하지 않으며, 오히려 그런 제도의 고유한 장점, 즉 '제도적 비교우위'를 더욱 중요하게 만든다(Hall and Soskice, 2001: 57). 따라서 신자유주의적 세계화에도 불구하고 민족적·국가적 제도는 결코 동질화되지 않으며 생산과 분배를 조정할 수 있는 국가의 능력도 사라지지 않는다(Boyer, 1996; Berger and Dore, 1996; Hall and Soskice, 2001; Block, 2008).

국가의 제도적 적응능력과 다양성에 관한 논의는 세계시장이나 세계질서에 초점을 맞추는 연구와 달리 개별 민족국가를 구성하는 제도와 그것을 둘러싼 정치적 과정에 초점을 맞춘다는 장점을 갖는다. 또 금융과 자본의 세계적인 이동에도 불구하고 노동력에 대한 관리는 여전히 민족적 차원을 갖는다는 점에서 국가별 차이에 주목할 수도 있다. 그러나 국가의 제도적 적응능력——'신축적 안정성'이라고 지칭되는——이나 노동력 관리를 위한 국가적 제도의 차이가 존재한다고 하더라도, 대다수 국가에서 신자유주의적 정책개혁이 진행되었으며, 그것이 국가의 장기적 역사에서 실질적인 변화를 낳았다는 것도 사실이다. 또 민족국가의 제도적 다양성을 통해 국가의 자율성을 옹호하는 이들 연구는 대체로 '경로 의존적인' 국가적 제도의 공간적 변이에 초점을 맞추기 때문에 일정한 수준의 질적 단절을 내포하는 제도의 진화와 그 방향에 관한 설명은 제공하지 않는다.6) 그러한 설명을 제공하기 위해서는 국가의 제도적 변화를 자본주의의 구조적 변화와 결합시켜 분석할 필요가 있다(Radice, 2004: 190; Cammack, 1992: 398; Coates, 2005: 19).

---

6) 홀과 소스키스는 민족적 제도의 유형을 토대로 해서 자본주의를 자유주의적 시장경제와 조정된 시장경제로 구분하고(Hall and Soskice, 2001: 21-33), 전자는 정치행정에 권력이 집중된 정부형태(웨스트민스트 체계)를 취하는 반면 후자는 사회적 제휴에 기초한 유사-코퍼러티즘적 체제에 의해 통치된다고 주장한다(Hall and Soskice, 2001: 49). 이러한 유형 분류에 대해 제도주의 내에서도 과연 민족적 생산의 사회적 체계가 그 두 가지 유형으로만 분류될 수 있는가, 그리고 1990년대 이후의 제도적 수렴과 혼합 현상을 어떻게 설명할 것인가라는 의문이 제기된다. 또 그들의 분석은 유형을 분류하는 데 초점을 맞추기 때문에 정태적인 성격을 갖는다는 문제도 있다(Deeg and Jackson, 2007: 153). 이런 맥락에서 홀과 소스키스의 연구는 행위자를 강조하는 입장과 구조를 강조하는 입장 양자로부터 '제도적 결정론'이라는 비판을 받는다(Allen, 2004: 105; Coates, 2005: 18-19; Crouch, 2005: 445-446).

3) 세계국가, 제국, 새로운 제국주의

20세기 후반에 국가가 쇠퇴하고 있다고 진단하는 연구가 신자유주의적 세계화에 따라 세계시장이 국가를 대체할 것이라고 진단하는 것과 대조적으로 몇몇 연구자들은 자본주의가 국제화되는 것에 조응해 국가도 국제화되고 있다고 주장한다(Picciotto, 1997; Shaw, 2003; Sakellaropoulos, 2007; Robinson, 2003; 2005). 즉 민족국가는 쇠퇴하고 있지만 그것을 대신해서 세계적인 국가가 새롭게 형성되고 있다는 것이다. 케인즈주의가 전통적 민족국가 내에서 민족경제를 강화했다면 신자유주의는 세계적 차원에서 새로운 국가의 형성을 수반한다. 그렇지만 새롭게 출현하고 있는 세계적 수준의 국가가 구체적으로 어떤 형태를 취할 것인지, 그리고 그 성격은 어떠할 것인지에 대해서는 연구자들에 따라 조금씩 다른 진단이 제시되고 있다.

로빈슨(Robinson, 2003; 2005)과 스클레어(Sklair, 2002)는 모두 세계시장에서 자유롭게 활동하는 초민족적 법인자본의 활동으로 인해 세계적 자본가계급(Robison, 2003; 2005; Sklair, 2002)이 형성되고 있다고 주장한다. 로빈슨과 쇼(Shaw, 2003)는 여기서 한 걸음 더 나아가 세계적인 지배계급의 이해를 뒷받침하는 새로운 세계국가가 형성되고 있다고 진단한다. 그들에 따르면, 세계은행, 국제통화기금, 세계무역기구, 선진7개국(G7), 국제연합(UN), 유럽연합(EU), 북대서양조약기구(NATO) 등과 같은 세계적인 정치·경제적 통치기관(governance institutions)은 세계국가를 구성하는 '초민족적 국가장치'(Robinson, 2003: 78) 또는 '서양 복합국가'(western conglomerate state)(Shaw, 2003)의 일부다. 이들 기관은 세계적인 자본축적을 뒷받침하기 위해 국제적 화폐·금융·시장질서와 정치적·군사적 안전을 관리한다. 그리고 각각의 민족국가는 더 거대한 초민족적 국가로 점차 흡수되고 있다(Robinson, 2005: 317; 2003: 77; Sakellaropoulos, 2007; Shaw, 2003: 127).

한편 하트와 네그리(Hardt and Negri, 2000)는 새롭지만 여전히 불확실한 포스트-민족적이고, 포스트-제국주의적인 탈현대(post-modern) 국가형태가 출현하고 있다고 주장한다. 그들은 그것을 탈영토화되고 탈중심화된 자기 조직적 네트워크로 연결된 권력형태를 갖는 '제국'(empire)이라고 묘사한다. 그들에 따르면, 그러한 질서 내에서 경제적 권력은 세계적 화폐체계를 통해 행사되고 정치권력은 미국을 정점으로 하는 제국적 질서를 통해 행사되며 문화적 권력은 세계적인 정보통신망을 통해 매개된다. 세계는 제국으로 통합되었으며 제국의 외부는 더 이상 존재하지 않는다. 미국은 제국주의적 기획의 중심을 형성하지 않으며 어떤 민족국가도 제국주의적 기획의 중심을 형성할 수 없다. 제국의 출현과 함께 제국주의는 종결되었다(Hardt and Negri, 2000: 18).

그러나 9·11테러와 그 이후 중동 지역에 대한 미국의 군사적 개입으로 인해 제국주의가 제국으로 대체되었다는 이들의 주장은 타격을 입었다. 대신 '세계국가'나 '제국'으로 묘사된 세계질서가 사실상 미국과 중심부에 토대를 두고 국제적으로 활동하는 자본의 이해를 보호한다는 주장이 확산되었다. 이러한 주장은 세계국가나 제국이라는 개념보다는 '새로운 제국주의'라는 규정과 더 큰 친화력을 보인다(Harvey, 2005a; Barrow, 2005; Panitch, 2000; Saul, 2004). 대표적으로 하비(Havey, 2005a)는 '새로운 제국주의'가 자본주의 초기의 본원적 축적(primitive accumulation) 시기에 출현했던 것과 유사한 '강탈에 의한 축적'(accumulation by dispossession)을 특징으로 한다고 주장한다. 그리고 페니치(Panitch, 2000; 2005)는 미국의 새로운 제국주의적 팽창이 식민화가 아니라 '비영토적 제국주의'를 추구한다고 주장하고, 동일한 맥락에서 맥도프

(Magdoff, 2003)도 미국의 제국주의가 19세기의 제국주의와 달리 '식민지 없는 제국주의'를 특징으로 한다고 주장한다. 특히 페니치는 미국 자본이 해외의 '사회구성체'에 직접 침투해 그 사회구성체를 변형시킬 수 있는 능력을 가지며, 국제적인 통치기관은 그것을 용이하게 해 주는 제국주의적 수단이라고 주장한다.[7]

세계국가와 제국, 그리고 새로운 제국주의에 관한 논의는 신자유주의적 세계화가 진행되는 과정에서 새롭게 부각되고 있는 다양한 국제기구의 실질적인 기능에 주목하고 있다는 점에서 중요한 의미를 갖는다. 그러나 그러한 국제기구에 의해 재구성되고 있는 세계질서가 제2차 세계대전 이후 확립된 세계적 질서보다 더 세계적인 것은 아니다(Arrighi, 1999b: 119). 게다가 세계은행과 국제통화기금(IMF) 같은 국제기구는 이미 제2차 세계대전 이후 브레턴우즈 체제의 확립과 함께 창설되었던 기구이다. 정치군사적 체계도 마찬가지다. 북대서양방위조약기구(NATO) 같은 상설적 군사동맹 체제가 확립된 이후로 민족국가의 정치군사적 주권의 일부는 초민족적인 군사동맹으로 이전되었던 것이다. 따라서 세계국가의 출현을 단정하기 이전에 먼저 제2차 세계대전 이후부터 존재해 왔던 세계적 통치기구의 활동방식과 운영원리가 왜, 그리고 어떻게 변화했는가를 밝힐 필요가 있다.

---

7) '새로운 제국주의'에 관한 논의는 대체로 마르크스주의적 전통을 따르지만 그 강조점에서 차이를 보인다. 그러나 어떤 경우든 20세기 미국의 헤게모니가 '식민지'에 기초하지 않으며 20세기 말 미국 '헤게모니의 위기'가 식민지 분할과 재분할을 둘러싼 열강의 제국주의 전쟁을 야기하지는 않는다는 점에서 제국주의라는 규정은 더 체계화될 필요가 있다.

4) '경쟁국가'와 기술관료 지배

국가쇠퇴론과 세계국가론이 세계화에 따른 민족국가의 약화를 주장하고 민족국가의 제도적 적응론은 민족국가의 지속을 옹호한다면, 양자를 종합하려는 시도도 존재한다. 국제정치경제와 국가론 연구에서 몇몇 연구자들은 세계화가 민족국가를 변화시키는 중요한 원인이라는 점을 인정하면서도 그것이 국가의 쇠퇴가 아니라 재조직화를 낳는다고 주장한다(Cerny, Menz, and Soederberg, 2005). 이들은 그러한 재조직화와 관련된 몇 가지 현상에 주목하면서 경쟁국가(competition state)라는 개념을 채택하고 있다. 또 경쟁국가의 핵심적인 특징 중 하나로 기술관료 지배(technocracy)라는 현상이 주목을 받는데, 그것은 경쟁국가 개념을 채택하지 않는 다른 연구도 공통적으로 지적하는 현상이다.

경쟁국가 개념을 최초로 제시한 연구자는 국제정치경제를 연구하는 체르니(Cerny, 1997)다. 체르니는 세계화론을 수용하면서 세계화가 본질적으로 수렴적인 정치적 과정이라고 주장한다. 이런 맥락에서 체르니와 그의 동료들(Cerny, Menz, and Soederberg, 2005)은 '세계화의 내부화'(internalizing globalization)라는 명제를 제시하면서 민족국가의 제도적 차이는 존재하지만 모든 국가가 각자의 방식으로 세계화를 내부화하고 있다고 주장한다. 이들에 따르면, 세계화의 내부화 과정에서 발생하는 국가의 재조직화와 함께 경쟁국가라고 지칭될 수 있는 새로운 국가가 출현하고 있다. 경쟁국가는 '사회적 연대'를 약화시키면서 시장과 경쟁을 강화하는 정책을 추구하는 동시에 더 긴축되고 경제적으로 더 경쟁력 있도록 구조화된 국가다(Cerny, 1997: 251; Purcell, 2002: 313).

거의 동일한 맥락에서 영국의 국가이론가 제솝(Jessop, 2002a)도 20세기 후반 자본주의 국가의 변화를 '민족적인 케인즈주의적 복지국가'에서 '포스트-민족적인 슘페터적 경쟁국가'로의 이행으로 묘사한다. 그는 케인즈주의적 복지국가가 민족경제를 강조했던 것과 달리 슘페터적 경쟁국가는 국제경쟁을 강조한다고 주장한다. 또 그는 리카도나 리스트의 경쟁모델이 국제경쟁을 확보하는 방식으로서 상품시장에서의 우위를 추구했던 것과 달리 슘페터적 경쟁모델은 노동시장의 유연성과 기업의 지속적인 혁신을 추구한다고 지적한다. 슘페터적인 경쟁국가는 노동력의 신축적 활용, 기업의 연구개발과 혁신, 지식기반경제의 육성 등을 통해 혁신을 자극하는 국가인 것이다(Jessop, 2002a: 126-132).

그런데 이러한 종류의 경쟁국가는 대내적으로 고유한 정치적 불안정을 야기하는 경향이 있다(Cerny, Menz, and Soederberg, 2005; Purcell, 2002). 왜냐하면 국제경쟁이라는 의제가 전면에 나서면서 민족적 차원에서 정책 입안의 범위는 축소되고 경제-기술관료의 영향력은 증가하기 때문이다. 그 결과 정당정치에 기초를 둔 정치적 협상과 타협의 영역은 축소된다. 경쟁국가라는 개념을 수용하지 않는 다수의 연구도 신자유주의적 세계화와 함께 경제정책을 담당하는 중앙은행과 재무부의 기술관료 지배(technocracy)가 확산되고 있다고 지적한다(Centeno, 1997; Teivainen, 2002; Purcell, 2002). 대표적으로 번햄(Burnham, 2001; 2006)은 주요 선진 자본주의 국가에서 경제관리가 정치적 타협에 기초한 '정치화된 관리'에서 기술관료적인 규칙에 기초한 '탈정치화된 관리'로 전환되었다고 주장한다. 또 그는 기술관료의 지배로 인해 정책형성 과정에서 정당의 영향력이 축소되고 '정치의 탈정치화'가 발생하고 있다는 다소 도발적인 문제를 제기한다(Burnham, 2001; 2006). 유사한 맥락에서 정당체계에 관한 연구도 정당이 이념적·정치적 충성을 확보하려고 하기보다는 중도적·실용적 처방에 주력하고 대표 기능보다는 절차적·행정적 기능을 강화한다고 지적한다(Mair, 2006; Purcell, 2002; Dalton and Wattenberg, 2000; Gottfried, 1999).[8]

경쟁국가와 기술관료 지배에 관한 연구는 경제정책과 사회정책 같은 국가정책의 내용을 분석함으로써 20세기 말 민족국가의 실질적 변화 양상에 관한 중요한 실마리를 제공한다. 그러나 '경쟁'이라는 개념이 과연 그러한 변화를 체계적으로 포괄할 수 있는지는 의문이다. 여기서 경쟁은 일차적으로 자유로운 자본이동을 전제로 한 민족국가 사이의 자본유치 경쟁을 의미한다. 그런데 현재의 자본이동은 단순히 일반적인 시장경쟁을 강화시키는 것이 아니라 특수한 시장, 즉 금융시장의 세계적 통합을 강화시킨다. 이와 같은 구체적인 자본축적 양상과 국가의 관계에 대한 분석이 없다면, '경쟁'이라는 관념은 사실 '경쟁력 강화'라는 정치적 구호를 자본주의적 현실과 혼동하는 것에 불과할 수 있다. 마찬가지로 기술관료 지배와 민주주의의 위기에 관한 논의는 현상에 대한 묘사라는 면에서는 강점을 갖지만, 그러한 현상을 발생시키는 구조적 원인에 대해서는 일관된 설명을 제공하고 있지 않다. 그 원인을 설명하기 위해서는 정치적 제도와 행정적·경제적 기구 사이의 연계를 더 체계적으로 분석할 필요가 있는 것이다.

20세기 말 국가의 변화에 관한 대다수 연구는 '세계화'와 민족국가의 변화라는 현실을 각자의 방식으로 분석하고 있다. 한쪽 극단에 세계화가 민족국가를 쇠퇴·소멸시킨다는 주장이 존재하고, 다른 한쪽 극단에 민족국가는 여전히 건재하며 '세계화'조차 민족국가의 전략이라는 주장이 존재한다. 두 견해 사이에 미국을 중심으로 하는 제국적 질서의 형성이나 개별 민족국가의 적응전략에 대한 분석이 존재한다.

---

8) 민주주의에 관한 연구들이 지적하는 것처럼 20세기 후반 정당의 정치적 통합기능이 약화되면서 정치에 대한 시민적 신뢰는 쇠퇴하는 경향이 있다. 그 결과 시민이 정치로부터 퇴각하면서 정치와 시민의 분리는 강화된다(Norris, 1999; Inglehart, 1999; Mair, 2006; Crouch, 2004; Boggs, 2000; Gottfried, 1999; Mulgan, 1994).

그러나 민족주의적 이데올로기나 문화라는 측면이 아니라 자본주의와 국가라는 구조적인 측면에서 볼 때, 20세기 말의 '세계화'는 신자유주의적인 정책개혁을 수반하는 '금융세계화'에 다름 아니다. 그리고 이러한 변화는 20세기 미국의 헤게모니 하에서 확립된 자본주의 세계체계 내에서의 변화, 특히 국제적인 정치적·경제적 지배구조의 변화이다. 또한 그것은 '관리국가'로 지칭될 수 있는 20세기 자본주의 국가의 관리 패러다임이 '민족경제'를 전제로 했던 케인주의에서 '개방경제', 더 정확히는 '탈민족경제'를 전제로 하는 신자유주의로 대체되는 과정으로 이해될 수 있다. 이러한 과정을 좀 더 체계적으로 분석하기 위해서는 20세기 미국 헤게모니 하에서 재구성된 자본주의의 역사 동역학을 이해하는 동시에 그러한 역사 동역학이 자본주의 국가의 기능이나 제도적 형태와 어떻게 상호 작용하는가를 이해할 필요가 있다.

3. 현대 자본주의 국가의 역사적 변화에 대한 이론적 탐색

20세기 후반 케인즈주의에서 신자유주의로의 이행은 개별적인 정책수단의 일시적인 수정이 아니라 경제정책 및 사회정책의 전반적인 전환과 각 정책 사이의 결합 유형의 변화를 수반한다. 또한 그것은 20세기에 확립되고 성장한 자본주의 국가 제도 형태의 전반적인 구조조정을 동반하는 경향이 있다(Doornbos, 2006: 25; 김세균, 2002: 7). 이와 같은 장기적이고 전반적인 제도적 변화는 국가를 구성하는 제도·기능의 내적 메커니즘의 변화뿐만 아니라 그 구조적 조건의 변화와 분리되어서 이해될 수 없다. 즉 그것은 신자유주의적 세계화를 낳은 역사적 자본주의의 구조적인 변화의 일부로 분석되어야 하는 것이다(Radice, 2004; Coates, 2005). 이런 관점에서 볼 때, 관리 패러다임의 이행에 대한 분석은 그런 이행과정을 20세기 자본주의의 구조와 국가적 제도의 역사적 변화 속에 위치시키는 것에서 출발할 수 있다.

1) 미국 헤게모니와 20세기 자본주의 분석

20세기 자본주의와 국가의 관계는 1970년대에 다양한 형태로 전개된 '국가론 논쟁' 이래로 지속적인 이론적 논쟁을 수반해 온 주제다.[9] 자본주의 국가의 경제적 기능뿐만 아니라 정치적 기능이나 법적·제도적 형태에 대해서 많은 토론이 전개되었다. 그러나 이런 논쟁이 20세기 미국의 국가에 관한 이론적 분석으로 발전하지는 못했다. 이는 부분적으로 당시의 연구들이 '자본주의 일반'과 '국가 일반'의 관계에 관한 추상적 논의에 의해 지배되면서 자본주의 국가의 '역사적 형태'를 분석할 수 있는 이론적 수단을 결여했기 때문이다.

---

[9] 자본주의 사회에서 국가의 역할에 관한 논의는 1970년대의 '국가론 논쟁'으로 소급된다. 밀리반트-플란차스 논쟁으로 알려진 국가론 논쟁의 역사적·지적 배경에 대해서는 배로우(Barrow, 2002)를 참조할 수 있다. 그러나 당시의 국가론 논쟁은 여기에 국한되지 않는다. 비슷한 시기에 이탈리아에서도 보비오의 문제제기를 발단으로 현대 자본주의에서 국가의 정치적 기능과 의회민주주의의 성과 및 한계를 둘러싼 논쟁이 벌어지고, 독일에서도 『자본』에서 제시된 자본주의의 내적 논리로부터 국가의 기능과 형태를 도출하려는 '국가도출 논쟁'이 벌어진다. 각 논쟁의 맥락과 쟁점에 대해서는 카노이(Carnoy, 1984)와 홀로웨이·피치오토(Holloway and Picciotto, 1978)를 참조할 수 있다. 그리고 '계급투쟁'이라는 관점에서 독일의 국가도출론을 비판적으로 수용하는 영국의 국가이론가들에 대해서는 김세균(1994)을 참조할 수 있다.

그런데 더 중요한 것은 국가의 역사적 형태가 아니라 자본주의의 역사적 형태, 즉 19세기와 구별되는 20세기 자본주의의 구조를 분석하는 이론이 취약했다는 사실이다. 많은 연구들은 1920~30년대 독일의 역사적 경험을 일반화하면서 '국가독점자본주의' 또는 '조직자본주의'라는 자본주의 발전의 단계를 암묵적으로 전제했다. 이 때문에 20세기에 이르러 국가는 시장을 행정적으로 조직할 수 있고, 그 결과 자본주의는 더 이상 '시장의 무정부성'이나 '산업부문 간 생산의 불비례'로 인한 경제위기를 겪지 않는 것으로 가정되었다. 그러나 이러한 가정은 20세기 자본주의, 특히 그것을 대표하는 미국 자본주의의 역사적 현실에 부합하지 않았다. 20세기 미국의 자본주의는 시장에 대한 국가적 규제와 조직화가 아니라 사적 법인기업의 주도 속에서 성장했다. 뿐만 아니라 20세기 자본주의가 경제적 위기로부터 자유롭다는 가정도 의문에 부딪혔다. 국가의 적극적인 활동에도 불구하고 미국을 중심으로 한 서구 자본주의는 20세기 후반에 심각한 위기를 경험했던 것이다. 따라서 20세기 자본주의 국가에 대한 분석은 20세 미국 자본주의에 대한 대안적인 분석을 필요로 한다.

20세기 자본주의의 동역학에 관한 최근의 연구(Arrighi, 1994; Arrighi and Moore, 2001; Duménil and Lévy, 2001a)는 19세기의 영국과 20세기의 미국 같은 '세계헤게모니'를 중심으로 자본주의의 역사를 분석한다. 여기서 세계헤게모니는 단순한 정치·군사적 패권과 구별된다. 헤게모니는 강제가 아니라 동의의 측면을 내포하며, 세계헤게모니의 경우에도 사정은 마찬가지다. 즉 세계헤게모니는 특수한 국가의 이익을 보편적인 세계적 이익과 결합시켜 낼 수 있는 능력에 의존하는 것이다. 이 때문에 세계헤게모니 국가는 자본주의 세계체계의 안정적인 작동을 위해 정치·군사적 안정뿐만 아니라 국제적인 경제적 조건도 제공해야 한다(Arrighi, 1994; Taylor, 1996).[10] 그러나 더 중요한 것은 세계헤게모니 국가가 주도하는 국제적인 정치적·경제적 질서가 바로 그 국가의 이익과 체계적으로 연계된다는 점이다. 그리고 그러한 연계를 통해서 세계헤게모니 국가는 그 시대의 최선진 자본주의를 구현한다. 세계헤게모니 국가가 세계체계적 조건을 활용함으로써 자본주의의 역사적 발전을 주도할 수 있다는 바로 이러한 사실 때문에 자본주의의 역사에 관한 분석이 세계헤게모니에 관한 분석과 결합될 수 있다(Arrighi, 1994; Arrighi and Moore, 2001).

새로운 세계헤게모니 국가는 그 이전 세계헤게모니 국가의 역사적 한계를 극복하면서 당대의 자본주의를 대표하는 새로운 질서를 확립한다. 이러한 관점에서 볼 때, 법인기업이라는 혁신적 자본형태에 기초를 둔 20세기 미국 자본주의는 가족기업에 기초를 둔 19세기 영국 자본주의의 한계를 극복한 새로운 자본주의로 이해될 수 있다(Arrighi, 1994; Arrighi et al., 1999, Arrighi and Moore, 2001). 이런 혁신의 결과 20세기 미국의 자본주의는 여타 자본주의와 구별되는 예외적 성격을 갖는 동시에 20세기의 자본주의를 대표하는 보편성을 갖게 된다. 20세기 미국 사회가 때때로 다른 국가들에게 '발전의 미래'로 제시되는 것은 이

10) 세계헤게모니라는 개념은 애초에 국제관계에서 지도적 국가를 지칭하기 위해 사용되었다. 그 후 그람시가 헤게모니를 '지적·도덕적 지도력'으로 정의하면서 특정 국가 내부 지배계급의 활동을 분석하는 개념으로 활용했다. 그러다가 1970년대 이후에 국제관계와 세계체계를 분석하는 개념으로 '세계헤게모니' 개념이 다시 사용되었다(Taylor, 1995: 24). 그러나 논자에 따라 헤게모니 개념은 약간씩 다른 이론적 함의를 갖는다. 세계체계 연구의 선구자인 월러스틴은 국가간체계를 지배하는 정치·군사적 능력을 중심으로 세계헤게모니를 정의하는 반면, 아리기는 세계체계를 재생산하는 지도력과 통치능력을 강조한다. 또 월러스틴은 중심부 국가들 사이의 경쟁을 일반적 상황으로 이해하는 반면, 아리기는 세계헤게모니가 세계체계의 구조적 필수조건이며 세계체계적 속성을 갖는다고 주장한다. 마지막으로 월러스틴은 헤게모니를 주기적 유형으로 파악하지만, 아리기는 헤게모니를 진화로 정의한다(Hopkins, 1990: 409; Arrighi, 1999c: 53).

와 같은 헤게모니 국가의 '예외적 보편성'에 기인한다(Taylor, 1996).

그러나 세계헤게모니는 영원하지 않으며, 그것을 뒷받침하는 헤게모니적 자본주의도 영원하지 않다. 20세기 미국 자본주의도 19세기 영국 자본주의와 마찬가지로 성장과 쇠퇴의 장기적 동역학을 따르는 역사적 체계인 것이다. 아리기는 그러한 헤게모니적 자본주의의 역사적 동역학을 체계적 축적순환(systemic cycle of accumulation)으로 분석한다(Arrighi, 1994; 1999a). 자본축적의 핵심적 변수로서 이윤율의 장기적 변동을 반영하는 체계적 축적순환은 <그림 1-1>처럼 S자형의 로지스틱(logistic) 곡선으로 표현된다.

자본주의적 성장의 고유한 동역학을 표현하는 체계적 축적순환의 내적 논리는 대략 다음과 같이 요약될 수 있다. 하나의 축적순환은 '물질적 팽창'과 '금융적 팽창'의 시기로 구분된다. 헤게모니적 축적체계의 성장기는 산업생산의 팽창을 특징으로 하는 '물질적 팽창'의 시기다. 그러나 성장의 잠재력이 소진되고 자본 간 경쟁이 심화되면서 물

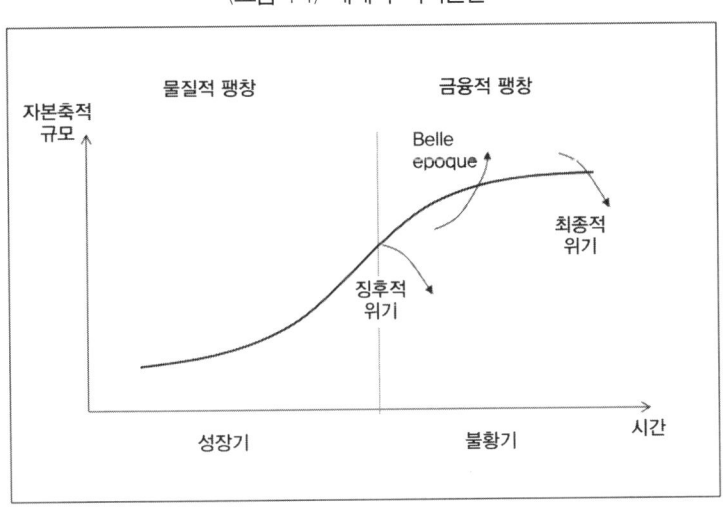

〈그림 1-1〉 체계적 축적순환

질적 팽창은 위기를 맞게 되는데, 그것이 바로 '징후적 위기'(signal crisis)다. 이러한 징후적 위기에 대응해서 헤게모니적 자본주의는 금융적 팽창을 시도하고 금융을 통해 높은 수익을 올리는 황홀한 시기, 즉 '좋은 시절'(belle époque)을 경험한다. 그러나 금융적 팽창은 체계적 위기의 해결책이 될 수 없고, 오히려 위기를 심화시키는 경향이 있다. 그리고 마침내 금융적 팽창이 붕괴하면 하나의 축적순환은 '최종적 위기'(terminal crisis)를 맞게 된다. 최종적 위기는 곧 세계헤게모니의 해체, 나아가 자본주의 세계체계의 '체계적 혼돈'(systemic chaos)을 의미한다(Arrighi, 1994: 63, 215; 1999: 224-225; Arrighi and Moore, 2001: 66).

이러한 관점에서 볼 때, 신자유주의적 세계화는 20세기 미국 자본주의의 물질적 팽창국면이 종결된 이후에 발생한 금융적 팽창국면의 산물이다(Arrighi, 1994; 2007). 1970년대에 수익성의 위기에 직면한 미국의 법인기업들은 점차 금융적 활동으로 도피하기 시작했고, 1980년대부터 시작된 국가의 정책적·제도적 변화는 세계적 차원에서 금융적 팽창을 가능하게 하는 조건을 제공했다(Arrighi, 1994). 즉 20세기 후반 미국에서 시작되어 세계적으로 확산된 신자유주의 정책개혁은 국가의 해체와 자유시장의 복귀를 의미하는 것이 아니며, 신자유주의를 확산시킨 국제통화기금(IMF)이나 세계은행(World Bank)이 세계국가의 형성을 의미하지도 않는다. 오히려 그것은 물질적 팽창국면에 확립된 기존의 국내적·국제적 정책과 제도가 금융적 팽창에 조응하는 형태로 변화한다는 것을 의미한다(Arrighi, 1999b: 119).

이러한 분석은 19세기 자본주의와 20세기 자본주의가 모두 자본축적의 역사적 동역학에 종속된다는 것을 보여준다. 또한 금융적 팽창은 자본축적의 한계에 대한 반작용의 산물로 이해된다. 케인즈주의와 신자유주의는 단순한 지배엘리트의 정치전략이나 정치이념이 아니라 각각 '물질적 팽창'과 '금융적 팽창'에 '조응'하는 20세기 자본주의 국가의 정책적·제도적 패러다임으로 이해될 수 있다. 그러나 여기서 분석이 종결될 수는 없는데, 왜냐하면 케인즈주의나 신자유주의가 어떤 정책적 내용과 제도적 배치를 통해 축적의 동역학에 '조응'하게 되었는지를 밝혀야 하기 때문이다. 자본주의 사회에서 국가의 기능과 그 제도적 형태를 분석하는 연구는 그러한 메커니즘을 밝히기 위한 이론적 자원이 될 수 있을 것이다.

2) 자본주의 국가의 기능과 형태에 관한 분석

현대국가는 상이한 역사적 기원을 갖는 다양한 제도로 구성되어 있다. 경찰이나 군대 같은 제도, 시민권 제도, 조세제도, 정치제도, 교육제도 등은 다소 우연적인 역사적 계기에 형성되어 현대국가의 일부로 정착되었다. 나아가 제도적 복합체로서 국가의 역사적 형태도 시대에 따라 변화했다. 그럼에도 불구하고 유럽에서 베스트팔렌 조약의 체결 이후 현대국가의 형성은 자본주의의 출현과 쌍을 이루었고, 그 이후의 역사적 변화도 결코 자본주의의 변화와 무관하지 않았다. 이런 관점에서 자본주의적 생산양식과 국가의 관계에 주목하는 연구들은 현대국가의 성격을 '자본주의 국가'(capitalist state)로 규정한다.

'자본주의 국가'로서 현대국가에 관한 구조주의적 분석(Poulantzas, 2000; Jessop, 1990; Codato and Renato, 2002)은 자본주의와 국가의 객관적·구조적 관계에 초점을 맞춘다. 국가에 관한 전통적인 연구가 주로 "누가 권력을 가지며 어떻게 지배하는가"에 관심을 갖는다면, 구조주의적 연구는 "자본주의 사회에서 국가의 기능은 무엇이고, 어떤 제도적 형태를 통해 어떤 기능을 수행하는가"에 관심을 갖는다. '지배-권력 패러다임'으로 지칭될 수 있는 전통적인 접근이 권력을 보유한 주체의

의도와 권력의 행사방식을 밝히는 데 주력한다면, '기능-형태 패러다임'으로 지칭될 수 있는 구조주의적 접근은 국가라는 제도적 복합체가 자본주의적 축적의 구조적 요구에 대응하는 방식을 기능이라는 관점에서 접근한다. 기능-형태 패러다임에 따르면, 자본주의 사회에서 국가는 단순히 다원적인 특수 이익의 조합으로 이해될 수 없으며 그 자신의 이익을 추구하는 약탈적 기관으로 간주될 수도 없는데, 왜냐하면 국가의 '정치적 실천'은 결국 자본주의적 생산관계의 재생산이라는 객관적인 기능적 요구에 의해 제약되기 때문이다. 또한 국가는 지배엘리트나 자본가의 의도를 실행하는 단순한 도구도 아닌데, 왜냐하면 국가를 구성하는 제도 자체는 집권세력의 변화와는 상대적으로 독립적인 내적 메커니즘과 '제도적 물질성'을 갖기 때문이다(Poulantzas, 2000).

생산과정과 신분적 지배·종속이라는 정치적 과정이 결합되어 있던 현대 이전의 사회와 달리 자본주의 사회에서는 '공적인 것'으로 간주되는 국가가 '사적인 것'으로 간주되는 경제적 영역과 형식적으로 분리되어야 한다. 자본주의적 생산과정은 사적 소유에 기초한 계약이라는 법적 형태에 의해 뒷받침되며, 그런 법적 형태는 생산과는 분리된 채 일정한 영토 내에서 폭력을 독점하는 국가에 의해 지지되어야 한다. 이런 측면에서 볼 때, 현대 사회에서도 국가의 본질은 여전히 폭력의 독점이라고 할 수 있지만, 이데올로기나 경제와 관련된 국가의 기능은 그 이전 사회와는 구별된다.[11]

자본주의에서 국가는 단순히 경제의 계급권력을 반영하는 상부구조가 아닌데, 왜냐하면 자본은 언제나 국가의 특정한 경제적 활동을 전제로 해서 축적활동을 수행하기 때문이다. 자본주의 국가에게 요구되

---

11) 현대 사회에서 국가는 '정당한' 폭력의 독점을 주장하지만, 국가의 폭력이 정당한가는 끊임없이 쟁점이 된다. 또 폭력의 독점은 국가기관의 노력에도 불구하고 결코 완전하게 달성된 적이 없다(Hoffman, 1995).

는 경제적 기능은 자본축적에 필수적이지만, 개별 자본에 의해서는 제공될 수 없는 특수한 정치적·경제적 조건을 제공하는 것이다. 특히 국가는 자본주의적 생산관계 내에서 상품으로 교환되지만, 결코 자본주의적인 방식으로 생산·재생산되지 않는 특수한 상품, 즉 화폐와 노동력의 안정적인 재생산을 보장해야 한다(Brunhoff, 1981: 69; Bryan, 1995: 80; Guttmann, 1994: 30; Jessop, 2002a: 42-43). '일반적 등가물'로서 화폐는 자본주의적 생산·유통·분배에 필수적이지만, 국가를 제외한 어떤 행위자도 '본위화폐'를 확립할 수 없다.[12] 또 국내적으로나 국제적으로 서로 다른 화폐 사이의 태환성이 확보되지 않는다면 화폐는 교환을 매개하는 기능을 수행할 수 없으며, 이를 보장하는 민족적 화폐의 '정상적 품질'은 국가적 제도에 의해 유지되어야 한다. 다른 한편 자본주의적 생산에서 유일하게 가치와 잉여가치를 생산하는 특수한 사용가치를 갖는 노동력은 결코 자본에 의해 생산될 수 없다. 뿐만 아니라 자본이 제공하는 임금이 노동력의 재생산을 자동적으로 보장하지는 않는다. 노동력의 정상적인 재생산을 위해서는 가족과 학교 같은 이데올로기적 제도뿐만 아니라 실업 및 빈곤에 처한 노동자들을 관리하는 (준)공적 제도가 요구되는 것이다(Brunhoff, 1981; Guttmann, 1994: 30-31).

국가의 이데올로기적 기능은 노동력이라는 상품의 특수성과 밀접히 결합된다. 우선 자본주의 사회에서 노동자는 노동력의 판매자인 동시에 민족국가라는 정치공동체의 주권자, 즉 시민이다. 이 때문에 노동

---

[12] 마르크스에 따르면, 화폐의 본질은 다른 모든 상품에 지출된 노동을 표현하는 '일반적 등가물'이라는 특수한 사용가치에 있다. 이러한 본질로부터 '가치척도'라는 기능이 도출된다. 그러나 화폐가 일정한 물질성을 갖기 위해서는 국가에 의해 명칭과 시세가 규정되는 본위화폐 제도가 확립되어야 한다. 본위화폐는 국가의 권력이 행사되는 민족적 경계 내에서 가격표준으로 기능한다. 또한 화폐는 유통수단, 지불수단, 축장수단 등의 기능을 갖는다(Brunhoff, 1967).

력의 재생산은 항상 시민의 재생산이라는 형식을 취하며, 현대적인 가족과 학교는 시민으로서 노동자에 걸맞는 이데올로기적 예속을 재생산하는 역할을 한다. 가족과 학교의 성공적인 제도적 작용을 통해 노동자들은 노동규율과 복종심을 가질 뿐만 아니라 민족의 일원으로서 국가에 충성하는 이데올로기를 갖게 된다. 현대의 민족국가가 가족제도나 교육제도의 표준적인 규범을 만들고 직·간접적으로 그런 표준을 부과하려고 노력하는 것도 이 때문이라고 할 수 있다(Balibar, 1991).

민족국가의 시민이라는 이데올로기가 존재하기 때문에 자본주의 사회에서 계급적 갈등은 순수하게 경제적인 형태를 취할 수 없다. 노동자의 요구는 더 보편적인 시민의 권리에 대한 요구와 결합되고, 국가는 적어도 이데올로기적 차원에서는 그러한 권리를 승인하는 방식으로 자본주의적 생산관계를 안정화해야 한다. 그렇지만 국가에 의해 보장되어야 하는 것으로 간주되는 시민권의 실질적인 내용이 고정되어 있는 것은 아니다. 왜냐하면 국가에 의해 법적·제도적으로 승인되는 시민의 권리는 언제나 특정한 역사적 세력균형 또는 세력관계를 내포하기 때문이다. 노동자의 집단적인 사회경제적 권력의 확대를 반영하는 20세기의 '사회적 시민권'은 국가가 노동자로서 시민이 처하게 되는 고유한 위험으로부터 안전을 보장해야 한다는 이데올로기적 원리에 기초했다. 그러나 동시에 그러한 권리는 민족이라는 '가상적 공동체'의 구성원으로서 국가의 권위에 대한 승인을 전제로 하는 것이었다(Balibar, 1988: 723; 1991: 101).

한편 국가의 제도적 형태를 구성하는 사회적 제도는 '국가장치'라고 지칭된다. 이때 '장치'는 국가라는 기계를 구성하는 특수한 부품이라는 의미를 갖는다. 이는 국가가 마치 기계처럼 작동하는 독자적인 작동원리를 가지며 기계부품처럼 특수한 용도나 기능을 갖는 장치로 제작되었다는 것을 강조하기 위한 것이다(Althusser, 2006). 국가장치는 자본주의적 생산관계의 재생산과 관련하여 그 장치가 수행하는 고유한 '기능'에 따라 억압적 국가장치, 경제적 국가장치, 이데올로기적 국가장치로 구분된다. 각각의 국가장치는 서로 경쟁하면서도 서로를 보완하는 경향이 있는데, 그 구체적인 양상은 역사적 상황에 따라 다양하다. 그리고 이와 같은 국가장치의 통일적 복합체는 '국가형태'로 이해될 수 있다(Poulantzas, 2000; Codato and Renato, 2002; Mitchell, 1999; Harney, 2002; Jessop, 1990).[13]

여기서 경제적 국가장치의 확대는 20세기의 역사적 국가형태로서 관리국가를 분석하기 위한 핵심적 토대가 된다(Brunhoff, 1981; 1986). 미국을 비롯한 선진 자본주의 사회에서는 19세기 말과 20세기 초 자본주의의 위기에 대응하는 과정에서 화폐와 노동력이라는 특수한 상품에 대한 국가적 차원의 관리가 발전했다. 사적 은행에 의해 주도되던 화폐와 신용의 흐름에 대한 관리도 점차 국가의 재정정책과 화폐정책 속에 통합되었다. 또 과거에는 가족, 종교기관, 자선기관 또는 자율적 노동자조직 등이 담당했던 노동력에 대한 관리가 점차 국가가 책임을 지는 사회정책으로 발전했다. 이 두 종류의 정책은 애초에 시차를 두고 서로 다른 기원에서 발전했지만, 재무부와 중앙은행 같은 경제적 국가장치의 발전에 따라 20세기 국가의 일반적 관리활동으로 통합되었다. 경제적 국가장지는 이전에 다양한 국가장치에 분산되었던 경제적 기

---

[13] 자본주의 국가형태에 관한 1970년대의 논의는 자본주의 국가의 본성을 파악하기 위한 이론을 체계화했음에도 불구하고 추상적인 일반이론을 제시하는 데 그치고 말았다. 그 단적인 사례가 독일의 '국가도출 논쟁'이다. 이 논쟁에 참여했던 대다수 이론가들은 단순상품생산 사회 또는 자본주의 사회의 일반적 특징으로부터 논리적으로 국가형태를 도출하려고 했는데, 그러한 시도는 자본주의 사회의 역사적 변화와 그것에 조응하는 '역사적' 국가형태를 설명하지 못하는 한계를 갖는다(Clarke, 1991).

능을 점점 더 응집했고 자본의 축적 및 재생산과정과 직접적으로 연결되었다. 경제적 국가장치의 발전은 경기순환을 안정적으로 관리함으로써 '민족경제'를 안정화했을 뿐만 아니라 노동자의 일상적인 생활을 국가적 관리활동에 종속시키는 이데올로기적 효과를 가졌다(Poulantzas, 2000: 170-173; Brunhoff, 1981).

20세기 초 미국에서 이러한 역사적 과정은 '관리혁명'이라는 형태를 취했다. 그러한 변화를 추동한 것은 기존의 국가가 아니라 법인기업이라는 새로운 형태의 자본이었다. 19세기 말 미국의 특수한 상황에서 수익성을 개선하기 위한 역사적 실험의 일환으로 출현한 법인기업은 20세기에 기업 내에서 '과학적 관리'를 구현한 '조직혁명' 또는 '경영혁명'을 일구어 냈다. 이와 동시에 법인기업의 현대적 관리방식을 기업 외부의 영역에도 적용함으로써 법인기업의 사회적 헤게모니를 확보하려는 시도가 확산되었다. 이런 개혁의 과정은 1930년대 대불황을 거치면서 국가의 거시적 경제관리 능력을 확립하는 것으로 완성되었다. 관리혁명의 결과로 20세기의 자본주의 국가는 재무부와 중앙은행 같은 경제적 국가장치의 경제적 활동에 기초해서 민족적인 경제적 활동수준을 관리할 수 있게 되었다. 나아가 경제관리는 노동자로서 시민들의 다양한 사회적 요구를 관리하는 사회행정과 결합되었다. 경제적 국가장치의 우위 하에 다양한 국가장치의 실천이 서로 연계되면서 그들 사이의 관계를 조정할 수 있는 원리도 고안되었다. 이러한 관점에서 볼 때 케인즈주의와 신자유주의는 경제정책과 사회정책을 입안·실행하는 국가장치, 즉 재무부와 중앙은행, 여타의 사회적 행정기관, 나아가 의회의 주요 정책입안자들이 일반적으로 공유하는 관리의 패러다임으로 이해될 수 있다. 그리고 특정한 관리 패러다임은 단순한 관념이 아니라 자본주의 국가를 구성하는 제도적 장치의 배치와 국가의 특정한 경제적 실천방식을 내포했다.

4. 20세기 관리국가 패러다임을 어떻게 분석할 것인가?

1) 연구대상으로서 관리국가 패러다임

20세기 후반 국가의 변화에 관한 다양한 연구가 지적하는 것처럼 제2차 세계대전 이후 미국을 비롯한 선진 자본주의 사회에서 국가는 세부적인 차이에도 불구하고 대체로 유사한 경로로 발전했다. 나라에 따라 약간의 시간적 차이가 있었지만 대부분의 선진 자본주의 국가는 경제정책과 사회정책을 실행하는 국가장치를 발전시켰고, 그 두 범주의 다양한 정책수단을 서로 결합시켰다. 또 그러한 기존의 발전경로가 변경되는 시기도 대체로 유사했다. 미국을 비롯한 선진 자본주의 사회에서는 1970년대 말에서 1980년대 초 사이에 국가의 역할을 둘러싼 논쟁이 일어났고, 국가의 실질적인 정책과 제도에서 변형이 발생하기 시작했다. 그리고 1990년대에는 상대적으로 안정적인 '정책개혁'의 규범이 확립되었고, 그러한 전환이 제도화되는 양상을 보였다.

이와 같은 20세기 자본주의 국가의 역사적 변화는 관리국가 패러다임의 이행이라는 관점에서 분석될 수 있다. 연구의 대상으로서 관리국가 패러다임은 국가에 의해 수행되는 경제정책 및 사회정책의 통일성과 그것을 실행하는 국가장치의 배치로 정의할 수 있다. <표 1-1>은 관리국가의 패러다임을 구성하는 세부적인 요소를 보여준다. 경제정책은 안정적 경제성장을 주요 목표로 하는 재정정책과 물가안정을 주요 목표로 하는 화폐정책으로 나뉠 수 있고, 사회정책은 시민의 사회적 안전(social security)을 보장하는 다양한 정책으로 구성된다. 그리고 각

〈표 1-1〉 관리국가 패러다임의 구성요소

정책	국가장치	주요 목표	주요 관리대상
사회정책	사회행정기관	사회적 안전	사회문제
화폐정책	중앙은행	물가안정	통화량·이자율
재정정책	재무부	안정적 성장	재정수입·지출

각의 정책은 국가의 재정적 수입과 지출, 통화량과 이자율, 각종 사회문제를 주요 관리대상으로 하며, 재무부, 중앙은행, 사회행정기관 같은 고유한 국가장치를 통해 실행된다. 각 정책은 다수의 하위 정책수단을 갖는다. 그런 정책수단의 입안과 결정에는 의회, 관련 행정기관, 중앙은행 등이 연루되며, 다양한 이해관계 집단이 다양한 방식으로 상호작용한다.

20세기 국가의 역사를 전반적으로 살펴볼 때, 관리국가 패러다임을 구성하는 정책 및 제도 사이에는 경쟁적인 동시에 보완적인 관계가 발견된다. 각각의 정책과 제도는 특정한 패러다임 내에서 지배력을 획득하기 위해 지속적으로 경쟁하지만 동시에 그 패러다임의 전반적인 목표와 기능을 수행하는 데 보완성을 갖는다. 관리국가 패러다임의 구성요소가 각각의 특수성과 상대적인 자율성을 유지하면서도 일정한 통일성을 갖게 만드는 원리와 메커니즘을 관리 패러다임이라고 부를 수 있다. 관리 패러다임은 과학적 또는 공학적 패러다임과 유사하게 특수한 방식으로 문제를 발견하고 해법을 실행하는 일련의 실천과 그 규칙으로 구성된다.[14] 그러한 실천의 일관성과 통일성, 즉 패러다임적 성

---

14) 애초에 쿤(Khun, 1996)은 특정한 과학분과를 정의하는 데 결정적이며 일정한 시기 동안 지속되는 일련의 실천의 조합을 지칭하기 위해 패러다임이라는 용어를 사용했다. 관리국가의 정책은 때때로 과학적 원리에 기초한 것으로 가정되는 관념체계에 의해 뒷받침되며, 또 그것을 생산하고 실행하는 과정도 과학적 실험

〈표 1-2〉 관리국가의 패러다임

패러다임	케인즈주의	신자유주의
경제정책	재정정책의 우위 (재무부의 주도성)	화폐정책의 우위 (중앙은행의 주도성)
사회정책	통합적 확대	신축·효율화
정책결합 방식	보완적 조합	분절적 조합

격은 특정한 패러다임 내에서 채택된 정책수단들 사이에 존재하는 상호적 적합성(fitness)의 산물로 이해될 수 있다.[15] 이는 각각의 정책과 국가장치가 서로 다른 이해관계를 서로 다른 방식으로 반영하고 제도화하지만, 그것들의 결합관계는 개별 정책이나 기관으로 환원될 수 없는 구조적인 성격을 갖는다는 것을 의미한다.

<표 1-2>에서 볼 수 있는 것처럼 하나의 패러다임 내에서는 서로 적합성이 높은 정책들이 특수한 방식으로 조합된다. 이를 20세기 미국 관리국가의 역사에 적용함으로써 케인즈주의와 신자유주의라는 관리국가 패러다임의 정책적·제도적 배치를 비교·분석할 수 있다. 케인즈주의는 재정정책을 중심으로 사회정책과 화폐정책을 보완적인 방식으로 조합하며, 각각의 국가장치도 그러한 보완적 조합을 실행하는 방

원리와 유사한 양상을 보인다. 이런 측면에서 관리 패러다임이라는 개념이 성립할 수 있다.

15) 적합성이라는 용어는 스카치폴(Skocpol, 1992)의 '정치체 중심 접근'(polity centered approach)에서 차용한 것이다. 그러나 그녀는 정당과 다양한 행동집단 사이에서 목표의 적합성을 통해 특정 정책형성 과정을 분석하지만, 여기서는 국가장치 사이의 적합성을 통해 관리 패러다임의 구조적 성격을 분석한다. 적합성이라는 개념은 애초에 진화론에서 체계화된 것으로 제도의 진화과정에 대한 묘사로 확장될 수도 있을 것이다. 자본주의 국가를 구성하는 제도는 각 제도 사이의 적응과 구조적 제약에 대한 적응을 통해 자신의 적합성을 검증받는 것이다.

향으로 배치된다. 반면 신자유주의는 화폐정책을 중심으로 재정정책과 사회정책을 분절적인 방식으로 조합하며, 각각의 국가장치도 그러한 분절적 조합을 실행하는 방향으로 배치된다. 케인즈주의 하에서 재정정책은 사회정책이 통합적으로 확대되는 것을 뒷받침했다면, 신자유주의 하에서 화폐정책의 주도성은 사회정책이 신축적이고 효율적인 방식으로 실행되는 것에 직·간접적인 압력요인으로 작용했다.

2) 역사동역학적 접근의 필요성

세계헤게모니 국가로서 미국을 중심으로 관리 패러다임의 역사적 변화를 분석하기 위해서는 20세기 관리국가의 형성, 발전, 변모를 비교·분석할 수 있는 거시역사적 연구방법이 요구된다. 거시역사적 연구는 장기간에 걸친 구조적 변화에 초점을 맞춤으로써 개별적 사건의 연쇄만을 다루는 역사적 접근의 한계와 몰역사적인 추상적 이론화의 한계를 동시에 극복하려는 시도의 일환이다(임현진, 1992: 22). 이런 맥락에서 세계체계 이론가 월러스틴은 역사적 체계로서 자본주의에 대한 '역사적 사회과학'을 발전시킬 것을 제안한 바 있다(Wallerstein, 1991: 192, 314; 1998: 314).

이러한 전망에 따르면, '자본주의 생산양식'은 시간에 따라 성장하고 쇠퇴하는 동역학적인 구조를 갖는다. 특히 아리기는 자본주의에 고유한 역사동역학을 세계헤게모니의 성장 및 쇠퇴와 결합시킨다.[16) 그 결과 체계적 축적순환으로 표현되는 자본축적의 동역학과 동시에 세

---

16) 반면 월러스틴은 '세계체계' 전체의 팽창과 수축이라는 동역학을 제시한다. 자본주의 세계체계의 역사동역학에 월러스틴의 분석과 그에 대한 비판적 평가는 박상현·이태훈(2011)을 참조할 수 있다.

계헤게모니를 구성하는 다양한 제도를 분석할 수 있게 된다. 자본주의의 역사는 대략 1세기, 즉 '장기 세기'에 걸쳐 지속하는 체계적 축적순환의 교체로 설명될 수 있다.17) 그런데 그러한 헤게모니적 축적순환의 교체는 결코 자동적이지 않다. 하나의 축적순환이 '최종적 위기'에 직면하고 세계경제가 '체계적 혼돈'에 빠질 때, 만약 새로운 축적순환이 재개되지 않는다면 자본주의의 역사는 종결될 수도 있다. 새로운 축적순환은 기존 축적순환의 한계를 극복해야 하는데, 바로 그 지점에서 기업과 국가 같은 제도적 장치의 역할이 중요해진다. 혁신적인 기업조직이나 국가제도는 자본축적의 구조에 '반작용'함으로써 새로운 축적순환이 재개될 수 있게 만드는 것이다. 그런 제도적 반작용이 성공적으로 조직될 때 새로운 헤게모니가 확립되어 자본주의 세계경제를 안정적으로 재생산하게 된다. 이와 같은 역사동역학의 관점에서 20세기 미국 자본주의의 체계적 축적순환이라는 구조적 변화와 관리국가라는 제도적 복합체의 상호작용을 분석하는 설명모델을 구체화할 수 있다.

'장기 20세기' 동안 미국 자본주의의 동역학(dynamics)은 하나의 체계적 축적순환으로 표현된다. <그림 1-2>의 하단부에 나타난 것처럼 하나의 체계적 축적순환은 성장과 위기라는 두 개의 정세적 국면(conjuncture)으로 구분되는데, 성장국면에서는 산업적 축적이, 위기국면에서는 금융적 축적이 지배적이다. 산업적 축적과 금융적 축적이라는 자본축적의 동역학은 이윤율의 운동에 의해 지배된다. 자본주의적 생산은 이윤을 목적으로 하며 그 성장은 산업에 기초를 두기 때문에 이윤

---

17) 아리기는 브로델의 '장기 세기' 개념을 가져와 하나의 헤게모니적 축적순환의 출현에서 쇠퇴까지의 시기로 재규정한다. 특정한 자본주의적 구조가 지속되는 시간으로서 '장기 세기'는 통상적인 물리적 시간보다 더 길다. 예컨대 미국이 세계헤게모니로 활동한 시기는 제2차 세계대전 이후이지만, '미국의 세기'는 19세기 말에서 21세기 초에 이르는 '장기 20세기'로 이해될 수 있다(Arrighi, 1994).

〈그림 1-2〉 관리국가의 역사적 동학

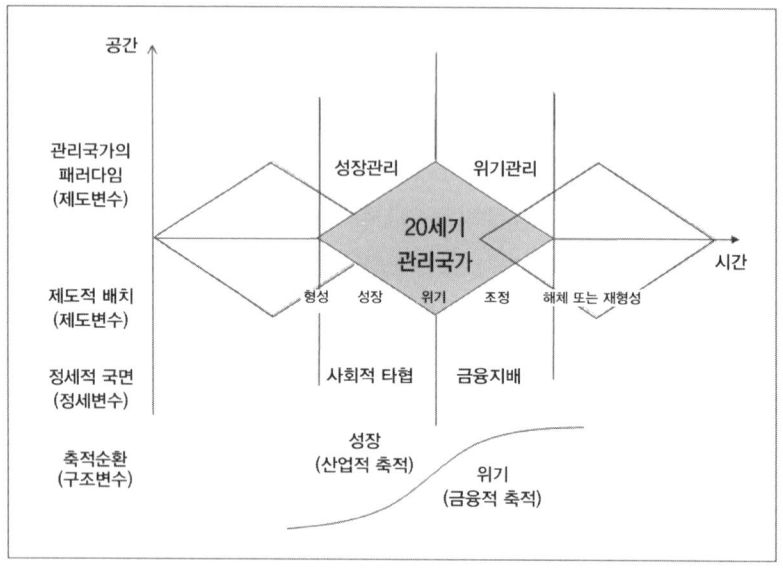

율은 자본 그 자체의 실적을 직접적으로 측정하는 지표가 된다(Duménil and Lévy, 1993: 20).

이윤율이 높을수록 자본은 투자를 하려는 더 높은 성향을 가지며, 투자를 위한 금융조달도 더 용이해진다. 또한 이윤은 투자의 원천이 되기 때문에 이윤율과 고정자본의 성장(률)은 유기적으로 연계된다.[18]

---

[18] 이윤율은 일정 액수의 자본에 대한 일정 액수의 이윤의 비율(이윤/자본)이다. 이윤은 두 가지 다른 플로우(flow)의 차이, 즉 산출-비용으로 표현되는 플로우 변수다. 자본은 스톡(stock), 즉 특정 노선에 따라 투자돼 온 화폐의 총계다. 특정 시기의 자본스톡은 이전 시기 자본스톡과 이윤으로부터 축적된 새로운 자본스톡의 합이며, 따라서 이윤과 일정한 함수관계(자본스톡 성장률=축적률×이윤율)를 갖는다. 이윤율의 운동과 고정자본 축적에 관한 이론적 모형은 윤소영(2000)을 참조할 수 있다. 여기서는 뒤메닐과 레비(Duménil and Lévy, 1993)의 방법에 따라 이윤율을 계산했다.

그 결과 이윤율은 거시경제적 안정성에 중요한 영향을 미친다. 산업적 축적의 한계는 이윤율의 하락으로 나타나며, 금융적 축적은 산업이윤율과 금융이윤율의 격차로 드러난다. 이러한 정세적 국면은 하나의 축적순환의 구조적 특징으로 환원될 수 없는 고유한 이론적 설명력을 갖는다. 그 핵심은 각각 산업적 축적과 금융적 축적에 배태된 소유·경영·노동의 타협과 금융의 지배라는 사회적 세력관계다.

그러나 국가의 제도적·정책적 배치로 표현되는 관리국가 패러다임은 또한 체계적 축적순환이라는 구조적 변화와 산업적 축적 및 금융적 축적이라는 정세적 국면으로 환원될 수 없는 제도적 메커니즘을 갖는다. 국가의 관리능력은 주어지는 것이 아니다. 오히려 그것은 국가를 구성하는 제도의 기능·작용의 산물이라고 할 수 있다. 즉 관리국가는 일련의 국가장치가 안정적으로 작동할 뿐만 아니라 그 활동의 적합성이 확보될 때에만 고유한 관리능력을 갖게 되는 것이다. 그리고 그런 능력이 발휘될 때에만 제도적 복합체로서 관리국가는 안정적으로 재생산될 수 있다. 특정한 관리 패러다임 내에서 각각의 정책과 그것을 담당하는 국가기구는 그 정책의 현실적 적합성과 그들 내부의 적합성에 따라 서로 조정된다. 각각의 국가장치와 정책이 서로 경쟁하면서 서로 보완하는 이러한 내부적 과정은 단순한 기술적 조정의 형태를 취할 수도 있지만, 때때로 정치직 투쟁의 형태를 취할 수도 있다.

특정한 패러다임을 따르는 정책적·제도적 조정의 실패가 누적될 때 관리국가 패러다임의 이행이 시작된다. 관리국가 패러다임의 이행은 각각의 정책이 정치적·경제적 환경에 경쟁적으로 적응하면서 그러한 환경과 다른 정책에 대해 적합성을 획득하는 진화적 과정으로 묘사될 수 있다. 물론 자연세계에서의 진화가 '대멸종'과 같은 단절을 내포하는 것처럼 제도적·정책적 진화의 과정도 결코 점진적이지 않다. 특히 패러다임 이행기에는 특정한 정책의 조합을 둘러싼 국가장치 사이의 투쟁이 필연적이다. 그러나 그런 투쟁은 단순한 권력투쟁이 아니며, 그런 투쟁의 결과도 단순한 엘리트의 정치적 선택으로 간주될 수 없다.

오히려 역사동역학이라는 관점에서 볼 때, 자본주의적 축적이라는 구조적 경향에 의해 강제되는 특수한 환경에 더 큰 적응능력을 보이는 국가장치와 정책이 생존해서 이후 새로운 관리국가 패러다임을 지배하게 되는 것으로 이해될 수 있다. 그리고 그러한 지배적 정책에 적합성이 높은 여타의 정책이 결합되면서 새로운 관리 패러다임이 형성된다. 이처럼 관리국가 패러다임의 형성과 이행은 '진화적' 모형에 따라 설명될 수 있다.

하나의 관리 패러다임은 특정한 경제정책과 사회정책을 내포할 뿐만 아니라 양자의 특수한 결합방식을 내포한다. <그림 1-3>에서 드러난 것처럼 관리국가 패러다임은 두 가지 축으로 분석될 수 있다. 하나

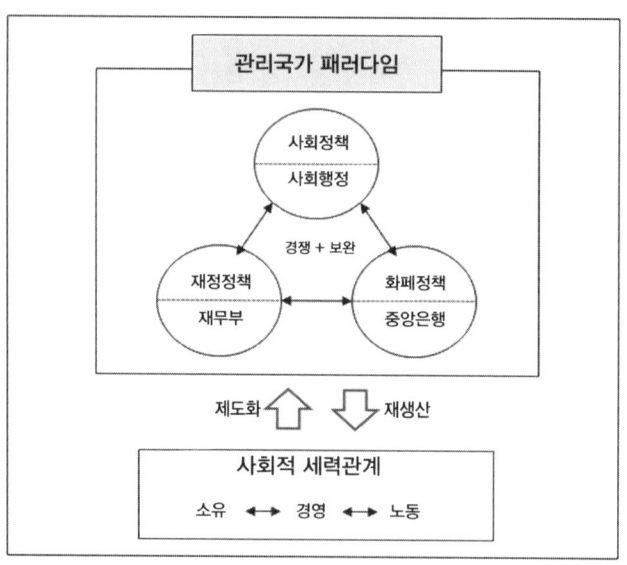

〈그림 1-3〉 분석틀

의 축은 사회정책, 재정정책, 화폐정책 사이의 정책조정의 원리를 밝히는 것이고, 다른 하나의 축은 그러한 정책을 실행하는 사회행정기관, 재무부, 중앙은행 사이의 관계의 변화를 분석하는 것이다. 관리 패러다임을 형성하는 특정한 정책과 그것을 실행하는 국가기관은 끊임없이 경쟁하지만, 하나의 패러다임이 정상적으로 작동하는 동안 그러한 경쟁은 서로 보완적인 효과를 낳는다. 또 그들 사이의 관계는 단순한 정책과 실행기관의 병렬적 나열로 분석될 수 없는 패러다임적 성격을 갖는다.

또 관리국가 패러다임은 더 포괄적인 사회적 조건 속에서 실행된다. 여기서 핵심적인 것은 체계적 축적순환으로 표현되는 자본축적의 역사적 국면 속에서 확립되는 소유, 경영, 노동의 사회적 세력관계다. 특정한 관리국가 패러다임은 한편으로는 사회적 세력관계를 제도화하지만, 다른 한편으로는 그러한 세력관계를 재생산하는 경향이 있다. 마치 하나의 기계처럼 관리국가는 특정 사회적 세력관계에서 발생하는 대중적 열망과 압력을 원동력으로 삼아 그것을 다른 형태의 에너지, 즉 국가라는 기계에 의해 관리되어 자본주의적 생산관계를 재생산하는 방식으로 기능하는 에너지로 변환시킨다. 이 때문에 관리국가는 자본의 특정한 분파를 중심으로 사회적 세력관계를 재생산하는 데 기여할 수 있다. 우리는 특정한 관리 패러다임을 구성하는 경제정책과 사회정책이 어떤 하위 정책수단을 어떤 방식으로 배치하고 결합하는가를 분석함으로써 그 패러다임이 어떤 사회적 세력관계를 제도화하고 재생산하는가, 그리고 그 사회적·정치적 효과는 무엇인가를 밝힐 수 있을 것이다.

20세기의 헤게모니적 자본주의 국가로서 관리국가는 자본축적에서 발생하는 불안정성에 대응해 정책적 관리를 수행하는 동시에 사회적 세력관계를 경제정책과 사회정책으로 제도화하는데, 이들 정책 사이의 관계와 국가장치의 제도적 배치는 관리 패러다임의 성격을 규정한다. 따라서 특정한 관리 패러다임은 그것을 실행하는 정치적 행위자의 이익이나 정치적 지향보다 훨씬 더 구조적인 성격을 갖는다. 하나의 패러다임의 본질적인 부분은 체계적 축적순환의 정세적 국면에 의해 규정되는 것이다. 이런 관점에서 관리의 목표와 성격의 차이를 중심으로 '성장관리'와 '위기관리'가 구별될 수 있는데, 이 두 패러다임은 정책 내용과 제도적 배치에서도 차이가 난다. 아마도 다음과 같은 가설적 명제는 이후의 분석을 전개하는 데 실마리가 될 수 있을 것이다.

첫째, 케인즈주의는 관리국가의 성장관리 패러다임으로 이해될 수 있다. 산업적 축적을 배경으로 케인즈주의적 성장관리 패러다임은 금융에 대한 억압에 기초해 재정정책을 중심으로 고용과 성장의 호순환을 안정화했고, 거시적으로 소유·경영·노동의 타협을 제도화했다. 경제정책과 사회정책이 보완적으로 조합되면서 사회정책은 통합적으로 확대되었다. 재무부 중심의 재량적 관리를 중심으로 각각의 사회행정기관에서는 전문적인 역량을 갖는 관료-전문가의 지배가 확립되어 관리를 제도화했다.

둘째, 성장관리 패러다임에서 위기관리 패러다임으로의 이행은 관리국가를 형성하는 국가장치 사이의 정책적·제도적 균열과 적응의 역사적 과정을 수반했다. 경제적 위기와 금융의 반격, 그리고 관리를 둘러싼 정치적 갈등 속에서 중앙은행과 기술관료에 의해 지배되는 화폐정책이 패러다임 이행을 주도했다. 특히 정치적 논란과 관리 패러다임의 균열이 증가할수록 상대적으로 정치적 압력으로부터 자유롭고 기술적 적응력이 높았던 중앙은행이 더 큰 자율성을 확보할 수 있었다는 데 주목할 필요가 있다.

셋째, 신자유주의는 관리국가의 위기관리 패러다임으로 이해될 수 있다. 산업적 축적에 기초한 성장이 한계에 도달한 상황에서 신자유주의적 위기관리 패러다임은 화폐정책을 중심으로 금융적 축적을 안정화했고, 경제정책과 사회정책은 사회정책을 분절화하는 방향으로 조합되었다. 중앙은행을 정점으로 하는 경제-기술관료의 지배 속에서 사회행정에서의 전문성은 효율성을 강화하는 경제적·기술적 규칙에 종속되었고, 제도적 차원에서는 조직적 유연화가 진행되었다. 신자유주의는 금융위기에 대응해 금융을 외연적·내포적으로 팽창시킴으로써 금융의 지배를 재생산했지만, 그 과정에서 금융위기의 잠재력은 증폭되었다.

<표 1-3>은 앞에서 제시한 가설에 따라 본 연구에서 분석할 주요한 변수들을 시기적으로 구분하여 요약한 것이다. 1950~60년대가 케인즈주의적인 성장관리 패러다임에 의해 지배된다면, 1970~80년대는 그러한 패러다임의 위기와 전환을 특징으로 하고, 1990~2000년대는 신자유주의적인 위기관리 패러다임에 의해 지배된다. 각각의 시기에 관리국가는 사회적 세력관계를 제도화하고 재생산하며, 경제적 위기와 정치적 갈등에도 불구하고 관리능력을 재생산하는 적응능력을 보여준다. 그럼에도 불구하고 국가의 관리능력은 고유한 모순을 내포하는데, 특

〈표 1-3〉 주요 분석변수

주요 변수\시기	1950~60년대	1970~80년대	1990~2000년대
법인자본주의의 역사적 동학(구조변수)	산업적 축적	축적의 위기	금융적 축적
사회적 세력관계 (정세변수)	소유·경영·노동의 타협	금융의 반격과 사회적 타협의 해체	금융의 지배와 노동의 위기
관리국가 패러다임 (제도변수)	케인즈주의적 성장관리	패러다임의 이행	신자유주의적 위기관리
정책의 결합형태	보완적 조합	조합의 균열	분절적 조합
제도적 배치	관료-전문가 지배	정치적 갈등	경제-기술관료 지배

히 2007~09년 경제위기는 신자유주의적 위기관리의 한계를 보여주는 사건이다. 그러한 모순과 한계를 인식하는 것은 '신자유주의의 위기' 속에서 관리국가가 어떤 대응을 조직하고 있는가를 이해하는 데 도움이 될 것이다.

제2장 법인자본주의와 관리국가

 20세기 후반 국가의 변화를 분석하기 위해서는 먼저 20세기 자본주의 국가의 특수성을 이해해야 한다. 세계헤게모니 국가로서 미국의 관리국가는 세계체계라는 공간적 차원에서, 그리고 20세기라는 시간적 차원에서 여타 국가들과 구별된다(제1절). 20세기 미국의 세계헤게모니는 법인자본주의라는 새로운 자본주의에 기초를 두었다. 미국의 법인자본은 생산의 영역뿐만 아니라 광범위한 사회적 영역에서 '관리혁명'을 촉발시켰고, 그 결과 '관리주의'는 새로운 자본주의 정신으로 자리를 잡았다(제2절). 관리주의에 따라 국가를 새롭게 조직하려는 일련의 시도가 서로 결합해 20세기의 관리국가를 형성시켰다(제3절). 이러한 역사적 과정에 대한 분석에 기초해 20세기 전체를 아우르는 관리국가 패러다임과 그 사회적 메커니즘에 대한 일반적인 이론적 분석이 제시될 수 있다(제4절).

1. 세계헤게모니 국가의 역사적 형태

 서유럽에서 자본주의의 형성은 범유럽적 차원의 정치적·경제적 질서뿐만 아니라 아메리카 대륙의 식민화와 같은 세계적 과정을 전제로 했다. 자본주의 형성과정에서 한자동맹, 이탈리아 도시국가, 스페인 제국 등과 같은 다양한 국가형태가 실험되었다. 그러나 17세기 중반 네덜란드 주도 하에 베스트팔렌 체제가 범유럽적 차원에서 '국가주권'의 원리를 확립하고 1789년 프랑스혁명 이후 '국가주권'의 원리가 '인민주권'의 원리로 민주화되면서, 현대적인 민족국가 체계가 정착되었다. 자본주의 세계경제 내에서 민족국가는 특정한 영토적 경계 내에서 자본축적의 조건을 안정화하는 데 가장 효율적인 제도로서 고유한 적합성과 생존력을 보였다. 그러나 자본주의 세계체계 내에서 민족국가의 정치적·경제적 역할은 완전히 고립된 방식으로 수행되지 않는다. 개별 국가는 다른 국가와의 관계 속에서, 즉 민족국가들의 특수한 체계 내에서 활동한다. 개별 민족국가는 형식적으로 주권적이기 때문에 국제질서를 지배할 수 있는 더 상위의 권위는 존재하지 않는다. 그럼에도 불구하고 국제질서가 완전한 무질서 상태에 빠져들지 않은 것은 세계헤게모니 국가가 일종의 '질서 있는 아나키'(ordered anarchy)를 창조하기 때문이다. 20세기 미국과 같은 세계헤게모니 국가는 세계적으로 통용될 수 있는 규칙을 부과함으로써 국제질서의 불확실성을 감축시키고 지도적인 역할을 수행했다. 이 과정에서 세계헤게모니 국가는 자국의 국내적 제도를 국제적인 제도와 연계시킬 수 있기 때문에 다른 국가는 얻지 못하는 이득을 얻을 수 있다(Arrighi et al., 1999: 18-19; Taylor, 1996: 25). 세계헤게모니 국가의 이와 같은 고유한 특징은 공간적 차원과 시간적 차원으로 나누어 고찰할 수 있다.

1) 공간적 차원: 세계체계와 세계헤게모니 국가

자본주의 세계경제는 애초부터 불균등하게 발전했고, 그 결과 세계체계는 중심·반주변·주변으로 구분될 수 있는 위계적인 구조를 갖게 되었다. 주권국가들의 형식적인 평등성에도 불구하고 국가간체계 내에서 중심부국가들은 주변부국가들의 정치적 행동양식에 일정한 제약을 부과할 수 있다(Wallerstein, 1984: 33; Martin, 1994: 34). 이 때문에 특정 국가는 세계체계의 위계에서 어떤 위치를 점하는가에 따라 상이한 활동양상을 보일 수밖에 없다. 그 중에서 특히 세계체계의 전반적인 속성과 체계적으로 결합되어 특별한 지위를 누리는 국가가 존재하는데, 그것이 바로 세계헤게모니 국가다(Arrighi, 1994: 27; Taylor, 1996: 24).

현대 세계에서 세계헤게모니 국가는 자기 자신을 독특한 국가유형으로 드러낼 수 있는 '무엇인가 특별한 것'을 보유해 왔다. 절정기의 네덜란드, 영국, 미국은 스페인, 프랑스, 독일, 소련 등은 결코 가져 보지 못한 특별한 성격을 보여주었다. 이로 인해 세계헤게모니 국가는 언제나 '예외적인' 국가로 간주되어 왔다. 그들은 여타 국가들과는 구별되는 역사를 갖는 것으로 묘사되었고, 동시에 여타 국가들이 추구해야 하는 '진보' 또는 '발전'의 미래로 간주되었다. 그리고 그러한 '발명된 예외성'은 그들이 세계적인 지도력을 행사하는 것을 정당화하는 데 기여했다(Taylor, 1996: 25).

그러나 세계헤게모니는 단순히 특별한 국가의 예외적인 능력의 산물로 간주될 수 없다. 오히려 그것은 자본주의 세계경제의 구조적 특성에서 기인한다. 자본주의 세계경제는 현대 이전의 '세계제국'처럼 세계에 단일한 정치적 질서를 부여하는 제도를 결여하고 있기 때문에, 세계질서의 안정성이 유지되기 위해서는 필수적으로 세계헤게모니가 요구되는 것이다.[1] 세계헤게모니 국가는 국제적인 평화질서를 확립함

---

1) 자본주의적 생산과 축적의 과정은 제국의 정치적·관료적 통제를 필요로 하지 않을 뿐만 아니라 거대 제국에 의한 부의 약탈을 회피해야 한다. 세계헤게모니는 국가간체계를 안정화함으로써 제국의 출현을 효과적으로 차단할 뿐만 아니라 대

으로써 세계적인 정치·군사적 안정을 가능케 하며, 국제적 지불수단으로서 '세계화폐'를 제공함으로써 세계시장의 정상적인 작동을 뒷받침한다. 만약 세계헤게모니 국가가 존재하지 않는다면, 세계는 민족국가들 사이의 항구적인 '전쟁상태'에 시달릴 것이며 국제무역의 대폭적인 쇠퇴를 경험할 것이다.

세계헤게모니 국가는 세계체계의 재생산과 관련된 일련의 요구를 제공하는 과정에서 자국의 정치적·경제적 제도를 적극적으로 활용한다. 그 결과 헤게모니 국가의 제도는 세계적인 정치적·경제적 질서와 체계적으로 결합된다. 이 때문에 세계헤게모니 국가는 자국의 역량이 강화되는 것이 여타 국가들에게도 도움이 된다고 주장할 수 있게 된다. 특정한 국가가 자국의 특수한 이익을 세계 모든 국가의 보편적 이익으로 만들어 낼 수 있는 능력이 바로 세계헤게모니의 본질이라고 할 수 있다. 그런 능력 덕택으로 헤게모니 국가는 강제뿐만 아니라 동의와 지도력을 통해 세계질서에 대해 지배력을 행사한다(Arrighi, 1999a; 1999b; Taylor, 1996).

세계헤게모니 국가에 의해 확립된 국제질서는 여타 국가들의 '실질적 주권'을 제약하며 세계헤게모니에 의해 확립된 제도가 '확산' 또는 '강제'되는 수단이 되기도 한다. 역으로 세계헤게모니 국가가 확립한 국제질서 속에서 여타 국가들은 세계헤게모니 국가를 진보와 발전의 모형으로 삼아 그 제도를 '모방' 또는 '지양'하려고 한다. 이 때문에 세계헤게모니 국가는 여타 국가들에 대해 고유한 정치적·문화적 지배력을 갖게 된다. 예를 들어 19세기에는 영국이 '진보의 미래'를 상징하면서 유럽과 아시아 국가 지식인들의 유람지가 되었다면, 20세기에는

안적인 국제질서를 제공한다. 이런 맥락에서 현대의 국가간체계에서 가장 강력한 국가들조차 제국을 창조하기보다는 국가간체계를 유지하려고 한다(Wallerstein, 1983; Arrighi, 1994; Taylor, 1996).

미국이 발전의 최종적 종착점을 상징하면서 19세기의 영국과 동일한 역할을 수행했다(Arrighi, 1994: 69; Taylor, 1996: 119-120).[2]

그러나 자본주의 세계체계 내에는 헤게모니 국가만 존재하는 것이 아니다. 오히려 대다수 국가는 세계체계 내에서 주변부나 반주변부에 위치한다. 게다가 중심부에 위치하는 모든 국가가 헤게모니 국가가 되는 것도 아니다. 특히 중심부국가 중에서 몇몇 국가는 세계헤게모니의 경쟁자, 즉 도전국가(contender state)가 될 수 있다. 19세기 말에 영국에 도전했던 독일과 일본은 도전국가의 전형으로 간주될 수 있다. 이들 국가는 모두 급속한 산업화를 통해 기존 세계헤게모니 국가가 달성한 경제적·사회적 성과를 획득하려고 노력했다. 이들은 세계헤게모니가 안정적으로 작동할 때에는 헤게모니 국가가 확립한 질서를 수용하면서 헤게모니 국가를 따라잡으려고 하지만, 세계헤게모니가 쇠퇴할 경우에는 대안적인 헤게모니를 추구하는 경향이 있다(Taylor, 1996: 33-34).

세계헤게모니 국가와 그 국가에 도전하는 중심부국가들 사이의 이와 같은 상호작용은 국가간체계 내에서 민족적 국가형태의 유형을 구분하는 기준이 될 수 있다. 역사적으로 볼 때, 상업적·산업적·금융적 우위를 획득한 세계헤게모니 국가는 대체로 시장과 기업의 자유를 옹호하는 입장을 취했던 반면, 도전국가는 헤게모니 국가를 따라잡기 위해서 강력한 중상주의적 정책을 활용하는 경향을 보였다.[3] 즉 헤게

---

[2] 이런 관점에서 테일러(Taylor, 1996)는 17세기 네덜란드, 19세기 영국, 20세기 미국이 자신의 생활양식을 세계의 미래로 제시함으로써 당대의 고유한 현대성을 창조했다고 주장한다. 사람들의 생활양식을 지배하는 '일상적 현대성'(ordinary modernity)은 세계헤게모니에 의해 창조되며, 따라서 세계사에는 단수의 현대성(modernity)이 아니라 복수의 현대성들(modernities)이 존재한다. 헤게모니 국가를 모방·추격하는 전략으로서 현대화(modernization)도 마찬가지로 이해될 수 있다.

[3] 이러한 분석은 국가와 관련된 월러스틴의 세계체계 연구의 한계를 보완한다. 월러스틴은 세계체계 내부의 국가들이 모두 중상주의적 지향을 갖는다고 파악하

모니 국가는 자율적인 사회에 의해 주도되는 자본주의적 발전에 의해 '길들여진' 국가인 반면, 도전국가는 헤게모니 국가를 추월하는 것을 우선적 과제로 설정하고 자본주의적 발전을 위해 사회를 '길들이는' 국가다(Taylor, 1996: 34). 이 때문에 세계헤게모니 국가는 페일(Pijl, 1998)이 '로크적 국가'라고 지칭한 국가 유형을 따르지만, 도전국가는 '홉즈적 국가'라고 지칭한 국가 유형을 따르는 경향이 있다. 또 국가가 사회에 대해 '하부구조적 권력'을 행사하는가, 아니면 '전제적 권력'을 행사하는가 하는 문제(Mann, 1993)도 헤게모니 국가와 도전국가의 차이로 이해될 수 있다.

2) 시간적 차원: 자본주의의 동역학과 헤게모니 국가의 진화

현대의 민족국가는 자본주의 세계경제의 출현과 분리될 수 없는 역사적 과정의 산물이다. 또 민족국가의 제도적 형태나 활동방식은 시간에 따라 변화한다. 때로는 새로운 국가가 형성되어 성장하기도 하고, 또 위기에 부딪히기도 한다. 위기에 부딪힌 국가는 제도적 조정을 강제받기도 한다(Doormbos, 2006: 17; Calhoun, 1995: 313). 이 과정에서 기존의 국가적 제도 중 일부가 사라지거나 또는 과거와 전혀 다른 기능을 수행하면서 존속할 수도 있다. 또 새로운 국가적 제도가 형성되어 기존의 제도와 결합되기도 한다. 그리고 극단적인 경우에는 국가가 제도

면서 중심의 국가를 '강한 국가'로 규정하고 주변의 국가를 '약한 국가'로 규정한다. 그런데 이러한 규정은 현실의 역사적 양상을 분석하는 데는 다소 일면적이다. 왜냐하면 세계헤게모니 국가, 즉 17세기의 네덜란드, 19세기의 영국, 20세기의 미국은 강한 군사력을 보유했지만 중상주의 국가는 아니었고, 대내적으로는 오히려 '강한 사회'에 의해 길들여진 '약한 국가'였기 때문이다(Taylor, 1996).

적으로 붕괴하는 사태가 발생할 수도 있다. 이러한 국가의 변화과정은 연속적·누적적이라기보다는 질적인 단절과 변형을 내포하는데, 특히 세계체계의 지도적 국가로서 세계헤게모니 국가에서는 그러한 특징이 두드러지게 나타난다.[4]

세계헤게모니 국가의 역사에서 19세기 영국의 '자유시장주의'와 20세기 미국의 '자유기업주의'는 자본주의 세계체계를 지배하는 원리의 '진화'로 표현될 수 있는 질적 변화를 대표한다. 19세기 영국의 국가는 그 이전 '중상주의'의 원리를 기각하고 대신 '자유시장'의 원리를 옹호했다면, 20세기 미국의 국가는 '자유시장'의 원리를 지양하면서 '자유기업'의 원리를 옹호했다. 이런 원리상의 변화가 국가 내부의 제도적 발전 논리에 따른 자동적인 과정이었던 것은 아니다. 오히려 그것은 세계헤게모니를 뒷받침하는 산업적 성장과 그것을 주도한 사회세력의 요구에 의해 강제된 것이었다. 예를 들어 19세기 영국에서는 소규모의 소유자적 가족기업이 성장을 주도했는데, 이들은 끊임없이 경쟁하면서 수평적으로 분권화되고 수직적으로 전문화된 산업구조를 창출했다. 이 같은 산업구조를 발전시키려는 소유자의 요구는 대내적으로는 '자유방임'의 이념으로, 대외적으로는 '자유무역'의 이념으로 표현되었다.[5] 반면 20세기 미국에서는 수직적으로 통합된 거대 법인기업이 산

---

4) 이와 달리 국가의 역사적 연속성을 강조하는 분석은 유럽의 절대주의 국가에 기원을 둔 중상주의적 국가가 시간의 흐름에 따라 연속적·누적적으로 성장해 왔다고 주장한다(Van Creveld, 2002; Poggi, 1990; Hall and Ikenberry, 1989; Mann, 1993). 이런 접근은 영국의 자유시장주의도 중상주의적인 전략의 한 형태로 간주하고, 그런 전략을 중상주의와 20세기 복지국가 사이에 위치하는 일시적이고 과도기적인 현상으로 파악한다(Camilleri and Falk, 1992: 26).
5) 물론 영국이 주장한 자유무역은 유럽 내부의 국가간체계에 국한된 것이었다. 사실 유럽 내부에서의 자유무역은 유럽 외부로의 제국주의적 팽창과 동전의 양면과도 같았다. 실제로 영국은 인도를 식민화했기 때문에 자유무역을 뒷받침하는

〈그림 2-1〉 세계헤게모니의 이행

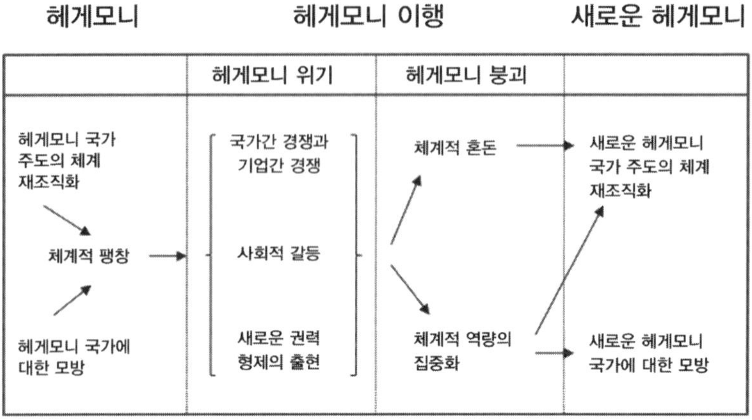

헤게모니	헤게모니 이행	새로운 헤게모니
	헤게모니 위기 / 헤게모니 붕괴	

```
헤게모니        ┌ 국가간 경쟁과 ┐    체계적 혼돈  →  새로운 헤게모니
국가 주도의 체계   │ 기업간 경쟁    │        ↑         국가 주도의 체계
재조직화        │               │        │          재조직화
    ↓         │ 사회적 갈등     │        │             ↑
체계적 팽창  →  ┤               ├                       
    ↑         │               │        ↓             
헤게모니 국가에  │ 새로운 권력    │    체계적 역량의  →  새로운 헤게모니
대한 모방      └ 형제의 출현   ┘     집중화           국가에 대한 모방
```

출처: Arrighi and Silver(1999: 29).

업적 성장을 주도했는데, 이들은 시장원리를 존중하면서도 거대 기업 조직을 통해 그 한계를 극복했다. 법인기업의 지도자, 즉 경영자들은 기업과 투자의 자유를 옹호했는데, 이는 결국 20세기 미국의 '자유기업주의'로 제도화되었다. 자유기업주의는 국내에서 기업의 성장뿐만 아니라 세계적인 초민족적 법인기업의 형성을 뒷받침했다. 또 기업의 자유를 효과적으로 뒷받침하기 위해 국가는 거시경제 활동 수준을 관리할 수 있는 능력을 갖게 되었다(Arrighi and Moore, 2001; Taylor, 1996).

물론 세계헤게모니 국가형태의 이행이 자연적이고 자동적인 과정은 아니었다. <그림 2-1>에서 볼 수 있는 것처럼 그러한 이행은 경제적 위기, 사회적 소요와 혁명, 세계대전 등과 같은 혼란으로 점철된 세계체계 전반의 '체계적 혼돈'(systemic chaos)의 산물이었다. '체계적 혼돈'은 세계적인 차원에서 하나의 질서가 붕괴했지만 대안적인 질서가 출현

금본위제도를 실현할 수 있었다. 이와 같은 역설을 드러내기 위해 아리기는 19세기 영국의 자유주의를 '자유무역 제국주의'라고 규정한다(Arrighi, 1994: 53).

하지 않은 불확정적인 역사적 상황을 의미한다.

역설적이지만 바로 그러한 체계적 혼돈의 상황에서 세계체계의 역량을 새롭게 집중시켜 새로운 세계헤게모니 국가를 형성하는 경로가 개방된다. 즉 세계헤게모니 국가형태의 '진화'는 기존의 세계헤게모니가 붕괴했을 뿐만 아니라 새롭게 세계체계를 재조직할 수 있는 대안적 헤게모니가 형성되었을 때 발생하는 것이다(Arrighi, 1994: 63, 215; 1999c: 224-225; Arrighi and Moore, 2001: 66).

20세기 초 두 차례 세계대전 사이의 '체계적 혼돈' 시기에 영국의 헤게모니를 대체하는 두 가지 새로운 자본주의 국가형태가 독일과 미국에서 실험되었다. 비스마르크에 의해 시작된 독일의 국가주의는 결국 히틀러의 나치로 종결되었다(Arrighi, 1994: 266). 반면 '진보주의 시대'의 산물로 윌슨에 의해 시작된 미국의 관리주의는 결국 뉴딜의 실험을 통해 새로운 국가형태로 귀결되었다. 나치와 뉴딜은 기존의 국가적 제도의 단순한 수정이 아니라 19세기의 구조적 문제를 해결하는 대안적인 자본주의 국가형태를 추구했다.[6] 아리기(Arrighi, 1994: 288-291)가 지적한 것처럼 독일은 영국식 자유방임주의의 시장원리에 대한 반정립으로서 시장을 지배하는 독점자본과 그것을 뒷받침하는 국가주의를 통해 시장을 '유예'──이는 20세기 초 독일의 경제학자 힐퍼딩에 의해 '조직자본주의'로 지칭되었다──시켰던 반면, 미국은 법인자본과 그것을 뒷받침하는 사적·공적 관리를 통해 시장을 '지양'했다. 즉 미

---

6) 여기에 추가해서 1917년 러시아혁명 이후 사회주의 국가의 건설도 19세기 영국식 자본주의와 자유방임 국가형태를 극복하려는 또 하나의 시도로 해석될 수 있다. 그러나 1920년대의 '전시공산주의'를 거치면서 그것은 사실상 독일적인 길을 극단화해서 완전히 시장을 국가계획으로 대체하는 것으로 나아갔다. 특히 독일과 마찬가지로 1930년대에 소련에서도 강력한 국가주의가 등장했다는 점은 흥미로운 일이다.

국은 새로운 형태의 국가를 통해 시장의 원리를 유지하면서도 그 불안정성을 정책적으로 관리할 수 있었던 것이다.

특히 1930년대의 대불황은 독일과 미국의 실험에 내포된 적응적 경쟁력의 차이가 극적인 형태로 드러난 결정적 계기였다. 독일과 미국은 대불황의 세계적 충격에 대해 상이한 방식으로 대응했고, 또 그 결과도 완전히 달랐다. 비스마르크의 국가주의를 극단적인 형태로 계승한 나치는 정치적 의지에 입각해 민족의 구성원을 일종의 직업신분적 질서로 동원하는 윤리적 국가를 지향했다. 나치의 통치 하에서 경제적 국가장치는 민족의 갱생이라는 정치적 의지에 종속되었고, 어떤 체계적인 경제정책도 실행하지 못했다(Paxton, 2004: 328; Maier, 1987: 116). 반면 진보주의를 계승한 뉴딜은 '과학적' 행정과 경제정책에 기초해서 자율적인 시민과 기업활동을 관리하는 새로운 국가를 지향했다(Levine, 1988: 159; Eisner, 1995: 164; Brinkley, 1989: 97). 나치는 안정적인 국가형태를 확립하지 못한 채 은행, 산업, 군대, 노동 등의 영역을 장악한 복수 권력기관들의 끊임없는 권력투쟁에 시달렸고, 결국에는 내적 갈등을 외적 팽창으로 전환시키는 방법을 선택했다(Mason, 1993: 100-102; Geyer, 1984: 208-221; Barkai, 1990: 248). 이와 달리 뉴딜은 시장의 내적 작동방식과 직접적으로 대결하지 않고서도 사적 경제에서의 취약성과 불균형을 보완하는 새로운 방법으로 '관리주의'를 확립하는 데 성공했다(Brinkley, 1989: 94; Cohen, 1998: 123). 그것은 19세기 영국의 자유시장과 이에 도전하는 독일 국가주의의 대립을 극복하면서 경제적 위기로부터의 탈출에 기여했을 뿐만 아니라 '관리국가'가 새로운 자본주의 국가형태로 자리를 잡을 수 있는 기초를 제공했다(박상현, 2010).[7]

---

7) 20세기 새로운 자본주의 국가 형성의 두 가지 길로 나치와 뉴딜에 대한 상세한 비교는 박상현(2010)을 참조할 수 있다.

2. 20세기 법인자본주의와 관리혁명

20세기 초부터 지금에 이르기까지 많은 연구가 거대한 기업조직의 발전과 합리화된 관리자의 기능이라는 주제를 중심으로 20세기 초 미국에서 발생한 자본주의의 새로운 발전과 그것이 야기한 더 포괄적인 사회적 변화에 주목해 왔다(Berle and Means, 1932; Galbraith, 1985; Chandler, 1977; 1990). 자본주의 역사에 관한 연구는 이러한 연구의 성과를 수용해 미국의 세계헤게모니가 질적으로 새로운 자본주의에 토대를 두고 있다는 명제를 제시했다. '새로운 자본주의'라는 관점은 자본주의적 생산관계라는 구조적 특성과 거대 법인기업이나 관리국가 같은 제도 형태의 반작용을 동시에 고려하는 것으로 체계화될 수 있다. 이런 관점에서 미국의 거대 법인기업 내에서 실현된 제도적 혁신이 20세기 자본주의의 체계적 축적순환을 추동했을 뿐만 아니라 '관리혁명'으로 지칭될 수 있는 거대한 사회적 변화를 자극했다는 점에 주목할 필요가 있다.

1) 법인자본주의와 경영자혁명

세계헤게모니는 혁신적인 자본주의에 의해 지지되며, 역으로 자본주의는 세계헤게모니의 이행에 상응하는 고유한 역사를 갖는다. 이런 측면에서 볼 때, 19세기 영국 자본주의와 20세기 미국 자본주의는 각각의 체계적 축적순환을 갖는 역사적으로 종별적인 자본주의다. 게다가 20세기 자본주의는 19세기 자본주의의 단순한 연속이 아니며, 19세기 자본주의의 필연적 귀결도 아니다. 20세기 미국 자본주의는 그 이전과는 질적으로 구별되는 제도적 혁신에 기초했다. 그러한 혁신의 핵심에는 법인기업이라는 새로운 거대조직의 출현이 있었다. 20세기 미국 헤게모니의 기초가 되는 법인기업의 출현은 때때로 19세기 영국의 '산업혁명'에 비견되는 '2차 산업혁명' 또는 '조직혁명'의 산물로 지칭된다.

19세기 영국의 산업화는 소규모의 경쟁적인 소유자적 가족기업에 의해 주도되었다. 사적 소유자로서 개인과 그의 가족이 기업을 소유하는 동시에 경영했다. 가족기업은 수직적인 측면에서 적소(niche)를 찾아 특수한 상품으로 전문화했다. 그 결과 원료에서 완제품에 이르는 일련의 과정은 모두 별개의 기업이 담당했다. 또한 가족기업은 수평적으로 분산된 채 시장에서 확립된 가격을 수용하는 가격 수용자(price taker)로서 끊임없이 경쟁했다. 당시 영국에서 '보이지 않는 손'에 의한 경제의 효율적 작동이라는 관념이 신뢰성을 얻을 수 있었던 것은 바로 이러한 개인주의적인 산업적 조직구조 때문이었다. 여기서 기업의 경쟁은 국내적·국제적 시장에 의해 조정되었고 기업가들이 주도하는 '시민사회'는 자유방임을 국가의 기본적 원리가 되도록 강제했다(Lazonick, 1991; Taylor, 1996; Sklar, 1988: 4).

그러나 19세기 말에 이르러 영국 기업의 평균적 수익률이 하락하면서 경쟁적·기업가적 자본주의도 쇠퇴하기 시작했다. 동시에 기업 간 경쟁이 격화되고 상품가격이 지속적으로 하락하는 '경쟁의 위기'가 지속되었다. 이런 상황에서 영국의 산업적 경쟁력은 약화되었지만, 영국의 기업은 제도적·기술적으로 혁신을 추진하지 않았다. 대신 성장기에 획득된 자본은 산업이 아니라 금융으로 흘러들어 갔다. 런던의 은행가들은 미국처럼 새롭게 성장하고 있는 산업국가로 자본을 수출함으로써 막대한 수익을 올렸다. 신사의 나라 영국이 산업화라는 잘못된 길을 걸어왔으며 신사의 사업, 즉 금융이 영국이 추구해야 할 본래적 길이라는 '신사자본주의'(gentlemanly capitalism)라는 관념이 등장하기도 했다(Hobsbawm, 1981; Taylor, 1996).

반면 독일과 미국 등의 산업국가에서는 철도, 석탄, 철강 등 대규모의 고정자본을 필요로 하는 산업부문을 중심으로 산업적 성장이 지속되었다. 이들 부문에서는 '경쟁의 위기'를 돌파하려는 독점적 경향이 나타나기 시작했다(Sklair, 1988: 44; Levine, 1988: 22; Hobsbawm, 1981: 164-165). 특히 독일은 그런 경향을 선도했다. 카르텔처럼 동일한 산업 내에서의 수평적 통합에 기초한 독점기업의 전형이 확립되었다. 독일의 독점기업은 시장에 대한 장악력 덕택으로 가격 형성자(price maker)로서의 지위를 누렸고 시장에 의해 지배되는 기업보다 더 높은 수익을 올렸다(Sklar, 1988: 4; Arrighi, 1994; Harvey, 2006: 147). 그러한 기업에게 막대한 신용을 제공했을 뿐만 아니라 이들 기업의 주식도 보유한 겸업은행(universal bank)은 기업 사이의 수평적 통합을 고무하거나 또는 명시적으로 요구했다. 나아가 독일의 국가는 중상주의적 정책을 통해 독점기업의 산업적 확장을 직·간접적으로 지원했다(Pijl, 1998; Lazonick, 1991; Allen, 1989; Arrighi, 1994).

20세기 초 미국에서 형성된 법인기업은 19세기 영국의 소유자적 가족기업의 한계를 뛰어넘는 기업합병의 산물이었지만, 그 형태와 원리는 독점기업과 달랐다.[8] 법인기업은 동일한 산업 사이의 수평적 통합

---

8) 미국에서의 기업통합 형태가 애초부터 독일의 그것과 달랐던 것은 아니다. 사실 미국에서는 19세기 후반에 독일의 카르텔보다 더 강력한 수평통합의 형태로서 트러스트가 독점주의적 경향을 주도했다. 그러나 '악덕자본가'(robber baron)의 온상으로 지목된 트러스트는 사회적으로 공격을 받았다. 이런 상황에서 1890년에 제정된 「반독점법」(Antitrust Act)은 의도하지 않은 역사적 전환의 계기가 되었다.

이 아니라 다양한 산업을 가로질러 생산의 전방과 후방 또는 상류와 하류를 수직적으로 통합했다(Chandler, 1990: 71-82; Landes, 1966: 109-10; Arrighi, 1994: 240). 그 결과 자금의 조달, 원료의 공급, 다양한 부품의 생산, 최종 생산물의 조립, 상품의 판매 등 연속적인 하위 과정이 하나의 조직적 영역으로 통합되었다. 또 원료와 부품의 가격 및 수량을 둘러싼 시장에서의 거래는 수직적으로 통합된 기업 내부로 이전되었다. 이러한 시장거래의 내부화가 시장의 불확실성을 완전히 제거하지는 않았지만, 그러한 불확실성은 거대한 기업조직에 의해 관리될 수 있었다. 이처럼 시장을 통한 분업이 미국의 기업사가(企業史家) 챈들러(Chandler, 1977)가 '보이는 손'(visible hand)이라고 부른 '관리적 조정'을 매개로 하는 기업 내부의 분업으로 상당 부분 대체되면서 기술보다는 조직이 실질적인 진입장벽으로 기능하게 되었다(Galbraith, 1985: 28-29; Arrighi, 1994: 242; Taylor, 1999: 54; Harvey, 2006: 148-149).

이와 같은 거대 법인기업의 형성은 사실상 새로운 자본주의의 출현을 의미했다. 거대한 법인기업은 대규모 자본이 요구되는 새로운 내구소비재 산업에서 테일러주의 조립라인으로 대표되는 새로운 생산방식을 채택했다. 새롭게 조직된 생산과정은 19세기와는 비교될 수 없는 막대한 규모의 고정자본을 필요로 했지만, 테일러주의와 같은 방식으로 고정자본을 훨씬 효율적으로 사용함으로써 이윤율의 새로운 상승을 낳을 수 있었다. 뿐만 아니라 시장에서의 상업적·금융적 거래가 거대기업의 내부거래로 대체되면서 유통비용과 금융비용이 대폭 절감된 것도 수익성 상승에 기여했다. 그 결과 1870년대 말까지는 존재하지도 않았던 이러한 기업 형태는 30년도 안 되어서 전통적인 소규모

그것은 그 법이 기업의 독점적 관행을 금지하는 대신 단순한 합병만을 허용함으로써 법인기업이라는 더 거대한 기업합병을 자극했기 때문이다(Eisner, 1985: 45; Sklair, 1988: 167; Taylor, 1999: 53).

가족기업을 제치고 미국 자본주의의 근간을 이루는 모든 산업을 지배하게 되었다.[9] 이들은 대량생산·대량고용·대량소비를 가능케 함으로써 미국이 새로운 세계헤게모니 국가가 될 수 있는 토대를 제공했다(Duménil and Lévy, 2001a: 145; Arrighi, 1994: 242).

또한 새로운 자본주의는 과거에는 존재하지 않던 새로운 사회집단에 의해 주도되었는데, 19세기의 '약탈적 자본가'를 대체한 조직의 전문가로서 경영자가 바로 그들이었다. 20세기 초의 전문경영자들은 수직적으로 통합된 거대한 기업조직을 기술적이고 상업적인 원리에 따라 재조직함으로써 법인기업이라는 새로운 자본형태를 사실상 완성했다. 이들이 주도했던 '경영자혁명'(managerial revolution)은 새로운 대량생산 과정에 대한 통제뿐만 아니라 다양한 제품의 생산·판매·엔지니어링 과정에 대한 관리, 나아가 기업의 조직과 금융의 흐름에 대한 관리에 과학성과 합리성이라는 원리를 도입했다. 1920년대에 포드를 추월하면서 미국을 대표하는 기업으로 성장한 제너럴모터스(GM)의 전문경영자 슬로언은 경영자혁명을 대표하는 인물이었다(McDermott, 1991: 25-26; 윤소영, 2006).[10]

---

9) 물론 미국에서 전통적인 중·소규모 기업이 모두 사라진 것은 아니다. 그 결과 전통적인 기업과 새로운 기업 사이의 기술적·조직적·금융적 이질성은 지속되었는데, 그러한 이실성은 1930년대 대불황의 주요한 원인이 되었다(Duménil and Lévy, 1995).

10) 제너럴모터스(GM)의 전문경영인 슬로언은 '정책의 입안과 실행의 분리', 그리고 '최신 기술 도입과 대량생산'이라는 두 가지 기본원리를 근거로 해서 주요한 경영상의 혁신을 이루었다. 그는 사업운영 부문을 독립 사업부로 분리시키는 다사업부제를 확립함과 동시에 노사관계·법률관계·재무관리 등의 핵심기능을 중앙으로 집중시켜 최고경영층이 기업 전체를 효과적으로 통제할 수 있게 만들었다. 이와 함께 선형조직과 참모조직이 발전하고 재무기술도 발전했다. 또 슬로언은 생산라인을 지속적으로 변화시킴으로써 수요 변화에 신축적으로 대응하는 다

경영자혁명은 기업이라는 차원에서 새로운 자본주의적 질서를 확립했을 뿐만 아니라 사회적 차원에서 관리의 정당성을 확립하는 데 크게 기여했다. 경영자혁명을 거치면서 미국의 법인기업은 미국인들에게 새로운 사회적 이동을 가능케 하는 기회의 땅으로 인식되었다. 법인기업으로 대표되는 현대적인 조직은 합리성의 '쇠 우리'(iron cage)가 아니라 사람들이 지금까지 경험하지 못했던 새로운 상호작용에 참여할 수 있는 창조적 공간이었다. 법인기업은 협소한 지방적 시야가 아니라 전국적인 전망을 제시해 주는 사회생활의 '필수적 제도'로서 사회의 건강과 유대를 유지할 임무를 부여받았던 것이다. 그러나 더 중요한 것은 경영자혁명이 '과학적 관리'를 구현함으로써 새로운 사회의 기본적인 조직적 모형을 제공했다는 점이다(Sklair, 1988: 26-27; Boltanski and Chiapello, 2005: 18). 경영자혁명은 기업을 넘어 은행, 학교, 병원, 공공기관, 그리고 심지어는 노동조합에 이르는 거의 대다수의 거대 조직에서 발생한 광범위한 '관리혁명'의 시발점이 되었던 것이다. 그리고 관리혁명을 거치면서 조직에 기초한 과학적이고 효율적인 관리는 사실상 '자본주의의 새로운 정신'으로 자리를 잡았다.

2) 관리혁명과 자본주의의 새로운 정신으로서 '관리주의'

19세기 말과 20세기 초 자본주의의 위기는 주요 선진 자본주의 국

변화된 생산방식을 고안해 냈다. 이는 20년 동안 동일한 생산라인에서 동일한 디자인의 자동차를 생산했던 포드와 대조를 이루었다. GM은 모건, 록펠러, 또는 포드 같은 개인이 아니라 법인 공중(corporate public)에 의해 소유되었고, 일상적인 투자는 사내유보금을 통해 조달되었다(McDermott, 1991: 28-29; 1992: 295-297; Chandler, 1977: 460-465).

가에서 사회적 갈등을 증폭시켰다. 특히 거의 대다수 국가에서 노동자운동이 폭발적으로 성장했다. 당시의 노동자들은 때때로 사회주의라는 대안적 이념을 추구했고, 그렇지 않은 경우에도 기존 질서에 대한 잠재적 위협요인이 되었다.[11] 이 때문에 '노동문제'는 핵심적인 '사회적 문제'(social question)가 되었다. 뿐만 아니라 기존의 소규모 기업과 구별되는 새로운 거대기업의 출현으로 인해 전통적인 산업질서——농업을 포함한——와 새로운 산업질서 사이의 갈등도 증폭되었다. 계급 사이의 갈등과 계급 내부의 갈등이 복잡한 방식으로 결합된 당시의 '사회적 위기'는 국가에 따라 서로 다른 방식으로 해결되었다. 그 과정에서 유럽의 국가들이 사회주의 세력의 급속한 확산과 제국주의적 전쟁, 그리고 파시즘과 같은 사회적 격동을 겪었다면, 미국은 '진보주의'로 대표되는 새로운 개혁세력이 주도하는 사회 전반의 제도적 혁신을 통해 19세기의 사회적 문제에 대처했다.

20세기 초 미국 사회를 '아래로부터' 개혁하는 데 기여했던 진보주의 운동은 사회적 위기를 극복하려는 다양한 개혁적 요구를 '진보'라는 모호한 이념적 틀로 통합했다. 법인기업의 형성을 주도했던 개혁적인 경영자와 중간계급 개혁가, 그리고 새로운 전문적 지식인은 광범위한 공중(public)과의 상호작용 속에서 진보의 실질적인 내용과 형식을 확립했다. 그들은 법인자본에 의해 새롭게 조직되고 있는 새로운 사업 사회에서 종교적 도덕주의와 같은 19세기의 전통적 이념은 시대착오적인 것이라고 주장하는 동시에 당시 유럽에서 확산되고 있던 사회주의적 집산주의에 대해서도 거리를 두었다. 20세기 미국을 지배한 '법

---

11) 아리기(Arrighi, 1990)에 따르면, 이 시기의 노동자운동은 노동자의 사회경제적 권력의 확대를 추구하는 사회경제적 노동자운동과 정치적 권력의 확대를 추구하는 정치적 노동자운동이라는 두 가지 경로로 발전하는데, 영국과 미국에서는 전자의 경로가 지배적이었던 반면 러시아에서는 후자의 경로가 지배적이었다.

인자유주의'의 사회적 기원에 관한 역사적 연구(Weinstein, 1968; Lustig, 1982; Sklair, 1988)가 지적하는 것처럼, 진보주의는 새로운 산업적 질서에서 발생하는 긴장과 모순을 관리할 수 있는 방향으로 기존의 자유주의를 혁신하려는 개혁운동의 이념이었다(Katznelson, 1996: 18).[12]

그러나 진보주의는 단순한 정치이념의 혁신에 국한되지 않았다. 그것은 전문직을 모델로 새로운 사회질서에 맞게 개인, 집단, 사회를 개조하려는 일종의 '문화혁명'의 성격을 띠었다. 윌리엄 제임스(Wiliam James), 존 듀이(John Dewey), 찰스 비어드(Charles Beard), 토스타인 베블렌(Thorstein Veblen) 같은 새로운 지식인이 그러한 혁신의 사상적 대변자였다. 그들은 보편적인 시민의 덕목을 구현한 전통적인 현자가 아니었고, 자신을 '사회의 수탁자'로 규정했던 과거의 법률가도 아니었다. 그들은 전문가주의를 주장하는 새로운 유형의 지식인이었다. 새로운 전문가적 지식인들은 진보주의 이념을 공유했지만, 활동가·개혁가와는 거리를 두면서 미국의 대학 내에서 '중립적인 과학'으로서 사회과학 분과의 형성을 주도했다. 사회과학의 분과적 지식과 관념은 새롭게 출현한 조직 내에서 특수한 역할을 담당하는 전문가의 자기의식을 강화하고 그들이 사회 각 영역에서 개혁의 주도세력이 될 수 있게 만들었다(Katznelson, 1998: 17; Brint and Levy, 1999; 166).[13]

---

[12] 진보주의 개혁가들은 당시 영국에서 대중적 영향을 미쳤던 홉하우스(Hobhouse)와 그린(Green) 같은 사상가의 '새로운 자유주의'와 공명했다(Gottfried, 1999: 29; Katznelson, 1996: 18). 그러나 영국에는 새로운 자유주의를 실현할 수 있는 주체가 존재하지 않았던 반면 미국에는 새로운 주체가 존재했다. 19세기 자유주의의 기초를 이루는 개인을 '지양'한 새로운 개인, 즉 법적 개인으로서 법인이 바로 그것이었다. 19세기 자유주의에서 개인의 핵심적 권리가 소유권이었던 것처럼, 20세기 자유주의에서도 개인의 핵심적 권리는 소유권이었다. 그러나 법적 인격으로서 법인의 소유권이 이데올로기적 차원에서 사회를 구성하는 핵심적인 토대가 되었다는 점에서 20세기의 자유주의는 법인자유주의로 지칭될 수 있는 것이다.

새로운 전문적 지식인들은 진보적인 사회질서가 도덕이나 종교가 아니라 과학에 기초해서 탐구되어야 한다고 주장했다(Polsky, 1991: 44; Jordan, 1994: 23-24; Brint, 1994: 37). 그러나 동시에 그들은 과학의 관념을 실용주의적인 것으로 변형시켰는데, 여기에는 새롭게 출현한 공학(engineering)의 눈부신 성과가 중요한 영향을 미쳤다(Noble, 1977; Jordan, 1994). 그 결과 원인을 탐구하고 인과적 법칙과 이론을 확립하는 과학의 근본적 목적보다는 관찰과 실험을 통해 지식을 누적하고 그것에 기초해서 예측과 통제의 능력을 증가시키는 과학의 방법이 강조되었다. 그리고 공학을 모델로 하는 '과학주의'가 일종의 사회윤리로 일반화되었다. 개인의 행동은 일종의 실험과 관찰로 간주될 수 있고, 각 개인은 경험을 통해 자신의 행동의 결과에 대한 지식을 누적함으로써 행동을 교정할 수 있다. 마찬가지로 과학은 다양한 개인의 행동에 대한 누적된 지식에 근거해서 최선의 해법을 제시하는 수단으로 활용될 수 있다. 그 결과 윤리는 사실상 실증적 사실로 전환되고 '왜'라는 문제는 '어떻게'라는 문제로 대체되었다. 이와 같은 종류의 실용주의적 과학과 윤리의 결론은 당시 산업의 영역을 넘어 사회의 다양한 영역으로 널리 확산되고 있던 '과학적 관리'의 가정에 부합하는 것이었다. 예측과 통제, 즉 관리의 수단으로서 과학은 그 적용 대상이 제한되지 않았다(Lustig, 1982: 155; Harney, 2002: 32).

특히 인간 사회에 대한 과학적 관리라는 이념은 듀이를 비롯한 '집단이론'(group theory) 주창자들에 의해 뒷받침되었다. 이들 진보주의 사상가는 '조직화된 사회'를 이미 확립된 사실로 받아들이면서 개인과 사회의 조화를 위한 새로운 방법을 모색했다(Lustig, 1982: 163; Boltanski

---

13) 19세기 말부터 출현한 새로운 전문가들은 사회과학의 전문직화와 함께 사회적 영향력을 획득했다. 미국경제학협회(1885), 미국정치과학협회(1903), 미국사회학협회(1905) 등이 이 시기에 설립되었다(Brint, 1994: 33; Eisner, 1995: 105).

and Chiapello, 2005: 18). 집단이론은 개인을 환경의 산물로 이해했지만, 개인적인 것을 거부하거나 억압하는 것이 아니라 환경을 변화시키는 것을 옹호했다. 이들에 따르면, 조직화된 사회의 유용한 요소들은 개인을 강화하고 해방시키기 위해 활용될 수 있다. 그런데 이와 같은 '조직 내에서의 개인주의'가 성공적으로 실현되기 위해서는 한편으로 조직이 조화롭게 설계되고 과학적으로 관리될 필요가 있으며, 다른 한편으로 개인이 다양한 조직 내에서의 역할에 적응할 필요가 있다. 이에 따라 조직을 설계하기 위한 다양한 전문적 지식과 동시에 일상생활에서 경험하는 복수의 조직에 개인의 적응을 촉진시키는 다양한 심리적 기법이 강조되었다(Lustig, 1982; Gottfreied, 1999b: 39).[14]

진보주의의 확산과 함께 19세기의 사회적 위기는 과학적 관리를 통한 조화로운 사회의 건설이라는 프로젝트로 대체되기 시작했다(Boltanski and Chiapello, 2005: 18; Maier, 1987: 26). 진보주의 사상가들과 그들로부터 영향을 받은 개혁가들은 기업에 대한 관리에서 자연환경에 대한 관리를 거쳐 가족, 학교, 병원, 도시, 정부에 이르는 다양한 영역에서 과학적 관리의 실험을 진행했다. 이러한 실험의 과정에서 시행착오가 존재했지만, 그런 오류의 조정과정은 오히려 과학적 관리라는 신축적인 관념이 강화되고 사회의 거의 모든 영역에서 뿌리를 내릴 수 있게 만들었다. 이에 따라 전문적 지식에 근거한 관리는 사회의 점진적이고 누적적인 진보를 보장하는 것으로 보였다. 법인자본주의라는 새

---

14) 이런 시각에서 볼 때 이 시기에 '행동주의' 패러다임이 지배력을 획득한 것은 우연이 아니다. 그것은 행동 또는 행위에 대한 과학이라는 이상에 부합했던 것이다. 특히 이 시기에 행동주의 심리학은 관찰 가능한 개인의 행동에 대한 지식을 누적시킴으로써 과학의 지위를 획득했다. 심리학에 근거를 둔 행동주의 패러다임은 여타 사회과학 분과 내에서도 과학적 접근의 원형으로서 큰 영향을 미쳤다(Rose, 2003).

로운 시대의 이념으로서 진보주의가 약속한 진보는 조직화된 사회의 '관리된 진보'였던 것이다(Gottfried, 1999a: 17).

이런 시각에서 볼 때, 20세기의 관리주의(*cadrisme*)는 활동의 특정한 유형인 동시에 그것을 뒷받침하는 조직적·제도적 유형으로 간주될 수 있다.[15] 그것은 대체로 일정한 위계와 업무의 분할을 갖는 다층적인 조직을 통해 집합적인 형태로 구현된다. 이들 조직에서 관리는 정보를 수집·분석하고, 그것에 기여하여 인적·물적 자원을 최적의 시간과 장소에 배분하는 활동을 의미한다. 관리는 곧 사물에 대한 관리인 동시에 인간에 대한 관리인 것이다. 이와 같은 관리활동의 유사성으로 인해 관리의 조직적 형태와 원리는 사적 경영(management)과 공적 행정(administration)에 모두 침투할 수 있었다. 사적 부문에서의 관리와 공적 부문에서의 관리는 비록 관리의 목적과 대상은 다르지만 유사한 구성요소(인사, 재무, 조직 등) 및 위계구조를 가지고 유사한 방식으로 작동했던 것이다. 뿐만 아니라 이들 조직은 서로 상호 작용하고 서로 모방하면서 사회 전체의 관리주의적 성격을 심화시켰다(Duménil and Lévy, 1998a: 54; 1993b: 184).[16]

---

15) 관리주의는 사적 경영과 공적 행정을 모두 포괄하는 조직적·제도적·이데올로기적 원리다. 이와 같은 관리주의의 발전은 베버적 의미의 관료제의 확산으로 설명될 수 없다. 관료제는 현대 조직의 형식적 특징을 강조하는 지나치게 포괄적인 개념이기 때문에 그 조직이 어떻게 작동하는가에 관한 역사적·사회적 구체성을 포착하기 어렵다(McDermott, 1991). 또 미국의 전문가에 대한 브린트의 실증적 연구에 따르면, 그들에게서 공통적으로 발견되는 합리성은 단순한 도구적 합리성이 아니라 분석적 합리성이다(Brint, 1994: 81). 분석적 합리성은 베버가 관료제의 형식합리성이라고 묘사한 것보다 더 유연하고 실용적인 양상을 띤다.

16) 실제로 미국에서 법인기업 경영자들은 1920~30년대에 기업을 넘어 행정기관의 운영에 참여하는 '정책 활동가'로도 발전했다. 그 대표적인 사례는 경영자혁명을 주도했던 GM의 전문경영인 슬로언이다. 그는 뉴딜 시기에 경제발전위원회

여기서 특히 중요한 것은 이상주의적인 진보주의자들이 사실상 간과했던 사실, 즉 관리하는 주체와 관리되는 대상 사이에는 특수한 종류의 비대칭성이 존재한다는 사실이다. 관리자가 관리자일 수 있기 위해서는 우선 관리의 대상을 장악하고 통제할 수 있어야 한다. 그러나 동시에 관리는 억압, 규제, 규율, 지도, 명령 등과는 구별된다. 왜냐하면 그것은 관리대상에 대한 누적된 분석적 지식에 근거한 예측에 토대를 두기 때문이다. 그리고 바로 이러한 특성 때문에 관리업무는 전문적 지식을 갖춘 것으로 간주되는 관리자에게 이전되며, 관리의 위계는 지적 위계와 동일시되는 경향이 있다.[17] 게다가 종종 관리는 과학에 근거한 완전한 통제 가능성을 내포하며, 인간에 대한 관리는 지적 위계에 근거한 예속을 야기하기도 한다.

20세기의 이상적인 관리자는 끊임없이 '더 좋은 방법'을 추구하고 '최선의 해법'을 제시하려고 노력하는 사람이다. 그들은 기술, 경영, 행정, 그리고 더 일반적인 조직의 전문가들이다. 이 때문에 그들은 하나의 조직 또는 제도에서 다른 조직 또는 제도로 수평적으로 이동할 수 있다. 관리자들은 조직과 제도를 가로질러 이동하는 과정에서 서로 인적으로 연계된다. 관리자의 활동영역이 확대되면서 그들이 공유하는

(Committee for Economic Development)에 참여하여 법인기업의 재정관리를 모델로 국가의 투자결정에 대한 과학적 관리를 주장했다(Maier, 1987: 63).

17) 이러한 관점에서 볼 때 20세기 초에 미국에서 관리의 전문직화가 교육제도의 변화와 결합된 것은 결코 우연이 아니다. 당시의 교육개혁을 통해 확립된 대중교육 체계 내에서 법인기업 내부의 명령계통이 교육기관의 위계와 체계적으로 결합되었다(윤종희, 2005). 전문가 숭배와 복잡성의 신화가 전문적인 능력을 획득하는 것으로 가정되는 일련의 교육과정에 통합되었다. 그리고 그러한 능력을 획득하지 못한 노동자는 자신의 이익을 합리적으로 파악하고 있는 관리자의 견해에 따를 때 더 큰 이익을 얻을 수 있다는 주장이 널리 확산되었다(Noble, 1977; Montgomery, 1979; Lustig, 1982; Rupert, 1995).

세계관으로서 관리주의도 확산되었다. 새로운 사회의 새로운 주도세력으로서 관리자는 법인기업이라는 새로운 자본형태를 확립했을 뿐만 아니라 관리주의라는 새로운 자본주의 정신에 따라 새로운 형태의 국가, 즉 '관리국가'를 형성하는 방향으로 나아갔다.

3. 관리국가의 형성

20세기 초 미국의 법인기업에서 시작된 경영자혁명은 진보주의라는 사회 전반의 개혁운동과 공명하며 더 포괄적인 '관리혁명'의 일부를 이루었다. 관리혁명은 관리주의를 새로운 사회의 조직원리로 정착시켰지만, 그것이 단일한 계획에 따라 추진된 것은 아니다. 관리혁명은 사회의 다양한 영역에서 서로 다른 원인과 이해관계에 의해 야기된 '사회적 문제'에 대한 대응의 산물이었다. 또 사회적 문제의 해법으로서 관리주의는 '위로부터' 부과된 것이 아니었다. 오히려 그것은 개혁적인 자본가와 경영자, 그리고 전문가의 광범위한 제휴를 통해 실행되었고, 서서히 국가를 길들이는 방향으로 나아갔다. 이 과정에서 과거에는 사적 영역에 속하는 것으로 간주되었던 몇몇 활동이 공적 관리의 대상으로 재규정되었다. 특히 사적 시장의 원리에 의해 안정적으로 재생산될 수 없는 노동력과 화폐라는 특수한 상품에 대한 공적 관리가 발전했다. 사회행정기관과 중앙은행 제도는 점차 새로운 자본주의 국가로 통합되어 고유한 경제적·이데올로기적 기능을 수행했다. 나아가 관리혁명의 일환으로 진행된 '행정혁명'은 재무부를 중심으로 다양한 국가기관을 새롭게 결합시킴으로써 관리국가라는 새로운 헤게모니적 국가형태를 확립하는 데 결정적인 기여를 했다.

1) 사회행정의 발전과 노동력 관리의 진화

서구 사회에서 자본주의 발전의 역사는 그 시초부터 노동력이라는 특수한 상품의 판매와 구매, 그리고 재생산을 둘러싼 갈등의 역사로 기록되었다. 가치와 잉여가치를 생산하는 유일한 상품으로서 노동력은 다른 상품과 달리 그 소유자, 즉 노동자의 육체적·정신적 능력과 분리될 수 없다. 이 때문에 노동력의 판매와 구매는 빈번하게 계약 당사자들 사이에서 '권리와 권리의 충돌'을 수반했다. 또 임금과 노동력이 교환되는 노동시장의 원리만으로는 인간적 능력으로서 노동력의 안정적인 재생산이 보장되지는 않는다. 실업으로 대표되는 노동력 재생산의 고유한 위험이 존재한다. 뿐만 아니라 노동자는 노동 계약과 자본의 소유권을 수용할 수 있는 시민으로 재생산될 필요가 있다. 역사적으로 볼 때, 구빈원에서 학교와 가족에 이르는 다양한 비경제적 제도가 노동력을 재생산하는 국가적 기능을 수행했다.

19세기 중반에 이르러 노동력의 판매와 구매를 둘러싼 사회적 갈등은 사적 계약의 영역으로 간주되던 노동시장에 대한 국가의 직접적인 제도적 개입을 낳았다. 당시 임금노동 제도를 위협했던 급진적인 노동자운동에 대응하는 과정에서 국가는 노동자들이 소유한 노동력에 대한 제한적 보호를 의미하는 '노동의 권리'를 수용했고, 임금과 노동조건, 나아가 노동시간 등을 다루는 공식적인 규정과 행정기관을 확립했다. 그러나 이러한 최초의 '사회행정'은 기본적으로 사적 계약의 규칙을 사회적으로 확립함으로써 자본주의적 임금제도를 정치적으로 안정화시키기 위한 것이었다(Neocleous, 1996: 11-14). 한편 노동력의 재생산과 관련된 영역은 여전히 사적인 것으로 간주되었다. 임금을 통해 노동력을 재생산할 수 없는 '빈민'은 여전히 종교적인 구호기관과 자선기관이 제공하는 사적 구호의 대상으로 남아 있었다.

그러나 19세기 말과 20세기 초의 사회적·경제적 위기는 다시 한 번 갈등을 증폭시켰다. 위기를 배경으로 대다수 선진 자본주의 사회에서 노동자운동과 사회주의 세력이 급속하게 성장했다. 그들은 한편으로는 더 나은 생활조건과 노동조건이라는 사회경제적 권리를 획득하려고 했으며, 다른 한편으로는 자신들의 정치적 대표성을 확보하고, 나아가 정치적 권력을 획득하려고 했다.[18] 국가에 따라 노동자들의 사회적·정치적 힘이나 사회적 갈등의 양상은 편차를 보였지만, 노동자운동의 분출과 사회주의의 확산은 기존의 사회질서에 대한 현실적이거나 잠재적인 위협이 되었다(Arrighi, 1990; Balibar, 2010).

계급적·이념적 대립이 첨예해지는 상황에서 '자본주의적인' 선택지는 그렇게 많지 않았다. 가장 현실적인 선택지는 자본주의적인 사회질서를 개혁함으로써 그 질서를 유지하는 것이었다. 당시 미국과 유럽의 '개혁가들'은 노동자의 급진적인 정치적 요구를 완화시키고 사회경제적 요구의 일부를 국가의 관리대상으로 변화시키는 일련의 개혁을 추진했다. 물론 이런 개혁의 구체적인 역사적 계기나 전개 양상은 나라에 따라 달랐지만, 대부분의 경우 개혁의 전개과정에서 '사회적인

---

18) 사회경제적 권리를 획득하려는 사회경제적 노동자운동과 정치적 권리를 획득하려는 정치적 노동자운동은 당시 자본주의 세계경제 내에서의 위치와 국가 형성의 역사적 궤도에 따라 상이한 양상을 보였다. 세계헤게모니 국가로서 영국과 그것을 계승한 미국에서는 자유주의 국가의 영향력 하에서 사회경제적 노동자운동이 훨씬 더 강력했고, '반주변부'에 위치한 러시아에서는 차르 체제 하에서 억압적인 국가의 대체를 지양하는 정치적 노동자운동이 훨씬 더 강력했다. 반면 영국의 헤게모니에 도전했던 독일에서는 두 경향이 모두 존재했는데, 이들 사이의 논쟁은 '정통주의'와 '수정주의'의 논쟁으로 드러났다(Arrighi, 1990).

것'(le social)으로 지칭될 수 있는 일종의 타협의 영역이 고안되었다. 돈즐로(Donzelot, 1994)가 지적한 것처럼, 개혁가들은 당시의 위기를 '사회적 위기'로 규정하고, 그 속에서 가시화된 노동자의 집단적 불안전성을 '사회적 문제'로 규정했다. 사회개혁가들은 격렬한 정치적 투쟁의 완충장치로서 사회적 영역을 창조했던 것이다.

당시의 개혁가들에 따르면, '사회적 영역'은 순수하게 사적인 영역도 아니고 순수하게 공적인 영역도 아니다(Baldock and Miller, 1985: 137). 예를 들어 19세기까지 빈곤이라는 문제는 개인의 도덕적인 문제로 간주되었던 반면, 이제 실업은 단순히 개인의 문제가 아니라 사회적 문제로 간주된다. 사회적 문제의 원인은 사회에 있기 때문에 개인을 탓할 수 없다. 개인은 그런 문제를 쉽게 해결할 수 없으며, 따라서 사회적 대응이 요구된다. 또한 사회적 문제는 경제적 문제와도 구별되는데, 왜냐하면 그것은 경제적 문제뿐만 아니라 새로운 산업적 질서 속으로 노동자를 통합하는 도덕적·정치적 문제도 포함하기 때문이다(Fraser, 1989: 55; Dubofsky, 1994: 27-34). 개혁가들은 이와 같은 사회적 문제를 해결할 책임성을 국가에게 부여했고, 그러한 국가의 활동을 행정적인 형태로 제도화하려고 했다(Donzelot, 1994).

바로 이런 맥락에서 20세기 초에 유럽과 미국에서 노동부 같은 새로운 행정기관이 설립되어 노동력의 재생산과정에 대한 표준화된 분류를 추진했다. 이 시기에 '경제활동인구'와 '비경제활동인구'라는 새로운 관념이 확립되었고 그것에 관한 신뢰성 있는 통계가 확보되었다(Castel, 2003: 306). 또한 도덕적 책임을 내포했던 빈곤과 빈민이라는 모호한 범주가 아니라 사회적 범주로서 실업이 국가적 행정의 대상이 되었다. 국가에 따라 그 대응방법은 달랐지만 1930년대에 이르러 중심부 국가들에서 실업은 국가가 일련의 절차에 따라 공적으로 대처해야 할 표준화된 '사회적 문제'로 정착되었다(Neocleous, 1996: 137; Garrido, 2005:

102; Strath, 2003: 167).[19] 동시에 과거에 교회, 자선기관, 그리고 지방 구호기관 등으로 분산되어 있던 각종 구호활동이 점차 국가에 의해 행정적으로 통합되고 전국적으로 관리되기 시작했다(Brunhoff, 1981).

미국에서는 진보주의의 영향 하에서 일부 사회개혁가들이 전통적인 종교적 자선의 논리와 단절하고, 대신 과학적 관리의 원리를 자선사업에 적용하기 시작했다.[20] 개혁적 자선사업가는 빈민에 대한 단순한 경제적 지원에 반대했는데, 왜냐하면 문제는 빈곤한 가족의 습관, 태도, 행동을 변화시키는 것이었기 때문이다. 이에 따라 그들은 개별 가족의 생활방식을 개선할 수 있는 사례별 사회사업(case work)의 기법으로 과학적 '치료법'을 발전시켰다. 또 그들은 사회사업 전문가가 실행하는 치료법적 관행을 점차 사회행정과 결합시켰다(Polsky, 1991: 101).

그러나 노동력 관리의 진화와 관련된 결정적인 계기는 1930년대의 경제적 위기와 사회적 불안이었다. 루스벨트 행정부는 대량실업이라는 긴급한 상황에 대응하기 위해 미국 역사상 최초로 연방정부에 의한 공적 구호의 책임성을 수용했다. 뉴딜의 일환으로 연방정부 산하에 연방긴급구호청(Federal Emergency Relief Administration), 토목사업청(Civil

---

19) 독일(1927), 호주(1922), 오스트리아(1920), 덴마크(1907), 네덜란드(1916), 벨기에(1901), 영국(1911), 노르웨이(1906), 미국(1935), 프랑스(1905) 등 대다수 선진 자본주의 국가가 20세기 초에 공적 실업계획을 확립했다(Rothstein, 1998a: 296).
20) 진보주의적 자선사업가들이 추구했던 과학적 원리는 공학보다는 의학을 모델로 했다. 빈곤과 일탈에서 벗어나지 못하는 노동자계급 가족은 복잡하게 조직된 현대 산업사회에 적응하지 못한 일종의 환자로 간주되었다. 따라서 현대의학이 질병에 접근하는 것과 유사한 방식으로 그 환자들의 특수한 증후를 치료할 필요가 있었다. 모든 환자들이 각자 고유한 것처럼 하나의 임상적 사례로서 빈곤한 개별 가족은 고유한 부적응의 원인을 가지고 있다는 것이었다. 바로 이러한 맥락에서 미국의 자선사업은 '치료법적 접근'을 발전시키게 되었다(Polsky, 1991: 12; Trattner, 1999: 149).

Work Administration), 공공사업청(Works Progress Administration) 같은 행정기관이 설립되었다(Piven and Cloward, 1993: 74).[21] 그리고 뉴딜 초기에는 연방긴급구호청이 주도하는 직접구호 프로그램이 구호정책의 근간을 이루었다면, 긴급한 사태가 진정되면서 점차 공공사업청이 주도하는 노동구호가 직접구호를 대체했다(Eisner, 1995: 184; Amenta, 1998: 79; Piven and Cloward, 1993: 82; Minsky, 1982: 52). 특히 노동구호는 단기간에 대규모 인력을 동원해서 댐, 도로, 학교, 병원 같은 공적 시설을 건설하는 데 성공했다. 그것은 건전한 시민은 타인에게 기대지 않고 자기노동을 통해 생활을 영위해야 한다는 미국적 정신을 구현했다(Piven and Cloward, 1993: 97-112).

물론 뉴딜의 혁신은 '실업문제'에 대한 긴급한 대응에 국한되지 않았다. 뉴딜은 사회적 문제의 핵심으로서 '노동문제'를 전국적인 차원에서 해결할 수 있는 항구적인 법적·행정적 장치들을 창조했다(Dubofsky, 1994: 167). 1933년의 「전국재건법」(National Recovery Act)은 독립적 노동조합의 법적 권한을 승인했다. 또 1935년에 제정된 「사회보장법」(Social Security Act)과 「전국노사관계법」(National Labor Relation Act)은 정부 내에 사회보장위원회와 노사관계위원회 같은 외형상 전문적이고 중립적인 기관을 설치했다. 특히 노사갈등을 조정하는 행정적 체계로서 노사관계위원회는 법률적 전문화를 통해 그 중립성을 강조했고 노사갈등을 법률적인 절차 내부로 통합해 냈다(Eisner, 1995: 180-181).

1930년대의 대불황을 거치면서 확립된 사회행정기관은 노동자로서

---

21) 그 밖에도 청년실업자를 대상으로 산림보호대(Civilian Conservation Corps)와 청년사업청(National Youth Administration)이 설립되었고, 빈농에 대한 대책으로 농촌재활사업(Rural Rehabilitation Program), 농촌재정착청(Resettlement Administration), 연방농가안정청(Federal Security Administration)이 설립되었다(Amenta, 1998; 73; Piven and Cloward, 1993: 82).

시민들이 생애주기 내에 부딪히게 되는 고유한 위험을 완화시키는 역할을 담당했다. 이는 미국에 국한된 현상이 아니었다. 특히 제2차 세계대전 이후 '사회적 영역'은 점차 확장되었고, 행정적 관리의 대상도 노동력의 일상적 재생산뿐만 아니라 가족과 자녀의 세대 간 재생산으로 확대되었다. 이에 따라 노동을 통해 소득을 획득할 수 없게 되는 실업, 질병, 상해 등의 위험이나 퇴직한 노동자의 노후생활 등이 모두 고려되어야 했다. 나아가 노동력의 정신적 능력을 향상시키는 교육이나 육체적 능력을 유지시키는 의료도 중요한 관리의 대상이 되었다. 나라에 따라, 역사적 맥락에 따라 그 구체적인 양상은 달랐지만 대다수 중심부국가에서 사회적 문제의 해결 또는 완화를 담당하는 다수의 사회행정기관이 탄생했고, 이들 기관은 노동자로서 시민의 사회적 안전(security)을 보장했다(Castel, 2003: 291). 경제적인 동시에 이데올로기적인 효과를 갖는 이들 기관의 활동을 통해 노동자는 점차 민족국가의 '정상적 시민'으로 통합되었고, 동시에 한때 위협받았던 국가의 권위도 재생산될 수 있었다(Balibar, 2010; Neocleous, 1996; Donzelot, 1994).

2) 중앙은행의 발전과 화폐관리의 진화

화폐는 역사적으로 진화해 온 사회적 제도다. 화폐는 자본주의 이전부터 존재했지만 모든 시장거래를 단일한 화폐체계로 통합한 자본주의 사회에서 진정한 의미의 사회적 지배력을 획득했다. 자본주의에서 교환을 목적으로 하는 모든 노동생산물은 화폐와 교환될 때에만 자신의 가치를 실현할 수 있다. 어떤 사적 개인도 '일반적 등가물'로서 화폐를 발행할 수는 없으며, 따라서 화폐는 시장 외부에 위치하면서 모든 사적 개인이 승인할 수 있는 권위를 갖는 기관이 공급해야 한다. 그런 국가적 기관은 화폐의 명칭과 시세를 결정하며, 화폐가 실질적인 가격표준이자 유통수단으로 기능할 수 있도록 그 품질을 유지해야 한다. 바로 이 때문에 화폐에 대한 국가적 관리는 자본주의 생산양식의 재생산에 필수적인 역할을 한다. 애초에 사적 은행 중 하나로 출발했지만 이후 '은행의 은행'으로 재확립된 중앙은행이 바로 그러한 화폐관리의 실질적 담당자였다(Brunhoff, 1981; Guttmann, 1994; Harvey, 2006).

그러나 19세기까지 중앙은행의 활동은 자본주의의 발전 양상이나 화폐를 둘러싼 사회적 갈등의 양상에 따라 나라마다 큰 편차를 보였다. 19세기의 세계헤게모니 국가였던 영국은 선도적으로 금본위제를 채택하고 중앙은행 제도를 체계화했다. 또한 영국 정부는 민족적 영토 내에서 화폐의 발행을 독점하고 본위화폐였던 금과의 태환을 안정적으로 관리했다. 이와 같은 민족적 화폐체계는 세계적인 모델로서 19세기 후반에 여타 국가들로 확산되었다. 반면 분권화된 정치적·경제적 질서를 특징으로 했던 미국은 19세기 말까지도 전국적인 화폐제도를 둘러싼 사회적 갈등에 시달렸다. 그 결과 20세기 초까지도 전국적인 은행체계가 발전하지 못했고 중앙은행이 설립되지도 않았다.[22] 필요에 따라 신축적으로 화폐를 공급하고 은행신용을 뒷받침할 수 있는 중앙은행이 없었기 때문에 화폐와 신용은 원활하게 공급되지 못했다. 때로는 계절적 변화에 따른 농촌의 화폐수요 변동으로 인한 인플레이션과 이자율 변동이 경제를 취약하게 만들기도 했다. 또 전국 각지에 산재해 있던 소규모 은행은 빈번하게 파산의 위험에 부딪혔고, 주기적인

---

[22] 미국에서는 1791년과 1816년에 미국은행이 설립되지만 두 은행 모두 25년의 정부 인가 기간이 종결된 이후 폐지되었다. 또 1863년에 「전국은행법」(National Banking Act)이 제정되기 이전까지 미국의 모든 은행은 주정부에 의해 허가증을 교부받았고 주의 경계를 넘어 영업을 확장할 수 없었다. 이러한 관행은 사실상 1900년대 초까지 지속되었다(Knoop, 2008: 37).

은행 위기는 경제활동을 불안정하게 만들었다.[23] 특히 1890년대의 경제적 위기는 주와 전국 은행의 파산과 결합되어 증폭되었다. 그 결과 미국에서 '화폐문제'는 19세기 말에서 20세기 초에 이르는 시기 동안 긴급하게 해결되어야 할 사회적 문제 중의 하나로 간주되었다(Knoop, 2008: 38; Helleiner, 2003: 85; Livingston, 1986: 220).

20세기 초 미국의 금융제도 개혁은 1890년대 이후 빈발했던 경제위기와 신용위기에 대한 대응의 산물이었다. 특히 영국은행이 미국에 대한 대출을 제한한 것에 의해 자극된 1907년 금융공황은 만성적인 '화폐문제'를 해결하는 직접적인 계기가 되었다. 당시 혁신적인 금융제도를 확립하는 것은 현대적인 법인기업의 형성을 주도했던 기업가 공동체의 공통적인 관심사였다(Livingston, 1986: 18; Sylla, 1988: 21). 1890년대에서 1910년대 사이에 현대적인 법인기업 경제의 역량을 창조하고 평가한 경험을 공유했던 법인 개혁가 세력은 건전은행체계증진전국시민연맹으로 결집했고, 지역, 정당, 직업을 초월해 현대적 법인사회에 걸맞는 '과학적 은행'과 새로운 금융제도를 확립하려고 했다(Shull, 2005: 42; Livingston, 1986: 22, 227). 그들은 변화된 사회경제적 생활환경이 국가에게 새로운 책임성을 부여한다고 생각했지만, 그래도 화폐와 은행이라는 쟁점을 정치적 논쟁의 범위 밖에 위치시키려고 노력했다. 그들에게 화폐와 관련된 정책은 정치의 문제가 아니라 전문가들에 의해 신행되는 과학적 관리의 문제였던 것이다. 이런 맥락에서 그들은 변덕스러운 당파적 정치가 지배하는 의회가 아니라 중립성을 띠는 행정부가

---

23) 당시 미국의 화폐·금융체계는 국제 화폐체계에도 부담이 되었다. 미국은 중앙은행이 없었기 때문에 미국의 화폐·신용수요는 금의 유출입에 의해 충당되었다. 특히 영국은행(Bank of England)은 미국에서 화폐·신용수요가 증가할 때마다 금을 수출함으로써 미국 중앙은행이 담당해야 할 역할의 일부를 담당했다(Eichengreen, 2000: 469-473).

화폐와 관련된 정책을 발전시킬 수 있는 유용한 수단이 될 수 있다고 생각했다. 이런 신념은 1913년 의회와 정부로부터 상당한 자율성을 갖는 연방준비제도(Federal Reserve System)의 창설로 현실화되었다(Livingston, 1986: 228, 233; Sylla, 1988: 21; Greider, 1987: 280, 284-286).

「연방준비제도법」(1913)은 12개의 지역 은행으로 구성된 분권적인 중앙은행 체계를 확립했다. 연방준비제도는 사적 은행의 연합체라는 성격과 공적인 경제적 관리기구라는 성격을 모두 가진 혼합적인 기구였다. 일종의 주식회사로서 연방준비제도는 회원 은행의 출자에 근거했으며, 정부예산에 의해 운영되지 않았다. 연방준비제도는 회원 은행들에게 최종대부자로 기능하고 일정한 지급준비금을 부과함으로써 사적 금융체계에 더 큰 안정성을 제공했다(Duménil and Lévy, 1995). 여기서 뉴욕은행은 지도적 위치를 유지했는데, 이는 곧 런던의 금융가와 연계하여 국제적 고도금융(haute finance)의 일부를 구성했던 월스트리트의 거대 사적 은행이 새로운 중앙은행을 사실상 지배한다는 것을 의미했다(Greider, 1987: 280; Guttmann, 1994: 77). J.P.모건을 비롯한 투자은행들은 연방준비제도에 의해 지원을 받은 은행 체계와 새롭게 형성되어 급성장하고 있던 증권시장을 통합적으로 지배했고, 따라서 사실상 화폐 창조 과정을 통제했다(Greider, 1987: 275; Rothermund, 1996: 85; Duménil and Lévy, 1998a: 84-85). 그러나 이 시기 연방준비제도는 어떤 광범위한 거시경제정책에 대해 책임성도 갖지 않았고 전국적인 화폐정책을 수행할 수 있는 실질적인 장치도 보유하지 못했다.[24] 이러한 제도적 취약성이 해결되기 위해서는 고도금융의 투기적 활동이 세계경제의 붕괴를 낳은 1929년 증시 붕괴와 그 뒤를 이은 은행위기 같은 학

---

24) 이 시기에는 고용과 성장 같은 것은 연방준비제도의 책임이 아니었고, 심지어 물가안정도 직접적인 책임이 아니었다. 연방준비제도 설립의 근본적인 목적은 위기를 완화하고 일시적인 금융공황을 방지하는 것이었다(Shull, 2005).

습과 조정의 시간이 필요했다(Eisner, 1995: 120; Sylla, 1988: 22; Duménil and Lévy, 1995).

1930년대 대불황과 뉴딜은 전국적인 사회행정 기구가 형성되는 결정적 계기였을 뿐 아니라 연방준비제도의 진화에도 결정적인 역할을 했다. 루스벨트는 뉴딜 '최초의 100일' 동안 「긴급은행법」(1933), 「글래스-스티걸 은행법」(1933), 「금준비법」(1934), 「은행법」(1935) 등을 제정하면서 화폐에 대한 국가적 관리를 현대화하는 일련의 제도적 개혁을 단행했다. 그는 적자 상태에 처해 있는 사적 금융체계를 국가로 대체하려고 했고, 이에 따라 1933년 3월 6일 모든 전국은행의 휴무(national banking holiday)를 선포했다. 그리고 고도금융이 지배하고 있던 '금융시장'이 아니라 재무부가 건전한 은행의 업무 재개와 부실은행의 청산 및 재조직화의 책임을 맡았다.[25] 연방준비제도의 권한은 강화되었고, 특히 새롭게 창조된 연방준비제도 이사회(Federal Reserve Board of Governors)로 그 권력이 집중되었다. 이와 같은 조치는 금융의 영역이 더 이상 거대 금융기관들에 의해 자율적인 방식으로 운영될 수 없다는 것을 분명하게 보여준 상징적인 사건이었다(Duménil and Lévy, 1998a; Minsky, 1994: 152; Knoop, 2008: 38).

그러나 이 시기 신용·화폐제도의 개혁과 관련하여 가장 중요한 것은 미국이 선도적으로 금본위제를 폐기하고, 금으로 태환되지 않는 국

---

[25] 1933년 3월의 「긴급은행법」은 미국의 금본위를 포기하고 수출과 귀금속 축장에 대한 통제권을 정부에 부여했다. 이 법은 또한 1년 전 후버가 설립한 정부지원 대출기관, 즉 재건금융공사(Reconstruction Finance Corporation: RFC)를 확대했다. 1935년 말까지 재건금융공사(RFC)는 상업은행에 37억 달러 이상을 공급했는데, 이는 그 해 보고된 은행자본의 절반 이상에 해당되는 금액이었다. 이런 전략적 자금투입은 많은 은행의 영업을 재개시켰고 신용체계를 부양하면서 소비와 고용을 자극했다(Guttmann, 1994; Duménil and Lévy, 1998a).

가화폐제도, 즉 불환화폐제도를 확립했다는 사실이다. 발권은행으로서 연방준비제도는 현대적인 화폐·신용제도의 정점에 위치하면서 금준비금(gold reserve)과 무관하게 필요한 경우 신축적으로 화폐와 신용을 제공했으며, 민족적인 화폐와 신용의 흐름을 실질적으로 관리할 수 있게 되었다. 또 연방준비제도는 금융위기 시기에 '최종대부자'로 기능하면서 민족적인 화폐·신용체계의 안정성을 보장했다(Guttmann, 1994; Kemp, 1990: 77).

물론 연방준비제도는 여전히 분권화된 기존의 조직구조를 유지했고 사적 금융기관의 영향에 민감했다. 그렇지만 그 기구는 재무부에 의해 통제되는 정치적으로 책임 있는 기관으로 변형되었다. 연방준비제도는 과거의 고도금융을 대신해서 정부의 재정기관으로서의 역할을 맡았으며, 정부가 발행하는 채권의 가치를 유지시키는 임무를 수행했다. 또한 그 기구는 재무부와의 연계를 통해 일상적으로 경제적 상황에 대응하는 화폐정책을 실행했다. 연방준비제도는 거시적인 경제정책의 일부를 담당하는 현대적인 중앙은행으로 변모했던 것이다(Stein, 1996: 40-41; Helleiner, 1994: 30).

3) '행정혁명'과 국가의 관리주의적 재구성

20세기 초에 미국에서 발생한 관리혁명은 과거에는 사적인 문제로 이해되었던 다양한 사회적 문제를 공적인 관리의 문제로 전환시켰다. 그 결과 노동력의 관리와 관련된 제도와 화폐의 관리와 관련된 제도가 사적 영역에서 공적 영역으로 이전되어 새로운 국가의 중요한 구성요소가 되었다. 그러나 관리혁명은 사적 제도를 공적 영역으로 통합하는 것에 머무르지 않았다. 그것은 기존의 공적 영역, 즉 국가 자체의 운영원리를 혁신하고 국가에 관한 일반적 관념을 변경시켰다. '행정혁명'이라고 불린 행정개혁운동이 그러한 혁신의 출발점이었다(Lustig, 1982; Skowronek, 1982: 286).

20세기 미국의 행정개혁운동은 1890년대에 시작되어 1920년대에 절정에 오른 도시개혁운동에 기원을 두고 있다. 진보주의에 영향을 받은 일군의 도시개혁가들은 당시의 도시에 만연했던 무질서에 대한 대안으로 도시행정에 과학적 관리의 원리를 도입하려고 했다(Amenta, 1998: 59). 이들의 실험은 주요 도시에서 반향을 불러일으키면서 중앙정부의 개혁으로까지 확산되었다. 도시개혁가들의 주도 하에 이후 브루킹스 연구소로 발전하게 되는 정부연구재단(Institution for Government Research)이 설립되었는데, 이 재단은 중앙정부의 행정혁명을 위한 초석이 되었다. 그 중 가장 중요한 것은 이들이 전국적인 행정의 자율성을 가능하게 만든 행정예산제도를 기업가, 의회, 공중에게 최초로 제안했다는 점이다(O'Connor, 1973: 74).

1921년 「예산회계법」(Budget and Accounting Act) 제정은 그러한 노력의 결실이었다. 그 법은 연방예산지출을 검토하는 전문적·상설적 의회기관으로서 일반회계국(General Accounting Office)을 창설했고, 재무부 내에 예산청(Bureau of the Budget)을 설립했으며, 의회에 예산(안)을 제출할 대통령과 행정부의 권한을 실질적으로 강화했다. 이는 미국의 행정과 예산의 역사에서 결정적인 분수령으로 기록되는데, 왜냐하면 예산에 대한 의회의 오랜 지배가 종식되고 마침내 행정부의 지배가 개시되었기 때문이다(Kettl, 2003: 138; O'Connor, 1973: 74).

행정예산제도의 확립을 배경으로 재무부는 '과학적 조세'를 위한 대중적 캠페인을 주도했고, 그 결과 미국 역사에서 최초로 소득세 체계가 확립되었다. 과학적 조세는 생산적인 법인기업에게 부담을 지우지 않으면서도 정부의 조세수입을 극대화할 수 있는 소득세율을 결정한다는 원칙에 기초했다(Murnane, 2004: 820-821).26) 그리고 이렇게 획득된 조세는 예산회계법에 의해 확립된 독자적인 행정예산의 실질적인 원천이 되었다. 이처럼 재무부가 예산청을 통해 행정예산에 대한 실질적 통제력을 획득함으로써 현대적인 경제적 국가장치의 기능적 토대가 마련되었다. 이제 정부는 국가재정에 대한 고도금융의 지배력에서 벗어나 독자적인 재정적 권력을 행사할 수 있게 된 것이다(O'Connor, 1973: 74).

독자적인 재정은 또한 당시 행정개혁가들이 공유했던 행정에 대한 새로운 관념이 실행될 수 있는 토대를 제공했다. 행정개혁가들은 정부의 활동을 법인기업의 활동과 유사한 것으로 간주하면서, 행정을 경영과 마찬가지로 정치로부터 자유로운 과학의 영역에 위치시키려고 했다. 그들에 따르면, 거대 법인기업이 독자적인 재정을 가지고 독자적인 과학적 관리의 원리에 따라 운영되는 것처럼 정부도 독자적인 재정과 원리에 따라 운영되어야 했다.27) 그들은 모든 조직의 운영에 적용될 수 있는 우량관리를 위한 원리가 존재하며, 그러한 원리가 경험적인 과학적 발견과 검증을 통해 확립될 수 있다고 믿었다(Spicer, 2001: 50-51). 진보주의 시대를 상징하는 행정학자 출신의 대통령 우드로 윌슨은 바로 이러한 맥락에서 '헌정질서 확립'으로서의 정치와 '헌정질

---

26) 그 체계는 다음과 같은 두 가지 합의에 기초했다. 첫째, 조세의 목적은 정부수입을 상승시키는 것이다. 부의 온건한 재분배는 수용될 수는 있지만 부수적인 것이다. 둘째, 부자가 자신의 부를 다른 모든 사람이 더 부유해지는 방식으로 투자하는 한 그들이 더 부유해지는 것은 사회적으로 용인될 수 있다(Murnane, 2004: 853).

27) 당시의 개혁가들은 때때로 정부를 '거대한 사업'(big business)으로 묘사했고, 시민을 '주주'로 간주했으며, 선출된 공무원을 '이사회'로 비유하였다. 그리고 그들은 정부라는 사업의 건실한 운영이야말로 진정한 의미의 정치적 민주주의라고 설명했다(Weinstein, 1968: 93, 106).

서 운영'으로서의 행정을 구분했다(Harney, 2002: 32; Jordan, 1994: 25; Lustig, 1982: 188).

과학으로서의 행정이라는 관점은 20세기 초까지 대안적 국가형태로 간주되었던 독일식 행정의 관념을 지양한 것이었다. 프로이센의 관방학적 전통을 계승한 독일의 행정은 민족의 보편적인 윤리적 가치를 구현하고자 했다. 정치와 행정은 분리되지 않았고, 대신 특수한 이익에 의해 지배되는 시민사회와 보편적 이익을 구현하는 국가가 엄격히 구분되었다. 보편적 계급으로서 엘리트 관료는 계급과 신분의 특수한 이익을 초월한 민족적 목표에 따라 국가의 활동을 통합했다(Spicer, 2001: 39; Blackbourn, 1984). 반면 미국에서는 정치와 행정이 엄격히 구분되었고, 공적 행정과 사적 경영은 동일한 과학적 원리를 따르는 것으로 이해되었다. 보편적 전망을 갖는 관료가 아니라 특수한 영역에서 과학적 지식을 가지고 있는 전문가가 관리를 담당했다(Skowronek, 1982; Keller, 1988: 104). 그리고 국가적 정책에서 실현된 그와 같은 '전문가주의'는 이 시기에 형성된 다양한 전문가 협회와 경험적 사회과학의 발전에 의해 뒷받침되었다(Wittrock, Wagner, and Wollmann, 1991: 38).[28]

1930년대 대불황의 충격은 행정혁명의 시험대인 동시에 도약대였다. 같은 시기에 독일에서 히틀러가 합리적 체계를 거부하고 정치적 의지와 권력투쟁을 전면에 내세웠던 것과 대조적으로 루스벨트는 경제회복과 사회개혁의 수단으로서 '계몽된 행정'의 즉각적인 개입을 호

---

28) 이 시기에 언론인협회(1913), 도시관리자협회(1914), 도시계획가협회(1917), 사회사업가협회(1921), 병원행정가협회(1933) 같은 전문직 협회가 결성되었다(Brint, 1994: 33). 1920년대에는 또한 지도적인 정책 지향 연구기관으로 브루킹스재단(1927)이 확립되었고, 사회과학의 발전을 위한 자발적 결사로 사회과학조사위원회(1923)가 창설되었다. 록펠러와 카네기 등의 거대한 사적 재단도 그러한 정책 지향 연구를 지원했다(Wittrock, Wagner, and Wollmann, 1991: 38).

소했다(Eisner, 1995: 164). 물론 그것은 의회와의 정치적 갈등을 우회할 수 있는 행정의 고유한 정치적 능력을 고려한 결과였지만, 행정혁명을 통해 확산된 '전문적 관리'에 대한 대중적 지지도 중요한 역할을 했다. 의회가 새로운 법인자본과 전통적인 중소자본의 갈등으로 인한 타협과 양보를 필요로 했던 반면, 행정부는 다양한 계급세력과 분파의 분기하는 이해를 직접적으로 다루지 않고 '최선의 해법'에 따르는 결정을 신속하게 내릴 수 있었던 것이다(Levine, 1988: 159). 그 결과 뉴딜 '최초의 100일' 동안 전국재건행정청(National Recovery Administration: NRA)을 필두로 해서 행정청(Administration)의 이름을 내건 새로운 국가장치가 우후죽순처럼 생겨났다.

초기 뉴딜에서 행정의 유토피아는 테네시강 개발계획처럼 고용을 창출하는 동시에 사회적으로 유용한 기반시설을 제공하는 다양한 실험으로 구현되었다. 단기간에 댐, 도로, 학교, 병원 같은 기반시설이 '합리적 계획'에 따라 건설되었고, 그 성과는 행정과 공학의 승리로 선전되었다(Eisner, 1995: 183). 그러나 뉴딜주의자들(New Dealer)은 훨씬 더 일반적인 사회·경제적 전망을 가지고 있었다. 그것은 곧 19세기의 자유시장이 야기한 출혈적인 경쟁을 행정적인 규제와 계획으로 대체하려는 구상이었다. 1차 뉴딜 기간 동안 전국재건행정청을 주도했던 뉴딜주의자들은 전체 산업을 12개 산업군(郡)으로 분류했으며, 각 산업군에 속한 기업이 가격, 산출, 임금, 노동시간 등에 관한 '공정경쟁 규약'을 확립하게 했다. 루스벨트는 이러한 행정적 실천을 '정부의 일반적 감독 하에서 산업의 자기 통치'라고 선전했다(Chandler, 1970: 224).

그러나 경제를 재조직하려는 이와 같은 행정적 실험은 현실에서 규약을 둘러싼 갈등과 광범위한 규약 위반으로 인해 오히려 경제적 무질서를 낳았다. 이런 상황에서 일각에서는 뉴딜이 자유기업이라는 미국적 전통에 부합하지 않는 파시즘적 시도라는 정치적 비판이 제기되기도 했다. 나아가 1935년 대법원은 전국재건행정청(NRA)을 법적으로 뒷받침했던 「전국재건법」(National Recovery Act)의 '공정경쟁 규약'을 위헌으로 판결했다(Chandler, 1970: 235-236; Levine, 1988: 93-94). 이는 뉴딜의 변모를 강제했을 뿐만 아니라 이후 미국에서 경제와 관련된 행정적 장치의 발전에 큰 영향을 미쳤다.

여기서 결정적 계기는 1937년 경제적 붕괴였다. 1933년 최악의 상황에서 점진적으로 회복되던 경제가 1937년 다시 침체에 빠진 것이다. 이런 상황에서 루스벨트 행정부는 '2차 뉴딜' 또는 '3차 뉴딜'로 지칭되는 방향 전환을 단행한다. 행정혁명의 성과는 대체로 유지되지만, 이제 행정적 규제와 계획이 아니라 재무부를 비롯한 경제적 국가장치가 주도하는 이른바 '재정적 접근'이 핵심적인 역할을 하게 된다. 이에 따라 소비자들의 전반적인 구매력을 향상시키고 경제 전체를 회복시키기 위한 방안으로 정부의 적극적 재정지출이 전면에 부상한다. 여기서 특히 중요한 것은 루스벨트 행정부가 재정지출을 정당화한 내적 논리다. 루스벨트는 긴급한 상황에 대한 구호와 같은 특수한 목적을 위해 재정지출을 정당화했던 1차 뉴딜과 달리 거시경제적 회복이라는 일반적 목적을 내세워 그것을 정당화한다(Brinkley, 1989: 96; Salant, 1989; Maier, 1987: 125). '케인즈주의 혁명'으로 지칭되는 이러한 변화는 애초의 뉴딜 프로그램과 달리 자유기업 원리를 침해하지 않았을 뿐만 아니라 산업부문 사이의 갈등이나 산업부문 내부의 갈등을 회피할 수 있었다. 그것은 사실상 자본주의적 국가 내에서 '관리혁명'을 완성한다는 의미를 가졌다.[29]

---

29) 실제로 케인즈는 1차 뉴딜 시기 국가재건행정청의 주도성에 대해 매우 비판적이었다. 그는 루스벨트에게 보내는 공개서한을 통해 1차 뉴딜의 행정적 계획과 같은 극단적인 방향으로 나아가지 않더라도 자본주의를 안정적 궤도에 올려놓을 수 있다고 주장했던 것이다(Brinkley, 1988: 108; Duménil and Lévy, 1999).

이러한 변화는 1939년에 통과된 「정부재조직법」(Reorganization Act)으로 제도화되었다. 이 법은 새롭게 형성된 행정기관을 효율적인 방식으로 재편했다. 동시에 이 법은 경제적 안정을 유지하기 위한 정부의 지속적인 책임성을 강화했고, 그러한 책임성을 실현할 수 있는 수단으로 재정정책에 핵심적 역할을 부여했다. 이와 함께 민족적인 경제정책의 발전을 위해 직업적 경제학자들에게 의존할 수 있는 제도로 대통령경제자문위원회(Council of Economic Adviser: CEA)가 설립되었다. 나아가 효율적인 정책 총괄을 위해 대통령집행위원회(Executive Office)가 창설되고, 예산청이 재무부에서 집행위원회로 이관·확대되었다(Stein, 1996: 128).[30]

이와 같은 일련의 개혁조치를 통해 서로 다른 기원을 갖는 이질적인 국가장치가 더 포괄적인 관리국가라는 틀 속에서 통합됐다. 그것은 국가 운영원리의 질적 혁신을 내포했는데, 그 핵심은 국가가 민족경제에 대한 공적 관리자로 변형되었다는 것이다. 여기서 관리의 전형적인 패러다임은 행정적 규제나 계획이 아니라 본질적으로 '보완적인 정부'라는 전망에 기초했다. 국가는 시장의 내적 작동방식과 직접 대결하지 않고 사적 경제의 취약성과 불균형을 교정해야 했던 것이다(Brinkley, 1989: 94). 또 국가는 법인기업의 운영이나 구조에 미시적으로 개입하는 것이 아니라 경영자들에 의해 주도되는 '자유기업'이 야기할 수 있

---

[30] 동시에 예산청의 인원은 대폭 충원되었고 프로그램 개발과 평가의 기능도 확대되었다. 또한 대통령은 경제관리와 관련된 기관들과의 연계를 유지하기 위해 6명의 행정보좌관을 두었다. 대통령의 실질적 정책결정 능력을 뒷받침하는 기구로 예산청뿐만 아니라 백악관 집무실(White House Office)과 전국자원계획위원회(National Resources Planning Board)도 집행위원회에 포함되었다. 그 외에 연방보장기구(Federal Security Agency), 연방근로기구(Federal Works Agency), 연방대부기구(Federal Loan Agency)처럼 사회정책을 총괄하는 행정기관도 설립되었다(Levine, 1988; Stein, 1996: 128).

는 거시적 위험을 관리해야 했다. 마치 법인기업의 사적 관리가 시장을 대체하는 것이 아니라 시장을 지양했던 것과 마찬가지로 국가의 공적 관리도 시장을 대체하는 것이 아니라 시장을 지양했던 것이다.

물론 관리의 실험으로서 1930년대의 뉴딜이 대불황의 종결에 직접적으로 얼마나 효과를 미쳤는지는 여전히 논쟁의 대상이다. 뉴딜이 경제적 위기 속에서도 정치적 안정을 지속시키는 데 크게 기여한 것은 사실이지만, 1930년대 동안 미국의 국민소득은 1929년 수준을 회복하지 못했다. 사실 미국에서 완전고용과 구매력의 회복, 나아가 경제성장을 달성한 것은 뉴딜이 아니라 제2차 세계대전이 낳은 정부지출과 군수산업의 팽창이었다(Kemp, 1990: 93; Eisner, 1995: 193; O'Connor, 1973; Arrighi, Barr, and Hisaeda, 1999). 그러나 뉴딜이 19세기의 사회문제를 제도적으로 해결하고 법인자본주의의 내적 불안정성을 관리할 수 있는 관리국가의 장기적인 제도적 장치와 전망을 확립했다는 데는 의심의 여지가 없다.

4. 관리국가 패러다임과 작동 메커니즘

국가의 거시적 관리활동은 뉴딜과 제2차 세계대전을 거치면서 법인자본주의의 필수적인 요소로 정착되었다. 이후 관리국가는 일정한 관리의 패러다임에 따라 법인자본주의의 역사적 동역학에 조응하는 특수한 사회적·경제적 정책을 실행했다. 그러나 관리국가 패러다임의 통일성은 결코 자동적인 것이 아니었고, 마찬가지로 그러한 패러다임과 법인자본주의 사이의 '조응관계'도 자동적인 것이 아니었다. 특수한 역사적 국면에서 법인자본주의에 배태된 사회적 세력관계와 관리국가의 패러다임은 지속적으로 상호 작용했고, 이 과정에서 특정 패러다임을 구성하는 정책적·제도적 요소는 내적·외적 적합성을 시험받았다. 따라서 관리국가의 정책적·제도적 요소가 어떤 메커니즘을 통해 법인자본주의의 역사적 국면에 조응하는 상대적으로 통일적인 패러다임을 구현하게 되는지를 해명할 필요가 있다.

1) 사회적 세력관계와 관리 패러다임

20세기의 관리국가는 경제정책과 사회정책 같은 기술적 수단을 활용해 경제적·사회적 문제를 해결하는 중립적인 주체로 나타난다. 그리고 국가의 정책과 제도를 조정하는 관리의 패러다임은 순수하게 이론적이거나 기술적인 선택의 문제인 것으로 보인다. 그러나 그러한 외양과 달리 관리국가 패러다임은 실제로는 다양한 사회세력 사이의 제휴와 동맹의 형태를 취하는 일정한 사회적 세력관계 내에서 특정한 정치적 내용을 가지고 생산되며 또 그러한 세력관계에 반작용한다(Brunhoff, 1981; Poulantzas, 1978). 그리고 법인자본주의의 장기적인 역사적 추세라는 관점에서 볼 때, 법인자본이라는 자본의 새로운 제도 형태에 의해 변형된 소유와 계급의 유형은 그러한 사회적 세력관계의 중심적인 축을 형성하는 경향이 있다.

법인자본주의에서 지배적인 소유자는 개인이 아니라 법인이다. 법인(法人)은 문자 그대로 법률에 의해 생사가 결정되는 하나의 법적 인격이다. 허구적인 인격으로서 법인은 법률상 그 기업의 모든 자산을 소유한다(Kemp, 1990: 12; Scott, 1997: 30, 34). 그러나 기업은 실제로는 개인이 아니라 집합적 조직체이기 때문에 기업의 소유도 사실상 집합적 소유의 형태를 취한다. 이처럼 '사회화된 소유형태'는 순수하게 사적 소유자──또는 더 정확하게 소유자 가족──에 기초했던 과거의 자본주의적 소유관계를 유지하는 동시에 변형시켰다. 새로운 자본주의적 소유형태는 법인이라는 조직형태에 배태된 일련의 세력관계를 전제로 하는 집합적 과정을 내포했으며, 소유권이 행사되는 집합적 과정은 새로운 계급 유형을 형성했다(McDermott, 1991: 77). 그러한 소유 및 계급 유형은 이중적인 분리, 즉 소유와 경영의 분리, 그리고 노동자와 작업지식의 분리의 산물이었다.

첫째, 법인자본이라는 형태를 취한 현대의 거대기업은 소유와 경영의 분리를 특징으로 한다. 거대기업의 소유자는 기업에 대한 명목적 소유권 증서로서 주식을 보유하는 주주라는 형태를 띤다. 주주는 자신이 보유한 주식의 비율에 따라 이윤의 일부를 배당금이라는 형태로 수취한다. 동시에 이들은 개인적으로 또는 집단적으로 금융의 영역에서 활동한다. 그 결과 법인자본 내에서 명목적 소유권은 금융의 권력으로 드러난다(Soref and Zeitlin, 1987: 68).[31] 여기서 '금융'은 단순히 경제의 한 부문만을 의미하는 것이 아니라 증권의 보유와 금융기관의 운영에 기초해서 물질화되는 특수한 형태의 소유자 집단을 의미한다. 주식과 증권 같은 '가공자본'을 보유한 개인과 기관은 자본, 자본축적, 그리고 신용을 통한 자본의 할당 및 잠재적 창조 등에 상당한 영향력을 행사

---

[31] 이 때문에 현대적 금융의 형성은 현대적 기업의 형성과 동시적으로 전개되었다고 할 수 있다. 게다가 실제로 기업의 경영혁명을 가능하게 했던 것도 사실은 금융이었다. 미국에서 20세기 초에 J.P.모건(Morgan)과 같은 투자은행은 인수·합병을 통해서 GM, GE, AT&T, US Steel 등 20세기 미국을 이끌 대표적인 기업을 탄생시켰다. 그리고 이들 기업에서 전문경영인에 의한 경영혁신이 추진되었다. 따라서 1차 관리혁명으로서 경영자혁명은 현대적인 금융과 함께, 그리고 그 이해에 조응하면서 추진되었다고 할 수 있다(Duménil and Lévy, 1998a: 83-84; Guttmann, 1994; Eisner, 1995: 45).

한다. 그리고 경영자에 대한 소유자의 통제는 수익성이라는 자본의 목적을 유지시키는 경향이 있다. 소유자에 의해 임명되고 급여를 제공받는 경영자는 기업의 성장이나 관료적인 지배력의 확대 같은 목적이 아니라 이윤율 최대화라는 원리에 따라 기업을 관리한다. 나아가 이윤율 최대화라는 경영의 기능은 다층적 구조를 갖는 관리 피라미드의 하부 조직들로 확산된다(Duménil and Lévy, 1998a: 40-41; 2006: 3; Soref and Zeitlin, 1987: 60-61).

그렇지만 이윤율 최대화라는 기준은 경영자가 일정한 자율성을 가지고 기업의 인적·물적 자원을 일상적으로 통제할 수 있는 여지를 준다. 경영자는 이윤을 배당금이나 재투자 등으로 다양하게 할당할 수 있는 권리를 가짐으로써 전통적인 소유권의 일부를 행사한다. 그리고 이윤율 개념의 복잡성으로 인해, 특히 투자에서 이윤의 회수에 소요되는 자본회전 기간의 복잡성으로 인해 경영자의 자율성은 강화된다. 이 때문에 소유자와 경영자 사이에 긴장이 발생할 수도 있다. 그들 사이의 이해관계가 모든 면에서 필연적으로 일치하는 것은 아닌 것이다. 예를 들어 소유자가 단기적 이윤의 실현을 요구하는 반면, 경영자는 더 장기적인 투자계획을 가질 수 있다. 이러한 긴장을 해결하는 과정에서 이사회의 영역에 속하는 소유자와 상층 경영자의 관계는 특히 중요한 의미를 갖는다. 현대 자본주의에서 분리된 소유와 경영의 어려운 결합이 바로 거기에서 조정된다. 그러한 조정은 소유자와 경영자 사이의 일정한 정치적·제도적 타협을 수반한다. 이 과정에서 경영자는 보너스, 스톡옵션, 그리고 여타의 부가적 급여의 형태로 이윤의 일부에 대한 추가적 권리를 갖게 된다(McDermott, 1991: 84; Duménil and Lévy, 1998a: 40-41).

둘째, 현대의 거대기업에서 노동자는 그들의 작업지식으로부터 분리된다. 생산과정에 대한 통제는 전문적 지식을 가지고 그것을 실행하는 공학자와 경영자에게 이전된다. 그 결과 생산적 노동자와 경영자(또는 더 넓은 의미의 관리자)는 구별·분리되고 육체노동과 지식노동의 분할은 심화된다(Balibar, 1985). 이 과정의 가장 분명한 형태는 테일러주의적인 노동조직이다. 테일러주의는 시간과 동작이라는 개념을 인간 노동의 속성이 아니라 '기술적 범주'로 환원한다. 이에 따라 노동도 기계와 유사하게 세부적으로 분할·조립 가능한 기술적 실체로 재구성된다. 생산적 노동자는 노동과정에서 자신의 주도성을 상실하고 사실상 기계의 일부분으로 변형된다(Sohn-Rethel, 1978; Duménil and Lévy, 1998a: 41-42; McDermott, 1991). 그러나 노동자는 노동조합이라는 집합적 형태를 통해 임금의 분배에 영향을 미치는 방식으로 소유관계에 영향력을 행사할 수 있다.

반면 경영자는 이윤율 최대화라는 원리에 입각해서 생산 및 투자를 결정하고, 생산물의 형태와 수량을 계획한다. 생산과정과 거기에 참여하는 생산적 노동자의 활동은 다층적 관리의 위계에 종속된다(Duménil and Lévy, 1998a: 32). 특히 기술공학적 지식의 적용과 생산과정에 대한 예측 및 통제 등으로 구성되는 관리활동은 일반적으로 노동과정의 경험이 아니라 기술적 과학에서 유래하는 것으로 인식되는 경향이 있다(Sohn-Rethel, 1978). 그러나 공학적 지식과 기술은 노동과정의 필요가 아니라 수익성의 원리에 종속되며, 공학적 전문가의 활동도 경영적 판단에 의해 규정된다. 경영자는 때때로 자신의 활동을 과학적·공학적 지식으로 정당화하지만, 사실 관리를 위한 지식은 훨씬 더 허구적인 성격을 갖는다.

이와 같은 이중적 분리의 결과로 경영자의 위치가 형성된다. 경영자는 이질적인 역사적 기원을 갖지만, 상대적으로 동질적인 특성을 보인다. 이윤율 최대화라는 자본가적 기능을 담당한다는 점에서 그들은 독자적인 계급이 아니다. 그러나 그러한 기능을 수행하는 방식이라는 측면에서 그들은 전통적 소유자와 구별되고 또 생산적 노동자와도 구별된다. 그러한 구별은 기업 내부의 지위뿐만 아니라 노동력을 형성하는 교육과정의 차이에 의해서도 강화된다. 즉 교육과정에서의 위계가 기업조직 내부에서의 위계와 연계되는 것이다. 그러나 새로운 산업사회의 지휘자로서 경영자는 관리의 조직적 위계를 통해 소유와 경영, 경영과 노동의 분리를 재통합시킨다. 거대한 기업조직 내에서 경영자 주도 하에 금융(재무)활동에서부터 생산활동을 거쳐 판매활동에 이르는 일련의 과정이 이윤율 최대화라는 원리에 따라 통일적으로 조정된다(Duménil and Lévy, 1998a: 38-39).

법인기업에 의해 확립된 소유자, 경영자, 노동자로 구성된 계급 유형은 실질적으로 사회적 세력관계와 갈등구조를 변화시켰다.[32] 19세기 동안 산업국가들을 괴롭혔던 자본과 노동의 대립은 이제 광범위한 관리의 위계에 의해 완충된다. 그리고 전통적인 자본의 기능은 현대적인 소유자로서 금융과 기업의 상층 경영자의 분업을 통해 실행된다. '기업지배구조'로 지칭되는 이와 같은 분업구조 내에서 경영의 상대적 자율성은 소유와 경영의 세력관계에 의해 결정된다. 그리고 여기에 노동자들의 요구와 투쟁이 추가되어 법인자본주의 전체를 특징짓는 사회적 세력관계의 핵심적인 축을 형성하게 된다.

이와 같은 소유-경영-노동의 세력관계는 법인자본주의의 역사적 국면에 따라 다양한 양상을 보이는데, 산업과 금융이라는 자본 내부의 모순은 그러한 역사적 국면에서 결정적인 역할을 한다. 독자적인 자본

---

[32] 관리의 위계가 발전하면서 경영자에게 종속된 하위 관리자도 증가하고, 그 결과로 노동자 내부에서 육체노동과 지식노동의 분할도 강화되는 경향이 있다. 신중간계급으로 지칭되는 하위 관리자 집단의 형성은 이런 분할의 산물로 이해될 수 있다. 지식노동에 종사하는 하위 관리자 집단의 지위는 관리 위계 내에서의 정치적 세력관계에 의해 결정되는 경향이 있다.

의 형태로서 금융과 산업은 서로 보완적이면서도 대립적인 논리를 갖는다. 산업자본은 화폐와 노동력을 결합시켜 생산을 조직하고 그로부터 이윤을 획득한다면, 금융자본은 생산에 필요한 자금의 공급을 위해 화폐를 집중시키고 재분배하면서, 그로부터 이자와 배당 같은 자본이득을 획득한다(Minsky, 1994: 158; Guttmann, 1994: 37-39). 산업과 금융은 투자의 이득과 손실을 공유한다는 점에서 상호 의존적이지만 그러한 이득과 손실의 분배와 관련해서는 대립적이다. 산업이윤에서 금융비용의 비중이 지나치게 높아지거나 반대로 금융투자가 산업투자보다 더 매력적이게 되면 산업과 금융의 공생관계는 단절되고 갈등이 증폭될 수 있다(Guttmann, 1994: 42).

20세기 자본주의의 역사적 동역학이라는 관점에서 볼 때, 세계헤게모니를 뒷받침하는 체계적 축적순환은 산업이 지배력을 갖는 산업적 축적의 국면과 금융이 지배력을 갖는 금융적 축적의 국면으로 나뉘며, 각각의 역사적 국면에는 소유-경영-노동의 특수한 세력관계가 배태되어 있다. 산업이윤율이 상대적으로 높은 산업적 축적의 국면에서는 장기적인 산업생산을 계획하고 실행하는 경영의 상대적 자율성이 증가하는 경향이 있다. 생산규모의 양적 팽창 속에서 경영은 안정적인 고용과 높은 임금, 그리고 더 나은 노동조건에 대한 노동자의 요구를 수용할 수 있는 역량을 갖는다. 반면 산업이윤율이 상대적으로 낮은 금융적 축적의 국면에서는 산업에서 이탈해 단기적으로 더 높은 수익을 획득하려는 소유의 권력이 경영에 강력한 압력요인으로 작용한다. 그리고 생산 확대를 통해 노동자들의 요구를 수용할 수 있는 산업적 토대가 약화되면서 노동자가 획득한 기존의 사회경제적 성과물에 대한 공세도 강화되는 경향이 있다.

각각의 역사적 국면에서 상이한 사회적 이해관계의 배치는 관리국가 패러다임에 직접 영향을 미친다. 예를 들어 산업과 금융이 결합되어 있는 법인기업은 적자재정을 통한 경제관리의 방법 중에서 특히 조세삭감을 일관되게 선호하는 경향을 보인다. 또 화폐로 표현되는 자산의 보유자로서 금융은 화폐의 가치하락을 의미하는 인플레이션에 대해 적대적인 태도를 취하는 반면, 노동력의 판매자로서 노동자는 실업을 증가시킬 수 있는 정책에 대해 적대적이다. 각 사회세력은 자본 도피와 '투자 파업'에서 노동자 파업과 대중적 사회운동에 이르는 상이한 형태로 국가적 관리에 영향을 미치려고 한다. 그리고 케인즈주의와 신자유주의라는 관리의 패러다임은 이러한 영향을 반영하면서 정책의 (재)조합과 국가장치의 (재)배치에 기여한다.

2) 관리국가 패러다임의 구성요소와 통일성

20세기 초 관리혁명의 산물로서 국가는 경제적·사회적 관리자로 자리를 잡았다. 자본주의 국가로서 관리국가는 자본주의적 생산관계의 재생산에 필수적인 경제적·이데올로기적 기능을 담당했지만 그 형태는 과거와 달랐다. 특히 자본주의 국가의 핵심적 기능으로서 노동력과 화폐라는 특수한 상품에 대한 관리는 19세기와 달리 다양한 공적 기관을 통해 실행되는 '정책'(policy)의 형태를 취했다. 뿐만 아니라 20세기의 관리국가는 과거에는 분리되어 있던 상이한 정책을 상대적으로 통일적인 방식으로 결합했다. 예를 들어 국가는 필요한 자신만의 화폐를 발행하거나 공적 부채를 활용함으로써 노동력에게 새로운 일자리를 제공할 수 있었다. 이처럼 노동력에 대한 관리와 화폐에 대한 관리가 체계적으로 연계되면서 전자는 '사회정책' 또는 '고용정책'이라는 이름을 얻었고, 후자는 '화폐정책'이라는 이름을 얻었다(Brunhoff, 1981: 70). 나아가 국가의 정치적·경제적 개입은 순수한 정치이념이나 규범적 원리가 아니라 '케인즈주의' 같은 이론적 지침에 기초한 관리의 패러다임을 따르게 되었다(Brunhoff, 1981; Jessop, 2002a).

<그림 2-2>는 20세기 관리 패러다임의 구성요소와 그 기본적인 성격을 보여준다. 자본주의적 생산의 양대 제약요인으로서 노동력과 화폐는 자본주의 국가의 핵심적인 관리대상이다. 그러나 노동력과 화폐라는 특수한 상품은 사실상 대립적인 특징을 갖는다. 가치를 생산하는 노동력이 구체적인 인간의 속성과 분리될 수 없다면, 화폐는 어떤 구체적인 속성도 갖지 않는 순수하게 추상화된 가치를 표현한다. 노동력이 개인, 지역, 민족에 따라 다양한 존재조건을 가지고 그 이동성이 제한되는 반면, 화폐는 원칙상 민족적인 영토 내에서 동질적인 성격을 가지며 상황에 따라서는 국경을 가로질러 자유롭게 이동할 수도 있다. 또 노동력과 관련된 쟁점이 언제나 이데올로기적 요소와 결합되는 반면, 화폐와 관련된 쟁점은 대체로 경제적·기술적인 양상을 띤다.

〈그림 2-2〉 관리 패러다임의 구성요소와 성격

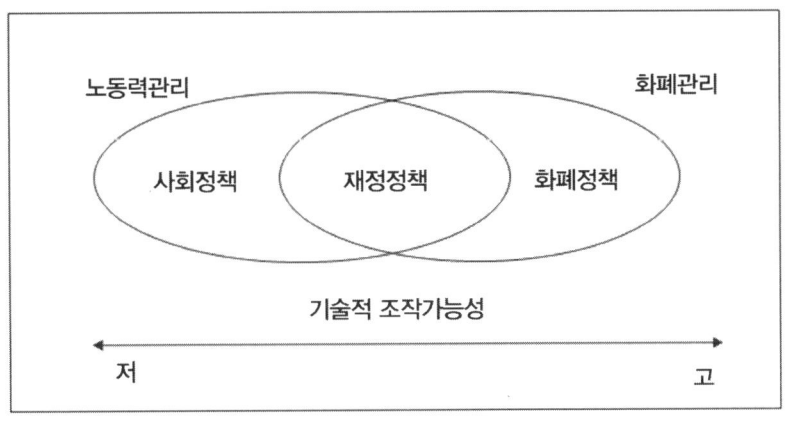

관리 패러다임의 일부를 이루는 정책의 범주는 노동력과 화폐의 이러한 구조적 비대칭성을 반영한다. 사회정책은 노동력의 구체성을 반영하면서 상대적으로 다양한 양상을 띠고 복잡한 조정과정을 수반하는 반면, 화폐정책은 화폐의 추상성을 반영하면서 상대적으로 균질적이고 기술적인 양상을 띤다. 이러한 '기술적 조작 가능성'의 차이는 구조적인 것이다. 사회정책과 화폐정책이 입안되고 실행되는 정치적 조건이 서로 다른 이유는 바로 이러한 구조적 차이에 있다. 또 사회정책을 담당하는 행정기관과 화폐정책을 담당하는 중앙은행이 서로 다른 정치적 역량과 제도적 적응능력을 갖는 것도 상당 부분은 그러한 차이에서 기인한다.

첫째, 사회정책은 노동자의 구체적인 상황과 조건에 따라 다양한 양상을 보이는 복수의 사회문제에 대한 대응으로서 복수의 행위자에 의해 입안되고 또 복수의 행정기관에 의해 실행된다. 임금과 노동조건의 전반적인 수준에 관한 문제뿐만 아니라 출생, 양육, 교육, 고용, 질병, 실업, 퇴직 등과 같은 생애의 주요한 계기와 관련된 노동력의 재생산의 미시적인 문제들이 모두 사회정책의 대상이 될 수 있다. 때때로 사회정책은 사회보장이라는 좁은 의미로도 사용되는데, 이 경우 그것은 노동시장에서 사적으로 획득되는 직접임금이 아니라 국가 또는 공적 기관에 의해 제공되는 화폐, 상품, 서비스와 관련된다(Gough, 1981: 66-67). 그러한 정책의 암묵적인 목적은 정상적인 노동력을 형성하고, 나아가 노동자들이 극빈 이하의 상태에 빠져 정상적인 노동력으로 기능하지 못하게 되는 것을 방지하는 것이다(Donzelot, 1994: 153; Brunhoff, 1981: 76).

그러나 노동력의 존재조건은 인구학적·교육적 여건이나 경제적 상황에 따라 매우 다양하기 때문에 사회정책이 모든 범주의 노동력에 대해 단번에 균질적인 효과를 갖기는 어렵다. 예를 들어 실업 노동자에 대해 직업훈련을 강화하는 정책은 모든 실업 노동자에게 동질적인 효과를 미치지 않으며, 또 실업 노동자와 취업 노동자에게 상이한 영향을 미친다. 다양한 범주에 속하는 이질적인 노동력에 작용하는 각각의 사회정책은 점진적이고 불규칙한 방식으로 조정되며, 그러한 조정과정은 언제나 일정한 사회적 갈등을 수반한다. 때때로 특정한 시기에 시민의 사회적 권리라는 이데올로기에 기초한 '사회정치'가 폭발적으로 전개되기도 한다. 이 때문에 사회행정기관은 노동자로서 시민들의 요구를 둘러싼 갈등에 더 민감하고, 그 결과 지역과 국가에 따라 상이한 형태를 취한다(Peck, 2001: 49).[33]

둘째, 재정정책은 다양한 행정부서의 요구와 의회에서의 정치적 의사결정에 영향을 받지만 재무부를 비롯한 소수의 예산·재정기구에 의해 총괄된다. 특히 재무부는 정부재정을 둘러싼 다원적인 요구를 조합하여 재정계획을 입안하고 모든 행정부서의 재정적 기초를 관리하는 역할을 담당한다.[34] 재정정책의 목표는 일정한 규모의 조세와 정부

---

[33] 이러한 차이는 때때로 국가별 '복지체제'의 차이로 파악된다. 대표적으로 애스핑-앤더슨은 영국과 미국의 '잔여적' 복지모형과 스칸디나비아의 '사회민주주의적' 모형, 그리고 유럽 대륙의 코퍼러티즘적 복지모형을 구별한다(Esping-Andersen, 2002). 사실 이들 국가에서는 '사회정책'이라는 용어도 서로 다른 의미로 사용된다. 영미적 전통에서 사회정책은 교육, 보건의료, 대인 서비스, 사회보장, 주택 등과 같은 집합적 서비스의 제공과 관련되는 반면, 유럽 대륙적 전통에서 사회정책은 노동시장과 관련되는 제도 및 관계, 특히 노동자의 권리나 노사정 합의 틀과 동일시된다(Kleinman, 2002: 1).

[34] 서양의 국가에서 재무부의 역사는 절대주의 시대로 거슬러 올라간다. 그러나 그 시기에는 절대군주의 금고(treasury)로서 재무부가 관리한 지출의 규모는 크지 않았고 경제적 목적이나 고려도 존재하지 않았다. 또 재무부는 전쟁이나 방어와 관련된 대규모 지출에 대해서는 어떤 통제력도 갖지 못했다(Roseveare, 1973). 반면 현대 국가에서 재무부는 사실상 국가의 존립을 좌우하는 역할을 한다. 현재 미국의 재무부는 자신의 기본적 기능을 경제정책, 국제경제정책, 재정

지출을 통해 정부재정을 적자, 흑자 또는 균형으로 유지하는 것이다. 여기서 중요한 것은 단순히 정부의 재정규모에 대한 결정이 아니라 특정한 경제적 상황에 맞게 조세를 증감하거나 재정을 지출함으로써 민족적인 경계 내에서 화폐의 전반적인 흐름에 영향을 미치고 경제적 활동수준을 관리하는 것이다. 이를 위해 필요한 경우 정부는 부채를 통해 재정을 조달할 수 있으며, 따라서 그러한 정부부채에 대한 관리도 재정정책에 포함된다.

<그림 2-2>에서 볼 수 있는 것처럼 재정정책은 사회정책과 화폐정책을 매개하며 경제정책에서 중심적인 역할을 차지한다. 바로 이 때문에 재정정책은 다양한 사회적·경제적 요구의 집괴가 되는 경향이 있다(Eisner, 1995: 244). 그러나 모든 사회적 요구가 사회정책으로 제도화되는 것은 아니며, 사회정책의 단순한 합계가 재정정책으로 표현되는 것도 아니다. 여기에는 고유한 재정정책의 논리가 작용한다. 재정정책은 사회적 요구가 아니라 특정한 시기의 거시적 경제활동 수준에 대한 분석에 근거를 둔다. 또한 재정정책에서 중요한 것은 구체적인 지출의 방식이 아니라 지출의 전반적인 규모. 정부의 지출규모는 통화량에 영향을 미치기 때문에 재정정책은 사회정책을 포괄하는 동시에 특정한 화폐정책을 필요로 한다. 특히 정부의 국채발행에 근거한 적자재정정책은 중앙은행의 직접적인 지원을 필요로 한다. 재정정책에 의해 경제와 사회는 형식적으로는 지배·종속의 관계를 갖지 않으면서 서로 결합될 수 있다. 특히 재정정책의 전성기에 경제와 사회는 일종의 '순환 메커니즘'을 통해 연결되었다. 예를 들어 경제가 수요의 부족으로 위험에 처할 때에는 사회정책을 통해 구매력과 고용능력을 증가시킴

정책, 정부회계, 현금출납, 부채관리, 조세 및 관세법의 공포와 집행, 조세수입의 평가와 수집, 주화와 통화의 생산, 국법은행과 저축기관 감독 등으로 규정하고 있다(Department of the Treasury, 2006: 14-15).

으로써 경제를 재건할 수 있었다.

셋째, 중앙은행 같은 단일한 화폐 당국에 의해 실행되는 화폐정책은 민족적인 영토 내에서 화폐의 흐름에 대한 관리에 기초를 둔다. 중앙은행은 실제로는 매우 중요한 정치적 기능을 담당하지만, 화폐정책의 운용과 관련해서는 정치로부터 상당한 독립성을 누린다. 국가에 따라 중앙은행의 독립성 정도는 다르지만, 대체로 화폐정책은 정치적 개입을 차단하는 절차에 의해 상당 정도 격리된 중앙은행의 전문가들에 의해 결정된다(Shull, 2005: 10).[35] 중앙은행의 '자연적 유권자'는 금융가와 화폐경제학자들이며, 이들은 화폐의 품질을 유지해야 한다는 일반적 합의를 공유한다. 그러나 화폐정책의 핵심적인 목적은 국가에 의해 발행되는 화폐의 공신력을 유지하는 것에 그치지 않고, 투자수준과 고용수준 같은 거시적 경제활동 수준에 긍정적인 영향을 미치는 것을 포함한다. 이런 점에서 화폐정책은 재정정책을 보완, 지지, 나아가 대체할 수 있다(Guttmann, 1994; De Angelis, 2000: 77; Stein, 1996).

물가안정이나 고용안정 같은 화폐정책의 목적(goal)을 달성하기 위해 화폐정책에서 고려되는 핵심적인 변수, 즉 중간목표(target)는 이자

---

[35] 중앙은행의 독립은 크게 법적 독립, 목적상의 독립(goal independence), 운용상의 독립(operational independence), 경영상의 독립(management independence)으로 나뉜다. 그러나 20세기 관리통화제도 하에서 재무부의 통제에서 벗어난 중앙은행의 완전한 독립은 사실상 불가능한 일이다. 게다가 중앙은행의 독립은 단순히 법적 지위의 문제도 아니다. 미국처럼 중앙은행이 형식적으로 민간 주식회사의 형태를 취하더라도 의회는 중앙은행의 의무를 법률로 정할 수 있다. 또 재정정책과 완전히 별개로 실행되는 화폐정책은 독립이 아니라 비효율일 뿐이다. 실제로 중앙은행의 독립이 의미하는 것은 중앙은행이 물가안정이라는 독자적인 목적만을 추구하는 '목적상의 독립'과 물가안정뿐만 아니라 고용안정 등과 같은 목적을 추구하되, 통화정책의 운용에서는 일정한 자율성을 갖는 '운용상의 독립'으로 나뉠 수 있다.

율과 통화량이다. 중앙은행은 이른바 '유동성'을 관리하기 위해 이자율과 통화량에 관한 다양한 지표와 관리의 기법을 발전시킨다. 공개시장 조작, 지급준비율 조정, 재할인율 조정 등과 같은 정책수단(instrument)은 이자율에 영향을 미치고 은행의 '신용창조' 능력을 통제한다(Guttmann, 1994: 32).36) 그리고 이자율과 통화량에 대한 통제는 가격수준과 실업률, 그리고 투자수준에 영향을 미쳐 국민소득과 경제성장에 효과를 미치는 것으로 가정된다(Brunhoff, 1981; Harvey, 2006: 281; Shull, 2005: 10). 특히 화폐정책은 사회정책과 대조적으로 균질적이고 일반적인 경제적 효과를 낳기 때문에 외형상 순수하게 기술적인 지향을 갖는 것으로 보인다. 게다가 정책수행 기관의 안정성, 정책실행의 신속성, 실행과정의 유연성 등으로 인해 화폐정책의 기술적 조작 가능성은 매우 높다(Brunhoff, 1981: 110). 이러한 기술적 성격으로 인해 화폐정책은 때때로 국가와 무관하게 보편적으로 적용될 수 있는 것으로 묘사된다. 사회적 갈등이 승폭되는 시기에 중앙은행이 다른 국가장치와 구별되는 남다른 생명력을 갖는 것도 이 때문이다.

사회정책, 재정정책, 화폐정책은 관리국가의 패러다임을 구성하는 핵심적인 요소이지만, 그 패러다임이 그러한 정책의 단순한 합으로 정의될 수는 없다. 어떤 정책은 다른 정책의 약점을 보완하기 위해 활용될 수 있으며, 또 어떤 경우에는 하나의 정책이 다른 정책과 결합되어 애초의 목적과는 완전히 상반되는 결과를 낳을 수도 있다. 극단적으로

---

36) 화폐정책이 화폐공급에 대한 중앙은행의 직접적 통제를 의미하는 것은 아니다. 중앙은행은 사적 은행이 대부할 수 있는 화폐의 한도를 규정할 수 있을 뿐이다. 화폐정책은 수익 획득을 위해 대부를 하려는 은행의 의지를 통제할 수 없을 뿐만 아니라 대부를 획득하려는 공중의 수요를 통제할 수도 없다. 이 때문에 경기순환에 대응할 수 있는 중앙은행의 능력은 사실상 제한되며, 때로는 중앙은행의 정책이 경기순환의 진폭을 증가시키기도 한다(Guttmann, 1994: 32-33).

는 서로 다른 행정기관이 각 기관의 입장에서 최선의 정책을 수행하더라도 그 결과는 국가의 통일성을 해체시키는 것으로 귀결될 수도 있다. 따라서 국가기구의 실천은 비록 완벽하지는 않다고 할지라도 언제나 일정한 통일성을 가져야 한다. 즉 각각의 정책은 개별적인 효과뿐만 아니라 전체의 일부로서 다른 정책과의 '일관성'에 의해서도 평가되어야 한다(Brunhoff, 1981: 61). 그러한 일관성을 부여해 주는 것이 바로 관리국가의 패러다임이다.

관리국가 패러다임은 서로 다른 논리를 갖는 정책의 조정이라는 양상을 띤다. 우선 경제정책 내에서 재정정책과 화폐정책이 조정되는데, 그러한 조정의 원리가 실질적으로 관리 패러다임을 결정한다. 재정정책과 화폐정책은 모두 민족적 경계 내에서 유통되는 화폐의 흐름과 관련되기 때문에 두 정책의 논리는 손쉽게 결합될 수 있다. 즉 경제정책은 다른 정책에 비해 서로 높은 적합성을 갖는 것이다. 예를 들어 경기 침체의 상황에서 성장을 자극하기 위해 재정지출과 저금리정책이 동시에 추진될 수 있으며, 높은 인플레이션 수준을 관리하기 위해 긴축적인 재정정책과 고금리정책이 결합될 수도 있다. 두 정책의 조합은 다양할 수 있는데, 경제정책을 입안하는 부서들은 그러한 '정책 패키지'에 대한 기술적인 모형을 생산하고, 그것에 입각해 재무부와 중앙은행의 활동을 조율한다(Brunhoff, 1981; Eisner, 1995).

다음으로 경제정책의 조정을 지배하는 관리의 패러다임은 일반적으로 경제정책과 사회정책의 결합 형태를 결정하는 경향이 있다. 이는 경제정책이 사회정책에 실질적인 지배력을 행사하며, 사회정책의 목표와 원리가 경제적 고려에 의해 재구성된다는 것을 의미한다. 가장 대표적인 것이 노동력의 관리와 관련된 실업의 문제다. 20세기에 이르러 노동자들의 사회적 안전을 보장하는 것으로 '노동의 권리'가 확대되면서, 실업의 존재는 시장원리의 당연한 귀결이 아니라 국가가 책임을 지는 정책적·행정적 관리의 실패에 기인하는 것으로 인식된다. 따라서 국가는 실업자들에게 직접적으로든 간접적으로든 일정한 급부를 제공할 의무를 갖는다(Offe, 1984: 69). 그러나 실업자에 대한 사회정책의 실행과정에서 그 급부의 수준을 조정하고, 나아가 전반적인 실업수준을 관리하는 것은 거시경제정책의 형태를 취한다. 이와 동시에 실업문제의 성격도 변화하는데, 실업은 이제 단순히 국가가 책임져야 하는 규범적 문제가 아니라 고용, 투자, 성장 등과 밀접하게 연관된 경제적인 문제로 인식되고, 또 실업에 대한 정책도 경제적인 방식으로 정당화된다(Waddan, 1997: 5; Brunhoff, 1981).

더 일반적으로 사회정책을 추진하는 데 활용되는 정부지출, 즉 '사회적 지출'은 더 포괄적인 정부지출의 일부로서 재정정책의 운영에 통합된다(Weir, Orloff, and Skocpol, 1988; Gough, 1981). 재무부를 비롯한 재정기관은 사회정책의 실행과정에서 지속적으로 핵심적인 역할을 담당한다. 사회적 지출의 규모와 방식은 구체적인 '사회적 욕구'가 아니라 경제적 상황에 대한 진단과 그것에 기초한 재정지출의 규모에 대한 결정에 종속된다. 게다가 국가가 재정권력을 활용하는 방식도 사회정책의 형태에 일정한 영향을 미친다. 예를 들어 재정정책이 재정지출이라는 형태를 취했던 유럽에서는 사회정책이 곧 사회적 지출을 의미했던 반면, 재정지출뿐만 아니라 조세감축도 주요한 재정정책의 수단이 되었던 미국에서는 사회적 지출뿐만 아니라 조세삭감(tax break)도 사회정책에 포함된다(Katz, 2001: 179; Hacker, 2002: 13).[37] 나아가 재정정책과

---

37) 미국에서 정부는 연금과 사회보험기여금에 대한 조세환급을 통해 보조금을 지급한다. 이 때문에 사회지출에만 초점을 맞출 경우 미국 '복지국가'의 규모는 체계적으로 저평가될 수밖에 없다(Katz, 2001: 193; Howard, 1997: 44). 호워드(Howard, 1997)는 미국의 '조세지출'에 대한 최근의 연구를 통해 조세삭감을 통한 복지지원을 '숨겨진 복지국가'(hidden welfare state)라고 지적한다.

화폐정책의 조정방식도 사회정책에 실질적인 영향을 미치는데, 20세기 후반에 재정정책이 신뢰성을 상실하고 대신 화폐정책이 전면에 나서게 되면서 사회정책이 지속적인 재정적 압력을 받게 된 것은 그 대표적인 사례다(Quadagno, 1999: 4; Minns, 2001: 185).

그러나 여기서 주의할 것은 특정한 관리 패러다임을 따르는 정책의 조정이 언제나 일정한 정치적·경제적 비용을 필요로 하며 반드시 성공한다는 보장도 없다는 사실이다. 자본주의는 고정된 체계가 아니며 자본축적의 역사적 동역학은 항상 국가의 정책적·제도적 조정을 요구한다. 또 사회적 세력관계는 국가장치 사이의 관계에도 실질적인 영향을 미친다. 그 결과 경제정책과 사회정책을 담당하는 기관 사이에서 세부적인 정책 쟁점을 둘러싼 일상적인 충돌은 불가피하며 때로는 관리의 일반적 목표를 둘러싼 갈등이 발생할 수도 있다. 예를 들어 1965년 미국의 정책논쟁에서처럼 정책의 우위를 적자재정을 통한 투자의 자극에 둘 것인지, 아니면 화폐정책을 통한 인플레이션 억제에 둘 것인지를 놓고 재무부와 중앙은행 사이에 갈등이 발생할 수도 있다(Brunhoff, 1981). 또 1979년 미국의 연방준비제도가 케인즈주의를 폐기하는 급속한 정책전환을 주도했을 때처럼 경제정책이 폭력적인 방식으로 조정될 수도 있다.

이처럼 정책 사이에서 갈등이 발생하고 때로는 조정이 실패하는 이유는 궁극적으로 국가가 자본주의 경제의 내적 불안정성을 완전히 제어할 수 없기 때문이다. 게다가 20세기 후반에 드러난 것처럼 관리국가의 활동 자체가 그러한 불안정성을 증폭시키는 원인이 될 수도 있다. 어떤 이유에서건 기존의 관리국가 패러다임을 따르는 정책을 통해서는 더 이상 경제적 안정성을 회복할 수 없을 때 단기적인 정책조정과는 구별되는 정책개혁, 즉 관리국가 패러다임의 이행이 불가피해진다. 그러나 한편으로는 기존 제도의 복잡성으로 인해, 그리고 다른 한편으로는 기존의 제도적 배치를 지지하는 사회적 세력들의 저항으로 인해 그러한 이행은 정치적 투쟁을 수반할 수 있다(Duménil and Lévy, 1993: 315). 소유-경영-노동의 타협을 제도화한 성장기의 관리 패러다임에서 금융의 지배가 가시화된 불황기 관리 패러다임으로의 이행과정에서 1980년대 신보수주의 세력의 등장과 함께 정치적 갈등과 제도적 균열이 증폭되었던 것은 결코 우연이 아니다. 또 그런 갈등과 균열은 국가의 경제적 위상 자체에 대한 이데올로기적 논쟁을 수반한다. 즉 1980년을 전후로 해서 '선의의 독재자' 또는 '합리적 계획자'로서 국가라는 관념은 공격을 받았고, 국가는 자기이익을 추구하는 약탈적 제도, 즉 '악의의 리바이어던'이라는 관념이 급속하게 확산되었던 것이다.

3) 관리의 대상으로서 경제와 사회

20세기의 관리국가는 사회정책에서 화폐정책에 이르는 다양한 정책을 실행한다. 각각의 정책은 모두 특수한 경제적·사회적 문제에 대응하는 구체적인 목표와 실행의 원리를 갖는다. 또 각 정책은 상황에 따라 서로 다른 정책수단으로 구체화되며, 행정기관 내에도 구체적인 정책수단에 부합하는 더 세부적인 업무분담과 위계화된 관리체계가 존재한다. 그러나 하나의 관리 패러다임 내에서 개별 정책은 일관된 방향으로 조정되는데, 경제관리와 사회행정은 그러한 조정의 양대 축을 이룬다. 그리고 두 가지 축 중에서 경제관리와 그것을 담당하는 경제적 국가장치는 사회행정과 그것을 담당하는 행정기관에 대해 지배력을 행사하는 경향이 있다.

① 관리 패러다임의 지배적 축으로서 거시적 경제관리

국가에 의한 경제관리는 대불황으로부터의 '성공적' 탈출로 기록된 1930년대 뉴딜의 실험에 기원을 둔다. 그러나 제2차 세계대전 이후 자본주의가 새로운 성장국면에 진입하면서 경제관리는 불황으로부터의 탈피가 아니라 더 완만하고 일상적인 경기순환에 대한 관리로 일반화된다. 법인자본주의의 발전에도 불구하고 경기후퇴와 침체, 회복, 과열 등의 과정이 반복되는 경기순환 과정에서 거시적 안정성은 지속적으로 파괴되고 또 회복된다. 관리국가는 그러한 거시경제의 불안정성을 자연적인 것으로 간주하면서 동시에 그 변동의 폭을 최소화하는 역할을 담당한다(Duménil and Lévy, 1993: 315).[38]

국가의 경제적 개입 형태는 각 사회세력을 대표하는 전국적 조직을 매개로 하는 이른바 '코퍼러티즘'이라는 형태를 취할 수도 있고, 아니면 경제정책을 경제적 국가장치의 직접적 정책조작의 형태를 취할 수도 있다. 어떤 경우든 재무부와 중앙은행 같은 경제적 국가장치는 거시적 경제관리에서 주도적인 역할을 수행한다. 이들 기관의 활동은 사회의 주요한 계급집단에게 직·간접적인 효과를 미치지만, 그 기관의 활동논리 속에서 사회적 세력관계는 결코 순수한 형태로 나타나지 않는다. 오히려 사회적 세력관계는 '총수요'와 '총공급'을 구성하거나 또

---

[38] 법인자본주의 하에서 시장의 불안정성에 대응하는 개별 기업의 관리활동은 질적으로 새로운 발전수준에 도달했다. 그러나 개별 기업의 미시적 관리의 합리성이 거시적인 경제적 안정성을 보장하는 것은 아니다. 예를 들어 경기침체 시기에 개별 기업들의 합리적인 선택이 거시적인 불안정성을 심화시킬 수 있다. '낮은 산출량→낮은 소득→낮은 수요→낮은 산출량'이라는 악순환의 연쇄적 운동이 발생할 수 있는 것이다. 뒤메닐과 레비는 법인자본주의에서 존재하는 이와 같은 거시적 불안정성을 '경향적 불안정성'(tendential instability)이라고 지칭한다(Duménil and Lévy, 1993a: 345-346; 1993b: 183).

는 그것에 영향을 미치는 특정한 경제적 변수로 표현된다. 예를 들어 이자율은 채권자와 채무자, 나아가 금융과 산업의 세력관계에 영향을 미치는 변수이지만, 거시적 경제모형 속에서 그러한 세력관계는 추상되고 대신 중립적이고 기술적인 방식으로 처리된다(Strath, 2003: 168).

> 국민소득 = 소비(C) + 투자(I) + 정부지출(G) + 수출(X) - 수입(M)
> = 소비(C) + 저축(S) + 조세(T) + 수출(X) - 수입(M)

모든 관리 패러다임은 거시경제적 균형을 활동의 규범으로 삼는다. 국민소득에 대한 가장 간단한 모형을 표현한 위의 도식이 보여주는 것처럼 공적 부문으로서 국가는 사적 부문의 기업 및 가계와 함께 하나의 주체로 시장에 참여한다. 동시에 '합리적 계획자'로서 국가는 총수요와 총공급의 균형을 목표로 해서 그것들 사이의 괴리를 축소시키는 정책을 추진한다. 여기서 핵심적인 것이 가계소비(C), 기업투자(I), 정부지출(G)의 합으로 구성되는 총수요(C+I+G)다. 정부는 가계소비와 기업투자의 자율성을 침해할 수 없기 때문에 정부지출의 수준을 조정함으로써 총수요를 관리한다. 이른바 '승수모형'에서 드러나는 것처럼 정부지출은 소비지출과 투자지출에 영향을 미치며, 따라서 정부지출은 증폭된 효과를 가질 수 있다. 즉 국가는 일정한 양의 화폐를 흡수 또는 방출하는 재정정책을 통해 시장의 나머지 행위자들에게 영향을 미치는 것이다. 또한 그러한 정책은 이자율과 같은 화폐 유량(flow) 지표에 대해 대규모의 조작을 실행하는 화폐정책과 결합된다. 이처럼 상이한 국가관리의 수단이 경제정책이라는 통념 속에서 서로 결합되는데, 그것들은 자신의 특수한 적용 지점을 완전히 보존하면서 동시에 하나의 앙상블의 구성 부분으로 나타난다(Brunhoff, 1981: 92-94).

화폐정책과 재정정책은 서로 결합되어 일관된 효과를 낳을수록 사회적 세력관계에 효과적으로 작용할 수 있다. 정책을 실행하는 국가장치 사이의 경쟁에도 불구하고 이들 장치의 활동은 일정한 보완성을 갖는다. 특정한 정책이 다른 정책에 비해 특권적인 위치를 차지할 수 있지만, 어떤 경우든 정책과 그것을 뒷받침하는 국가장치는 지속적으로 조정된다(Brunhoff, 1981: 99). 그것이 바로 이른바 '정책혼합'(policy mix)이라 불리는 현상이다. 정책혼합 속에서 재정적자를 통한 경기부양이라는 재정정책은 특정한 인플레이션율을 중간목표로 하는 특정한 화폐정책 수단과 결합될 수 있다. 또 임금수준에 대한 관리는 언제나 고용수준에 대한 관리를 필요로 하며, 고용에 대한 규칙은 실업에 대한 특정한 관리방식을 동반한다(Brunhoff, 1981: 87; Piven and Cloward, 1993).[39]

여기서 특히 중요한 것은 경제정책이 언제나 화폐로 표현되는 추상적인 수량의 문제를 다룬다는 점이다. 예를 들어 수요가 부족하여 시장의 순환이 불안정해질 때 정부는 수요의 증가를 통해 과잉공급을 흡수하는데, 이때 수요의 구체적인 본성은 전혀 중요하지 않으며 오직 전반적인 규모, 즉 수량이 문제가 된다. 예들 들어 정부가 방출하는 일정한 양의 화폐가 사적인 방식으로 공급을 흡수하든, 공적인 방식으로 공급을 흡수하든 그것은 문제가 되지 않는다는 것이다. 그 화폐는 사회적 원조에 사용될 수도 있고, 군비지출에 사용될 수도 있으며, 아니면 공적 고용에 사용될 수도 있다. 게다가 그 비용은 조세에 의해 충당될 수도 있고 국가의 부채를 통해 충당될 수도 있다(Brunhoff, 1981: 93). 마찬가지로 정부의 저금리정책이 생산적 투자의 증가를 통해 가계수

---

[39] 미국에서 1945년 이후 취해진 '완전고용' 정책과 1974~75년부터 취해진 '통제된 실업'이라는 정책은 관리의 원리라는 측면에서 본질적으로 동일하다. 국가가 일정한 규모의 화폐흐름을 발생시킴으로써 노동시장의 양극을 이루는 노동력의 수요와 공급, 즉 기업과 가계에 영향을 미치는 것이다(Brunhoff, 1981).

요를 증가시키는가, 아니면 금융적 투자의 증가를 통해 가계수요를 증가시키는가라는 문제도 중요하지 않다.

바로 이러한 수량적인 특징 때문에 국가적 관리의 틀 내에서 상이한 정책은 그것들이 가질 수 있는 효과와 관련하여 서로 비교 가능한 것으로 전제된다. 예를 들어 기업의 투자를 자극하기 위한 재정정책에서 조세삭감과 정부지출 확대는 수량적으로 그 효과가 비교될 수 있다. 즉 조세를 5% 삭감하는 것과 지출을 5% 확대하는 것이 마치 동일한 효과를 갖는 것처럼 간주되는 것이다(Stein, 1996).[40] 그리고 이처럼 일정한 양의 화폐로 표현되는 수치를 비교·분석·평가하는 기술적인 과정에서 다양한 정책부문은 모두 동질적인 것으로 변형된다(Brunhoff, 1981).

이러한 맥락에서 국가의 모든 활동은 사실상 일정한 양의 화폐 단위로 계산될 수 있고, 바로 이 때문에 경제정책은 매우 넓은 포괄 범위를 갖게 된다. 또 경제정책의 기술적 성격은 사회정책에 비해 신속하고 신축적인 대응을 가능하게 만들 뿐만 아니라 사회적·정치적 갈등을 어느 정도 회피할 수 있는 능력을 제공한다. 그 결과 관리국가의 전성기에는 정부가 다양한 정책혼합을 통해 정확히 원하는 목표를 달성할 수 있다는 관념이 확산되기도 했다. 정부는 시장실패를 보완하고 사회적 후생을 최대화할 수 있는 '합리적 계획자'로 묘사되었던 것이다. 이와 같은 특성 덕택으로 경제정책은 관리 패러다임의 지배적인 축이 될 수 있었다.

---

[40] 그러나 최근 정치경제론(political economy) 연구가 지적하는 것처럼 조세의 삭감과 지출의 확대가 동일한 경제적 효과를 갖는 것은 아니다(Alesina, 2004). 나아가 차별적인 정책처방은 단순히 경제적인 수량에서만 상이한 효과를 낳는 것이 아니라 정치적·사회적 측면에서도 차별적인 효과를 낳는다.

② 관리 패러다임의 보조적 축으로서 미시적 사회행정

　20세기의 관리국가는 그 역사적 변화에도 불구하고 시민들의 물질적 안녕을 보장한다는 일반적 이념에 비추어 자신의 활동을 정당화한다. 그러한 활동은 일차적으로 경제관리라는 형태를 취하지만, 다른 한편으로는 시민들의 다양한 사회적 요구를 충족시키는 사회행정의 형태를 취하기도 한다. 이런 면에서 관리국가는 '사회적 시민권'으로 묘사되는 사회적 타협에 기초를 둔다고 할 수 있다. 제2차 세계대전 이후 대다수의 선진 자본주의 국가들에서 사회적 시민권은 계급 또는 이익집단 조직에 의해, 그리고 일반적인 여론에 의해 지지되었고, 법률의 형태로 제도화되어 국가기구의 활동에 배태되었다. 그것은 시민의 자율적 결정에 기초한 정치적 시민권을 단순히 사회·경제적 영역으로 확장한 것으로 간주될 수 없다. 왜냐하면 사회적 시민권의 제도화와 함께 국가가 그 권리를 보장해 주어야 하는 시민의 기본적인 모형이 변했기 때문이다(Piven and Cloward, 1993: 410; Balibar, 2010; Proacci, 2001: 53-59).[41]

　사회적 시민권은 시민이 추상적인 법적·정치적 권리를 갖는 인격으로서의 개인이나 소유자로서의 개인이 아니라 노동, 교육, 의료, 주거 등과 같은 다양한 사회경제적 필요를 갖는 노동자와 그 부양가족이라는 가정에 기초하고 있다. 즉 사회적 시민권의 제도화와 함께 시민

---

[41] 물론 미국과 유럽의 시민권 유형에는 차이가 존재한다. 특히 미국에서는 '사회적 시민권'과 같은 통념이 거의 존재하지 않는 반면, 개인의 자율성에 기초한 시민적 시민권(civil citizenship) 논의가 지배적이다. 이러한 논의 구도 내에서 복지는 곧 의존을 의미하고, 따라서 자율적인 시민생활에 대한 위협으로 간주된다(Procacci, 2001: 58; Fraser and Gordon, 1994). 그러나 미국에서도 복지와 구별되는 사회보장은 노동자로서 시민의 권리로 인식된다.

의 보편적 모형은 부양가족을 갖는 임금소득자(wage earner)로 재구성된 것이다. 그리고 그들은 개인적 원인이 아니라 사회적 원인을 갖는 것으로 간주되는 다양한 불안전성, 즉 실업, 빈곤, 질병 등으로부터의 자유, 즉 사회적 안전(social security)을 획득할 권리가 있다. 이에 따라 20세기 관리국가의 사회정책은 일반적으로 빈민과 같은 특수한 집단에 대한 원조가 아니라 모든 시민의 보편적 권리에 대한 보장이라는 형태를 취한다. 비록 나라에 따라, 그리고 역사적 조건에 따라 사회적 안전의 보장 수준이나 방식은 변했지만, 20세기의 국가는 임금을 통해 생활하는 시민들이 생애과정에서 직면하게 되는 고유한 위험을 사회적 안전이라는 형태로 완화시키는 데 기여했다(Balibar, 2010; Brunhoff, 1981; Garrido, 2005: 103; Castel, 2003: 344-345; Edwards and Glover, 2001: 3).[42]

그러나 사회적 시민권이 노동자로서 시민의 지위를 안정화했지만 상품으로서 노동력의 지위는 제거되지 않았다. 국가가 시민의 모든 사회경제적 요구를 무조건적으로 책임지는 것은 아니었다(Waddan, 1997: 4). 사회적 시민권으로 승인된 모든 종류의 '복지'는 그 외형적인 자율성에도 불구하고 언제나 노동과 연계되었다. 사용되지 않는 노동력에게 제공되는 보상은 언제나 임금을 기준으로 해서 임금보다 낮게 유지되며, 그 수혜자들은 지속적으로 일자리를 찾도록 강제되었다. 또한 사용되지 않는 노동력을 유지시키는 비용은 사실상 과거에 노동자들이 획득한 소득의 일부에 의존하거나, 그렇지 않으면 현재 고용된 노동력의 소득에 의존하는 '보험의 원리'에 의해 충당되었다. 보험을 지급받기 위해 시민들은 노동을 통해 그 기여금을 정기적으로 납부해야 했다. 그런 면에서 사회정책은 노동시장으로부터의 이탈을 강화하는

---

[42] 미국과 같은 몇몇 국가에서는 공적 복지뿐만 아니라 사적 복지도 발전했는데, 이 경우에도 국가는 양자를 모두 포괄하는 복지의 사회적 분업을 관리했다(Katz, 2001: 9; Roche, 1992: 27).

것이 아니라 반대로 임금노동에 대한 노동자들의 종속을 유지·강화했다. 즉 소득의 원천으로서 노동에 대한 참여는 사실상 시민권의 주요한 조건이 되었던 것이다(Clarke, 1988: 248; Brunhoff, 1981: 32-33, 132; Garrido, 2005: 100).[43]

게다가 사회적 시민권과 그것을 보장하는 사회정책의 발전은 경제 발전의 자동적 산물이 아니었다. 그것은 고유한 정치적 동학을 내포했다. 노동자로서 시민들이 처한 구체적인 상황과 조건은 매우 다양하며 그들이 직면하는 위험도 마찬가지로 다양하다. 이 때문에 사회적 시민권을 보장하기 위해 구체적으로 어떤 정책이 어떤 방식으로 실행될 것인가는 미리 결정될 수 없다. 구체적인 요구가 사회정책을 통해 제도화되는 과정은 그러한 요구를 정책적 의제로 만들어 내는 사회적 동원이나 정치적 압력과 같은 '사회정치'를 수반한다. 뿐만 아니라 사회보장제도는 특정한 시기에 집중적으로 형성 또는 변형되는 파동(wave)을 그리는데, 이는 이들 제도가 다양한 사회세력이 참여하는 사회운동이나 잠재적인 정치적 위험의 증가에 직면한 국가의 사후적이고 때로는 임시방편적인 대응의 산물이었다는 것을 의미한다. 20세기 초 유럽에서 '복지국가'의 형성이나 미국의 1930년대 뉴딜 구호정책, 나아가 1960년대 미국에서의 이른바 '복지폭발'(welfare explosion)은 모두 그 전형적인 사례라 할 수 있다(Piven and Cloward, 1993: 198; O'Connor, 1973).

---

[43] 이런 관점에서 보면 20세기 국가의 변화를 '복지국가'(welfare state)에서 '근로국가'(workfare state)로의 이행으로 규정하는 것(Jessop, 2002a)은 부정확한 진단인 것으로 보인다. 왜냐하면 복지가 노동과 연계되지 않았던 적은 사실상 한 번도 없기 때문이다. 또한 사회적 권리의 확장이 노동력의 '탈상품화'(Esping-Andersen, 1990: 3)를 의미하는 것도 아니다. '복지국가'의 발전에도 불구하고 상품으로서 노동력의 지위는 변화하지 않았으며, 다만 보험이나 공적 고용 같은 '탈시장적' 조치를 통해 노동력의 위험이 완화되었을 뿐이다.

이처럼 사회적 권리는 특정한 세력관계를 전제로 하기 때문에, 그리고 사회정책은 그러한 세력관계를 사후적으로 반영하기 때문에, 사회행정기관의 형성과 발전은 불균등한 양상을 보인다. 새로운 기관은 빈번하게 과거의 기관에 중첩되며, 그 과정에서 각 행정기관의 지위와 명칭도 변화한다. 그 결과 관리국가의 사회정책은 전근대적인 구휼에서부터 현대적인 보험에 이르기까지 비동시대적인 제도의 공존을 특징으로 한다(Brunhoff, 1981: 130). 뿐만 아니라 '사회적인 것' 자체를 공격하는 1980년대 신보수주의의 '반격'과 그 이후의 복지개혁에서 드러난 것처럼, 사회적 세력관계의 변화에 따라 특정한 사회행정기관은 무력화되거나 심지어 폐지될 수도 있다.

그러나 사회행정을 위한 기관이 '사회정치'의 영향을 받으면서 불규칙적으로 발전한다고 할지라도, 자본주의적인 노동력 재생산의 원리는 이들 기관의 행정적 질서에 일정한 구조적 성격을 부여한다. 국가적 관리를 통해 노동력을 재생산하는 방식에서 19세기적인 기원을 갖는 '구호의 체계'와 20세기에 출현한 '보장의 체계'는 서로 다른 원리에 기초를 두며, 그러한 차이는 대다수 선진 자본주의 국가에서 사회정책의 행정적 질서 속에 배태된다. 구호의 체계는 '빈민'에 대한 소득의 지원이라는 원리에 기초했던 반면, 보장의 체계는 노동자가 납부한 기여금에 토대를 두는 보험의 원리에 기초했다. 구호는 그 수준과 방식이 지역적인 노동시장의 상황과 밀접하게 연동되었다면, 보험은 제도적으로 확립된 계약으로서 '소유권'의 문제를 내포했다. 20세기의 대다수 선진 자본주의 사회에서 사회정책의 행정적 질서는 이와 같은 이중적 원리를 내포하고 있었다. 특히 미국에서는 사회보험(social insurance) 형태를 띠는 사회보장 프로그램과 공적 구호(public assistance), 즉 사회복지 프로그램의 분기가 1935년 사회보장법에 내재되어 있었고, 그 이후에도 체계적으로 강조되었다(Weir, Orloff, and Skocpol, 1988).[44]

또한 자본주의적인 노동력 재생산의 원리는 사회행정의 구조적 질서에 따라 특정한 시기에 특수한 방식으로 사회정책이 조정될 수 있는 암묵적인 조건이 된다. 특정한 시기의 사회정책은 비록 그 다양성에도 불구하고 대체로 노동력의 안정적인 재생산과 노동력 흐름의 원활한 관리라는 원리에 의해 지배된다. 즉 사회행정기관은 전반적인 고용과 실업의 수준, 임금과 사회적 급부의 수준을 고려하면서 자신들의 활동을 내부적으로 조정하는 것이다. 이 과정에서 각 기관은 자신의 고유한 제도적 특성을 유지하면서도 노동시장의 상황과 그것을 둘러싼 사회적 세력관계에 대해서는 일정한 패러다임적 통일성을 가지고 집합적으로 대응하는 경향을 보인다(Peck, 2001: 45; Brunhoff, 1981:, Piven and Cloward, 1993).

나아가 사회행정기관은 관리주의적인 방식으로 조직된 고유한 행정적 절차에 따라 사회적 요구를 처리한다. 행정기관은 직업적 전문가들이 위계적으로 배치된 관료적 조직을 활용해 시민의 권리에 '봉사'한다. 동시에 그들은 사회보장 급부를 필요로 하는 사람의 상황을 조사하고, 자신의 행정적 기준에 따라 그 권리를 갖는 사람을 결정한다. 이 과정에서 그들은 '고객'에게 상당한 권력과 권위를 행사한다. 그리고 상황에 따라 변동하는 관리의 규칙은 때때로 고객에게 자의적인 것으로 나타난다. 예를 들어 1990년대의 복지개혁은 점차 빈곤한 시민을 잠재적인 '복지 의존자'로 규정하고 복지급여에 대한 권한을 점점 엄

---

44) 미국뿐만 아니라 영국에서도 사회보장 프로그램과 자산조사 프로그램으로 이원화된 사회보장제도가 확립되었다. 그러나 영국과 미국뿐만 아니라 '보편주의적' 사회보장을 제도화한 것으로 알려진 프랑스, 독일, 이탈리아에서도 이른바 '보완성(subsidiarity)의 원리'가 마찬가지의 분할을 제도화하고 있다. 보완성의 원리는 가족과 다른 전통적 제도가 구성원을 돌보지 못하는 경우에 한하여 국가가 개입하여 공적으로 보조한다는 원칙을 지칭한다(Esping-Andersen, 1990).

격하게 규정했는데, 이는 과거에 구호를 획득해 왔던 시민에게는 다소 자의적인 장벽으로 기능했다. 따라서 특정한 관리 패러다임에 의해 지배되는 행정적 절차는 사회적 급부에 대한 시민의 접근에 장애가 될 수 있을 뿐만 아니라 시민의 자율성을 침해할 수도 있다(Roche, 1992: 35; Brunhoff, 1981: 29).

4) 관리국가의 정치적·사회적 효과

관리 패러다임에 입각한 국가정책의 발전은 단순한 관료적·기술적 진보의 산물이 아니었다. 또한 그것은 경제적 불안정성과 사회적 문제에 대한 국가의 대응에 국한되지 않는 정치적 지배 형태의 변화를 수반했다. 특히 관리주의적 원리를 따르는 행정의 지배는 대중정치 시대의 새로운 정치적 소외를 낳았다. 뿐만 아니라 행정적 지배는 지배계급의 정치적 통일성을 강화하고 노동자계급의 분할을 재생산하는 사회적 효과를 생산했다.

① 정치적 소외의 새로운 형태로서 행정지배

19세기 동안 의회의 엘리트 정치가 지배계급의 정치적 통일성을 생산했다면, 20세기에는 엘리트 정치의 대표성에 대한 대중적 저항의 결과로 대표제가 확대되고 대중정치가 실현되었다. '정치의 민족화'(nationalization)로 지칭되는 이러한 변화의 결과로 인해 20세기에 국가의 대중적 토대는 19세기에 비해 훨씬 더 넓어졌다.[45] 그러나 대표제

---

45) 투표권 확대, 비례대표의 변화, 선거 관련 매체의 발전, 그리고 민족적 틀 내에서 사회적 권리의 공고화 등과 같은 일련의 변화는 '정치의 민족화'라고 지칭되

의 확대와 동시에 지배계급의 정치적 통일성을 형성하는 주요한 공간이 점차 의회에서 행정부로 이동하고, 의회에서의 대중적 압력을 우회하려는 새로운 장치가 발전했다(Clarke, 1991). 그 결과 대표를 선출하는 과정과 정책을 결정하는 과정은 점차 분리되게 되었다. 국가이론가 제솝(Jessop, 2002a)이 정치적 대표형태에 대한 경제적 개입형태의 우위라고 부른 현상은 이러한 역사적 과정의 산물로 이해될 수 있다.

관리국가의 '개입형태'는 '정책'(policy)이라는 이름으로 불리었는데, 관리국가가 제도화되면서 정책은 점차 19세기 국가에서의 '정치'(politics)를 대체했다. 현재 매우 다양한 국가적 활동이 '정책'이라는 용어로 지칭되지만, 그럼에도 불구하고 20세기에 일반화된 그 용어 내에는 과학과 전문가의 결정이라는 관념이 내포되어 있다. 과학성과 전문성에 근거해서 확립된 정책은 정부의 활동으로부터 소란스러운 정치를 제거한다고 여겨진다. 이런 시각에서 볼 때, 미국에서 관리국가가 형성되는 바로 그 시기에 사회개혁과 관련된 광범위한 '전문직화'(professionalization) 현상이 출현한 것은 우연이 아니다. 그 이후 전국적인 정책형성과 입법과정에서 특정한 행정분과와 밀접히 연계된 '비당파적 전문가'의 영향력이 대폭 확대되었다.

또한 관리국가의 발전에 따라 정책을 입안하고 실행하는 행정과 관리의 전문가들은 체계의 개혁을 시도하는 중립적인 전문가로 승인을 받았다. 국가기구 내에서 사실상 영구적인 지위를 갖는 전문적 행정기관과 관리의 전문가들은 사회문제에 관한 합리적 해결을 가능하게 만

는데, 이는 정치가 특정한 계급이나 엘리트 집단이 아니라 민족 구성원으로서 시민의 일상적 참여에 기초하게 되었다는 것을 의미한다. 여기서 핵심적인 것은 과거에는 정치가 소유자 엘리트의 전유물로서 엘리트 정당에 의해 조직되었다면, 이제는 '책임 있는' 시민을 대표하는 것으로 간주되는 대중정당에 의해 조직된다는 것이다(Caramani, 2004: 218).

드는 '전문적 지식'을 갖는 것으로 가정된다. 그리고 이들 관료-전문가(bureau-professional)는 그 전문성에 비례해서, 즉 전문성이 높을수록 더 큰 재량적 권한과 자율성을 누릴 수 있었고, 상대적으로 강력한 과학적 수단을 보유한 것으로 인식되는 경제-기술관료(econo-technocrat)는 상대적으로 더 높은 전문성을 인정받았다. 관료-전문가 지배 또는 경제-기술관료 지배는 20세기 관리국가의 일반적인 특징이 되었던 것이다(Kleinberg, 1973: 163; Clarke, 1999: 178).[46]

관리국가 내부의 행정적 장치는 '사회'와의 관계에서 고유한 정치적 효과를 산출하는 메커니즘을 갖는다. 국가를 구성하는 각각의 행정기관은 자신의 외부에서 생산되는 사회적·경제적 문제를 합리적으로 해결 가능한 해법이 있는 문제로 재구성해서 자신들의 활동을 정당화한다. 행정기관은 구체적인 사회문제를 추상적인 공적 규범으로 전환시키는 고유한 기제를 갖는 것이다(Harney, 2002: 54). 행정기관은 자신이 해결할 의제를 지속적으로 탐색하고 그 문제에 대한 가장 효율적인 해결책을 추구한다. 이 과정에서 점차 사회문제의 구체적인 성격은 사라지고 행정부 내에서의 효율적인 자원배분이라는 논리가 부각되게 된다. 또한 행정기관 사이의 갈등은 언제나 추상적인 공통의 가치를 둘러싼 투쟁의 형태를 취하며, 기존의 국가, 정부, 공중, 시민의 관계를 자연적인 것으로 만든다. 이 과정에서 실질적인 사회적 투쟁의 영역은 은폐되고 사회적 갈등은 국지화되어 관리 가능한 것으로 변형된다

---

46) 물론 국가에 따라 '관리'는 차별적인 양상을 보인다. 대표적으로 항구적인 공공부문의 엘리트를 보유한 대륙 유럽의 '국가주의 모형'에서는 제2차 세계대전 이후에도 사적 영역과 공적 영역의 질적 차이가 강조되었고, 공적 관리는 보편적 이익이라는 코퍼러티즘적 규범을 통해 정당화되었다. 반면 미국에서는 행정부와 법인기업의 활동방식이나 조직 및 위계구조가 유사한 형태를 취했고 유사한 생산성의 논리에 의해 조직이 운영되었다(McDormott, 1991: 112-115).

(Harney, 2002: 17).[47] 그 결과 사회운동의 정치적·사회적 요구도 더 효과적인 행정적 관리라는 틀 속으로 통합되어, 결국에는 행정적 장치의 운영방식을 둘러싼 갈등으로 전환된다. 나아가 관리기구가 더 발전하면 사회적 갈등에 대한 예방적 조처가 프로그램화된 사회정책으로 실행될 수도 있다. 관리국가는 국가장치를 확장하거나 다단계로 신축화함으로써 사회적 갈등을 행정적 관리로 '내부화'할 수 있는 잠재력을 갖는 것이다.

그리하여 전문적이고 과학적인 지식에 기초한 행정권력은 점차 자신의 고유한 대표성을 보유하게 된다. '선의의 독재자'로서 국가를 움직이는 관료와 정책 입안자는 국가 전체의 이익에 따라 행동하며, 또 그렇게 행동하는 한 그것은 민주적인 것이라는 이데올로기가 출현하는 것이다. 물론 여전히 국가적 정책은 입법부의 특정한 정치이념에 영향을 받고, 또 사법부의 법적 원리에 의해 제한된다. 그러나 입법부 내에서도 행정부와 공명하는 정책의 논리가 지배력을 갖는다. 게다가 의회가 제정한 법률조차 행정기관이 공표하는 시행령과 추가·수정조항이 없다면 실행되지 않는다. 그리고 행정의 규칙은 기존의 법에 대한 재해석과 조정을 수반할 수 있으며 사실상 법이 존재하지 않는 영역에도 작용한다. 그 결과 행정기관은 준입법적이고 준사법적인 권력을 행사하게 된다(Poulantzas, 2000; Neoclous, 1998).

물론 행정권력의 확대에도 불구하고 의회는 여전히 정치적 대표기관의 지위를 누렸다. 그렇지만 19세기와 비교할 때 그 활동방식은 크게 변화했다.

첫째, 행정부가 준입법적·준사법적 권력을 행사하게 되면서 국가

---

47) 부르디외(Bourdieu, 1999: 55)는 여기서 한 걸음 더 나아가 국가가 스스로 '사회문제'를 만들어 내고 그것에 대한 관료적 해법을 제시함으로써 자신의 능력을 재생산한다고 주장한다.

의 일상적인 실천과 관련된 의회의 역할은 약화되었다. 행정부와 의회의 관계는 사실상 정책의 실행과 정당화라는 기능적 분업구조로 나타났다. 특정한 행정기관에서 활동한 경력을 갖는 비당파적 전문가들이 의회에서의 정책입안 과정에 중요한 판단의 준거를 제공했다.

둘째, 의회 내에서도 정책결정과정과 대중정치를 분리시키는 복잡한 제도적 장치가 발전했다. 고도로 전문화된 분업구조를 특징으로 하는 미국의 의회에서 경제정책 등과 같은 핵심적인 정책은 주로 행정부나 전문가와 긴밀히 결합되는 의회 내부의 상임위원회에서 다루어졌다. 의회에서의 오랜 경력을 통해 영향력을 획득한 의원은 대부분 지속적으로 특정한 상임위원회에 소속되어 정책결정에 참여하기 때문에 사실상 전문가가 되었다. 그 결과 선거를 통한 정치적 판도의 변화에도 불구하고 주요 정책이 상당한 안정성을 가지고 입안될 수 있었다(Shepsle, 2010).[48]

셋째, 의회 내부에서의 토론이나 논쟁은 정치이념보다는 사실상 전문적·기술적 성격을 띠는 행정의 논리를 따랐다(O'Connor, 1973; Offe, 1984; Jessop, 1990; 2002). 정치는 과학화되어 점차 규범적 질문으로부터 분리되었고, 합리적인 행정적 수단을 선택하는 문제로 환원되는 경향이 있었다(Hearn, 1983: 43). 사회적 개혁의 쟁점은 사회주의인가, 자본주의인가와 같은 '거대한 대안' 사이의 선택이 아니라 사회정책의 도구로서 '특수한 기법'을 조합함으로써 당면한 문제를 어떻게 해결할 것인가를 둘러싼 기술적 쟁점으로 전환됐다(Kleinberg, 1973: 130; Esam, Good and Middleton, 1985).

넷째, 대중정당의 시대에 특정 정당의 정체성은 일관된 세계관에 기

---

48) 이처럼 의회의 활동방식 자체가 변화했다는 측면에서 관리국가의 성장은 단순히 의회에서 행정부로 정책적 관리의 실질적 권한이 이양되었다는 것 이상의 의미를 갖는다.

초한 전통적 정치이념이 아니라 대중적으로 호소력을 갖는 일련의 정책 조합에 의해 결정되었다. 예를 들어 미국의 민주당은 체계적인 자유주의 이념보다는 '뉴딜의 정당'으로 자신의 정체성을 확보해 왔다(Harney, 2002: 17; Maier, 1987: 130). 동시에 민주주의에 대한 자유주의적 개념화, 즉 '정치시장'에서 과점적 지위를 누리면서 서로 경쟁하는 정치 엘리트들에 대한 '정치 소비자'의 선택으로서 민주주의라는 인식이 자리를 잡았다.

이와 같은 일련의 변화로 인해 20세기 관리국가에서는 시민권의 확장과 동시에 시민적 자율성의 축소라는 모순이 발생한다. 투표권의 확장과 대중정당 체계의 발전으로 인해 '정치적 시민권'이 확장되었지만 정책에 대한 정치의 통제력은 오히려 약화되었던 것이다. 또 '사회적 시민권'으로 지칭되는 사회적 권리가 제도화되었지만 시민권이라는 통념 속에 내포된 적극적인 정치적 의미는 제거되었다. 왜냐하면 행정적으로 관리되는 국가에는 시민의 자율적인 정치가 들어설 여지가 없었기 때문이다. 능동적인 시민정신은 사실상 국가의 효율적 운영을 저해하는 것으로 간주되었고, 시민은 자발적으로 그들의 정부가 더 포괄적인 권력을 행사하도록 허용해야 했다. 그 결과 시민은 사실상 주권을 갖는 능동적인 주체에서 수동적인 행정의 대상으로 변형되었다(Neocleous, 1996: 127).[49]

---

[49] '생활세계의 식민화'라는 하버마스의 명제도 기술관료 지배에 대한 비판적 분석의 연장선에 위치하는 것으로 이해될 수 있다. 생활세계의 식민화는 국가가 기술관료에 기초한 행정적 수단에 과도하게 의존함으로써 지속적으로 (시민의 권리로서) 법의 지배라는 원리를 위반하고, 의사소통적 합리성을 기술관료적 권력의 논리에 종속시키게 되는 현상을 지칭하는 것이다. 그러나 그 명제는 기술관료 지배가 실제로 자본주의의 재생산을 어떻게 뒷받침하는가, 그리고 사회적 세력관계에 어떤 효과를 미치는가를 분석할 수 없다는 점에서 한계를 갖는다.

이러한 관점에서 볼 때, 20세기의 관리국가는 새로운 형태의 '정치적 소외'를 산출하는 정치적 효과를 가졌다고 할 수 있다. 19세기의 정치적 소외가 지배계급의 정치적 통일성을 형성시키는 의회 대표제로부터 노동자·시민의 소외였다면, 20세기의 정치적 소외는 행정기관과 그들이 생산하는 전문적 관리의 논리로부터 노동자·시민의 소외였던 것이다. 오늘날 정치적 논쟁이 대중적인 협상과 타협의 과정이 아니라 대중적 견해를 위임받은 것으로 가정되는 훨씬 소수의 전문가들에 의해 주도되는 것은 이러한 새로운 정치적 소외의 결과라고 할 수 있다. 자본주의 국가와 '전문적 지식'의 결합이 야기한 정치적 소외라는 고유한 모순으로 인해 관리주의 하에서 대중적인 정치적 갈등은 때때로 시민의 요구를 과학적으로 대표한다는 전문가주의와 기존의 대표체계를 거부하는 인민주의(populism)의 대립으로 나타나는 경향이 있다.

② 관리 패러다임의 사회적 효과: 사회적 세력관계의 재생산

국가적 관리의 발전은 단순히 '사회공학적' 전문가의 지배와 대중의 정치적 소외를 야기하는 데 그치지 않는다. 왜냐하면 국가기관이 순수하게 기술적인 합리성에 따라 중립적인 방식으로 행동하지는 않으며, 때때로 기술적인 것처럼 보이는 경제적·사회적 정책도 결코 중립적인 효과를 낳지는 않기 때문이다. 오히려 '관리'를 중심으로 조직된 국가적 제도의 활동방식은 사회적 세력관계에 중요한 영향을 미친다. 그것은 관리국가의 행정적 기관이 과거에 의회가 수행했던 역할, 즉 지배세력의 통일성과 정치적 헤게모니를 조직하는 역할의 일부를 수행한다는 것을 의미한다(Poulantzas, 2000: 220-221). 효율적인 자원배분이라는 행정적 논리 속에서 다양한 자본분파의 요구가 접합되며, 이 과정에서 노동자를 비롯한 여타 사회세력의 요구는 관리의 원리에 종속된 형태로 통합되는 것이다.

관리국가의 경제적 국가장치는 특정한 경제적 변수를 집계하고 자신의 정책이 야기할 수 있는 미래의 효과에 대한 예측에 기초해서 그 경제적 변수를 관리한다. 그 덕택으로 국가는 사적 기업의 자유로운 활동에 결정적인 위협요인이 되는 경제적 불확실성을 감축시키는 데 성공해 왔다. 그런데 이때 국가가 어떤 변수에 어떤 방식으로 영향을 미치는가는 사회세력들에게 고유한 의미를 가졌다. 여기서 특히 중요한 것은 특정한 경제정책이 상이한 자본분파들에게 상이한 효과를 미친다는 것이다. 예를 들어 국가는 경제적 불확실성으로 인해 산업적 투자가 위축될 때 적극적인 재정지출을 통해 투자를 자극할 수 있다. 그리고 그것은 산업적 축적을 중심으로 자본을 통합시키는 데 중요한 역할을 한다. 마찬가지로 화폐정책의 주요한 관리대상이 되는 이자율의 변동도 결코 중립적인 효과를 갖지 않는다. 이자율은 채권자와 채무자 사이의 관계에 영향을 미치는데, 이를테면 높은 이자율은 대부자본으로 기능하는 금융자본의 수익을 증가시킨다(Guttmann, 1994).

다른 한편 관리국가는 사회정책을 매개로 노동자계급의 일부를 자본주의적인 축적과정에 안정적으로 통합시킨다. 제1·2차 세계대전을 거치면서 노동자의 일부는 민족국가의 권위를 수용하는 대가로 투표권을 획득하고 자신의 사회적 권리를 승인받았다. 이와 함께 노동자들의 조직은 때때로 미시적 기업관리뿐만 아니라 거시적인 공적 관리에도 참여했다.[50] 이 과정에서 다수의 노동자들이 현재의 임금소득 일부

---

[50] 물론 조직된 노동의 '통합양식'은 단일하지 않다(Mouzelis, 1986: 74-75). 민족국가 또는 정치공동체 내부로 노동자의 통합이라는 관점에서 볼 때, 영국과 미국 같은 노동조합-자유주의 정당의 연계라는 형태와 유럽 대륙적인 코퍼러티즘의 형태는 구별된다. 코퍼러티즘은 일종의 공공선의 담지자인 규범적 국가를 매개로 해서 자본과 노동을 비롯한 주요 이익집단 또는 지위·신분집단의 갈등을 기

를 국가가 담당하거나 지원하는 보험 또는 연금으로 적립하여 미래의 실업이나 퇴직에 대비하는 사회적 '보장의 체계'로 통합되었다. 그리고 노동자가 정기적으로 적립한 그 기금은 국가의 재정을 뒷받침하거나 기반시설 투자에 활용되는 등 자본주의 발전에 기여하는 방식으로 활용되었다(Brunhoff, 1981: 92-93; Castels, 1980; Gough, 1981: 146).

그러나 '사회개혁'의 산물로 출현한 이와 같은 보장의 체계가 노동자들 내부의 균열과 분절화를 제거하지는 않았다. 오히려 사회행정의 질서에 내재된 보험 원리와 구호 원리의 차이는 노동자 내부의 분할을 재생산하는 경향이 있었다. 예를 들어 미국에서 사회보장은 개인의 노동에 기초한 시민의 정당한 권리로 이해된 반면, 복지는 주로 '자격 없는'(undeserving) 빈민을 위한 경멸적인 프로그램으로 간주되었다. 사회보험은 건실한 시민의 노동과 저축의 결과로 이해된 반면, 복지, 즉 공적 구호는 성실하게 노동하지 않는 흑인이나 편모의 무책임의 결과로 이해되었다. 때로 빈민가족은 적응에 실패한 것으로 간주되었고, 행정기관과 사회사업 전문가에 의해 치료와 정상화의 대상으로 간주되었다(Polsky, 1991: 160; Piven and Cloward, 1993; Katz, 2001: 6).

이와 같은 행정적 분할의 제도적인 효과로 인해, 높은 임금을 받고 사회보장 기금을 납부하는 고용된 노동자와 상대적으로 낮은 임금을 받고 노동시장의 상황에 따라 실업으로 내몰려 공적 구호를 받는 '빈민' 사이의 연계가 약화되는 경향이 있었다. 조직된 노동자들은 더 높은 임금을 획득하기 위해 자본을 압박하는 투쟁을 조직한 반면, '과잉 노동력'으로 간주되는 저임금 노동자들은 국가의 사회적 급부를 위해

능적이고 비강제적인 방식으로 조정한다(Carnoy, 1984; Offe, 1984). 물론 이 경우에도 1930년대 파시스트 정권이 확립한 '국가' 코퍼러티즘과 제2차 세계대전 이후 서유럽에서 출현한 '사회' 코퍼러티즘, 그리고 라틴아메리카에서 발생한 '인민주의적' 코퍼러티즘은 서로 구별된다(Mouzelis, 1986: 76-77).

투쟁했다. 조직 노동자는 그러한 '복지'의 확대에 대해서는 상대적으로 열성적이지 않았고, 1980년대에는 그 비용에 대해 좀 더 민감해졌다. 그리고 거기에 인종, 젠더, 연령, 지역 등의 분할이 추가되었다. 그 결과 관리국가의 행정적 질서는 노동자 내부에서 분할이 재생산되는 데 기여했다(O'Connor, 1973: 207; Piven and Cloward, 1993: 145).

경제정책과 사회정책이 자본의 통일과 노동의 분할을 재생산하는 경향이 있었기 때문에, 양자를 결합하는 관리국가 패러다임은 체계적 축적순환의 특정한 역사적 국면에서 사회적 세력관계를 재생산할 수 있었다. 산업적 축적을 자극하고 성장을 관리하는 일련의 정책은 한편으로는 산업을 중심으로 소유와 경영의 타협을 재생산하며, 다른 한편으로 고용을 중심으로 경영과 노동의 타협을 재생산했다. 반면 금융적 축적을 자극하고 그 안정성을 위해 위기를 관리하는 일련의 정책은 금융의 지배를 재생산하며, 노동자의 일부를 금융적 축적으로 통합함으로써 노동자 내부의 분할을 심화시켰다. 결국 '대중정치'의 시대에 관리국가의 행정권력은 대중적 압력에서 벗어나는 방식으로 '정치'를 재구축함으로써 지배계급의 통일성과 피지배계급의 분할을 재생산했던 것이다.

제3장 '산업적 축적'과 케인즈주의적 성장관리

20세기의 미국 자본주의는 제2차 세계대전을 거치면서 이윤율이 상승하고 생산규모가 누적적으로 증가하는 본격적인 '산업적 축적'의 정세적 국면으로 진입하였다. 이를 배경으로 미국은 확고한 세계헤게모니의 지위를 획득했고 전후 세계 자본주의의 재건과 성장을 주도했다. 법인자본의 산업적 축적은 금융·산업·노동의 '이중적 타협'을 가능케 했고 그러한 타협은 세계적으로 확산되었다(제1절). 케인즈주의는 그러한 타협을 관리의 패러다임으로 제도화했는데, 그 패러다임 내에서 금융의 억압과 적극적인 재정정책은 핵심적인 역할을 수행했다(제2절). 또 케인즈주의 하에서 사회정책은 완전고용을 매개로 경제정책과 통합되었다(제3절). 재무부를 중심으로 경제정책과 사회정책을 실행하는 기구들이 조정되면서 행정권력은 의회에 대해 실질적인 우위를 누렸다. 관리국가는 이러한 제도적 토대에 기초해서 법인자본주의의 사회적 기초로서 이중적 타협을 안정적으로 재생산했다(제4절).

1. 법인자본의 산업적 축적과 사회적 타협

20세기 초 경영자혁명을 거치면서 완성된 미국의 법인기업은 대불황과 제2차 세계대전을 거치면서 지속적으로 성장했다. 소유와 경영의 분리, 그리고 그것에 기초한 경영자주의는 최고의 발전수준에 도달해 미국의 전통적 산업과 새로운 산업을 모두 장악했다. 이를 배경으로 경영자는 주도적으로 자본과 노동의 계급적 타협을 제도화했다. 그리고 미국식 법인자본의 세계적 확산과 함께 유럽을 비롯한 주요 산업국가에서도 그러한 타협의 사회적 형세가 안정화되었다.

1) 이중적 타협과 성장의 동역학

전후 미국 자본주의의 발전을 특징짓는 계급적 타협은 이중적인 성격을 띠었다. 한편으로 소유와 경영 사이에서, 그리고 다른 한편으로 경영과 노동 사이에서 각각 고유한 형태의 타협이 형성되었다. 이러한 이중적 타협은 지속적인 산업적 팽창을 전제로 한 것이었으며, 동시에 그러한 산업적 성장의 조건이 되었다. 전후의 '황금기'는 상대적으로 안정적인 성장의 효과였다.

우선 미국의 주요 산업을 지배했던 거대 법인기업에서 소유와 경영의 분리는 제2차 세계대전 이후 제도화되었다. 대불황으로 인해 위축되었던 대중적 보통주 시장은 전후에 다시 활성화되었다.[1] 주식을 보유한 다수의 주주로 구성되는 소유구조와 전문적 역량을 가진 경영 엘리트에 의해 운영되는 명령과 통제의 구조가 확고하게 분리된 것이다. 소유자로서 현대적인 금융은 여전히 자본을 배분하고 생산체계의 발전을 이끌었지만, 1930년대 대불황 이전의 상황과 반대로 그들의 활동은 일정한 법과 규칙의 틀 내로 제한되었다.[2] 대신 기업의 자유가 법

---

1) 미국에서 주주의 숫자는 1930년 1,000만 명에서 1950년 600만 명으로 감소했다가 1965년 2,000만 명으로 반등했다(Baskin and Miranti, 1997).

적·제도적으로 보장되면서 경영자가 기업의 투자와 관련된 결정에서 상당한 자율성을 누렸다. 경영대학과 경영학의 가속적인 발전 속에서 경영자의 전문직화(professionalization) 경향은 심화되었고, 또 그들의 활동은 다층적인 중간관리자에 의해 지지되었다.[3] 기업의 실질적인 운영자로서 경영자는 대체로 단기적인 수익성보다는 장기적인 성장과 기술진보를 강조하면서 거대기업의 대량생산을 지휘했다(Taylor, 1999: 57; Duménil and Lévy, 1998a: 98; Pfeffer, 1987: 37).

경영자 주도 속에서 전후 법인기업은 대략 1960년대까지 연구개발을 활용한 상품 다변화(diversification)와 해외 확장이라는 두 가지 경로를 통해 성장했다. 혁신적인 산업연구소의 대규모 연구에 기초를 둔 새로운 상품의 개발은 미국 법인기업의 주요한 성장 경로였다. 소수의 과점적 기업에 의해 주도된 자동차와 전기·전자산업은 가격경쟁이 아니라 상품혁신이나 차별화를 통해 이득을 얻었던 것이다. 기업은 시장과 가격에 대한 상당한 통제력을 가졌지만, 경쟁적 관행은 사라지지 않았다. 시장점유율의 변동은 경쟁이 살아 있다는 증거였다. 또한 1960년대까지 미국 법인기업의 해외 확장은 주로 유럽 지역에서의 인수·합병이나 자회사 설립을 통해 진행되었다. 경영자혁명의 성과였던 다

---

2) 1933년의 「증권법」과 1934년의 「증권거래법」은 주주와 경영자, 그리고 그들 사이에 위치한 중개인, 회계사, 금융분석가 같은 전문적 기관 사이의 관계를 제도화하고 금융의 자기규제 능력을 강화시키기 위한 전문적 기관의 참여를 지지했다. 또 증권거래위원회(SEC)가 설립되어 증권거래와 관련된 전문가들의 활동을 규제했다(Baskin and Miranti, 1997).

3) 이런 추세에 발맞추어 대학에서는 경영 전문가를 양성하는 프로그램이 폭발적으로 증가했다. 1950~60년대 동안 경영대학은 대학의 양적 팽창의 중심이었다. 1950년대 말에 이미 100개의 경영대학이 MBA를 제공했다. 이 시기에 버클리의 하스 경영대학(Hass School of Business)으로 대표되는 캘리포니아 주의 체계가 다른 주의 모형이 되었다(Galambos, 2000: 950).

사업부 조직은 해외진출에 유리하게 작용했다. 해외 자회사는 현지의 정치적·경제적 환경에 대응해서 즉각적인 의사결정을 내릴 수 있었다. 이와 같은 상품 다변화나 기업의 해외 확장은 그것을 관리하는 경영조직의 지속적인 확대를 수반했으며, 경영조직의 확대는 곧 경영자의 자율성이 증가한다는 것을 의미했다(Taylor, 1999: 55-57; Fligstein, 1990: 145-146; Galambos, 2000: 949-953).

경영자의 능력에 대한 신뢰를 배경으로 1950~60년대에 다수의 거대 기업이 다변화의 논리를 관련 산업을 넘어 기술이나 시장에서 관련이 없는 영역으로 확대하는 실험을 전개했다. 다수의 비관련 기업을 통합하는 복합기업 형성(conglomeration)이라는 새로운 전략은 지도적인 경영대학에서 교육을 받은 경영자와 컨설턴트의 반향을 일으켰다. 그들은 우수한 경영 관행이 비관련 산업에서도 적용될 수 있다고 믿었다. 서로 관련이 없는 기업도 통합을 통해 성공적인 경영전략을 채택함으로써 '시너지 효과'를 거둘 수 있다는 믿음이 널리 확산되었던 것이다(Galamos, 2000: 958; Baskin and Miranti, 1997).

법인기업의 소유는 여전히 소수의 거대주주 가족과 금융투자 기관에 집중되었지만 그들은 기업 핵심기관의 운영에는 거의 관여하지 않았다(Soref and Zeitlin, 1987: 68).[4] 또 이 시기에 다른 금융자산의 수익에

---

4) 1933년에 미국에서 벌과 민스는 최초로 미국식 법인기업에 대한 체계적인 연구를 제시하면서, 대다수 주식소유자들은 주식자본의 소액만을 보유한 채 분산되어 있기 때문에 전문경영자들이 전적으로 법인기업을 통제하고 있다고 주장했다(Berle and Means, 1933). 그러나 당시에 루스벨트 행정부의 임시전국경제위원회(Temporary National Economic Committee)는 이들의 주장과 달리 8개의 금융집단이 상위 200대 법인기업을 지배하는 데 주도적인 역할을 하고 있다는 사실을 밝혔다(Aglietta, 1979: 315-316). 1960년대 상위 200대 기업에 대한 소르프와 자이틀린의 경험적 연구(Soref and Zeitlin, 1987)에서도 마찬가지로 '지배적 소유자' 집단이 존재한다는 사실이 밝혀졌다.

비해 주식의 배당수익은 상대적으로 낮았고, 배당금에 대한 세금은 주식 매매차익에 대한 세금보다 높았다. 이런 상황에서 대다수의 주주들은 배당수익을 상승시키기보다는 기업이 성장해서 주가가 상승하는 것을 더 선호했고, 기업을 성장시킬 수 있는 전문경영자의 자율성을 보장했다. 그 결과 기업 경영자는 생성된 이익을 재투자하는 데 아무런 제약을 받지 않았을 뿐만 아니라 회사를 성장시키는 데 필요한 재원도 대부분 사내유보금을 통해 조달했다. 단적인 예로 1945년에서 1970년까지 비금융기업이 투자한 자금의 2/3는 기업 내부에서 조달된 것이었다. 이 때문에 고정자본 형성을 위한 자금조달에서 주식시장의 역할은 감소했다(Chandler, 1977: 492; Micklethwait and Wooldridge, 2003: 130).

상업은행을 비롯한 금융 중개기관의 역할은 1920년대에 비해 상대적으로 증가했다. 주주나 경영자는 신규 주식의 발행이 기존의 소유권이나 경영권을 변화시킬 수 있다고 생각했기 때문에, 기업 외부로부터 자금을 추가적으로 조달할 필요가 있을 때에는 주식발행보다는 은행을 통한 차입을 선호했다. 단적인 예로 1950~70년에 발행된 주식, 즉 보통주와 우선주의 총가치는 410억 달러 증가한 반면, 채권과 융통어음의 총가치는 1,510억 달러 증가했다. 또 자산규모 1억 달러 이상의 기업에서 총부채는 1950년 자본스톡과 유보이윤의 1/3 수준에서 1970년 1/2 수준으로 상승했다.[5] 이에 따라 거대 법인기업과 거대 은행 사이의 유대는 강화되었다. 그런데 은행은 이자율과 지급준비금 등에 대

---

[5] 이와 함께 미국의 주요 법인기업은 단기 부채시장이라는 새로운 자금조달 경로를 개척하는 혁신적인 방법을 개발했다. 그들은 재무상황에 대한 높은 신뢰도 덕택으로 명성 이외에는 어떤 보증도 필요 없는 단기어음, 즉 기업어음(commercial paper)을 통해 대부를 얻을 수 있었다. 미국에서 전체 미지불 기업어음은 1950년 9억 2,100만 달러에서 1970년 310억 달러로 증가했다(Baskin and Miranti, 1997).

한 법적·제도적 틀 내에서 활동했고, 기업의 일상적 의사결정에서 경영자의 실질적인 권한을 침해하지 않았다. 따라서 경영자들은 은행에 대해서도 상당한 자율성을 누릴 수 있었다(Aglietta, 1979: 271; Minsky, 1994: 154; Mizruchi and Stearns, 1994: 322).

한편 산업생산 증가를 주도한 경영자들은 수직적으로 통합된 거대 조직을 효율적으로 관리하기 위해 혁신을 지속했다. 체계적인 기능적 전문화, 거대 법인조직의 반자율적인 사업부서로의 분할(다사업부제), 예상계획과 투입-산출분석 및 자료처리 기법의 활용 등이 법인기업의 성공에 크게 기여했다.[6] 경영자들은 또한 지속적인 기계화와 점증하는 자동화 덕택으로 생산과정의 흐름과 속도에 대해 더 큰 통제력을 행사하면서 규칙적인 생산성향상을 추구했다. 그들은 시장점유율, 설비가동률, 수익률 사이의 연계를 체계적으로 분석했다. 그 결과 기업은 단순히 수직적으로 통합된 것이 아니라 기술적·상업적으로 통합되었다(McDermott, 1992: 295-297; Kemp, 1990: 153).

경영조직의 확대는 노동과정에 대한 통제를 확립하고 유지하는 것과 직·간접적으로 관련을 가졌다. 경영자는 노동조합과 비공식적 작업장 조직에 대항해서 그 권위를 지속적으로 강화했다. 세밀하고 엄격한 직무지침이 확립되어 노동자의 주도성을 약화시키고 작업부담을 증가시켰다. 뿐만 아니라 경영자는 노동자를 기업으로 통합하는 전략을 추진했는데, 그런 전략의 핵심은 개별 노동자가 자신의 이익을 기업의 이익과 동일시하여 노동자의 집단적 목표보다는 개인적 목표를 추구하게 만드는 것이었다. 이에 따라 다수의 법인기업에서 과학적인

---

6) 특히 다사업부제에 근거한 새로운 기업조직(M형 조직)은 다변화된 생산물과 기업활동을 효과적으로 관리했고, 지리적으로 넓은 지역의 업무를 손쉽게 처리했다. 각 사업부는 자기충족적인 영업에 필요한 원료, 제조, 공정, 판매, 마케팅 등을 포괄했다(Galambos, 2000: 949).

노무관리와 함께 부가급여와 사적 연금 및 보험과 같은 사적 복지체계가 정착되었다(Kemp, 1990: 153; Katz, 2001: 176).

그러나 노동자들이 그러한 경영전략을 수동적으로 받아들이기만 한 것은 아니었다. 1930년대 이후 법인자본주의의 산업적 팽창은 급속하게 산업예비군을 흡수함으로써 노동자들의 '사회적 권력'을 증가시켰다. 또 제2차 세계대전을 거치면서 노동자는 하나의 사회적 세력으로 민족적 전쟁에 참여했고, 그 대가로 노동조합과 단체교섭을 법적·행정적으로 인정받았다. 노동조합은 양적으로 팽창했고 성장을 주도하는 핵심적 대량생산 산업에서 그 힘을 키웠다.[7] 노동조합은 선임권이라는 형태로 고용의 안정성을 확보했고, 더 높은 구매력과 성장을 낳을 수 있는 임금인상을 요구했다. 나아가 그들은 노동자의 대표가 생산과정에 영향을 미치는 의사결정과정에 참여해야 한다고 주장했다(Zieger, 1994: 105; Montgomery, 1979; Fraser, 1989: 57).

미국에서 산업을 주도하는 경영과 이에 도전하는 노동의 대립은 1946년에서 1948년 사이에 발생한 일련의 파업의 물결로 나타났다. 특히 제너럴모터스(GM)와 미국자동차노동조합(UAW)의 대결은 그러한 대립을 상징하는 사건이었다. 이 시기에 경영자들은 노동조합의 임금인상 요구를 수용했고, 물가상승을 반영할 뿐만 아니라 생산성 성장에도 비례하는 임금인상을 약속했다. 그러나 그들은 고용 및 생산과정에 대한 경영권은 노동조합과 공유할 수 없다는 확고한 입장을 취했다. 또한 그들은 임금인상에 대한 대가인 장기계약을 통해 안정적인 노동

---

[7] 1935년 뉴딜 정부에 의해 노동조합 활동을 합법화한 「전국노사관계법」(National Labor Relations Act, 일명 「와그너법」)이 통과되었을 때 노동조합 조직률은 전체 노동력의 6.7%에 불과했지만, 제2차 세계대전이 종결된 이후 1946년에는 전체 노동력의 23.6%, 그리고 비농업부문 노동자의 34.5%가 노동조합으로 조직되었다(Goldfield, 1987: 10).

력을 확보했을 뿐만 아니라 가능한 한 장기간 동안 임금비용을 계산 가능한 수준으로 유지할 수 있었다(Kemp, 1990: 133; Zieger, 1994: 108). 이러한 경영의 주도성은 노동조합을 단체협상의 법적 기구로 제한하는 「노사관계법」(Labor-Management Relation Act, 일명 「태프트-하틀리법」) 의 통과로 드러났다(De Angelis, 2000: 84; Rupert, 1995: 100-101).[8]

반면 대다수의 노동조합 조합원들은 이러한 전후의 '타협'을 타협이 아니라 자신들의 승리로 간주했다(Kazin, 1988: 275). 노동조합은 소유권의 일종으로서 경영권에 대한 존중을 약속했으며, 이후 경영권을 획득하려는 시도는 거의 하지 않았다(Coates, 2000: 73; Duménil and Lévy, 2000; Chandler, 1977: 494). 물가-생산성-임금 연동제를 수용한 노동조합은 조합원의 노동력을 가장 좋은 조건으로 판매하는 것에 일차적인 관심을 가졌다(Kemp, 1990: 154). 이와 함께 노동자운동 내부의 급진적인 부분은 노동조합의 반공주의에 의해 제거되었고 정부와 기업에 의해 '책임 있는' 부분으로 규정된 집단이 지도력을 행사했다(Montgomery, 1979; Zieger, 1986: 127).[9]

이후 성장기 동안 노동자운동은 노동조합이라는 '사회적 권력'에 기초해 임금과 노동조건의 개선을 추구하는 사회경제적 노동자운동으로 정착되었다(Arrighi, 1990). 이 과정에서 경영의 주도성은 유지되었고 경영과 노동 사이에는 일종의 '생산성 동맹'이 형성되었다. 생산성향

---

[8] 「태프트-하틀리법」에 따르면, 노동조합의 운영방식, 집행간부, 조직의 크기와 활동범위 등은 전국노사관계위원회에 의해 통제된다. 노동자의 파업이 허용되는 쟁점, 공동파업에 참여할 수 있는 노동조합의 수와 종류, 파업조건, 피케팅의 시기·범위·조건 등도 전국노사관계위원회에 의해 통제된다(McDermott, 1991).

[9] 1946년 총회에서 산별조직회의(CIO)는 공산당이나 여타 정당, 그리고 그들의 추종자가 자신들의 업무에 관여하는 것을 수용하지 않는다고 선언했다. 산별조직회의는 점차 트루먼 행정부와 그들의 세계정책을 지지하는 방향으로 움직였고, 내부의 반대세력을 억눌렀다(Rupert, 1995; Arrighi, 1990; Moody, 1999).

상을 통해 경영은 더 많은 수익을 확보하고 노동은 더 많은 임금을 획득했던 것이다. 그러나 이러한 자본과 노동의 미시적 타협은 동시에 국가적 관리를 전제로 한 것이었다. 노동조합은 국가적 행정장치에 종속되었고 '진보적' 정당과의 일상적인 제휴가 제도화되었다(Dubofsky, 1994: 217). 제2차 세계대전 이후 선진 자본주의 사회에서 기본적인 모형이 되었던 이러한 타협은 국가의 거시적인 경제관리의 조건이 되었으며, 동시에 그것에 의해 재생산되었다(De Angelis, 2000: 83).

당시 미국에서 경영의 주도로 확립된 이중적 타협은 새로운 기업구조로 제도화되었을 뿐만 아니라 하나의 사회적 형세를 구성했다. 소유와 경영의 타협은 경영의 주도 하에 산업의 지속적인 성장, 즉 산업자본의 확대재생산으로서 산업적 축적을 가능하게 만들었고, 경영과 조직된 노동 사이의 새로운 성장기반 동맹은 노사관계의 안정성으로 전환되었다(Eisner, 1995: 257; 안정옥, 2002: 150-151).

<표 3-1>은 노동생산성 상승과 임금상승이 연동되었던 '생산성 동맹'의 추세를 보여준다. 1948~66년 기간에 생산성과 임금의 성장률은

〈표 3-1〉 미국의 실질임금 및 생산성 증가율(%): 연평균 변화율

연도	비농업부문 전체		제조업부문	
	생산성	임금	생산성	임금
1948~65	2.51	2.38	2.97	2.28
1966~72	1.53	1.60	2.49	1.34
1973~79	0.66	-0.59	1.97	0.17
1980~89	0.96[1]	-0.85	3.04[1]	-1.01

자료: Economic Report of the President, 1991, B-44, B-58, BLS, 1989, table 98에 기초해서 계산.
1) 1979~88년 평균, 1982년 달러 기준.

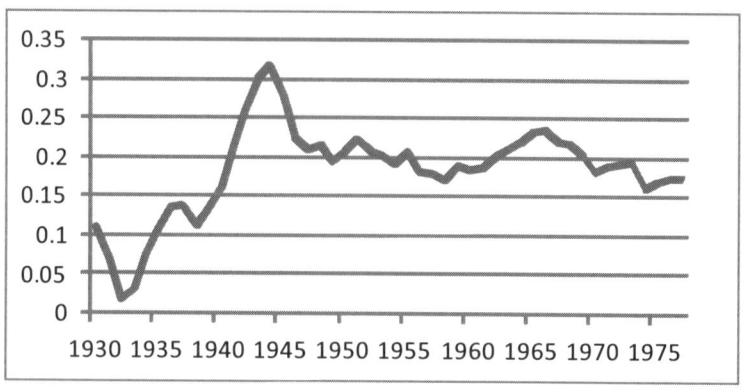

〈그림 3-1〉 미국의 성장기 이윤율

자료: BEA data에서 재구성.

거의 모든 부문에서 상대적으로 매우 높았다. 1966년부터 1차 석유위기가 발생했던 1973년까지는 그 이전 시기보다 낮았지만 그 이후의 시기에 비해서는 높은 비율로 상승했다. 제조업부문만으로 국한했을 때에는 이 시기에 노동생산성 상승과 임금상승이 괴리되기 시작했지만, 전반적인 추세에서는 여전히 양자가 비례해서 상승했다.

임금과 생산성의 동시적 성장에 기초한 경영과 노동의 생산성 동맹은 산업적 축적의 정세적 국면을 특징짓는 상대적으로 높은 이윤율에 의해 뒷받침되었다. <그림 3-1>에서 볼 수 있는 것처럼 전후 황금기에 산업부문의 평균이윤율은 상대적으로 높은 수준을 유지했다. 1930년대 대불황의 여파로 급감했던 이윤율은 제2차 세계대전 기간에 가파르게 상승했고, 전쟁이 낳은 호황이 종결된 이후에도 거의 그 수준이 지속되었다. 임금과 노동생산성이 동시에 높은 비율로 상승했던 1948~66년 기간에는 이윤율도 20% 전후의 높은 수준을 유지했다. 이 시기에 미국의 법인기업은 높은 이윤율에 자극되어 이윤의 상당 부분을 새로운 투자에 지출하면서 자본축적을 가속화했다(Duménil and Lévy, 1999;

2001; 2004a: 37).

2) 미국 헤게모니와 민족적 경제관리의 세계적 기초

제2차 세계대전 이후 미국 자본주의의 성장은 자본주의 세계경제의 재구성과 체계적으로 결합되었다는 점에서 세계사적인 의미를 가졌다. 미국에서 형성된 법인자본주의가 충분히 성장하기 위해서는 특수한 세계체계적 조건이 확보되어야 했으며, 역으로 법인자본주의가 충분히 성장하지 못했다면 자본주의 세계경제는 결코 성장할 수 없었을 것이다. 즉 전후에 미국 자본주의의 특수한 이익과 자본주의 세계경제의 보편적 이익이 미국의 세계헤게모니를 뒷받침하는 제도적 장치에 의해 연계되었던 것이다. 연방정부라는 미국의 입헌적 원리를 세계적으로 투사한 국제연합(UN)은 비록 냉전이라는 현실주의적 전략에 의해 왜곡되었지만, 전후 세계의 정치군사적 안정에 기여했다. 또 분권화된 미국의 은행체계에 기초를 둔 연방준비제도의 제도적 원리는 브레턴우즈 체제로 '세계화'되어 자본주의 세계경제의 통합을 가능케 했다(Arrighi, 1999a: 233). 물론 전후 세계의 현실 속에서 세계헤게모니의 정치적 측면과 경제적 측면은 특수한 방식으로 서로 연계되었다.

제1·2차 세계대전을 거치면서 과거에 식민통치를 받았던 국가의 대부분이 독립을 획득하고 새롭게 민족국가를 건설했다. 이와 함께 '민족국가'라는 제도적 형태는 유럽을 넘어 명실상부하게 세계적인 현상으로 자리를 잡았다. 개별 민족국가는 형식적으로는 어떤 상위의 주권도 인정하지 않는 주권적 실체였다(Hall and Ikenberry, 1989: 65-66). 그들은 모두 '민족경제'라는 틀 내에서 자국의 경제발전을 주도하려는 강한 의지를 보였다. 그러나 역설적으로 미국을 제외한 대다수 국가는 안정적인 경제적 질서를 확립하지 못했다. 유럽의 주요 국가는 전쟁으로 인한 대규모 파괴를 경험했고, 신생 민족국가들은 식민지배가 야기한 경제적 취약성에서 크게 벗어나지 못했다. 이런 상황에서 미국은 민족국가의 '형식적 주권'을 침해하지 않으면서도 법인기업의 세계적 확장을 가능케 하는 방식으로 전후 세계경제를 재건하는 일련의 전략적 결정을 내렸다.10)

제2차 세계대전이 종결되기 이전인 1944년에 미국 뉴햄프셔의 브레턴우즈에서 44개 국가의 대표가 전후 화폐금융 질서에 대한 회의를 진행했다. 모겐소가 이끌었던 미국 재무부는 협상을 주도하면서 뉴딜에 의해 형성된 민족적 경제관리의 전망을 국제화했다(Burnham, 1990: 36). 전후 세계 금 준비금의 70% 이상을 독점했던 미국은 달러를 세계화폐로 채택하고 외국 정부가 요청할 경우 달러를 금으로 태환해 줄 것을 약속했다. 또한 달러의 가치를 금 1온스당 35달러로 정하고 각국의 화폐와 달러의 교환비율을 그 국가의 경제력을 반영하여 고정시키는 고정환율제도가 확립되었다. 고정환율제도의 안정적인 작동을 관리할 수 있는 국제기구로 국제통화기금(IMF)이 설립되었고, 저개발국으로의 직접투자를 장려하기 위해 국제부흥개발은행(IBRD: 세계은행)이 설립되었다.11) 또한 산업자본의 국제적 이동은 국제적 개발의 확대를 자극

---

10) 제1차 세계대전이 종결되었을 때 미국은 자신의 세계적 지위에도 불구하고 세계적 지도력을 발휘하려고 하지 않았다. 미국이 세계 금융질서에 대한 전망을 제시하지 않은 상황에서 영국은 무리하게 금본위제를 유지하려고 했는데, 결국 그것은 1930년대 금본위제의 최종적 붕괴(1931)와 대불황의 세계적 확산을 야기했다. 당시까지도 미국은 국제적 역할을 수행하지 않고 「스무트-할리 관세법」(1932) 같은 보호주의적 조치를 채택했다(Arrighi, 1999a: 229). 그러나 뉴딜을 거치면서 관리국가의 형성을 주도했던 자유주의 세력이 과거의 고립주의를 대체할 '국제주의적' 전망을 채택했고, 그들의 노력 하에서 제2차 세계대전 이후 미국의 세계헤게모니는 현실화되었다.

한다는 점에서 장려되었다. 반면 1930년대 금융위기에 책임이 있는 것으로 간주된 금융자본의 국제적 이동은 회원 국가들의 국제적 협력에 의해 규제되었다. 이러한 제도적 장치는 회원 국가들이 자국의 민족적 화폐를 활용해서 자국의 경제적 상황에 따라 경제정책을 실행할 수 있는 상대적 자율성을 제공했다(Duménil and Lévy, 2004: 162-163).

그렇지만 브레턴우즈 체제의 실질적인 작동은 현실적으로 미국의 대외정책에 상당 부분 의존했다. 달러가 세계화폐로 사용된다는 것은 미국이 세계 나머지 나라들에게 국제거래에 사용될 수 있는 달러를 지속적으로 유출시켜야 한다는 것을 의미한다. 제2차 세계대전 직후 유럽의 산업시설이 거의 모두 파괴되고 미국의 무역흑자가 지속되었다는 점을 고려할 때 달러의 유출을 실현할 유일한 방법은 대규모 자본수출뿐이었다. 그것은 곧 미국 정부의 대외원조 계획으로 현실화되었다. <표 3-2>에서 볼 수 있는 것처럼 미국의 유럽재건계획, 즉 마셜플랜(Marshall Plan)은 원조와 장기 자본투자 형태로 막대한 액수의 달러를 유럽에 지원했다. 이는 유럽의 경제적 재건과 동시에 미국을 중심으로 하는 자본주의 세계경제의 안정화에 크게 기여했다(Guttmann, 1994: 458-459; Kemp, 1990: 116; Arrighi, 1994; Rosenberg, 2003: 88).

그러나 그 계획이 순수하게 경제적 논리를 따른 것은 아니었다. 트루먼은 전후 세계성세의 재건과 미국의 정치적 지도력 확립을 결합시켰다. 그는 국제연합(UN) 건설에 토대가 된 하나의 세계(One Worldism)라는 루스벨트의 이상주의를 자유세계주의(Free Worldism)라는 자신의 현실주의로 대체했다. 이에 따라 세계는 '자유세계'와 '전체주의 세계'

---

11) 국제통화기금(IMF)은 일상적으로 환율변동을 감독하고, 만약 회원국 사이에서 지속적인 무역불균형이 발생해 특정 국가가 국제수지 위기에 직면할 경우 정책적으로 규제·감독되는 단기대부를 통해 이를 해결하는 역할을 부여받았다. 그러나 전후 황금기 동안 국제통화기금은 별다른 활동을 하지 않았다(Guttmann, 1994).

〈표 3-2〉 미국의 비군사적 증여와 장기자본 투입(연간, 단위: 100만 달러): 1946~1949

	영국	프랑스	독일	이탈리아	일본
1946-47	1,722	948	371	474	419
1948-49	857	668	847	378	373

자료: US Government, 1962, Balance of Payments, table 46.

로 양분되었고, 미국은 자유세계의 수호자로 자리매김 되었다. 특히 유럽재건계획은 유럽의 민족적 재건 프로그램에서 공산당의 주도력을 약화시키고 공산주의의 확산을 막는 수단으로 활용되었다. 뿐만 아니라 1949년 북대서양조약기구(NATO)가 설립되고 그 이후 유럽에서 냉전질서가 확립되면서 미국은 군비확장을 위해 꾸준히 유럽으로 달러를 유출시켰다(Arrighi, 1994: 297; Pijl, 1984: 149).[12]

냉전질서 하에서 브레턴우즈 체제가 현실적인 힘을 발휘하게 되면서 미국과 유럽의 국가들은 '민족경제'의 발전이라는 관점에서 경제를 관리할 수 있었다. 각 국가는 자국 화폐에 대한 통제력을 이용해서 경제를 재건하고 성장시킬 수 있는 정책을 채택했으며, 자본과 노동의 타협을 뒷받침하는 사회정책을 제공했다. 그러나 전후 재건에서 국가의 역할이 아무리 중요하다고 할지라도, 본질적으로 국가가 시장적 경쟁을 대체한 것은 아니었다. 오히려 국가는 시장을 재구축하고 공고화하기 위한 정책을 활용했다. 국제적인 측면에서도 자본주의적 경쟁은

---

12) 마셜플랜에 따른 유럽 재건은 유럽 국가의 달러 부족이라는 문제를 완전히 해결하지 못했다. 그 문제를 해결하는 데 결정적인 역할을 한 것은 대규모 군비확장이었다. 여기서 한국전쟁은 매우 중요한 역사적 계기가 되었다. 한국전쟁은 미국이 국제연합 내에서 소련과 중국을 봉쇄하고 실질적인 지도력을 확립하는 데 기여했을 뿐만 아니라 미국의 군비확장에도 기여했던 것이다. 특히 유럽에서 미국의 군비확장은 북대서양조약기구(NATO)와 동유럽 봉쇄정책을 뒷받침했다(Arrighi, 1994: 297).

1930년대와 같은 국가 간 경쟁이 아니라 기업 간 경쟁이라는 경제적 영역으로 복귀했다.

그런데 여기에는 한 가지 역설이 숨겨져 있다. 미국의 헤게모니 하에서 자유세계 국가들은 '민족경제'를 건설할 수 있는 제도적 장치를 가졌지만, 그런 장치가 기업의 자유로운 이동을 억압하지는 않았다는 점이다. 오히려 브레턴우즈 체제의 확립과 미국의 대외원조는 미국식 '자유기업주의'가 세계적으로 확산되는 계기가 되었다. 특히 미국에 의한 유럽의 재건은 '자유기업주의'라는 미국적 전통이 유럽으로 확산되는 것을 전제로 했다(Arrighi, 1994; Maier, 1987: 133; Kemp, 1990: 153). 유럽 국가들은 직·간접적인 보호장벽을 통해 미국으로부터의 상품유입을 제한할 수 있었지만 미국 기업의 '투자의 자유'는 보장해야 했다. 또한 마셜플랜은 유럽 국가들이 미국식 생산과 관리를 가능하게 하는 하부구조를 기업들에게 제공하도록 강제했다. 이를 배경으로 미국의 기술원조와 생산성 프로그램을 통해 자질평가, 직무세분화, 연속공정 내 노동이동 같은 경영자주의의 몇몇 요소가 유럽으로 수출되었다. 또 법인기업 관리기법이 확산되면서 경쟁하는 기업 사이의 은밀한 카르텔과 암묵적 협약은 용해되기 시작했다(Taylor, 1999: 57; Pijl, 1984: 149).

자유기업주의의 세계적 확산 속에서 미국의 법인기업은 점차 초민족적 법인기업(transnational corporation)으로 성장·전화했다. 1945년에서 1960년대 중반까지 새로운 해외 직접투자의 대략 85%가 미국에서 유래한 것이었다. 또 같은 시기에 미국 기업의 해외 직접투자는 미국 경제 전체보다 더 빠르게 성장했다. 이는 결국 법인기업의 초민족화가 제2차 세계대전 이후 세계경제의 성장을 추동하는 중요한 힘이었다는 것을 의미한다. 미국의 헤게모니 하에서 세계경제는 이른바 '자유기업체계'에 의해 통합되었던 것이다(Taylor, 1999: 57-58; Jones, 1996: 46-47; Arrighi, 1994).

초민족적 법인기업은 크게 세 단계를 거치면서 세계 자본주의 경제를 재조직했다. 초기에 초민족적 법인기업은 보호장벽에 의해 차단된 해외시장에 진출하기 위해 해외 자회사를 설립한 후 현지 생산·판매를 통해 시장을 장악했다. 그 다음 그들은 현지 자회사에서 생산된 상품을 무역장벽이 낮은 다른 국가, 주로 미국으로 수출했다. 마지막으로 법인기업은 민족경제의 경계를 초월한 수직적 통합을 단행함으로써 세계적 분업을 기업 내부의 분업으로 재조직했다.13) 그 결과 국가 간 무역에서 기업 내부거래의 비중이 높아졌고 세계시장에서 상품의 이동은 '기업의 이동'으로 대체되었다(Chesnais, 1998; Julius, 1990).

미국식 생산과정과 자유기업주의가 서유럽으로 확산되면서 유럽에서도 미국과 유사한 사회적 타협의 조건이 형성되었다. 대량생산체제 속에서 고용이 증가하면서 유럽 노동자의 사회적 권력이 신장되었다. 특히 유럽에서는 전문적인 경영의 위계가 상대적으로 덜 발전했기 때문에 노동자들은 생산과 경영에 대해 더 많은 영향을 미칠 수 있었다. 이를 배경으로 기존의 정치체제를 변혁하려는 정치적 노동자운동은 쇠퇴했고, 임금과 노동조건의 개선을 통해 사회경제적 권리를 획득하려는 사회경제적 노동자운동이 확산되었다(Arrighi, 1990).14) 노동자들

---

13) 19세기에도 초민족기업이 존재했는데, 이들의 해외직접투자는 주로 광물과 곡물 같은 1차산업을 중심으로 주변부와 식민지에 집중되었다. 이들은 해외에서 획득한 이윤을 모국으로 송환함으로써 모국의 무역수지와 환율안정에 기여했다. 반면 20세기 초민족기업은 기술적으로 진보된 2차산업과 금융서비스를 중심으로 유럽을 비롯한 중심부국가에서 활동한다. 이들이 해외에서 획득한 이윤은 모국 경제에 크게 기여하지 않으며, 심지어 그것을 위협할 수도 있다(Diken, 1999: 39).

14) 이 과정에서 미국의 노동조합은 특히 중요한 역할을 했다. 마셜플랜 기간에 미국의 미국노동조합연맹(AFL)과 산별조직회의(CIO)는 세계노동조합연맹(WFTU) 설립을 추진하고 유럽 노동조합운동에 반공주의를 확산시켰다. 1940년대와 50년대에 미국의 노동조합은 유럽과 남미에서 공산주의적 노동조합운동과 경쟁했으

은 전국적인 차원에서 하나의 사회세력으로 인정을 받았고 여전히 일정한 전투성과 자율성을 보였지만, 그들의 관심은 기존의 제도적 배치 내부에서 노동 및 생활조건의 개선에 집중되는 경향이 있었다. 노동자운동의 정치화는 점차 쇠퇴했을 뿐 아니라 노동조합과 연계를 맺었던 노동자 정당의 급진주의도 사라지기 시작했다. 이와 동시에 이들 정당은 서유럽 정치체제에서 주요한 정치세력으로 자리 잡았다. 유럽의 대다수 국가에서 국가의 직·간접적인 매개 속에 노동과 자본의 타협이 제도화되었다.

2. 경제정책의 성장관리 패러다임

제2차 세계대전이 종결된 이후 미국과 유럽에서 자유방임으로의 복귀를 주장하는 세력은 더 이상 존재하지 않았다. 자본주의 내에서 국가의 적극적인 역할은 이미 자명한 현실이 되어 있었다. 또 국가의 새로운 경제적 실천 방식도 케인즈주의라는 분명한 모형을 가지고 있었다. 1930년대 말에 실험된 케인즈주의는 이제 불황을 탈출하는 긴급한 수단이 아니라 일상적인 경기순환을 관리하고 성장을 안정화하는 관리국가의 패러다임으로 자리를 잡았다.

며, 그러한 노력은 국제자유노련(ICFTU)의 결성으로 결실을 맺었다(Stevis, 1998; Moody, 1999).

1) 이중적 타협의 제도화로서 케인즈주의

전후에 선진 자본주의 국가들은 모두 유사한 문제에 직면했다. 일차적인 문제는 전쟁으로 인해 파괴된 자유기업 체계를 복구하고 강화하는 것이었고, 그 다음 문제는 기업의 투자와 생산활동을 자극함으로써 경제성장을 안정화하는 것이었다. 미국에서 실험되고 이후 유럽으로도 확산된 케인즈주의는 그러한 문제에 대한 하나의 해법이 되었다. 전후의 케인즈주의적 경제관리는 특수한 국가장치에 의해 특수한 방식으로 실행되는 경제정책을 통해 이중적 타협이라는 전후의 사회적 세력관계를 제도화함으로써 자유기업의 투자와 생산활동을 자극했다(Brinkley, 1989: 108-109; Stein, 1996: 177).

케인즈가 『고용, 이자, 화폐의 일반이론』(1936)에서 불황에서 탈출하기 위한 수단으로 제시한 '투자의 사회화'는 이후 많은 오해를 불러일으켰지만, 사실 소유의 사회화와는 아무런 관계도 없었다. 케인즈주의 하에서 국가는 중요한 경제적 역할을 하지만, 그것은 기본적으로 자유기업주의를 지지했다. 케인즈주의의 원리에 따르면, 국가는 사적인 행위, 예컨대 사적 기업에 의해 실행되는 투자 및 생산의 결정, 가격과 임금의 조정 등에 관여하지 않는다(Duménil and Lévy, 1998a: 97; Russell, 2008: 17). 국가의 중요한 임무는 사적 경제를 규제하는 것이 아니라 그것의 팽창을 돕고 그 우발적 실패를 보완하는 것이다. 케인즈주의 관리 패러다임 내에서 기업의 자율성은 경제상황의 불확실성을 감축시키는 정부의 정책 덕택으로 오히려 강화되었다. 그 결과 사적 투자와 관련해서 법인기업의 경영자들이 획득한 권력과 자율성도 더 강화되는 경향이 있었다(Brinkley, 1988: 102; Arrighi, 1994: 74).

미국에서는 이와 같은 케인즈주의의 원리가 제도화되면서 기업활동에 대한 국가규제를 둘러싼 미시경제 분야의 분쟁은 사실상 종결되었다(Stein, 1994: 89).15) 20세기의 지배적인 기업은 기업 사이의 수평적 조정을 추구하는 전통적인 독점기업이 아니라 기업 내부의 수직적 조정을 추구하는 법인기업이었기 때문에, '공정거래'와 관련된 기업규제는 사실상 자유기업의 활동을 위협하지 않았다. 독점과 경쟁이라는 전통적인 쟁점은 적절한 경쟁——몇몇 경제학자들에 의해 '유효경쟁'으로 개념화된——하에서 기업의 생산성과 효율성을 강조하는 것으로 전환되었다. 가격과 임금에 대한 정책적 개입은 거의 활용되지 않았으며, 그러한 개입이 이루어질 때에도 전체 기업이나 산업이 아니라 한두 개의 특정 기업에 대한 직접적인 입법적 통제가 선호되었다. 그런 면에서 케인즈주의는 사적 이익과 관리의 자율성을 보존하는 동시에 거시경제정책의 책임은 국가로 이전시키는 일종의 정치적 타협을 내포했다(Hogan and Graham, 1990: 230; Duménil and Lévy, 1998a; 2005: 23).

국가의 경제적 행동영역이 거시경제로 규정되면서 정부는 기업활동이 야기할 수 있는 거시적 불안정성에 대처할 책임을 지게 되었다. 케인즈주의는 그런 책임을 국가의 일상적인 활동으로 정당화했다. 케인즈주의의 원리에 따르면, 경제활동의 거시적 불안정성과 그에 따른 경기순환은 선진 자본주의 사회의 생산구조와 금융체계의 정상적인 현상이다. 국가는 경기순환을 제거할 수 없지만 일정한 수준으로 관리할

---

15) 1935년에 제정된 「와그너법」, 즉 「전국노사관계법」을 제외하면 미국에서 기업에 대한 규제는 기업활동을 크게 위협하지 않았다. 최저임금과 최대 노동시간의 한도를 규정한 1938년의 「공정노동기준법」(Fair Labor Standard Act)은 실제로는 기업활동에 실질적인 영향을 미치지 못했다. 마찬가지로 증권거래위원회(SEC), 연방전력위원회(FPC), 민간항공위원회(CAB), 연방통신위원회(FCC) 등과 같은 규제기관도 1970년대까지는 기업활동에 큰 영향을 미치지 않았다(Stein, 1994: 90).

수는 있다. 이때 고려되는 전형적인 경제적 단위는 민족적인 것이다. 국가는 민족경제의 거시적 균형과 안정적 성장을 유지하기 위해 민족적 규모의 소비, 투자, 소득, 지출 등에 대한 자료를 확보하고, 그러한 거시적 지표로 표현되는 경제활동 수준을 관리한다. 그리고 그런 지표는 계속해서 변하기 때문에 국가의 경제적 실천도 계속해서 변해야 한다(Bryan, 1995: 163; Minsky, 1982: 49).[16]

거시경제에 대한 국가적 관리는 민족적 차원에서 일정한 양의 화폐를 흡수하고 방출하는 경제적 실천을 수반한다. 경제활동의 주체 중 하나로서 국가는 마치 개별 기업이나 가계가 일정한 예상을 통해 일정한 양의 화폐를 투자 또는 지출하는 것처럼 민족경제의 거시적 균형을 위해 공적인 투자와 지출을 실행할 수 있다. 특히 국가는 기업이나 가계가 그들이 보유한 자금을 지출하기를 주저할 때 재정적 권력을 활용해 공적 지출을 창조하거나 사적 지출의 여력을 확보해 주어야 한다(Duménil and Lévy, 1998a).[17]

이러한 원리는 일견 단순해 보이지만 사실 전통적인 균형재정 관념으로부터의 완전한 단절을 전제로 한다. 전통적인 균형재정의 관념에 따르면, 경제활동 수준이 수축되어 재정적자가 발생할 경우 정부는 그러한 적자를 단순히 수용하거나 다른 방식으로 적자를 보충하여 균형재정을 달성해야 한다. 또 정부가 예외적으로 빈민구호 같은 특수한

---

16) 이런 측면에서 케인즈주의는 장기적인 경제성장을 목표로 하는 것이 아니라 경기순환에 대한 단기적 관리를 목표로 한다. 국가는 매 시기마다 경기상황을 고려하면서 정책을 조정해야 하는 것이다.

17) 19세기적인 자유방임의 원리가 단순한 '균형예산'과 동일시될 수 없는 것처럼 케인즈주의도 단순한 '재정적자'와 동일시될 수 없다. 국가의 재정적 권력을 활용하는 것과 관련하여 본질적인 것은 예산에 대한 판단이 정치적 상황과 같은 경제 외적 상황에 의해 부과되는 것이 아니라 변화할 수 있는 경제적 조건에 의존한다는 것이다(Stein, 1996: 283).

목적을 위해 재정을 지출할 수도 있지만, 그것은 일시적으로 활용되는 일종의 필요악이다. 이러한 전통적 관념과 반대로 케인즈주의적인 재정정책은 경제활동이 수축될 경우 정부가 재정적자를 더 확대하는 적극적인 조치를 요청한다. 또 정부지출은 경제성장과 사회진보를 위해 지속적으로 활용되는 긍정적 선으로 간주된다(Brinkley, 1989: 96; Stein, 1996: 240; Kettl, 2003: 31). 즉 국가의 재정적 결정은 경제활동에 대한 수동적 수용이 아니라 적극적 대응인 것이다. 케인즈가 권고한 '투자의 사회화'는 바로 이러한 실천을 의미했다.

국가에 의해 '사회화된 투자'는 계획이나 명령 같은 직접적인 방식이 아니라 자유시장이라는 매개를 통해 사적 기업의 투자에 영향을 미친다. 그리고 시장에서의 지속적인 경쟁──사실상 소수의 거대 법인기업 사이의 과점적 경쟁──을 전제로 하는 사적 법인기업의 자율적 활동이 역으로 거시경제적 성과를 개선시키는 것으로 간주된다. 특히 국가의 경제관리는 수익성에 대한 기업 경영자의 예상에 영향을 미치고, 기업가의 높은 예상수익률──케인즈가 '자본의 한계효율'이라고 부른──은 새로운 생산설비에 대한 재투자를 자극하는 요인이 된다(Eisner, 1995: 226; Stein, 1996). 생산적 투자의 증가는 고용의 증가를 낳고, 고용의 증가는 소득과 소비의 증가를 낳으며, 그것이 다시 기업의 투자를 증가시키는 성장의 호순환이 가능해진다. 그 결과 민족적 수준에서 자본과 노동의 타협은 재생산될 수 있다.

그러나 이런 종류의 호순환이 지속되기 위해서는 한 가지 핵심적인 조건이 충족되어야 한다. 금융에 대한 제도적인 억압이 바로 그것이다. 그 기본적인 가정은 사적 금융의 투기적 속성이 산업의 성장과 유리되어 경제 전체에 불안정성을 야기할 수 있다는 것이다. 특히 1930년대 대불황은 증권시장에서의 투기적 활동과 국제적인 자본이동이 규제되어야 한다는 교훈을 남겼다. 케인즈가 '금리생활자의 안락사'라고 불렸던 금융 억압은 화폐를 투기의 영역이 아니라 산업의 영역으로 유입시킴으로써 금융이 산업에 봉사하게 만드는 장치가 된다(Brunhoff, 1981; Guttmann, 1994; Duménil and Lévy, 2004a; Russell, 2008).

케인즈주의가 제도화되는 과정에서 과거에 월스트리트의 거대 금융기관들이 담당하던 화폐와 신용의 흐름에 대한 통제는 중앙은행, 즉 연방준비제도 같은 특수한 경제적 국가장치로 이전되었다(O'Conner, 1973: 244). 또 국가는 금융기관의 안정성을 유지하기 위한 법적·제도적 규제 형태의 금융정책을 추진했다. 여기서 특히 중요한 것은 은행과 증권의 제도적 분리였다. 상업은행과 투자은행을 분리한 1933년의 『글래스-스티걸법』(Glass-Steagall Banking Act)이 상징하는 것처럼 상업은행은 기업증권과 주식을 인수할 수 없었고, 은행 활동의 안전성을 유지하기 위해 지속적인 감독을 받아야 했다. 이는 상업은행의 예금이 투기적인 의도의 증권투자로 과도하게 흘러드는 것을 방지하기 위한 것이었다. 동시에 각국의 중앙은행은 서로 협력하면서 국제적인 자본이동에 대한 공동의 규제를 추진했다(Guttmann, 1994: 85; Duménil and Lévy, 2004a: 168; Glyn, et al., 1990: 97; Russell, 2008: 66).

금융에 대한 제도적 규제뿐만 아니라 정부의 일상적인 경제정책도 '금리생활자의 안락사'에 기여했다. 연방준비제도의 완화된 화폐정책(easy money policy)은 은행체계를 통한 신용의 팽창을 가능하게 했는데, 이는 화폐를 보유하고 있는 집단의 권력을 침식하는 동시에 산업적 팽창을 위한 자금조달을 용이하게 했다. 마찬가지로 케인즈주의는 일정한 수준의 인플레이션을 바람직한 것으로 간주했는데, 그로 인한 화폐가치의 하락은 금융적 수익을 삭감하는 효과를 가졌다(Glyn, et al., 1990: 97; Guttmann, 1994: 128).

그러나 '금리생활자의 안락사'가 법인자본주의의 소유의 본성을 변화시키거나 사적 금융제도를 철폐하는 것은 아니었다. 금융은 화폐에 대한 거시적 통제력을 상실했고 그러한 특권과 관련된 금융소득의 일부를 상실했지만 소유권의 핵심적 속성은 유지했다. 금융은 기업활동에 대한 자금조달과 자본의 배분에서 자신의 역할을 상당히 보존했던 것이다. 금융기관은 증권의 발행을 대행하고 거래를 중개하는 투자은행과 예금을 수집하고 대출을 제공하는 상업은행으로 구획되었지만, 그들은 모두 자본의 흐름에 대한 일정한 통제력을 유지했고 일정한 수익성을 보장받았다. 따라서 케인즈주의는 금융의 사적 지배력을 보존하는 동시에 생산에 대한 관리와 통제를 담당하는 경영자의 자율성을 강화하는 특수한 타협적 체제의 제도화를 의미했다(Duménil and Lévy, 1998a: 96-97; 2005: 23; 2006: 10, 26).

금융을 억압하는 제도적·정책적 장치가 확립되는 것과 함께 노동과 자본의 타협도 거시경제적 차원에서 제도화되었다. 개별 기업이나 산업에서 임금과 노동조건을 중심으로 하는 타협이 형성되었다면, 케인즈주의는 거시적 차원에서 고용수준을 관리함으로써 그러한 타협을 뒷받침했다. 완전고용은 노동시장에서 노동자 내부의 경쟁을 완화하고 기업차원에서 노동자의 교섭력을 상대적으로 강화하는 경향이 있다. 이런 측면에서 케인즈주의는 자본과 노동의 미시적 타협의 거시적 기초가 될 수 있다.

1943년 국제연맹의 한 보고서는 자유와 고용의 가능성을 동시에 보장한다는 목표에 대해 언급했고, 전후에 미국과 영국을 비롯한 동맹국들에서 완전고용은 거의 모든 정치세력이 지지하는 정부정책의 주요한 목표가 되었다(Cairncross, 1990: 34; Corry, 1996: 7; Garrido, 2005: 100; Stein, 1996: 171; Beaud and Dostaler, 1995). 국가는 노동할 수 있는 모든 사람들에게 적절한 보상을 받는 일자리를 제공할 책임을 가졌는데, 미국에서는 1946년에 「고용법」(Employment Act)이라는 형태로 그러한 의무가 법제화되었다. 그 법은 애초에 제안된 「완전고용법」(Full-Employment

Act)에 비해 모호한 목표를 가졌지만, 그럼에도 불구하고 정부가 '높은 수준의 고용'을 보장해야 한다는 원리의 승리를 상징하는 것이었다(De Angelis, 2000: 75-76; Rose, 1994: 116; Brinkley, 1989: 108).[18]

완전고용 또는 높은 수준의 고용은 일할 권리나 소득을 획득할 권리를 자본주의적인 방식으로 보장하는 것이었다. 물론 완전고용이 '최종 고용자로서의 정부'라는 이념이나 공적 고용의 확대라는 정책수단을 의미하는 것은 아니었다. 완전고용이라는 목표는 훨씬 포괄적인 정부의 재정정책에 의해 뒷받침되었다. 그런 정책의 혜택은 단순히 실업상태에 있는 사람들에게만 국한되지 않았다. 높은 고용수준은 노동시장에서 노동자들의 사회적 권력을 강화했고 노동조합의 제도화된 투쟁은 임금수준을 유지시켰다. 즉 완전고용은 생산성과 임금의 지속적인 연계를 가능케 하는 조건이었던 것이다. 동시에 완전고용은 높은 구매력을 보장했고, 따라서 기업의 투자와 자본주의적 성장을 자극했다. 그 결과 실업의 감축이나 높은 수준의 고용은 규범적 정당성의 문제가 아니라 경제적 유용성의 문제로 접근되었다(Stein, 1996: 172; Brunhoff, 1986: 53).

이러한 맥락에서 볼 때 비록 완전고용이 거시적으로 산업과 노동의 타협을 뒷받침했지만, 역으로 안정적인 자본주의적 성장이 그러한 타협을 재생산하는 조건이 되었다는 사실을 알 수 있다. 높은 고용수준

---

[18] 이 시기에 영국에서는 『사회보험과 관련 서비스』(1942)와 『자유사회에서의 완전고용』(1944)이라는 비버리지의 보고서가 발간되었다. 미국에서도 전국자원기획부(National Resources Planning Board)가 『안전, 노동, 그리고 구호정책』(1942)이라는 보고서를 발간했다. 미국판 비버리지 보고서로 간주되는 이 보고서는 기본적인 생활필수품을 보장하는 '경제적 권리장전'을 요청했다. 비버리지의 첫 번째 보고서가 사회복지와 사회보험 메커니즘에 국한되었던 것과 달리 같은 해 발간된 전국자원기획부 보고서는 그러한 수단을 완전고용 유지라는 더 거대한 목표를 고려하는 맥락 속에 위치시켰다(Brinkley, 1989: 107).

을 보장하는 것은 바로 산업의 지속적인 성장이었던 것이다. 또한 산업적 성장을 자극함으로써 높은 고용수준을 유지하는 핵심적 수단은 경제적 국가장치에 기초한 거시적 관리였다. 케인즈주의 패러다임을 따르는 거시경제적 관리는 사적 자본의 경영권에 대한 침해 없이 완전고용과 그것을 가능케 하는 지속적인 성장을 약속했던 것이다.

2) 성장관리를 위한 정책혼합

제2차 세계대전 이후부터 1970년대 초까지 집권세력의 변화에 따라 정책을 정당화하는 정치적 표현방식은 변했고 또 정책적 강조 지점도 부분적으로 변했지만, 사회적 세력관계와 관리의 패러다임은 사실상 변하지 않았다. 상황과 조건에 따라 경제관리는 서로 다른 정책으로 표현되었지만, 이들 정책 사이의 내적 관계는 케인즈주의적인 성장관리라는 동일한 패러다임에 의해 지배되었다. 그러한 패러다임은 재정정책을 중심으로 고용과 성장을 결합하고 화폐정책을 통해 그러한 결합을 보충하는 것을 핵심으로 했다.

전후 주요 선진 자본주의 국가에서 가장 중요한 정책적 목표로 자리 잡은 완전고용은 자본과 노동의 사회적 타협을 뒷받침했다. 그러나 경제적 관리의 논리 내에서 국가가 '노동의 권리'를 보장한다는 완전고용의 정치적 성격은 가시화되지 않았다. 오히려 케인즈주의와 함께 고용에 대한 관심은 정치적인 것이 아니라 경제적인 것으로 전환되었고, 완전고용이라는 목표도 그것이 소비자의 구매력과 기업의 생산을 증가시킨다는 경제적 관점에서 정당화되었다(Stein, 1996: 201). 대표적인 것으로 완전고용이라는 목표의 법제화를 상징했던 「고용법」은 정부의 목표를 '최대의 고용, 생산, 구매력'으로 요약하면서 고용을 생산 및 구매력과 연계시켰다(Stein, 1996: 201-204; 안정옥, 20 02: 148). 이처럼 고용과 성장이 연계되면서 양자를 매개하는 국가의 주요한 정책수단으로서 재정정책이 부각되었다. 정책목표에서 고용이 차지하는 위치가 상승할수록 민족의 경제적 목표를 달성하기 위한 주요 수단으로서 재정정책의 지위도 상승했던 것이다(Brinkley, 1988: 108; Stein, 1996: 173).

고용수준을 관리하는 수단으로서 재정정책은 뉴딜의 신화 덕택에 많은 경우 재정지출 정책과 동일시된다. 그러나 재정정책이 곧 지출정책을 의미하는 것은 아니다. 왜냐하면 '총수요'를 변화시킬 수 있는 정부부문의 변화는 지출뿐만 아니라 수입, 즉 조세의 변화에 의해서도 발생할 수 있기 때문이다. 따라서 완전고용에 도달할 수 있는 재정정책의 경로는 결코 단일하지 않다. 전후 경제학자들은 완전고용에 도달하는 세 가지 경로, 즉 정부지출의 증가, 조세삭감, 조세증가에 상응하는 지출증가의 경로가 존재한다는 관념에 친숙하게 되었다. 이들 경로 중 하나에 대한 선택은 단일한 원칙이 아니라 특정 시기의 경제적 상황과 정책의 실행조건(feasibility)에 대한 고려에 기초했다(Stein, 1996: 183; Eisner, 1995: 247).

실제로 재정정책이 정부지출의 증가와 거의 동일시되었던 유럽과 달리 미국에서는 정부지출의 증가보다는 조세삭감이라는 경로가 더 선호되었다. 왜냐하면 재정지출 정책이 구호사업과 같은 직접적이고 특수한 목표를 신속하게 달성하는 수단으로 간주된 반면, 조세정책은 간접적인 방식으로 투자수준을 전반적으로 상승시키고 그 결과 고용도 더 지속적으로 증가시키는 조치로 생각되었기 때문이다. 게다가 개별 정책의 실행조건도 중요한 요인으로 작용했다. 즉 재정지출 정책에 비해 조세정책이 의회에서의 논란과 반대를 회피하기 쉬웠던 것이다(O'Connor, 1973; Stein, 1996: 178-181).

⟨표 3-3⟩ GDP 대비 예산수지(%): 1952~1990

	1952~73	1974~79	1980~90
미국	-0.8	-1.5	-3.5
유럽	0.2	-3.3	-4.3
OECD	-0.2	-2.5	-3.3

자료: OECD, National Account, Historical Statistics, Economic Outlook.

또한 재정정책이 무조건적으로 재정적자를 의미하는 것도 아니었다. <표 3-3>에서 볼 수 있는 것처럼, 1952~73년 기간에 국내총생산(GDP) 대비 예산적자의 규모는 상대적으로 낮았다. 게다가 1960년대까지는 유럽과 미국에서 균형재정이 훨씬 더 일반적인 현상이었다. 이는 정부가 19세기적인 균형재정 원리를 따른 결과가 아니었다. 오히려 그것은 경기순환을 관리하기 위한 정부의 재정지출이 증가했음에도 불구하고 이에 비례해서 조세수입이 꾸준히 증가했음을 의미한다(Gough, 1981: 125). 1950년대의 경제정책을 둘러싼 논쟁은 이처럼 여유 있는 재정권력을 활용해서 투자와 고용을 유지하는 방안을 둘러싼 것이었다. 그리고 그 논쟁의 당사자들은 모두 거시적인 소득과 지출의 흐름이라는 케인즈주의적 언어를 사용했다(Stein, 1996: 342).[19]

---

19) 때때로 미국의 케인즈주의는 케네디-존슨 행정부 시기의 정책으로 국한되어 이해되기도 한다. 그러나 공화당의 아이젠하워 정부도 전반적인 경제실적에 대한 정부의 책임성이라는 관념에 대해서는 어떤 의문도 던지지 않았다. 그러한 책임을 수행하는 일차적 수단으로서 재정정책의 활용이라는 관념도 신뢰를 얻었다. 다만 아이젠하워는 연방 재정의 실용적이고 기능적인 문제에 대해 도덕주의적인 언어를 사용하는 경향이 있었다. 그러나 중요한 것은 대통령의 말이 아니라 국가장치들의 실천이었다(Stein, 1996: 282). 이런 사실에 비추어 볼 때, 케인즈주의는 제2차 세계대전 이후 미국의 경제정책에서 지속적인 영향을 행사한 관리의 패러다임으로 이해될 수 있다.

그런데 전후 케인즈주의적 합의에서 재정정책의 원리를 이해하기 위해서는 재정적 권력의 활용 방식이나 재정적자 자체가 아니라 재정정책의 경제적 효과에 대한 가정을 명확하게 인식할 필요가 있다. 재정정책이 조세삭감의 형태로 사적 지출을 확대하건, 아니면 재정지출의 형태로 공적 지출을 확대하건, 핵심적인 것은 그렇게 발생한 화폐의 흐름이 법인 경영자의 예상수익률('투자의 한계효율')을 상승시킴으로써 투자를 자극할 수 있어야 한다는 사실이다(Stein, 1996: 301; Brunhoff, 1981: 65). 즉 기업의 적절한 투자가 고용과 소득을 창출하며, 그것이 구매력의 상승을 낳고, 나아가 다시 투자를 증가시키는 호순환이 확립될 수 있어야 한다는 것이다. 그리고 그러한 호순환의 결과가 바로 안정적인 성장이었다.

안정적인 성장은 높은 생활수준을 보장하고, 따라서 국가에 대한 지지와 정당성을 안정화했다. 특히 유럽 각국에서는 전후재건이라는 전망 속에서 높은 성장률이 핵심적인 위치를 차지했고, 미국에서도 1950년대 말이 되면서 잠재성장률을 증가시키는 것이 중요한 정책목표로 등장했다(Stein, 1996: 351; 1994: 96). 동시에 정부의 재정적 행동주의가 성장의 기본적 결정 요인에 효과적으로 작용할 수 있다는 인식이 광범위하게 확산되었다. 특히 미국에서 그러한 재정적 행동주의는 1962년 케네디 행정부가 착수하고 존슨 행정부가 지속시킨 '신경제정책'에서 정점에 달했다(Spulber, 1989: 63; Hogan and Graham, 1990: 234).

비록 전통적인 공화당원 기업가들로부터 의심을 받았지만 케네디와 그의 후임 존슨은 모두 자유기업 자본주의의 지지자였다(Kemp, 1990: 138; Katznelson, 1989: 195). 소련의 급속한 성장에 자극을 받은 케네디-존슨 행정부의 신경제정책은 자유기업 자본주의의 더 빠른 성장을 추구했다. 이에 따라 1946년 「고용법」이 포괄적인 형태로 제시한 질적 목표는 구체적인 양적 목표, 즉 4%의 실업률과 4%의 성장률 목표로 전환되었다. 그러한 '성장주의'의 핵심 목표는 노동력과 생산설비를 높은 수준으로 활용하는 것뿐만 아니라 생산설비 자체를 지속적으로 증가시키는 것, 그리고 실제의 소득과 경제의 성장잠재력 사이의 '격차'를 축소하는 것이었다(Spulber, 1989: 62; Stein, 1994: 96).

성장률 목표를 달성하기 위해 정부가 선택한 주요 정책수단은 대규모 감세였다. 신경제정책의 승리를 대표했던 1964년의 「조세법」(The Revenue Act)이 통과되면서 대략 130억 달러로 추산되는 감세 조처가 취해졌다. 감세 조처는 소비와 투자를 자극할 것으로 예상되었고, 감세로 인한 국가부채의 증가는 성장과 그에 따른 조세수입의 증가를 통해 해소될 것으로 간주되었다(Kemp, 1990: 139; Stein, 1996: 435; Eisner, 1995: 253; Rosenberg, 2003: 110). 이런 정책적 논리에서 재정정책은 고용과 성장을 체계적으로 연계시키고 성장을 안정화하는 핵심적 수단으로 인식되었다.

그러나 케인즈주의적 관리 패러다임 내에서 재정정책이 유일한 정책이었던 것은 아니다. 미국에서는 1950년대에 이르러 고용뿐만 아니라 물가도 중요한 고려사항이 되기 시작했는데, 급속한 재건 국면을 통과한 유럽 국가들에서도 사정은 마찬가지였다. 완전고용을 위한 재정정책이 불안정과 인플레이션을 초래하거나 지나친 적자와 정부지출을 야기할 수도 있다는 우려가 수용되었다. 이에 따라 저자재정이 야기할 수 있는 위험을 피하기 위해서는 정책의 유연성이 필요하다는 인식이 확산되고, 화폐정책도 안정적 성장이라는 재정정책의 목표를 공유하게 되었다. 재정지출과 조세삭감이라는 재정정책에 덧붙여 화폐정책이 그 정책의 보완물로서 경제를 안정화시키는 데 기여할 수 있다고 믿겨졌던 것이다(Stein, 1996: 173; Cairncross, 1990: 35).[20]

---

20) 고용과 물가라는 문제는 실업과 인플레이션 사이의 안정적 관계를 시각적으로

미국의 '신경제정책'은 이와 같은 낙관주의를 배경으로 재정정책을 중심으로 하는 정책혼합이 진행되었던 사례를 보여준다. 재정적 권력을 활용해서 비록 완전고용은 아니지만 적어도 높은 고용수준을 유지하면서 동시에 인플레이션의 위험을 감소시키는 이른바 '미세조정'(fine tuning)이 시도되었던 것이다. 그 주요한 무기는 투자와 지출을 자극하는 조세삭감이었고, 화폐정책은 그러한 재정정책에 맞게 조정되어야 했다. 이에 따라 중앙은행은 인플레이션을 야기하지 않으면서도 기업가의 투자를 충분히 자극하는 수준에서 풍부한 유동성을 공급해야 했다(Brunhoff, 1981: 72; Kemp, 1990: 138; Ratner, Soltow, and Sylla, 1993: 528; Hogan and Graham, 1990: 234).

이런 조정과정에 갈등이 없었던 것은 아니다. '신경제정책'이 추진되는 과정에서 1965년 말에 이르러 인플레이션이 중요한 문제로 떠올랐다. 이에 대처하는 과정에서 기존의 조정과정은 균열을 보였고, 연방준비제도의 주도 속에서 인플레이션을 잠재우기 위한 화폐정책이 재정정책보다 우세해지기 시작했다. 대통령의 반대에도 불구하고 연방준비제도는 할인율을 4.5%로 상승시켰던 것이다(Kemp, 1990: 141; Brunhoff, 1981: 74). 그러나 화폐정책에 무게가 실릴 때조차 화폐정책과 재정정책을 결합함으로써 완전고용을 위한 효과적인 정책조합을 찾으려는 노력은 중단되지 않았다. 정책적 갈등에도 불구하고 1960년대까지는 화폐정책이 재정정책에 보완적 역할을 한다는 기본적인 원리에는 변함이 없었다(Stein, 1996: 457; Cairncross, 1990: 35).

보여주는 필립스 곡선으로 도식화된다. 애초에 영국 경제에 대한 경험적 연구에서 도출된 필립스 곡선은 이 시기에 고유한 이론적 도식으로 재구성되어 정책입안자를 위한 분명한 지침이 되었다. 그 곡선에 의해 표상된 인플레이션과 실업률의 관계를 고찰함으로써 정책입안자는 양자의 최적 조합을 발견하고 그런 조합으로 경제를 이동시키는 정책수단을 도출할 수 있다고 믿어졌다(Eisner, 1995: 240).

〈그림 3-2〉 미국의 연방기금 이자율과 인플레이션율[1] (%)

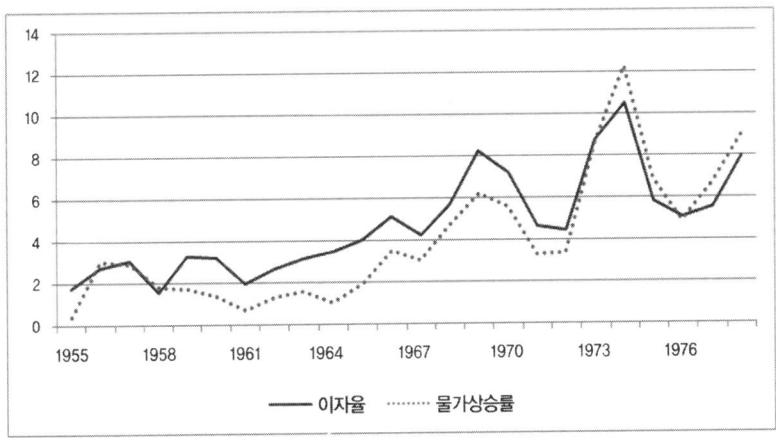

자료: Economic Report of the President, 2007, table B-64, table B-73에 기초해서 재구성.
1) 인플레이션율은 소비자물가지수(CPI-U)의 매년 12월 값의 변동률.

    재정정책과 화폐정책의 결합은 전후 호황을 관리하는 데 핵심적인 역할을 했다. 미국에서 연방준비제도는 주요한 정책수단으로 이자율을 조정하는 정책을 사용했는데, <그림 3-2>에서 볼 수 있는 것처럼 물가상승률을 고려할 때, 연방기금 금리는 상대적으로 낮은 수준으로 유지되었다. 또한 완만한 수준의 물가상승(mild inflation)은 성장과 고용을 자극하는 데 기여할 수 있다는 케인즈주의의 가정에 따라 화폐당국은 사실상 전후의 인플레이션을 용인했다. 이와 같은 화폐당국의 적극적인 저금리정책의 결과로 실질이자율은 매우 낮아졌다(Duménil and Lévy, 2005: 25; Kemp, 1990: 139; Guttmann, 1994: 96). 1970년대 초에는 인플레이션율이 이자율을 초과하면서 사실상 실질이자율이 마이너스(-)가 되기도 했다.[21] 이는 곧 채무자가 현재의 채무를 미래에 더 낮아진

---

21) 이 시기에는 1차 석유위기로 인한 경제적 충격으로 이자율이 일시적으로 상승하기도 했지만, 그것을 상회하는 물가상승으로 인해 마이너스(-) 실질이자율이 지속되었다.

가치로 결제할 수 있다는 것을 함의했고, 따라서 채무자가 채권자보다 훨씬 더 큰 이득을 얻는 상황이 도래했다는 것을 의미했다.

이처럼 완화된 화폐정책(easy money policy)은 지속적으로 성장하고 있던 경제에 윤활유가 되었다. 그것은 상대적으로 낮은 이자율의 신용자금이 법인기업의 투자활동에 대규모로 공급될 수 있는 조건을 제공했다. 뿐만 아니라 재정정책의 결과 발생하는 정부의 예산적자도 값싼 국가부채에 의해 충당되었고, 소비자의 주택 및 내구소비재 지출에서도 신용의 규모가 확대되었다(O'Connor, 1973: 244; Guttmann, 1994: 112). 그 결과 전후 시기를 특징지은 호황은 상당 부분 '부채경제'의 호순환에 의해 지지되었다. 기업은 값싼 신용을 통해 손쉽게 산업에 투자할 수 있었고, 그 생산물도 신용에 의해 뒷받침되는 정부와 가계의 지출 덕택에 손쉽게 소비되었다. 또 수요에 대한 낙관적 예상은 기업의 투자를 더욱 증가시켰고, 이는 더 많은 고용과 더 높은 소득, 그리고 다시 더 많은 소비를 낳았다. 즉 일정한 수준의 부채의 증가가 투자와 소비를 증가시키는 역할을 했던 것이다(Guttmann, 1994: 103-115; Glyn et al., 1990: 97; Kemp, 1990: 140).

3. 경제정책과 사회정책의 보완적 조합: 성장을 통한 사회문제의 해결

19세기 말에서 20세기 초에 이르는 시기에 노동자들의 투쟁과 잠재적 위협에 대한 대응으로 출현한 사회정책은 제2차 세계대전 이후 관리국가가 발전하면서 국가의 일상적인 활동으로 정착되었다. 케인즈주의적인 성장관리 패러다임 내에서 이들 정책은 대체로 삼중적인 차원을 가졌다. 첫째, 사회정책은 경제정책과 연계되어 그 존재 근거를 정당화했고, 몇몇 경제정책은 직접적으로 사회적인 성격을 띠었다. 둘째, 새롭게 확립된 '보험의 원리'에 기초해 노동자의 기여금을 관리하고 급부를 지급하는 직접적인 사회보장 정책이 제도화되었다. 셋째, '구호의 원리'에 따라 과거부터 실행되어 온 실업과 빈민에 대한 관리가 국가의 포괄적인 사회정책의 일부로 통합되어 사회보장제도의 하부 층을 이루었다. 이 세 가지 차원은 서로 보완적으로 조합되어 실질적으로 '사회적 시민권'의 원리를 작동시켰는데, 그 원리는 관리국가의 대중적·이데올로기적 토대가 되었다.

1) 재정정책과 사회정책의 통합: 성장-고용의 호순환

20세기 선진 자본주의 국가의 일반적 특징으로 자리 잡은 사회정책은 19세기 말과 20세기 초 각국에서 실험된 사회개혁에 기원을 둔다. 19세기 말 비스마르크 치하의 독일에서 실시된 최초의 사회정책에서부터 1930년대 루스벨트의 미국에서 실시된 뉴딜의 사회정책에 이르기까지 국가와 사회적 세력관계에 따라 다양한 사회정책이 고안되고 실험되었다. 그 정책은 대체로 더 급진적인 사회주의적 요구에 대응해 기존의 사회질서를 개혁하여 보호하려는 구상의 일환이었다. 즉 대규모 실업처럼 노동자가 직면하는 사회·경제적 위험을 완화시키고 노동자를 민족국가의 시민으로 통합함으로써 그들로부터 충성을 확보하는 것이 그 정책의 실질적인 목표였다. 그리고 그런 면에서 그 정책은 경제적 고려보다는 사회적·정치적 고려에 의해 지배되었다(Burnhoff, 1986: 48).

반면 전후에 관리국가 패러다임으로 정착된 케인즈주의는 사회정책을 경제적 원리로 정당화함으로써 사회정책의 역사에서 질적인 단절을 이루어 냈다. 그 원리에 따르면 '사회적 지출'은 사회적·정치적 안정을 낳을 뿐만 아니라 경제적으로도 유용한 효과를 낳을 수 있다. 이와 같은 사고의 전환 덕택에 경제정책과 사회정책은 각자 독자성을 유지하면서도 서로 연계될 수 있었다. 실제의 행정적 과정에서는 각 정책의 실행기관 사이에 균열이나 갈등이 존재했지만, 관리 패러다임 내에서는 경제의 성장과 사회정책의 확대는 서로 밀접하게 결합될 수 있었다(Gough, 1998: 109; Castel, 2003: 343).[22]

물론 각 국가의 특수한 사회적 세력관계와 이데올로기적 지형을 반영하면서 경제정책과 사회정책이 결합되는 구체적인 양상은 서로 다를 수 있었다. 예를 들어 영국에서는 케인즈주의의 경제적 목표가 평등의 확대라는 사회적 목표와 결합된 반면, 미국에서는 그러한 사회적 지향이 제거되었다(Cairncross, 1990: 35; Weir, Orloff, and Skocpol, 1988; Skocpol, 1988; Stein, 1996: 462).[23] 그렇지만 국가가 시민들에게 안정적인 소득 또는 '구매력'을 보장한다는 원리는 거의 모든 나라에서 제도화되었고, 그것을 위한 일차적인 수단은 높은 수준의 고용을 유지하는 것이라는 합의가 존재했다. 그 결과 완전고용은 미국에서 스웨덴에 이르는 다양한 '복지체제'의 통합적인 부분이 되었다(Gough, 1998).

'완전고용'은 노동을 통해 소득을 획득하는 정상적인 시민들에게

---

22) 프랑스의 사회학자 카스텔(Robert Castel)은 경제정책과 사회정책의 이러한 결합을 통해 확립된 국가를 '성장-국가'(growth-state)라고 지칭한다(Castel, 2003: 343).

23) 이러한 맥락에서 스카치폴은 미국에서는 영국의 '사회적 케인즈주의'와 구별되는 '상업적 케인즈주의'가 제도화되었다고 주장하고(Weir, Orloff, and Skocpol, 1988; Skocpol, 1988), 스테인은 미국의 케인즈주의를 '길들여진 케인즈주의'(domesticated Keynesanism)라고 규정한다(Stein, 1996: 462).

높은 소득을 획득할 수 있는 기회를 제공한다. 또 고용수준이 높다는 것은 곧 실업률이 낮다는 것, 따라서 노동자가 소득의 단절을 겪을 위험이 그만큼 낮다는 것을 의미한다. 넓은 의미의 '복지'가 시민의 안정적인 소득을 유지시키는 것이라는 점을 감안하면, 완전고용은 복지의 최우선적 과제로 간주될 수 있다(Hyman, 1999). 왜냐하면 그것은 가장 많은 시민들에게 자유롭게 처분할 수 있는 높은 수준의 '직접임금'을 안정적으로 제공하기 때문이다. 그리고 이런 맥락에서 볼 때, 고용을 통해 소득을 획득할 수 없는 사람들에게 '사회적 지출'이라는 형태로 제공되는 일종의 '간접임금'——화폐 형태를 취할 수도 있고 상품과 서비스 같은 현물 형태를 취할 수도 있는——은 완전고용에 비해 부차적인 위상을 가졌다.[24]

그러나 중요한 것은 완전고용 또는 높은 수준의 고용은 지속적인 산업적 성장에 의해서만 지지될 수 있다는 것이다. 이 때문에 미국을 비롯한 다수의 산업국가에서 고용수준에 대한 거시적 관리는 산업적 성장을 지속적으로 자극하는 경제정책, 특히 재정정책을 중심으로 조직되었다. 그 결과 거시적인 관리 패러다임 내에서 고용의 문제는 결국 재정지출의 문제로 전환되었다. 예를 들어 실업이라는 사회적 문제는 경제성장을 통한 완전고용으로 해결되는 문제로 간주되었고, 따라서 기업의 투자를 자극하기 위해 적정한 양의 재정을 지출하는 문제가 되었다. 실업자를 비롯한 빈곤집단과 교육, 건강, 주택 등에 대한 '사회

---

[24] '간접임금'으로 간주될 수 있는 급부(benefits)에 대한 사회적 지출은 국가에 따라 매우 다양한 양상을 보였다. 특히 미국에서는 사회보험, 공적 부조, 조세감면 같은 공적인 형태의 '사회적 지출'뿐만 아니라 사적인 형태를 취하는 사회서비스와 피고용자 급부도 광범위하게 발전했다. 그러나 이런 경우에도 사적 부문의 원리가 곧바로 시장원리와 동일시될 수는 없는데, 왜냐하면 그러한 부문에서도 규제와 조세지원 같은 정부의 개입이 존재했기 때문이다(Hacker, 2002: 8).

적 지출'도 이해당사자의 구체적인 필요(needs)가 아니라 일정한 양의 정부지출을 할당하는 문제로 접근되었다. 요컨대 사회문제를 해결하는 사회정책은 적극적인 부의 재분배라는 규범적 원리에 따라 독립적인 방식으로 실행되었던 것이 아니라 사실상 재정정책의 일부로 통합되어 성장에 대한 관리를 보조했던 것이다(De Angelis, 2000: 6; Kemp, 1990: 140).

사회정책의 논리가 사실상 재정정책의 논리에 통합되었다는 것은 특히 사회정책의 재정적 측면에서 중요한 의미를 가졌다. 사회정책은 언제나 일정한 재정적 제약에 종속되며, 그 실행과정에서 경제적 효과가 주요하게 고려되었다. 뿐만 아니라 케인즈주의 관리 패러다임 내에서 사회정책이 실행되는 실질적인 방식도 재정정책의 실행 형태로부터 영향을 받았다. 케인즈주의적인 재정정책이 지출정책과 조세정책으로 구성된 것에 조응해 사회정책도 직접적인 사회적 지출과 간접적인 사회적 지출, 즉 조세삭감으로 나뉘었다. 그리고 사회정책이 주로 재정지출과 결합되었던 유럽과 달리, 미국에서는 사회적 지출뿐만 아니라 조세삭감도 사회정책에서 높은 비중을 차지했다. 즉 미국에서는 사회보장(social protection)을 제공하는 특정한 개인, 집단, 또는 활동에 대해 소득세를 감면 또는 삭감해 주는 방식의 고용정책과 사회정책이 발달했던 것이다(Amnenta, 1998: 267-268; Hacker, 2002: 7).[25]

---

25) 특히 미국의 주택정책은 조세감면이라는 간접적 수단이 활용된 주요 사례다. 정부가 공공주택을 제공 또는 임대해 주는 유럽 국가들의 정책과 달리 1920년대부터 주택소유가 '미국의 꿈'으로 정착되었던 미국에서는 뉴딜 이래로 정부가 연방 모기지 보험과 연방 조세로부터 주택소유자의 모기지 이자 지불액을 환급해 주는 정책을 추진했다. 그러한 조세의 환급 가능성은 사적 주택소유를 촉진했다. 또한 빈민에게 저렴한 주택을 제공하는 부동산 개발업자에 대한 보조금도 마찬가지 효과를 낳았다(Weir, Orloff, and Skocpol, 1988; Ronald, 2008). 이러한 종류의 정책은 공적 부조(assistance)나 정부지출에 초점을 맞추는 국가 간 비교

이와 같은 간접적인 방식의 사회적 지출, 즉 '숨겨진 복지'(hidden welfare)를 모두 포괄하면, 미국의 공적 지출은 1960년대까지 유럽 국가들과 유사한 수준으로 증가했다(Katz, 2001: 9-16; Howard, 2003: 412). 일례로 1960년대 국내총생산(GDP) 내에서 공적 지출의 비율은 미국이 대략 28% 정도였고 스칸디나비아 국가들은 평균 29% 정도였다(Rothstein, 1998b: 18). 이처럼 포괄적인 공적 지출의 자극 속에서 높은 수준의 고용은 시민들에게 물질적 안녕의 최저 표준 이상으로 생활할 수 있는 기회를 제공했다(Pfaller, 1991: 90). 그리고 노동시장에서 획득할 수 있는 소득의 증가가 기업가의 투자를 자극하는 '구매력'의 증가로 반작용하면서 다시 산업적 성장에 긍정적인 효과를 미쳤다. 미국에서 기업의 수익성이 상대적으로 높았던 1950~60년대 산업적 축적의 국면에서 이와 같은 성장과 고용의 호순환은 안정적인 양상을 보였다.

2) 보험원리의 확장으로서 사회보장

케인즈주의적 관리 패러다임은 완전고용을 가장 핵심적인 사회적 목표로 삼았지만, 국가가 시민의 소득을 보장한다는 이데올로기적 원리는 완전고용을 넘어서는 국가적 실천을 요구했다. 이에 따라 애초에는 경제관리를 위한 기술적 처방에 가까웠던 케인즈주의에 사회적 안전(social security)이라는 새로운 이념이 추가되었고, 그러한 이념은 제2차 세계대전을 전후로 미국과 영국, 그리고 여타 유럽 국가들에서 사회보장 입법으로 제도화되었다. 사회적 안전이라는 통념은 노동자로서 시민이 생애과정에서 직면하게 되는 고유한 위험을 개인적인 것이

연구에서는 사실상 포착되지 않는 일종의 '숨겨진 복지'(hidden welfare)의 일부를 구성한다(Hacker, 2002: 7).

아니라 '사회적인 것'으로 규정했다. 국가는 사회를 대표해서 그러한 위험으로부터 안전을 보장해야 했다. 그것은 '구빈법'으로 대표되는 19세기 '구호의 체계'를 포함하는 동시에 그것을 넘어서는 '보장의 체계'를 내포했다.26)

사회보장 체계는 19세기 말에 일부 노동자들이 자율적으로 추진했던 상호부조를 양적으로 확장하는 동시에 국가의 관리 하에 일종의 '보험의 원리'로 재조직한 것이었다(Neocleous, 1996: 139; Katz, 2001: 347). 케인즈주의 하에서 국가는 일차적으로 높은 수준의 고용을 유지시킴으로써 시민이 노동을 통해 소득을 획득할 기회를 제공하지만, 동시에 생활에서 직면하는 여러 가지 위험으로 인해 노동자가 '정상적인' 소득을 획득할 수 없게 되는 상황에 대해서도 집단적인 대응을 조직할 수 있다. 그러한 집단적 대응은 노동자 또는 고용주가 고용기간 동안에 공적 기관 또는 공적 규제를 받는 사적 기관에 납부한 기여금에 기초를 둔다. 그리고 위험에 처한 노동자들은 그 기여금에 비례해 급여를 제공받는다(Pinker, 1971; Skocpol, 1988).

국가적 관리를 매개로 사회적으로 확장된 보험원리는 '정상적인' 소득을 획득하지 못하는 '일시적 위험'을 '통계적으로 계산될 수 있는 손실'로 간주한다. 생애과정에서 우연적으로 발생하는 위험은 예상 가능한 객관적 불확실성이며, 위험의 정도는 과거 사태들의 누적된 결과

---

26) 나라에 따라 구호와 보장이 결합되는 방식은 차이가 나는데, 그 결과 사회보장이라는 용어의 의미도 차이를 보이게 된다. 단적인 예로 미국에서 사회보장(social security)은 대체로 연방정부에 의해 보장되는 퇴직연금(OASDI)을 지칭하며, 영국에서 사회보장은 국가를 경유해서 이전되는 대략 30가지 이상의 현금 및 현물급여를 포괄한다. 대륙 유럽에서는 사회보장이라는 용어가 널리 사용되지 않으며, 대신 급여와 보건의료를 모두 포괄하는 '사회보호'(social protection)라는 용어가 선호된다(Ditch, 1999).

들에 기초해서 확률법칙을 적용함으로써 확인될 수 있다.27) 따라서 보험원리는 모든 종류의 위험이 아니라 특정한 대상으로 선별된 위험, 예를 들면 노령, 실업, 질병, 장애 등과 관련된 표준화된 위험에 대해서만 급부를 제공한다.28) 그리고 그 비용은 각각의 위험에 따라 차등화된다(Neary and Taylor, 1998: 63; De Angelis, 2000: 7).

사회보험의 비용은 고용된 노동자의 임금보다 낮은 수준에서 각각 일정한 비율로 계산되며, 그러한 계산에 기초해 개별 노동자들의 소득에 일정한 비율로 부과된다. 또한 보험원리에 따라 지급되는 급부는 대체로 개인이 고용과정에서 적립한 기여를 반영하기 때문에 결코 완전하게 균등할 수 없었다(Katz, 2001: 236; Mimns, 2001: 17; Dowd, 2000: 118). 따라서 보험원리에 기초한 사회보장은 기본적으로 노동에 기초한 소유자 또는 소비자 권리의 연장선에 위치했다. 그것은 "나는 납부했다. 따라서 나는 권리를 갖는다"는 원리로 압축된다. 여기서 기업과 개별 노동자의 납부액은 사실상 노동자들이 현재 지급받을 수 있는 임금을 미래로 이월시키는 '강제된 저축' 또는 '지연된 임금'이다. 이는

---

27) 물론 노동자로서 시민이 처할 수 있는 사회적 위험의 예상 가능성은 상이하다. 퇴직처럼 생애의 일정 기간에 도달하면 누구나 직면하게 되는 문제는 안정적으로 예상되는데, 이 때문에 그것에 대한 대비는 보험(insurance)과 구별되어 연금(pension)이라는 독자적인 명칭을 갖게 된다. 반면 실업, 질병, 상해 등에 대한 예상은 훨씬 더 확률적인 성격을 띠게 되고, 그것에 대한 대비는 모두 보험이라는 명칭을 갖는다.

28) 사회보장 급부는 종종 선별적 급부와 보편적 급부로 구분되는데, 이러한 구분은 사실 지나치게 단순한 것이다. 왜냐하면 진정으로 보편적인 사회보장 급부는 존재할 수 없기 때문이다. 예를 들어 아동수당은 부양아동을 갖는 가족에게만 제공되며 퇴직연금은 노령자에게만 지급된다. 이처럼 모든 급부는 필요, 환경, 기여의 역사, 현재의 자원 등과 관련된다는 점에서 순수하게 보편적인 급부는 존재하지 않는다고 할 수 있다(Ditch, 1999: 275).

사회보장 급부에 대한 권리가 노동시장에 참여하는 임금노동자라는 지위로부터 배타적으로 도출된다는 것을 의미한다. 사회보험이 때때로 노동하는 시민과 정부의 영예로운 '계약'으로 제시된 것은 바로 이 때문이다(Ferge, 2001: 41; Skocpol, 1988; Brunhoff, 1981: 23).

물론 사회보장의 보험원리가 실현되는 방식이 수익을 추구하는 민간보험의 회계원리와 동일한 것은 아니다. 또 보험이라는 통념이 모든 제도에서 동일한 형태로 실현되는 것도 아니다. 특히 중요한 차이는 보험제도를 구성하는 데 가장 중요한 비용부담의 원리에서 발견된다. 사회보장 중에서 가장 큰 비중을 차지하는 연금제도는 그 차이를 가장 분명하게 보여준다. 연금은 노동자-시민이 생애에 걸쳐 겪을 수 있는 위험 중에서 가장 안정적인 방식으로 예상될 수 있는 퇴직을 대상으로 하기 때문에 통계적 불확실성이 가장 낮고, 따라서 비용부담의 원리가 가장 일관되게 적용되는 사례라고 할 수 있다. 그러한 연금의 비용부담 원리는 크게 '할당의 원리'와 '자본화의 원리'로 구별될 수 있다(Brunhoff, 1981: 24-25).

비록 그 규모나 비중에서는 차이가 있지만 미국과 대다수 유럽 국가들은 공적 사회보장의 비용부담과 관련해서 '할당의 원리'에 따르는 부과식(pay-as-you-go) 체계를 가지고 있다. 부과식 체계는 현재의 경제활동인구가 현재의 퇴직인구를 부양한다는 세대 간 재분배의 원리에 따라 운영된다. 그 기금은 일반과세 형태로 수집되어 중앙집중적인 방식으로 관리되며, 이윤 또는 이자의 획득을 목적으로 운용되지 않는다. 이 경우 현재 노동시장 외부에 존재하는 노동력의 유지비용은 전적으로 현재 고용되어 납부금을 내는 노동력에 의존하며, 만약 지출되는 급부총액이 납부총액을 초과할 경우 그 차액은 정부의 재정지출을 통해 충당된다(Ferge, 2001: 41; Katz, 2001; Brunhoff, 1981: 25).

미국에서 1935년의 「사회보장법」에 의해 제도화된 연방 차원의 연금제도는 1939년, 1950년, 1954년에 의회의 수정을 거치면서 그 포괄의 범위가 확대되었다. 애초 노령보험으로 시작된 사회보장 프로그램은 1939년에 노령·유족보험으로, 그리고 1954년에 노령·유족·장애보험(Old Age, Survivors, and Disability Insurance, OASDI)으로 명칭이 변경되었다.[29] 1940~55년 사이에 사회보장 연금에 가입된 사람은 2,300만 명에서 7,000만 명으로 증가했고, 급여를 받는 사람은 20만 명에서 800만 명으로 증가했다(Howard, 1997: 116). '보험'이라는 형식을 취하는 사회보장 연금은 노동자와 고용주의 사회보장세(payroll-tax)에 근거를 둔 부과식 체제를 따랐고, 그 잉여자금은 사회보장 신탁기금(Trust Fund)의 형태로 관리된다. 산업이나 직종별로 부과식 연금체계가 발전했던 유럽 대륙의 대다수 국가들과 달리 미국에서는 형식적으로는 모든 시민들이 퇴직연령에 도달했을 때 노동과 소득의 기간에 의존하는 소득 관련 연금이 발전했다(Huber and Stephens, 2001: 92).

반면 대다수 국가에서 기본적인 사회보장과 별도로 국가로부터 일정한 지원과 규제를 받는 사적 연금이 존재한다. 특히 사적 연금이 사회보장에 비해 압도적인 규모를 보이는 미국에서 사적 연금은 기본적으로 '자본화(capitalization)의 원리'를 따른다. 그것은 개별 노동자들의 임금에서 공제된 기여금을 적립하여 금융시장에 투자하고 그 적립금과 수익을 지급하는 원리다. 이러한 사적 적립식 체계(funded system)에서는 연금이 '지연된 임금'이라는 사실이 가시적으로 드러나며, 따라서 단체교섭에서 중요한 쟁점이 된다. 특히 미국에서는 공적 연금이 제도화된 이후 사적 연금이 공적 연금보다 훨씬 더 빨리 증가했다. 미

---

[29] 미국의 1935년 「사회보장법」은 크게 세 가지 종류의 사회급부를 포함했다. 첫째, 연방 차원에서 자격요건을 규정하고 주가 운영하는 실업보험, 둘째, 연방 차원에서 보조금을 지급하는 공적 원조, 셋째, 전국적인 기여형 노령보험, 즉 사회보장 연금이 바로 그것이다(Orloff and Skocpol, 1988).

국 정부는 사적 연금에 대해서도 조세혜택을 부여했으며, 그 결과 노동자뿐만 아니라 고용주도 조세감면을 받았다. 이를 배경으로 1950~60년대에 이른바 '혼합급여' 전략을 채택한 노동조합은 현재의 임금상승을 제한하는 대신 미래의 연금급여를 증가시키는 전략을 취하기도 했다. 그 결과 사적 연금계획에 의해 포괄되는 노동력의 비율은 1950년 전체 노동력의 15%에서 1970년에는 31%로 상승했다(Hacker, 2002: 85; Katz, 2001: 177; Amenta, 1998: 266; White, 2000: 782).30) 자본화의 원리에 기초한 이 같은 사적 연금의 경우 기금운용에서의 적자라는 문제는 발생하지 않았지만, 그 급부가 금융시장의 수익성에 영향을 받는다는 단점이 있다(Trattner, 1999: 312; Minns, 2001: 99; Brunhoff, 1981: 25).

성장기 동안 각국의 연금제도는 할당의 원리와 자본화의 원리를 다양한 방식으로 조합하면서 발전했다. 또 이들 원리는 연금뿐만 아니라 의료, 실업, 상해 등과 같은 다수의 사회보험에서 유사하게 다양한 방식으로 적용되었다. '복지체제'의 다양성에 주목하는 몇몇 연구들(Esping-Andersen, 1990; Huber and Stephens, 2001)이 지적하는 것처럼, 이는 각국에서 실시된 사회보험 사이의 상대적 비중이나 구체적인 실행 양상이 상이했다는 것을 의미한다.31) 그러나 넓은 의미에서 보험이라는

---

30) 이러한 전략의 결과 미국에서는 1960년대에 이르러 퇴직 이후 소득보장의 이중 궤도 체계가 제도화되었다. 첫 번째 궤도로서 사회보장은 핵심적인 위치를 차지했지만, 미국 노동자의 거의 절반이 두 번째 궤도, 즉 기업 차원의 연금계획에 포괄되었다(Hacker, 2002: 140). 또한 안정적인 '퇴직임금'(retirement wage)을 획득하려는 노동자의 압력 속에서 다수의 법인기업 경영자가 퇴직연금뿐만 아니라 생명보험과 건강보험 등 각종 부가급여(fringe benefits)를 증가시켰다(Amenta, 1998: 266; Pfaller, 1991: 87; Katz, 2001: 177; Ghilarudcci, 2000: 327).

31) 그 중 가장 큰 차이를 보이는 것은 의료보험이다. 공적 의료보험이 제도화된 영국과 달리 미국에서는 메디케어를 제외하면 의료보험 프로그램도 고용과 연계된다. 기업은 특정한 의료보험을 선택하고 그 기업에 고용된 노동자에게 퇴직

원리를 따르는 사회보장 체계가 공적 영역과 사적 영역을 모두 포괄했으며, 또 각 영역 사이의 조합 방식을 국가가 직·간접적으로 관리했다는 것은 대다수 국가에서 보편적으로 발견되는 현상이다.

특히 성장기의 사회정책에서 고용과 보험원리의 연계는 대다수 국가에서 지배적인 추세로 자리를 잡았다. 미국에서는 1960년대 말에서 1970년대 초까지 사회보장이 확대되는 과정에서 보험원리를 따르는 사회정책이 확대·추가되었다(Weir, Orloff, and Skopol, 1988: 7-8). 1970년대 초까지 퇴직·노령인구에게 제공되는 사회보험 프로그램은 누적적으로 증가했고, 1972년에는 인플레이션과 사회보장 급부를 연동시키는 것이 법제화되었다. 또 1970년대 초에는 사적 연금의 안전성을 보장하기 위한 정부의 관리도 강화되었다. 그 결과 이 시기에는 퇴직 이후에 소득을 제공할 수 있는 정부의 능력에 대한 대중적 믿음이 최고조에 달했다(Katz, 2001: 179; Hacker, 2002: 147; Myles, 1988: 274; Sullian, 1992: 140).[32]

한편 실업보험은 긴급한 상황에 대처하는 과정에서 그 대상과 급여의 지속기간을 지속적으로 확장해 사실상 이 시기에 보험의 성격을 상실하고, 일자리를 잃은 사람들을 위한 소득지원 프로그램, 즉 일종의 원조 프로그램으로 기능하기 시작했다. 또 이 시기에 미국에서는 무역자유화로 인해 실업에 처한 노동자에게 경세적 지원을 제공하는 무역조정 원조 프로그램도 확대되었다. 이 프로그램은 애초 무역자유화에 대한 노동자의 지지를 확보하기 위해 1962년에 발효된 「무역확대법」

이후의 일정 기간까지 의료급여를 제공하는 계약을 맺는다(Hacker, 2002).

32) 그리고 이 시기에 노령인구에 대한 공적 의료보장도 확대되었다. 1965년 메디케어(medicare)는 사회보장의 확대로서 매우 중요한 역할을 했다. 이후 노령인구는 자산조사의 낙인 없이 사회보장의 원리와 유사하게 수급권을 획득해 의료서비스를 이용할 수 있게 되었다(Jansson, 1993: 218).

의 일부였지만, 1970년대 중반부터 수급권 자격이 확대되면서 사실상 확대된 실업보험으로 기능하게 되었다(Weir, 1992: 141-142; Hacker, 2002).

그러나 사회보장의 지속적인 확대에도 불구하고 그것을 지배한 '보험의 원리'는 사실상 노동시장이 '정상적으로' 작동할 때에만 유지될 수 있었다. 즉 그것은 일할 능력이 있는 대다수 남성 생계부양자가 일정한 임금소득을 획득할 기회를 지속적으로 갖는다는 조건을 전제로 했던 것이다(Pfaller, 1991: 88). 왜냐하면 사회보험의 원리가 안정적으로 유지되기 위해서는 분담금을 납부하는 노동인구가 언제나 일정한 비율로 끊임없이 갱신되어야 하기 때문이다. 그러한 조건이 충족되지 않는다면 취업 노동자와 미취업 노동자 사이의 비율이 악화되고, 그것은 다시 납부금의 축소를 낳아 결국 재정적 위험을 야기할 수 있다. 즉 '보험'의 수익률은 고용인구의 성장률, 나아가 그것을 결정하는 경제성장률에 의존했던 것이다(Brunhoff, 1986: 57-61).[33)]

또한 전후 사회보장의 토대를 이루었던 사회보험의 원리는 고용주와 피고용자 사이의, 그리고 소유자와 비소유자 사이의 특수한 타협 형태를 전제로 했다. 그것은 고용주와 피고용자가 노동자의 사회적 위험에 대해 집단적으로 대응하기 위해 사회적 보험에 공동으로 기여를 한다는 관념이 제도화될 때에만 안정적으로 유지될 수 있다. 미국의 관리국가는 그러한 공동의 기여를 유지시키기 위해 일정한 경제적 지원을 제공했을 뿐만 아니라 체계 전반의 행정을 매개하고 관리했다(Neocleous, 1996: 139; Castel, 2003: 291; Edwards and Glover, 2001: 3). 그리고

---

33) 결국 사회보장의 보험원리는 높은 고용수준과 지속적 성장이 지속되는 산업경제 모형을 전제로 했으며, 사회보장에 대한 요구와 필요가 증가하는 불황에는 제대로 작동하지 않는다는 내적 모순을 가지고 있었다(Katz, 2001: 225). 이러한 내적 모순은 이후 관리 패러다임의 '이행'을 야기하는 정치적 요인 중 하나가 되었다.

'공동의 기여'라는 형태를 띤 사회보장기금은 때때로 그 기금을 대부해 가는 국가를 매개로 해서 재정지출에 활용되었고, 그 결과 성장에 기여하는 '사회화된 투자'의 일부를 이루었다. 따라서 사회보험에 대한 기여를 둘러싼 자본과 노동의 타협이 위기에 빠진다면, 그리고 국가의 사회보장 관리에 대한 신뢰가 무너진다면 이 체계는 위험에 처할 수 있다.

3) 빈민에 대한 행정적 관리의 확대: '빈곤과의 전쟁'

전후 성장기 사회정책이 형성되는 과정에서 19세기부터 존재해 온 빈민 구호는 사회보장이라는 전망의 통합적 일부로 자리매김 되었다. 그러나 케인즈주의적 원리 속에서 완전고용이라는 경제적·사회적 목표가 우선적인 지위를 부여받고 사회보험이 그것을 보완하면서, '구호의 체계'는 사실상 주변적인 지위에 머물렀다. 비버리지의『사회보험과 관련 서비스』(1942)가 제안했던 것처럼 사회보험은 국가가 제공하는 사회보장의 '보루'가 되었던 반면, 자산조사에 기초한 공공부조는 소득을 유지시키는 급부의 '작지만 통합적인 일부'에 불과했던 것이다 (Walker, 1993: 6).

미국과 영국의 사회보장법은 이런 원리를 제도화했다. 그리고 '구호'를 실행하는 행정기관은 고용이 지속적으로 증가하고 빈민의 수가 점차 감소할 것이라고 가정했기 때문에, 빈민에 대한 공공부조(public assistance)는 신축적이고 개별화된 형태를 취했다(Walker, 1993: 171). 특히 미국에서는 1935년에 제정된 「사회보장법」(Social Security Act)에서부터 사회보험의 원리를 따르는 '사회보장' 프로그램과 공적 구호의 원리를 따르는 '복지' 프로그램이 제도적으로 분리되었다. 사회보장 프로그램과 대조적으로 공공부조는 주정부의 재량과 책임으로 규정되었고, 연방정부는 그것에 대해 보조금을 지급하는 역할만 수행했다. 게다가 연방정부는 빈민에 대한 공공부조에 충당되는 재정지출을 최소화하려고 노력했다. 이러한 제도적 분리의 결과 복지는 점차 빈곤가정을 지원하는 부양아동가족원조(AFDC)를 지칭하는 말이 되었다(Skocpol, 1988; Weir, Orloff, and Skocpol, 1988).

그러나 이러한 제도적 기획이 현실에 완전히 부합하는 것은 아니었다. 완전고용 또는 높은 수준의 고용에도 불구하고 원조를 필요로 하는 빈민은 사라지지 않았고, 따라서 '구호의 체계'도 축소될 수 없었다. 대다수 선진 자본주의 국가에서 공적 부조의 비용은 점차 증가했고 1970년대까지 그러한 양상은 세계적으로 수렴하는 추세를 보였다(Walker, 1993; Gough, 1981). 특히 미국에서 사회복지의 확대는 점진적 증가가 아니라 특정한 시기에 폭발적인 증가의 양상을 보였다는 점에서 흥미롭다. 미국에서는 인종차별로 인해 주류적인 고용기회를 얻지 못하는 사람들이 상대적으로 많았지만, 1960년대 초까지 '풍요사회'라는 널리 확산된 믿음으로 인해 '빈곤'이라는 현실이 전혀 인식되지 못했다. 반면 1960년대 중반에 마침내 '보이지 않는 빈민'이 가시화되고 사회적 소요가 증폭되면서 공적 부조와 관련된 일련의 사회정책이 폭발적으로 증가했다(Trattner, 1999: 308; Pfaller, 1991: 88; Jasson, 1993: 209).[34]

<표 3-4>에서 드러나는 것처럼 1960년대 미국에서는 '구호의 체계'를 포함한 사회보장이 지속적으로 확대되었다. 특히 존슨 행정부가 '위대한 사회'(Great Society)를 선언하고 그 일환으로 '빈곤과의 전쟁'

---

[34] 미국에서 1950년대 동안 빈곤과 여타 사회적 쟁점은 공적·사적 토론에서 거의 논의되지 않았다. 빈곤을 둘러싼 토론이 재개되는 데는 헤링턴(Michael Harrington)의 『또 다른 미국』(1962)의 출판이 중요한 기폭제가 된 것으로 평가된다(Jansson, 1993: 210; Trattner, 1999: 316).

〈표 3-4〉 교육을 포함한 미국의 사회적 지출[1](단위: 10억 달러): 1950~1980

연도	경상달러	GNP 대비(%)
1950년	23.5	8.2
1960년	52.3	10.3
1965년	77.2	11.2
1970년	145.9	14.7
1975년	290.0	18.7
1980년	493.4	18.7

자료: Statistical Abstract of United States, 1984, No. 604와 No. 734를 기초로 계산.
1) 사회보험, 공적 부조, 보건, 참전용사, 교육, 주택, 기타 지출을 포함.

(War on Poverty)을 추진한 1960년대 중반에서 1970년대 초반 사이에 사회보장 지출은 급속히 확대되었다. '빈곤과의 전쟁'은 성장-고용-보험이라는 도식, 즉 성장을 통해 고용을 창출하고 고용을 통해 소득과 보험을 뒷받침한다는 도식을 넘어 고용으로 통합되지 않은 빈민을 보편적으로 관리하는 사회정책을 내포했다. 그것은 한편으로 보험원리의 포괄 범위를 확대시켰고, 다른 한편으로 의료보호, 식품교환권(food stamp), 학교 무상급식, 고용훈련 계획, 교육 및 사회서비스 급부처럼 소득수준이 낮은 사람에 대한 현물급여를 새롭게 추가했다. 이러한 일련의 프로그램이 확충되면서 1960년대 말에 이르러 미국의 사회보장 체계는 사실상 거의 모든 종류의 사회적 문제를 포괄하는 완성된 형태에 도달했다(Kemp, 1990: 160; Kaznelson, 1989: 200; Weir, Orloff, and Skocpol, 1988).

그러나 '빈곤과의 전쟁'은 그 동안 침묵의 상태를 유지했던 빈민의 적극적 요구를 수용한 것이 아니었다. 오히려 그것은 사회적 문제와 그 해법에 대해 사고하는 것이 자신들의 책임이라고 믿었던 케네디-존슨 행정부의 경제학자들에 의해 '발명'된 것이었다. 1964년 대통령경제자문위원회(Council of Economic Advisers)의 연례보고서는 미국에서 빈민의 문제가 해결될 수는 있지만, 그들이 자기 자신을 자연적으로 교정하지는 못할 것이라고 지적했다. 경제자문위원회는 연방정부가 성장을 관리하기 위한 미세조정과 동시에 빈민들을 기존의 경제구조로 통합하는 사회정책을 성공적으로 주도할 수 있다고 주장했다. 이러한 전망은 1965년 이후 다수의 도시 슬럼 지역에서 발생한 (흑인)폭동에 대응해서 대통령이 긴급하게 대권적 조처를 실행하는데 결정적으로 기여했다(Kemp, 1990: 144).

존슨 행정부는 1964년 「경제기회법 II」(Economic Opportunity Act II)에서 1967년 「사회보장법」 수정조항과 지역사회서비스프로그램(Neighbourhood Service Program)에 이르는 일련의 프로그램을 실시했다. 긴급한 상황에 대한 긴급한 대처를 위해 연방정부는 뉴딜 시기와 마찬가지로 주정부와 지방정부를 거치지 않고 연방정부 주도 하에 모든 프로그램을 직접 실시했다. 그리고 이 과정에서 빈민소요와 흑인 시민권운동이 제기한 '복지권'(right to welfare)이라는 쟁점은 행정부에 의해 관리주의적인 방식으로 영유되었다(Piven and Cloward, 1993: 263; Rose, 1994: 118; Morris, 1994: 66).

'빈곤과의 전쟁'이라는 이름으로 진행된 일련의 프로그램은 두 가지 성격의 행정적 조처를 결합했다. 한편으로는 빈민에 대한 재교육과 직업훈련을 통해 노동습관을 고양하고 노동의 효율성을 상승시키는 프로그램이 추진되었고, 다른 한편으로는 빈민, 자원봉사자, 사회사업 전문가의 결합을 통해 지역사회에 직접적인 사회서비스를 전달하는 프로그램이 실시되었다(Rose, 1994: 118; Trattner, 1999: 323; Kemp, 1990: 144; Rosenberg, 2003: 151). 이들 프로그램은 사실상 적절한 일자리와 소득을 창출하는 프로그램이 아니었고 새로운 주택제도나 의료제도를 확립하는 프로그램도 아니었다. 이는 기존의 사회경제적 질서와 고용구조의 변화가 아니라 인구의 20%에 해당하는 것으로 추정되는 빈곤의 '희생자'를 갱생시키는 것을 목표로 했다. 즉 빈민과 그 가족의 부적응을 치료·관리함으로써 그들을 성장하는 사적 경제로 통합하는 것이 실질적인 목표였던 것이다(Katznelson, 1989: 201; Trattner, 1999: 323; Polsky, 1991: 193; Weir, 1992: 11).

이는 존슨 행정부의 '위대한 사회'라는 구상이 불황 극복을 목표로 삼았던 뉴딜과 대조적으로 성장과 번영을 전제로 해서 그러한 성장과 번영을 안정화하는 시도였다는 것을 보여준다. 그런 시도의 핵심은 뉴딜 시기와 같은 광범위한 실업에 대응하는 것이 아니라 국지적인 빈곤을 관리하는 것이었다(Katznelson, 1989: 198; Weir, 1992: 64). '빈곤과의 전쟁'은 불평등과의 전쟁이 아니었다. 그것을 입안·실행했던 경제 및 사회사업 전문가들은 모두 성장과 관리라는 전망을 공유했다. 그들에 따르면 경제성장의 과실은 모든 사람들에게 돌아가기에 충분하며, 따라서 필요한 것은 경제정책과 빈민의 행동에 대한 '미세조정'뿐이었다. 즉 '풍요사회'에서 빈곤은 빈민의 잘못된 행동방식에 기인하는 것이며, 따라서 그들의 행동을 교정하기 위해 전문가적 조처가 필요하다는 것이었다(Kleinberg, 1973: 163; Waddan, 1997: 55; Katznelson, 1989: 202).

그러나 사태는 관료-전문가들의 예상대로 전개되지 않았다. '복지권'을 둘러싼 갈등 속에서 1967년 「사회보장법」 수정 이후 5년 동안 사회보장 지출이 '통제 불가능한' 수준으로 증가했다(Polsky, 1991: 199; Rosenberg, 2003: 153). 빈민의 '복지권'이 법률 전문가에 의해 대리되면서 복지의 수급권 자격을 둘러싼 소송이 줄을 이었다. 복지서비스의 전달을 담당하는 행정기관은 이와 같은 갈등을 회피하기 위해 가장 손쉬운 해결책을 선택했다. 화폐로 제공되는 복지급여를 단기적으로 확대하는 것이 바로 그것이었다. 즉 행정기관은 즉각적인 불만을 제거하기 위해 구호 대상자 명단을 확대하는 미봉적인 대책을 선호했던 것이다. 그 결과 1960년대 중반 이후 공공부조 수급권자는 대폭 증가했다. 단적인 예로 1950년부터 1970년 사이에 부양아동가족원조(AFDC)의 수급자 수는 대략 333% 증가했다(Gough, 1981: 93; Pinven and Cloward, 1993: 286; Katz, 2001).[35]

수급권을 실용적으로 확대하는 손쉽지만 값비싼 대응은 결국 빈곤을 제거하는 데 실패했다. 미국에서 절대빈곤자의 숫자는 1960년에서 1970년 사이에 20%대에서 10%대로 줄어들었을 뿐이다(Rose, 1994: 118; Trattner, 1999: 328). 그리고 '구호의 체계'가 노동시장의 규율을 약화시키지 않게 하려는 지역 기업가들의 압력과 정책당국의 세심한 고려에 따라 복지급여와 저임금 직종의 격차를 유지하는 정책은 지속되었다(Walker, 1993: 54; Pinven and Cloward, 1993; Brunhoff, 1981). 그 결과 지역별 노동시장의 상황과 정치적 조건의 차이를 반영하면서 공공부조의 주별 편차도 지속되었다.

그렇지만 '빈곤과의 전쟁'이 사실상 와해된 이후에도 1970년대 중반까지 사회보장의 확대라는 암묵적 합의는 지속되었고, '구호의 원리'를 따르는 사회정책의 급부와 포괄 대상도 계속 확대되었다. 공공부조 프로그램을 대표하는 부양아동가족원조(AFDC) 프로그램은 1970년대 동안 지속적으로 확장되었다. 한편 1972년에 사회보장의 확대와 동시에 식품교환권 프로그램은 전국적인 수급권 표준의 확립과 주별 의무화를 통해 극적으로 확대되었다. 같은 해에 노령·맹인·장애인에 대한 원조 프로그램이 전국화되어 더 표준화된 급부를 제공했다.

---

35) 그러나 수급권자의 확대는 불균등한 것이었다. 1964~69년 기간에 특히 북부 78개 도시지역에서는 수급권자가 80%나 증가했다. 이는 도시 슬럼 지역에서 증폭된 사회적 갈등과 도시 정치에서 빈민에게 영향력을 확대하려는 민주당의 노력이 결합된 결과였다(Pinven and Cloward, 1993; Katznelson, 1989: 202).

1973년에는 「포괄고용훈련법」(Comprehensive Employment and Training Act: CETA)이 제정되었는데, 이 법은 1930년대 대불황 이후 연방정부에 의해 수행된 최초이자 최후의 공적 일자리 창출 프로그램이었다(Collins, 2000: 106). 1974년에는 연방정부가 연간소득을 보장하는 최초의 프로그램으로 보충적 소득보장 제도(Supplemental Security Income Program, SSI)가 확립되어 실업보험만으로는 소득을 유지할 수 없는 장기실업자를 지원했다(Trattner, 1999: 348). 이러한 일련의 역사적 과정에서 빈곤은 사회적 문제이며 국가적 원조와 관리를 통해 해결될 수 있다는 행정적 낙관주의는 지속되었다(Sullian, 1992: 139-140; Waddan, 1997: 95).

4. 성장관리의 제도적 통일성

전후 미국과 유럽에서 국가의 경제적·행정적 제도의 발전은 불균등하며 그 제도의 복잡성은 국가에 따라 차이를 보인다. 그럼에도 불구하고 대다수 선진 자본주의 국가에서 중앙집중적 관리의 경향이 지속적으로 강화된 것은 하나의 수렴적 현상이었다. 특히 미국에서는 케인즈주의가 다양한 국가기구에 의해 실행되는 국가적 관리의 중요한 참조점이 되었다. 케인즈주의의 원리에 따라 경제정책과 사회정책은 서로 조정되었고, 그것에 평행해서 국가장치 사이의 관계도 조정되었다. 그 결과 국가를 구성하는 핵심적인 기구는 성장에 대한 관리에서의 역할을 중심으로 그 제도적 통일성을 확보했다.

1) 재량적 정책과 관리의 제도화

전후 성장기에 국가의 경제관리 능력과 사회문제 해결 능력에 대한 낙관주의는 보편적인 현상이었다. 국가적 관리를 입안하고 실행하는 관료-전문가들은 경제적 상황이나 사회적 세력관계로부터 상대적으로 자율적인 재량적 권한을 부여받았다. 이 과정에서 관리국가의 패러다임으로서 '케인즈주의'는 경제정책과 사회정책을 실행하는 국가장치 사이에서 조정의 원리로 기능했다. 여기서 중요한 것은 케인즈주의를 따르는 경제정책과 사회정책이 완전고용과 사회보장을 뒷받침하는 재정정책을 중심으로 조직되었다는 사실이다. 그것은 단순한 정책적 우선순위뿐만 아니라 제도적 실천의 위계를 내포했다. 즉 재정정책의 중심성은 곧 그것을 실행하는 기관으로서 재무부서가 성장관리에서 주도성을 행사했다는 것을 의미하는 것이다.

국가의 경제적 장치로서 재무부의 역사는 현대적인 민족국가의 역사만큼이나 오래되었다. 그러나 20세기의 관리국가가 형성되면서 재무부는 규모 면에서뿐만 아니라 역할이라는 면에서도 질적인 도약을 맞았다. 20세기에 이르러 대다수 국가에서 재무부는 소규모의 정부재정 출납을 담당하는 기구가 아니라 경제관리라는 관점에서 대규모의 조세 및 예산을 입안·집행하고 정부부처 사이의 관계를 주도적으로 조정하는 역할을 수행했다.[36] 미국에서는 1940년대에 공채를 관리하

---

[36] 조세제도의 변화는 재무부의 위상 변화를 보여주는 하나의 사례다. 19세기 말까지 조세수입은 체계적인 형태를 띠지 않았다. 제1차 세계대전에서도 전쟁비용을 위한 조세는 인구의 5%에 불과한 상류층에게 부과된 '계급조세'였다. 반면 1930~45년 동안 소득세가 대중화되면서 비로소 '대중조세' 체계가 확립되었고

는 기능과 조세를 관리하는 기능이 재무부로 통합·재조직되면서 사실상 현대적인 재무부의 활동이 시작되었다.

특히 제2차 세계대전을 거치면서 재무부와 경제적 국가장치는 이른바 '계량경제 혁명'을 통해 성공적인 경제관리를 위한 이론적·재정적 자원을 확보했다. 국민소득계정과 그것을 추계하는 다양한 통계과학이 발전하면서 경제관리에 관한 질적 관념을 구체적인 양적 수치로 변형할 수 있는 체계적인 방법이 확립된 것이다.[37] 그 결과 재무부는 미래의 경제성장에 관한 다양한 가정에 따라 재정을 운영할 수 있는 원칙을 확보했고, '과학'의 이름으로 재정정책을 실행할 수 있었다. 또한 그 덕택으로 전문성에 비례해 그 재량권도 확장되는 20세기의 관료-전문가 체계 내에서 재무부서의 관료-전문가들은 사실상 가장 높은 수준의 전문적 재량권을 행사했다(Stein, 1996: 191; Kleinberg, 1973: 163).

제2차 세계대전이 종결된 이후 케인즈주의적 경제관리가 확산되면서 재무부와 예산기구가 재정정책을 담당하고 중앙은행이 그것을 보완하는 화폐정책을 담당하는 제도적 배치가 대다수 선진 자본주의 국가에서 확립되었다.[38] 그러나 재정정책과 관련된 행정기관의 중앙집

재무부는 이러한 조세체계의 전반적인 관리를 담당했다. 케인즈주의적 경제관리에서 조세정책은 특히 중요한 수단이었던 것이다(Steinmo, 2003: 206-213).

[37] 국민소득을 추계하려는 시도는 1930년대로 거슬러 올라간다. 미국 상무부는 1930년대 중반 국민소득 추계를 준비했고, 1942년에 4분기별 국민총생산(GNP)과 국민소득 추계를 도입했다. 그러나 본격적인 계량경제 혁명은 제2차 세계대전의 산물이다. 전시에 재무부와 가격청(Office of Price Administration)을 중심으로 양적 방법이 체계화되었다. 그리고 1947년에 현대적 형태의 국민계정이 확립되었고, 경제자문회의는 그것을 정책 제안을 위한 분석도구로 활용했다. 케인즈는 국민계정이 체계화되는 과정에 직접적인 영향을 미쳤다(Collins, 2000: 33).

[38] 전후 산업화 과정에서 국내수요보다는 해외수요가 더 중요한 역할을 했던 몇몇 국가에서는 재무부가 재정정책보다는 산업정책을 주도했고, 화폐정책에서도 금

중 정도는 국가에 따라 차이를 보였다. 예를 들어 영국과 프랑스에서는 재무부를 중심으로 고도로 집중된 행정적 기구가 확립된 반면, 미국에서는 연방행정기구 사이의 관계가 상대적으로 복잡했다(Hogon and Graham, 1990: 228; Cairncross, 1990: 33).

미국에서 재정정책은 이른바 '재정정책의 트로이카'로 불리는 기관, 즉 대통령 직속의 경제자문위원회(Council of Economic Adviser, CED)와 예산국(Bureau of Budget), 그리고 내각의 핵심인 재무부에 의해 입안되고 조정되었다(Eisner, 1995; Hogan and Graham, 1990: 228). 특히 정책결정 과정에서는 예산청과 경제자문위원회가 중요한 역할을 했다. 예산국은 1921년에 재무부 산하기구로 설립되었으나, 1939년에 행정부의 재편을 결정한「재조직법」(Reorganization Act)에 의해 대통령 직속의 집행위원회(Executive Office)가 설립되면서 그 기구 내부로 이전되었다(Kettl, 2003: 145). 이들은 독자적으로 예산 프로그램을 개발하고 평가했으며, 대통령에게 일상적으로 경제자문을 제공했다. 그리고 경제자문위원회는 높은 고용수준을 위한 경제관리의 필요성을 법적으로 제도화한 1946년「고용법」(Employment Act)의 결정에 따라 애초부터 대통령 직속의 집행위원회 산하기구로 설립되었다(Collins, 2000; Eisner, 1995: 240). 두 기관은 내각 외부에서 운영되었고 또 국내 예산에 대한 책임을 대통령과 공유했기 때문에 서로 긴밀하게 연계되었다. 반면 미국의 재무부는 일차적으로 재무부가 발행하는 막대한 양의 공적 부채에 대한 관리뿐만 아니라 브레턴우즈 체제의 유지와 관련된 국제적인 화폐정책의 운영을 책임졌기 때문에 국내적인 재정정책의 효과에 대해서는 상

리정책이 아니라 환율정책이 더 중요한 역할을 했다. 그 대표적인 사례는 프랑스다. 프랑스에서 중앙은행에 대한 재무부의 영향력은 미국, 영국, 독일 등보다 더 강력했고, 이 때문에 재무부는 수출을 촉진시키기 위해 중앙은행으로 하여금 평가절하 정책을 추진하도록 유도할 수 있었다(Lynch, 1990: 66-68).

대적으로 관심이 적었다(Stein, 1996: 204; Eisner, 1995: 255).

경제자문위원회는 전후 시기 미국에서 케인즈주의적인 성장관리를 주도한 핵심적 기관이었다. 그 위원회는 경제학계 내에서 현대경제학의 '과학적 성과'를 인정받은 최고 수준의 경제학자 3인으로 구성되었고, 경제실적에 대한 분석과 실행 가능한 정책조합(packages)을 대통령에게 제공했다(Eisner, 1995). 이들을 중심으로 전후 경제관리에서 성장지향과 재량적인 재정정책의 우위라는 관념이 발전했는데, 1950년대 말에 이르러 그러한 전망은 민족적 정책에 확고하게 배태되었다(Collins, 2000: 25; Stein, 1996: 204; Rosenberg, 2003: 55). 또한 이들은 케네디-존슨 행정부에서 적극적인 재정정책과 '미세조정'을 옹호함으로써 '전문가의 시대'를 주도했다.[39] 미국의 역사에서 그 시기는 경제전문가의 '과학적 진단'에 기초한 '재량적 정책'의 승리를 상징하는 시기였다(Ratner, Soltow, and Sylla, 1993: 528; Norton, 1985: 156; O'Connor, 1973: 112).

한편 경제상황에 대응하는 재량적인 미세조정은 재정정책의 발전뿐만 아니라 그것을 보완하는 화폐정책의 발전을 필요로 했다. 그리고 화폐정책이 재정정책의 보완책으로 수용되기 위해서는 이론적·정책적 관념의 변화뿐만 아니라 정책 운영에서 중앙은행의 재량권이 확립되어야 했다(Stein, 1996). 이에 따라 제2차 세계대전 시기에 재무부가 주도한 전시경제계획에 종속되었던 중앙은행은 전후 재건의 과정에서 화폐정책 결정에서의 자율성을 획득하기 시작했다.[40] 물론 그 과정이 순탄했

---

[39] 케인즈주의 경제학자들은 케네디 행정부 하에서 경제자문위원으로 대거 참여해 케인즈주의적 원리에 따라 신경제정책을 수립했다. 당시 경제자문위원회 의장이었던 헬러(Heller)는 이를 '케인즈주의 혁명의 완성'이라고 묘사했다(Beaud and Dostaler, 1995; Spulber, 1989: 68).

[40] 제2차 세계대전 동안 미국의 화폐정책은 재정정책에 연동된(pegged) 채 종속되어 있었다. 재무부는 전쟁에 요구되는 재정을 확보하기 위해 부채를 발행했고,

던 것만은 아니다. 미국에서는 제2차 세계대전 종결 직후 이자율을 어떤 수준으로 결정할 것인가를 둘러싸고 재무부와 연방준비제도의 갈등이 표면화되었다. 그러한 갈등은 연방준비제도와 화폐정책의 자율성을 확립한 1951년의 재무부-연방준비제도 협약을 통해 해소되었는데, 그때부터 중앙은행은 단순히 재무부의 지침을 따르는 전시의 관행에서 벗어날 수 있었다(Greider, 1987: 327; Hogan and Graham, 1990: 232).

그러나 중앙은행은 이자율 결정과 관련된 정책적 자율성을 얻었지만 전반적인 경제정책에서 재무부의 주도성을 승인했다. 미국을 비롯해서 영국과 프랑스 등 유럽 국가들에서도 재무부 주도 하에 재무부-중앙은행의 연계는 전후 내내 지속되었다.[41] 재무부가 결정하는 재정정책을 보조하고 완전고용을 위한 활동을 지지하는 것이 중앙은행의 주요 정책과제가 되었다. 그 결과 중앙은행은 금융의 반대에도 불구하고 이자율을 낮게 유지했으며 인플레이션에 대해서도 관용적인 태도를 취했다. 연방준비제도는 '신경제정책'이 균열을 야기했던 1965년까지 재무부와 경제자문위원회의 권고와 지침을 거의 어김없이 따랐다(Ratner, Soltow, and Sylla, 1993: 534; Duménil and Lévy, 2004a; Minsky, 1982: 51; O'Conner, 1973: 244).

국가가 재정적 권력을 활용하게 되면서 사회문제에 대응할 수 있는 능력도 크게 증가했다. 이를 배경으로 노동자들을 경제적 성장과정으

연방준비제도는 연방채권의 이자율과 가격을 일정하게 유지하기 위해 재무부의 지침에 따라야 했다. 연방준비제도가 이처럼 신규발행 연방채권의 가격을 지지해 준 덕택에 정부는 전쟁비용과 관련해서 더 이상 사적 금융자본에 의존할 필요가 없었다(O'Connor, 1973: 242).

41) 반면 독일에서는 중앙은행의 독립성이 상대적으로 높았다. 이는 나치 하에서 중앙은행이 정치·군사적 목적에 종속되었던 경험을 비판적으로 평가하면서 동맹국들이 중앙은행의 독립성을 법적으로 확립할 것을 요구했던 것에서 기인한다(Holtfrerich, 1988: 143; Hallett, 1990: 81).

로 통합하고 그들의 사회적 안전을 보장할 수 있는 관료-전문가의 재량적 능력도 제도적으로 승인되었다. 제2차 세계대전 이후 대다수 선진 자본주의 국가에서는 거시적 재정정책에 조응하는 틀 내에서 미시적 사회행정을 담당하는 중앙정부 기구가 확장되었다. 빈곤과 실업 같은 전통적인 사회문제뿐만 아니라 보건, 교육, 주택, 노령 같은 다양한 사회문제를 처리하는 사회행정기구가 발전했던 것이다. 미국에서는 특히 케네디-존슨 행정부 시기에 다수의 새로운 사회행정기구가 설립되었고 관료-전문가의 숫자도 폭발적으로 증가했다. '빈곤과의 전쟁'을 수행하기 위한 경제기회균등청(1964), 주택도시 개발문제를 처리하기 위한 주택도시개발청(1965), 그리고 전국적인 수준에서 대량운송 체계를 조정하기 위한 운송청(1966) 등이 이 시기에 설립되었다. 1966년부터 메디케어(medicare) 사업이 시작되면서 고령자의 의료보험 사업을 담당하는 기구도 추가로 설립되었다. 또한 전국적인 행정기구의 설립과 병행하여 사회정책 실행을 전담하는 지방행정 기구와 해당 기금에 대한 지원사업도 확대되었다(Stilliman, 1992: 75; O'Connor, 1973)

그러나 이 시기에 사회행정기구가 어떤 단일한 계획에 의해 설립·확대된 것은 아니다. 오히려 그것은 갈등하는 사회적 압력에 대한 대응으로서 사후적으로(ad hoc), 그리고 임시방편적으로 발전했다(Weir, 1992: 7). 따라서 분절화된 행정적 기구 사이의 관계는 매우 복잡했고, 행정적 규칙은 각각의 영역 내에서 상당한 예외의 가능성을 포함했다. 그럼에도 불구하고 당시에는 행정적 복잡성 자체가 큰 문제로 간주되지 않았다(Clarke, 1988: 247; Weir, 1992: 75). 각각의 행정기구는 대체로 자신의 독자적인 전문적 활동영역을 갖는 것으로 인정되었다. 게다가 각 기관 내에서 관료-전문가는 고유한 문제해결 능력을 갖는 것으로 간주되었는데, 그들은 규칙을 엄격하게 적용하려고 하기보다는 문제를 재량적으로 해결하는 것을 선호했다.

그런데 이러한 사회행정기관의 재량권은 곧 재정적 지출에서의 재량권을 의미했고, 따라서 사회행정기구의 증가는 사회적 지출의 증가를 수반했다. 사회문제에 대한 재정적 대응의 잠재력이 높아지면서 사회적 지출의 수준과 각 부서 사이의 재정배분을 둘러싸고 행정부 내에서 복잡한 조정과정이 확립되었다. 그럼에도 불구하고 모든 행정적 결정은 재정적 제약에 의해 종속되었으며, 경제적 관리를 위한 재정정책의 선택은 여타의 행정적 결정에 비해 더 큰 중요성을 부여받았다. 이러한 사정을 반영하여 재무부는 사회적 지출을 포함한 공적 지출 전반에 관한 행정적 조정의 과정에서 강력한 발언력을 가졌고, 때로는 경제적인 이유로 중요한 사회정책에 비토권을 행사할 수 있었다(Gough, 1981: 130; O'Connor, 1973: 244).

재무부를 비롯해서 재정정책을 결정하는 기관의 일차적인 관심은 성장하는 경제를 안정적으로 관리하는 것이었다. 그들의 기본적인 관심은 미시적인 사회문제가 아니라 거시적인 경제지표에 있었다. 게다가 재정적 권력은 결코 무한하지 않으며, 거시경제의 실적에 근거를 둔 조세에 의존했다. 이러한 구조적 제약은 재무부 권력의 토대가 되었다. 재무부를 지배하는 거시경제적 관심은 미시적인 사회정책의 일관성을 추구하는 여타 부서들과 갈등을 낳을 수 있었는데, 이는 1950~60년대의 성장관리 정책체제 내에서 핵심적인 긴장 요소를 형성했다(Ley, 2006: 5). 그러나 이 시기에 제도화된 사회적 타협은 경제적 국가장치와 사회행정기관의 타협이라는 형태로 내부화되었고, 이들 기관 사이의 타협은 일상화되었다.

2) 관료-전문가 지배와 정치의 변모: 정치에서 정책으로

전후 관리국가의 행정권력과 사회적·경제적 관리능력의 강화는 의회의 활동과 정당의 성격에도 실질적인 영향을 미쳤다. 서로 다른 헌정질서를 가진 국가에 따라 의회와 정당의 위상은 차이를 보였지만, 대다수 선진 자본주의 국가에서 의회는 19세기와 같은 엘리트 정당이 아니라 보편선거와 대중정치에 기초한 대중정당의 경쟁의 장이 되었다. '정치의 민족화'(nationalization of politics)라고 지칭되는 이러한 정치의 형식적 확장은 제2차 세계대전 이후 사실상 완성되었다. 그러나 역설적이게도 그러한 정치를 우회하는 행정권력의 강화로 인해 국가장치 내에서 정당정치의 실질적인 효력은 사실상 약화되었다. 의회는 여전히 조직된 이해관계의 정책적 협상의 장소로 남아 있었지만, 실질적인 의사결정의 장소는 점차 전문적인 행정부서로 이동했다. 심지어 주요한 이익집단들이 의회보다는 행정기관과 연계되거나 또는 그것에 의해 대표되는 경향도 있었다(Kleinberg, 1973: 51).[42]

이와 함께 정당의 활동방식도 변화했다. 정당 사이의 정책적 경쟁은 주로 경제적 처방과 사회적 개혁에 사용될 재정지출을 둘러싼 것으로 압축되었는데, 이는 결국 정책적 경쟁이 행정예산의 심의를 둘러싼 활

---

[42] 미국에서는 행정부가 직접 법안을 발의할 수 없기 때문에 법안의 발의에서 심의를 거쳐 입법에 이르는 과정에서 의회는 형식적 자율성을 누렸다. 그럼에도 불구하고 정책결정과 관련되어 행정부서와 직·간접적으로 연계된 전문가의 영향력은 강력했다. 그 결과 미국에서 행정부와 정당의 관계는 벨(D. Bell)이 '기술관료적 합리성과 정치적 협상 사이의 갈등'이라고 부른 것과 유사한 양상을 보였다. 즉 의회는 정치적·행정적 '비토 집단'과 유사한 방식으로 활동했던 것이다(Kleinberg, 1973: 51).

동에 의해 지배된다는 것을 의미한다. 물론 예산을 둘러싸고 의회 내부에서, 그리고 의회와 행정부 사이에서 항상 갈등이 존재했다. 그러나 예산의 구체적 할당은 주로 독립적인 의회 상임위원회에서 다루어졌으며 그 위원회는 '전문성에 의한 의사결정'이라는 원리에 의해 지배되었기 때문에, 정치적 논쟁은 사실상 회피되었다. 즉 그들 사이의 논쟁은 대부분 예산을 추계하고 할당하는 것을 둘러싼 기술적인 성격을 띠었던 것이다. '황금의 트라이앵글'로 지칭되는 이익집단-상임위원회-행정관료의 결합은 상당히 안정적으로 제도화되었고, 그 결과 정치적 지형의 변화에도 불구하고 핵심적인 경제정책의 안정성은 지속되었다. 이처럼 정교하게 제도화된 분업구조는 의사결정의 효율성, 안정성, 합리성을 강화하는 것으로 평가되기도 한다(Shepsle, 2010). 그러나 이는 사실상 정책결정이 상당 부분 선거정치의 외부에 위치할 뿐만 아니라, 의회가 거시경제적 정책에서 주도적인 세력이 될 수 있는 제도적 수단을 결여하게 되었다는 것을 의미한다(O'Connor, 1973; Stein, 1996: 210; Coleman, 1996: 39; Foley, 1978: 224).

사실 전후 대다수의 정당은 케인즈주의를 중심으로 구성된 관리국가 패러다임을 수용했고, 경제 및 사회정책의 유용성에 동의했다(Stein, 1996: 382). 특히 정당이 재정정책의 유용성을 인정했다는 것은 본질적으로 국가재정에 대한 행정부의 실질적 통제력을 수용했다는 것을 의미한다. 왜냐하면 재정정책의 핵심에 위치한 총수요에 대한 관리는 가계 및 기업의 지출과 함께 총수요의 일부를 이루는 정부의 지출 및 과세의 총규모에 대한 관리를 함축하는 것이었기 때문이다. 미국에서 1972년에 결정된 이른바 '완전고용 예산'은 재정정책을 중심으로 구상된 예산의 대표적인 사례로서 사실상 예산편성에서 전문적 행정권력의 승리를 상징했다(O'Connor, 1973: 110).

재정지출을 둘러싼 정책적 경쟁은 정당의 이념적 성격에도 영향을 주었다. 정책적 경쟁에 의해 야기된 정당의 변화는 '이념의 종말'이라기보다는 '이념의 변모'에 가까웠다. 정당이 표방하는 이념은 행정적으로 고안된 일련의 정책을 정당화하는 역할을 했다. 케인즈주의가 제도화된 이후 자유주의와 보수주의 정당의 논쟁은 더 이상 19세기와 같은 원리적 차이에 기초하지 않았다.[43] "정치는 주권적 권력의 분배를 둘러싼 투쟁이 아니라 민족적 부의 분배와 그러한 분배에 영향을 미치는 정책 및 행정적 실행을 둘러싼 투쟁이 되었다"(Bendix, 1969: 128-129). 정당은 여전히 사회적 균열을 반영하면서 일정한 '대표기능'을 수행했지만, 그런 정당의 '당파성'은 일련의 정책으로 표현되었다. 예를 들어 정치경제론의 '당파모형'(Alesina, 2004)이 강조하는 것처럼 좌파정당은 실업을 감축하는 정책을 통해 유권자들의 지지를 획득하려고 했고, 우파정당은 인플레이션 억제라는 구호로 유권자들의 지지를 획득하려고 했다. 이런 시각에서 보면 정당의 이념과 정체성이 정책을 구성하는 것이 아니라 역으로 일군의 정책이 정당의 이념과 정체성을 규정하는 경향이 있었다고 해도 과언이 아니다.[44] 단적으로 미국의 민

---

[43] 20세기 정당에 대한 다수의 연구가 이런 변화에 주목하고 있다. 대표적으로 키르츠하이머(Kirchheimer, 1966)는 서구 사회에서 20세기 초의 대중정당이 전후 '무지개정당'(catch-all parties)으로 변모했다는 분석을 제시한다. 유사한 문제의식에서 '선거-전문가 정당'(Panebianco, 1988) 또는 '현대적 간부당'(Koole, 1996) 같은 개념이 제시되기도 한다. 가장 유력한 대안은 마이어(Mair, 1997) 등이 제안한 것인데, 그들은 19세기의 '엘리트정당'이 1880~1960년 사이의 정치적 동원과 민주화과정에서 대중정당으로 변모했고, 대중정당은 1945년 이후 '무지개정당'의 양상을 띠게 되었다고 주장한다. 나아가 그들은 1970년대 이후 유럽 대륙의 내각책임제 국가에서 양당제의 틀이 해체되면서 '카르텔정당'이라는 새로운 유형의 정당이 등장했다고 주장한다. 특히 그들은 이러한 정당의 변모를 정치가 관리적·전문적 게임으로 변모되는 추세 속에 위치시킨다(Daal-der, 2001: 49).

[44] 물론 국가에 따라 정당의 이념적·조직적 응집력에는 차이가 있고, 이로 인해 정당의 정책 주도 능력에서도 차이가 발생한다. 상대적으로 강한 전국적 정당체

주당은 어떤 일관된 정치적 이념이 아니라 '뉴딜'과 '위대한 사회'의 정당으로 규정되었고, 지속적인 경제성장에 기초해 사회발전을 옹호하는 정당이라는 정체성을 가졌던 것이다(Collins, 2000: 160).

빈곤과 사회적 곤궁이 국가적 정책을 통해 해결될 수 있다는 믿음은 1960년대 서구 사회의 일반적 추세였다. 그 시기에 대다수의 정치인들은 모든 사회적 문제에 대해 그에 걸맞는 합리적 정책이 존재한다고 믿었다. '빈곤과의 전쟁'에서 드러난 것처럼 행정기구는 전문적인 역량에 기초해 사회적 문제를 주도적으로 발견하고 그것에 대한 해법을 실행했으며, 또 그 결과를 평가했다(Rothstein, 1998b: 58). 관리국가는 과학적인 도구를 활용해 완전고용을 추구했으며, '사회통합'을 위해 자원의 재분배를 계산·실행하는 것으로 보였다. 그런 활동에서 특히 국가는 일종의 '합리적 계획자' 또는 '선의의 독재자'로서 시민을 사회적 위험으로부터 보호하고 시민의 사회적·경제적 안전을 보장하는 것으로 보였다.

그러나 성장기의 관리국가에 대한 대중적 신뢰는 하나의 역설에 근거하고 있었다. 능동적 국가는 수동적 시민을 필요로 한다는 역설이 바로 그것이었다(Wolfe, 1977: 307). 누구든지 정치에 참여할 수 있는 '대중정치'의 시대에 정작 시민은 정치적 행위자가 아니라 정책의 수혜자(recipient)로서 정책 입안자와 전문가의 권위를 수용해야 했던 것이다(Edwards and Glover, 2001: 3). 대중의 정치적 실천은 자신의 정치적 선호를 표현하는 투표로 한정되었고, 심지어 투표율의 하락과 정치에 대한 무관심이 유권자의 합리적 선택의 결과로 간주되기도 했다. 이러한 관

계를 갖는 유럽 국가들에서는 정당 사이의 경쟁이 정책혁신을 자극하기도 한다. 반면 미국에서는 양당제가 정착되었지만 각 당의 이념적·조직적 응집력이 강력하지 못했는데, 그 결과 정책의 입안과 관련된 정당의 주도성은 상대적으로 약했다(Weir, 1992: 22).

리국가의 역설은 이후 국가에 대한 자유지상주의적(libertarian) 비판이 자라날 수 있게 하는 토양을 제공했다.

3) 사회적 타협의 재생산: 성장관리의 호순환

전후 성장기에 관리국가 패러다임으로 정착된 케인즈주의는 단순히 경제적 상황이나 사회적 세력관계를 반영하는 것에 그치지 않았다. 그 패러다임은 오히려 더 적극적인 국가적 대응을 내포했다. 경제적 국가기구가 주도하는 정책은 기술적이고 제도적인 방식으로 성장을 관리했고, 그 과정에서 소유와 경영, 그리고 노동의 사회적 세력관계에도 영향을 미쳤다. 마찬가지로 경제정책과 결합된 사회정책도 사회세력, 특히 노동자 내부의 다양한 층들에 특수한 효과를 미쳤다.

'금리생활자의 안락사'라는 케인즈의 구호가 보여주는 것처럼 케인즈주의적 관리 패러다임은 소유자의 금융활동을 제도적으로 제한했을 뿐만 아니라 정책적으로도 억압했다. 중앙은행의 '금융정책'은 주로 금융활동을 제한하는 규제정책의 성격을 띠었다. 연준은 금융기관, 특히 상업은행의 활동에 대한 직접적인 규제와 감독을 통해 은행 활동의 안정성을 강제했을 뿐만 아니라 금융의 이익을 일정한 틀 내부로 제한했다.45) 또한 통상적인 화폐정책도 마찬가지 역할을 했다. 이자율을 낮게 유지하고 인플레이션을 관용하는 화폐정책은 채무자로부터 채권

---

45) 이 시기에 미국의 상업은행은 자기자본의 10% 이상을 특정한 개인에게 대부할 수 없었고, 자신의 주주나 은행 관리자에게 대부를 제공할 수 없었다. 또 상업은행은 특정한 고위험 활동과 투자, 특히 기업 증권과 주식 소유권을 인수할 수 없었다. 게다가 상업은행의 이자율은 일정한 상한선을 넘을 수 없었다(Guttmann, 1994).

자로의 부의 이전을 제한했다. 이자율이 낮다는 것은 채무자가 채권자에게 이자로 지불하는 액수가 상대적으로 작다는 것을 의미하고, 인플레이션이 지속된다는 것은 화폐의 가치가 하락하기 때문에 만기에 지급해야 하는 부채의 부담이 줄어든다는 것을 의미한다. 게다가 인플레이션은 화폐와 화폐로 표현되는 자산가치의 상대적 하락을 의미하기 때문에 화폐와 금융자산을 대량으로 보유한 사람들, 즉 금융세력에게 불리한 것이었다(Harvey, 2006: 312; Duménil and Lévy, 2005: 24; Guttmann, 1994: 96).

거대 금융은 지속적으로 이자율의 자유화와 상승을 선호했지만, 케인즈주의적인 화폐·금융정책은 이자율의 상한을 규제(이른바 'Q규제')하고 통상적인 이자율을 낮은 수준으로 유지함으로써 이자율을 생산적 자본의 '한계효율', 즉 예상수익률에 종속시켰다. 그리고 중앙은행이 부과한 낮은 이자율은 은행제도 내에서 신용을 팽창시켰다. 이윤율이 상대적으로 높은 상황에서 법인기업은 낮은 비용으로 신용을 획득해 그것을 산업에 투자하여 더 높은 수익을 올릴 수 있었다. 생산자들은 이처럼 손쉽게 외부의 자본을 융통할 수 있었기 때문에 내부적으로 생산된 이윤에만 의존해서는 결코 추진할 수 없었던 투자지출도 실행할 수 있었다. 게다가 금융에 대한 제도적 억압은 장기적 관점에서 산업적 투자를 주도하는 경영자의 자율성을 강화시키는 경향이 있었다(Guttmann, 1994: 105; Duménil and Lévy, 2004a).

금융억압과 함께 케인즈주의의 또 다른 축을 이루었던 '투자의 사회화', 즉 정부의 적극적인 재정정책도 경영이 주도하는 산업의 팽창을 더욱 자극했다. 적극적인 재정정책은 필요한 경우에 정부가 산업적 생산을 자극하기 위해 추가적인 지출을 수행한다는 것을 의미한다. 즉 그것은 거대기업이 사적으로 생산한 생산물의 총계, 즉 총공급이 그 생산물에 대한 민족경제 차원의 총수요를 초과할 경우 정부가 그러한 과잉

생산물을 구매할 수 있는 구매력을 창조할 수 있다는 것이다. 따라서 적극적인 재정정책은 기업활동의 불확실성을 감소시키고 예상수익률을 개선함으로써 산업적 투자를 자극할 수 있었다. 특히 이런 논리를 따라 실천된 1964년의 감세조치는 미국의 지도적인 기업가협회들로부터 큰 지지를 받았다(Brunhoff, 1981: 102; Galambos, 2000: 954).

중앙은행의 신용팽창 정책과 정부의 적극적 재정정책이 결합된 전후의 경제관리 패러다임은 사실상 '부채경제'를 확대시키는 것이었다. 기업이 부채를 통해 산업에 대한 투자를 증가시켰다면, 정부는 부채를 통해 적자재정을 유지했고, 가계도 부채를 통해 더 많은 소비를 지속할 수 있었다. 이와 같은 부채경제의 확대는 화폐의 과잉으로 인한 인플레이션을 야기했지만, 다른 한편으로 현재의 과잉생산을 회피하기 위한 '미래로의 도피', 즉 미래의 소득을 현재의 부채로 미리 끌어와 현재의 소비를 지속시킴으로써 과잉생산의 위기를 완화하는 것을 가능하게 만들었다. 결국 일정한 인플레이션을 수반하는 부채경제를 통해 금융의 이득을 부분적으로 희생시킴으로써 자본과 노동의 타협, 즉 대량생산과 대량고용, 그리고 대량소비가 안정적으로 재생산될 수 있었던 것이다(Guttmann, 1994: 103-104; Brunhoff, 1981: 102).

한편 케인즈주의적 성장관리 패러다임에서 안정적인 고용을 획득한 노동자들은 상대적으로 높은 임금을 통해 대중적인 표준적 소비수준을 유지하는 '경제적 주체'로 인정되었다. 케인즈주의를 따라 정책당국은 노동자의 구매력을 높이기 위해 상대적으로 높은 고용수준을 목표로 설정해 성장을 자극하는 재정정책을 실행했으며, 또 임금이 일정한 수준 이하로 하락하지 않도록 직·간접적으로 관리했다. 게다가 일정한 수준의 소비를 유지할 수 없게 만드는 소득의 단절, 즉 실업이 야기할 수 있는 노동시장의 고유한 위험에 대해서는 집단적 보험의 원리에 입각한 사회보장제도를 통해 대처했다(Brunhoff, 1981: 60).

그러나 노동할 수 있는 모든 시민이 사회보장의 권리를 획득한 것은 아니었다. 왜냐하면 사회보장이라는 일반적인 틀 내에서 20세기적인 '보험의 원리'와 19세기적인 '구호의 원리'는 여전히 제도적으로 분리되었기 때문이다(Katz, 2001: 7; Piven and Cloward, 1993: 177).

첫째, 안정적인 고용을 획득한 노동자는 임금의 일부를 생애 전반의 위험에 대처하는 사회보험 기여금으로 할당했는데, 이 때문에 그들은 임금을 받는 기간뿐만 아니라 생애 전반에 걸쳐 자본주의 경제에 통합되었다(Brunhoff, 1981: 102). 그리고 그들의 이해를 대표하는 노동조합은 지속적인 성장과 고용의 유지·창출을 지지했다. 또한 공적 연금을 보완해 기업이 기여금의 일부를 부담하는 사적 연금이 발전하면서, 미국의 노동자들은 노동시장에서 자신의 지위를 영구적으로 안정시켜 줄 것으로 기대되는 기업과 직접적이고 개별적인 방식으로 연계되었다(Minsky, 1994: 163; Hacker, 2002: 140). 동시에 그들은 반빈곤 프로그램이 조직된 노동자의 임금을 잠재적으로 약화시킬 가능성을 억제하려고 했다. 따라서 사회정책의 제도적·행정적 분리는 국가복지 또는 공적 원조에 의해 지원을 받는 사람들에 대한 노동자-대중의 반감을 증폭시킬 가능성을 내포하고 있었다(Katz, 2001: 177).

둘째, 생애 전반에 걸쳐 안정적인 고용을 획득하지 못하는 노동자들은 인종적·성적·지역적으로 이질적인 '빈민'을 구성했다. 이들은 지역의 노동시장 상황과 노동력에 대한 수요에 따라 다양한 수준의 공공부조를 제공받았다(Piven and Clowrad, 1993: 126; Morris, 1994: 65). 그럼에도 불구하고 그들의 급여수준은 언제나 정규직 임금노동자의 최저임금보다 낮았기 때문에 공적 급여는 사실상 저임금 노동력의 공급을 관리하는 역할을 했다(Amott, 1988: 51). 또 그들이 원조를 받을 수 있는 권리, 즉 '수급권'은 법적으로 규정되고 행정적으로 관리되었는데, 그러한 법적·행정적 절차는 노동규범을 강화하기 위한 일련의 기준을 강제했다.

게다가 여기에 빈곤가정의 사회적·심리적 병리를 해결하기 위해 일상생활에 대한 치료법적 감독이 추가되었다(Piven and Cloward, 1993: 147; Polsky, 1991).

빈민에 대한 관리는 본질적으로 빈곤의 사회적 원인을 제거하는 것을 목표로 하지 않았고, 또 빈민의 욕구를 완전하게 충족시키는 것을 목표로 하지도 않았다. 게다가 그들에 대한 지원의 규모는 본질적으로 재정정책에 의해 제한되었다. 이 때문에 때로는 재정적·행정적 이유에서 수급권이 있는 사람과 그렇지 못한 사람 사이에 자의적인 구분선이 그어지기도 했다. 이런 자의적 구분선은 종종 빈민에 대한 도덕적 공격을 통해 정당화되었다(Katz, 2001).[46] 나아가 빈민을 관리하는 행정기관의 활동은 빈민들의 사회운동과 여타 사회운동의 결합을 제도적으로 차단하는 역할을 하기도 했다(Katznelson, 1989: 203).

케인즈주의적 성장관리 패러다임은 전후의 이중적 타협으로 표현된 사회적 세력관계를 제도화했을 뿐만 아니라 '부채경제'의 확대라는 특수한 방식으로 그것을 재생산했다. 케인즈주의적 원리를 따르는 경제정책과 그것에 통합된 사회정책은 객관적인 사회·경제적 조건에 대한 중립적인 처방책인 것으로 보였지만, 그런 정책의 효과는 결코 모든 사회세력에게 동질적이지 않았다. 즉 그런 정책은 사실상 금융을 억압하면서 산업을 중심으로 자본의 통일성을 확립하는 동시에 산업적 성장에 종속된 노동자 내부의 분할을 재생산했던 것이다(Brunhoff, 1981: 102). 그럼에도 불구하고 성장관리 패러다임은 산업적 성장을 자극함으로써 국가에 대한 다양한 사회세력의 지지를 확보할 수 있었기

---

46) 예를 들어 미국에서는 소득수준과 관련된 조사 기준을 충족시켰다고 할지라도 '다른 이유'에서 수급권이 주어지지 않는 경우가 많았는데, 그 다른 이유 중에서 특히 높은 비중을 차지하는 것은 '부적격 가정'(unsuitable home)이라는 항목이었다(Piven and Cloward, 1993: 158).

때문에 성장과 국가적 관리는 서로가 서로를 강화하는 호순환을 보였다. 즉 케인즈주의는 광범위한 '합의의 정치'에 기초해 국가의 권위나 자율성을 재생산하는 데 기여했던 것이다.

제4장 관리국가 패러다임의 위기와 전환

　미국의 세계헤게모니를 확고하게 뒷받침했던 전후의 법인자본주의는 1960년대 동안 황금기를 구가했으나, 이윤율 하락이라는 자본주의의 내재적 동역학을 따라 이후 쇠퇴국면으로 들어섰다. 1970년대에 이르러 베트남전을 둘러싼 사회적 소요와 전쟁의 모호한 종결, 그리고 두 차례에 걸친 석유위기와 지속되는 스태그플레이션은 미국 세계헤게모니의 '징후적 위기'를 상징했다. 수익성 있는 기술진보의 부재 속에서 점차 '기술혁신'보다는 '금융혁신'이 선호되었다. 그러한 혁신은 때로는 더 높은 수익성을 획득하기 위한 금융의 반격이라는 형태를 취했다(제1절). 1970년대와 1980년대 초에 이르는 시기는 이처럼 일반화된 경제위기가 몰고 온 충격과 그에 대한 비상한 대응으로 특징지어진다. 그러한 대응은 정치적 갈등을 증폭시켰고 위기에 적응하지 못하는 케인즈주의적 성장관리 패러다임의 기각으로 귀결되었다(제2절). 그러나 패러다임의 전환이 단일한 대안적 전망에 따라 실행된 것은 아니었다. 정치적 세력으로서 신보수주의는 패러다임의 전환을 이끌었지만, 그 안에는 이질적이고 때로는 모순적인 가설, 신념, 입장, 정책이 혼재했으며 정책적 성과도 불균등했다(제3절). 관리국가를 구성하는 국가장치 사이의 적응적 경쟁은 심화되었고, 경제적 위기와 정치적 혼란에 대해 가장 높은 정치적·제도적 적응 능력을 보였던 일련의 경제적 국가장치가 이후 새로운 관리패러다임으로서 신자유주의의 지배력을 확립하는 핵심적인 기관으로 자리를 잡았다(제4절).

1. 법인자본주의의 위기와 '금융의 반격'

1970년대의 경제적 위기는 세계적인 양상을 보였다. 미국은 제2차 세계대전 이후 가장 심각한 경제적 침체를 경험했고, '경제기적'을 향유했던 유럽 국가들도 성장이 둔화되는 것을 목도했다. 일본과 아시아의 신흥공업국은 유사한 성장 둔화를 회피하기 위해 세계시장에서 자신의 점유율을 확장했다. 세계적 차원에서 경쟁이 심화되면서 산업의 수익성은 더욱 악화되었다. 이러한 위기에 대응해 금융은 더 높은 수익을 추구했다. 그러한 노력에 의해 자극된 '금융혁신'은 국제적인 영역에서 특히 큰 성공을 거두었는데, 그 과정에서 브레턴우즈 체제로 제도화된 전후 국제적 관리 메커니즘은 붕괴되었다. 이와 같은 법인자본주의의 위기와 '금융의 반격'은 1970~80년대에 관리국가 패러다임의 이행이 발생한 배경이자 기본적인 추동력이 되었다.

1) 체계적 축적순환의 '징후적 위기'와 스태그플레이션

제2차 세계대전 이후 자본축적의 확대에 따른 산업적 성장은 1970년대에 이르러 둔화되기 시작했고, 1974~75년의 석유위기로 촉발된 경기후퇴는 세계적 규모에서 하나의 전환점이 되었다. 1970년대 중반 이후 위기는 더욱 심화되었는데, 그러한 상황은 1979~80년을 최저점으로 1980년대 후반까지 지속되어 1930년대 대불황 이후 가장 긴 침체기를 기록했다(Knoop, 2004). 일반적 통념과 달리 이 시기의 경제적 위기는 석유가격 상승이나 베트남전의 부정적인 경제적 효과 등과 같은 '경기순환적 요소'의 산물이 아니었다. 위기는 훨씬 더 구조적인 수준에 위치했던 것이다.[1] 게다가 미국 자본주의와 그 헤게모니 하에서 작동해 온 세계경제 수준에서 장기적인 변화가 진행되고 있었다(Kemp, 1990: 211; Arrighi, 1994; Bryan, 1995: 45; Duménil and Lévy, 2005: 41).

1970년대에 가시화된 구조적 위기의 궁극적인 원인은 1960년대 말에 시작된 이윤율의 전반적인 하락에서 발견된다(Duménil and Lévy, 2001a). <그림 4-1>이 보여주는 것처럼 제2차 세계대전 이후 미국 산업의 평균이윤율은 1966년에 정점에 도달하고 이후 지속적으로 하락한다. 기업은 궁극적으로 이윤의 최대화를 위해 활동하기 때문에 이윤율은 기업의 생산 및 투자활동을 규정하는 핵심적인 변수이며, 이윤율의 하락은 법인자본이 산업적 투자활동의 확대를 꺼리게 만드는 핵심적 요인이 된다. 이 때문에 이윤율의 장기적 하락은 자본주의의 구조적 위기의 원인이 된다. 아리기에 따르면, 이윤율 운동의 이러한 국면적 전환은 미국의 세계헤게모니를 뒷받침했던 체계적 축적순환의 징후적 위기(signal crisis)를 구성한다(Arrighi, 1994).[2]

---

[1] 1974~75년의 석유위기는 미국 자본주의 위기의 심화를 보여주는 사건이었지만, 그것은 위기의 징후일 뿐 원인은 아니었다. 왜냐하면 유가의 급속한 상승은 사실 1970년대 달러가치의 하락과 지속적인 인플레이션으로 인해 발생한 실물, 즉 부동산, 농산물, 광물 및 에너지 자원 등에 대한 투자 증가의 결과였기 때문이다 (Kemp, 1990: 186; Guttmann, 1994; 147).

[2] 물론 장기적 차원에서 이윤율의 하락이 발생하는 이유를 둘러싸고 몇 가지 상이한 견해가 제시된다. 그 중 대표적인 견해는 임금인상으로 인한 이윤율의 하락에 주목하는 '이윤압박설'이다. 그러나 최근의 연구는 1980년대에 실질임금이 하락했음에도 불구하고 여전히 이윤율이 낮았다는 사실을 지적하면서, 더 구조적인 추세로 '자본생산성의 하락'이라는 문제를 지적한다. 이런 시각에서 볼 때 임금인

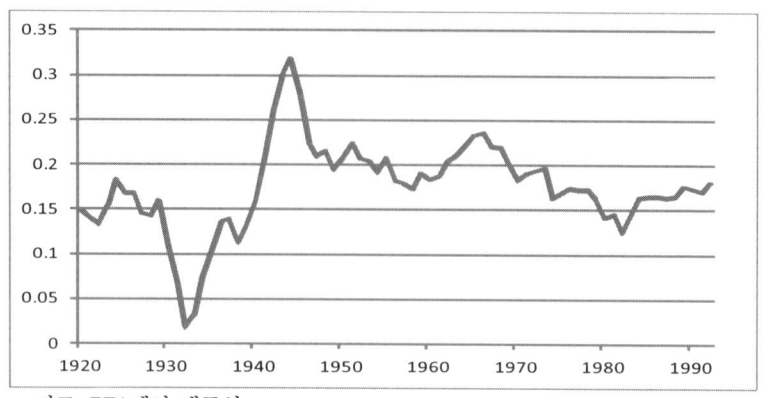

〈그림 4-1〉 미국의 평균이윤율 추세: 1920~1990

자료: BEA에서 재구성.

〈표 4-1〉 생산성 저하와 이윤율 하락(%): 미국과 유럽

	미국		유럽	
	1965~74년	1974~84년	1965~74년	1975~84년
노동생산성 상승률	2.1	0.9	4.8	2.9
이윤율	20.6	15.4	18.1	13.8
실업률	4.6	7.7	1.8	6.1

출처: Duménil and Lévy(2004a)에서 재구성.

또한 이윤율 하락의 추세는 미국만의 문제가 아니었다. 유럽에서도 1970년대 중반 이후 산업이윤율이 거의 동일한 폭으로 하락했다. <표 4-1>은 미국과 유럽을 대상으로 해서 석유위기가 발생했던 1973~74년을 전후로 10년 동안의 노동생산성 상승률과 이윤율, 그리고 실업률의 평균값을 비교한 것이다. 두 시기를 비교하면 미국과 유럽 모두에서 이윤율은 확연하게 차이가 난다. 게다가 노동생산성 증가율이 더 큰 폭으로 둔화되었던 유럽은 미국보다 더 심각한 문제에 부딪쳤는데, 대상은 이윤을 압박하는 단기적인 요인, 즉 경기순환의 원인일 뿐이다.

량의 구조적 실업이 바로 그것이다. 유럽의 실업률은 1965~74년에 평균 1.8%로 매우 낮게 유지되었지만, 1975~84년에는 평균 6.1%로 3배 이상 증가했다(Duménil and Lévy, 2005: 61).

그러나 이윤율 하락과 산업적 성장의 둔화 추세는 구조적 위기의 원인을 설명해 주지만, 그러한 위기의 구체적인 전개 양상을 설명해 주지는 않는다. 특히 중요한 것은 20세기 자본주의에 고유한 신용의 완충 덕택에 1970년대의 구조적 위기가 19세기의 대불황과 달리 생산적 자본의 대규모 파괴를 수반하지 않을 수 있었다는 점이다. 즉 20세기의 법인자본은 수익성 하락에 직면해 부채를 증가시킴으로써 현재의 위기를 미래로 할당할 수 있었던 것이다. 그 같은 '미래로의 도피'의 결과로 1970년대의 구조적 위기는 경기침체와 함께 인플레이션이 지속되는 스태그플레이션(stagflation)이라는 형태를 취했다(Guttmann, 1994: 126; Brunhoff, 1981).

물가상승의 과정과 침체 심화의 과정을 연결시키지 않는 표준적 인플레이션 이론과 달리 이윤율 하락에 따른 구조적 위기에 주목하는 연구들(Guttmann, 1994; Duménil and Lévy, 2004a; 2005)은 스태그플레이션 속에서 인플레이션과 침체는 서로 연계되고 서로 강화되었다고 지적한다. 거대 법인기업은 경기침체 속에서 부채에 대한 의존도를 증가시켰고, 이에 따른 고정비용 상승에 대응하기 위해 생산규모를 축소하고 상품가격을 인상했다. 19세기 후반 가격수용자였던 가족기업이 가격인하 경쟁을 벌이면서 '경쟁의 위기'를 겪었던 것과 대조적으로 20세기 후반 가격형성자로서 법인기업은 수량을 조정함으로써 가격을 상승시켰던 것이다. 따라서 침체가 인플레이션을 유발하는 경향이 있었다(Guttmann, 1994: 128; Glyn et al., 1990: 97). 또 상관관계가 역으로 작용할 수도 있었다. 즉 인플레이션의 격화는 미래의 비용과 수입에 대한 불확실성을 증가시켜 기업의 생산적 투자를 위축시키고 기업의 투자

계획을 '단기화'시키는 경향이 있었던 것이다(Guttmann, 1994: 130-131).

1970년대의 스태그플레이션 속에서 인플레이션과 경기침체가 서로 연계되었다는 것은 곧 전후의 황금기를 뒷받침했던 '부채와 성장의 호순환'이 점차 '부채와 인플레이션의 악순환'으로 대체되었다는 것을 의미한다. 성장기 동안 법인기업은 신축적인 화폐제도와 낮은 이자율 덕택에 부채를 통해 손쉽게 투자를 위한 비용을 조달할 수 있었다. 게다가 기업은 현재의 부채를 이후에 가치가 하락한 화폐로 지불할 수 있었기 때문에 부채를 더욱 선호했다. 그런데 기업이 부채를 지불하고도 충분한 수익을 올릴 수 있다면 부채와 성장의 호순환이 지속될 수 있지만, 이윤율이 일정한 수준 이하로 하락하면 사태는 달라진다. 1970년대 중반부터 기업의 부채비용이 이윤소득보다 더 빨리 증가했고, 그것을 지불하기 위해서도 추가적인 차입이 요구되었다. 이러한 사태가 반복되면서 기업은 점점 더 높은 이자율로 단기부채에 의존하게 되었다. 이러한 부채경제의 과잉팽창은 신용을 과도하게 팽창시켰고, 결국 인플레이션을 가속화하는 요인이 되었다(Guttmann, 1994: 130).

이상과 같은 일련의 연쇄적 과정의 결과로 산업생산의 위기는 점차 신용과 금융제도의 위기로 확산되었다. 경기침체에 대응하는 수단으로서 신용의 과잉팽창은 산업생산의 즉각적이고 파괴적인 위기는 막을 수 있었지만, 인플레이션이 지속되면서 화폐의 주요한 기능이 약화되고 '화폐의 품질'은 하락했던 것이다.[3] 특히 달러는 세계화폐로 기

---

[3] 인플레이션은 채무자의 부담을 감소시키지만 동시에 '지불수단'으로서 화폐의 기능을 침식시킨다. 가격의 급속한 상승과 미래 가격에 대한 불확실성은 각각 축장수단으로서 화폐의 기능과 가격표준으로서 화폐의 기능을 약화시킨다. 하이퍼인플레이션의 상황에서는 심지어 화폐의 가장 기본적인 기능, 즉 유통수단이라는 기능도 약화되고 상품의 축장이 확산된다. 이런 시각에서 볼 때, 지속적인 인플레이션은 전후 화폐제도의 기초를 무너뜨리는 경향이 있었다(Guttmann, 1994).

능했기 때문에 달러의 과잉공급은 미국의 인플레이션을 국제적으로 '수출'하는 효과를 가졌고, 이는 달러와 금의 태환에 기초를 둔 브레턴우즈 체제를 지속적으로 약화시켰다(Guttmann, 1994: 132; Arrighi, 2007: 158). 그러나 국제적 관리메커니즘의 붕괴로 귀결된 국제적 위기에서 결정적인 것은 화폐의 가치하락을 더 이상 인내할 수 없었던 대규모 화폐의 보유자, 즉 금융의 불만이었다.

2) '금융의 반격'과 국제적 관리 메커니즘의 붕괴

제2차 세계대전 이후 케인즈주의 하에서 금융활동은 대체로 억압되었지만, 제도적으로 제한된 사적 영역 내에서 투자와 관련된 금융의 일정한 자율성은 유지되었다. 그 속에서 금융의 상층 분파들은 제도적 규제를 회피하고 자신의 경제적 특권을 회복하기 위해 끊임없이 투쟁해 왔다. 그러한 투쟁은 처음에는 전통적인 금융 중개기관, 즉 상업은행을 중심으로 발전했다. 1950~60년대에 낮은 이자율과 인플레이션으로 인해 이윤압박에 시달리던 은행은 1960년대 중반에 이르러 이른바 '금융혁신'을 통해 공적 관리를 회피할 수 있는 새로운 부채 수단을 고안했다.[4] 산업에서의 기술혁신과 달리 금융에서의 기술혁신, 즉 금융혁신에는 대규모 초기자본이 지출될 필요가 없기 때문에 금융혁신의 확산 속도는 매우 빨랐다(Tinker, 1997: 41; Guttmann, 1994: 157).

더 높은 자율성과 수익을 획득하기 위한 금융의 노력이 가장 큰 성공을 거둔 곳은 금융을 억압하는 국가적 제도의 틈새에 위치했던 국제적 영역, 즉 '유로시장'이었다.[5] 1960년대에 급속히 성장한 유로시장

---

[4] 이 시기 최초의 금융혁신은 1961년 뉴욕 퍼스트내셔널시티은행이 고안한 양도성 예금증서(CD)였다(White, 2000: 779).

은 케인즈주의적인 국내적 규제로부터의 도피처로 기능했다(Duménil and Lévy, 2005: 24). 유로시장에서 활동하는 은행은 미국 내에서 활동하는 은행보다 훨씬 더 신축적인 대출전략을 채택했다. 나아가 미국의 거대 법인기업과 은행은 해외 직접투자를 통해 해외에 지사를 설립했고, 국내로 달러를 송금하지 않은 채 해외에서 더 높은 금융수익을 추구하기 시작했다(Jones, 1993; Arrighi, 1994).[6] 애초에 유로시장의 형성을 지지했던 미국 정부는 1964년에 이르러 달러 유출을 막기 위해 해외에 진출한 법인기업에게 이윤을 국내로 송환하라는 지침을 제시했지만, 법인기업들은 이에 따르지 않았다. 또 1967년에는 해외 직접투자에 대한 강제적 통제를 시도했지만, 그것도 미국으로부터의 자본유출을 막지는 못했다. 이는 은행의 '초민족화'(transnationalization)와 함께 금융기관에 대한 규제가 사실상 약화되어 있었다는 것을 의미했다(Kemp, 1990: 142; Tinker, 1997: 41; Eichengreen, 2000: 496).

1960년대 말과 1970년대 초 막대한 양의 달러가 미국의 통제에서 벗어나 유로시장에 축적되면서 미국의 인플레이션은 국제적으로 '수출'되었다. 인플레이션으로 인해 과대평가된 달러가 누적되면서 달러를 보유한 국가들의 불만은 증가할 수밖에 없었다. 동시에 달러의 평가절하가 예상되면서 해외 달러 보유자의 불안도 증가했다. 달러를 금

---

5) 유로달러 시장과 유로채권 시장으로 구성된 유로시장은 1957년 국제적 지불위기에 대한 대응으로 형성되었다. 1960년대 초 그 중심지는 런던이었고, 처음에는 영국과 미국 정부의 지지를 받았다. 영국 정부는 국제금융 중심지로서 런던의 성장을 반겼고, 미국 정부도 달러로 거래가 진행되는 유로시장이 달러가치를 안정화시키는 수단이 될 것이라고 생각했던 것이다(Guttmann, 1994; Jones, 1993).

6) 1960년에는 8개의 미국 은행이 세계에 124개 지점을 운영했으나, 1970년에는 79개의 미국 은행이 532개 지점을 운영했다. 1964년에서 1969년 사이에 미국 은행의 해외지사에서 달러 예금은 급속히 증가했는데, 이 기간 동안 런던 지사에서만 달러 예금액이 610% 증가했다(Tinker, 1997: 40).

으로 태환하는 사례가 늘어나면서, 이미 1967년에만 미국은 10억 달러 이상의 금을 상실했다.[7] 이런 상황에서 1971년 30년 만에 최초로 미국의 무역수지가 적자를 기록하자 달러의 안정성에 대한 의문으로 인해 대규모의 자본유출이 발생했다. 이에 대응하여 1971년 닉슨 행정부가 뉴욕연준의 금창구 폐쇄, 즉 금태환 중지를 선언하면서 금과 달러의 태환성은 해체되었다. 그리고 달러의 과대평가 문제를 해결하기 위한 국제적 환율조정이 실패로 돌아가면서 1973년경에 고정환율제도도 사실상 해체되었다. 전후 국제화폐체제의 근간을 이루었던 브레턴우즈 체제가 마침내 붕괴한 것이다(Guttmann, 1994; Helleiner, 1994; Gowan, 1999: 21; Eichengreen, 2000: 497).

브레턴우즈 체제 붕괴 이후 달러의 지속적인 과대평가와 세계화된 인플레이션에 자극을 받은 중동의 산유국들은 유가를 대폭 인상했고, 그 결과 1973년에 1차 '석유위기'가 발발했다. 산유국들은 막대한 액수의 '석유달러'를 유로시장에 예치했는데, 이러한 석유달러는 초민족적 은행이 자신들의 대부활동을 '세계화'하는 토대가 되었다(Kemp, 1990: 186; Pijl, 1984: 263; Arrighi, 1994: 312). 또한 초민족적 은행은 지속된 인플레이션으로 불만이 높아진 화폐 보유자들에게 더 높은 수익을 제공하기 위해 변동금리대부, 신디케이트론 등 새로운 금융상품을 경쟁적으로 개발했고, 이를 아시아와 남미의 신흥공업국에 외채 형태로 제공했다. 이는 다시 무역과 원리금 지불 등을 통해 초민족적 은행으로 '환류'(recycling)되었다. 이후 '세계화'라 불리게 될 현상의 형태와 내용이

---

[7] 1950년대 중반에 해외 달러 보유액과 미국의 금 준비량의 격차가 확대되면서 미국은 이미 세계적으로 유통되는 달러를 금으로 태환할 수 있는 능력을 상실했다. 그때부터 브레턴우즈 체제는 해외 달러 보유자의 달러 보유 의사에 의존했다. 실제로 1960년대 후반까지 유럽의 정부는 온스당 35달러라는 금의 가격을 브레턴우즈 체제의 요체로 간주하면서 그것을 지지했다(Guttmann, 1994).

이 시기의 초민족적인 금융활동에서 이미 예비되고 있었다(Duménil and Lévy, 2001b; Arrighi, 1994: 331).

특정한 민족경제와 운명을 공유하지 않는 초민족적 은행과 법인기업의 세계적인 활동은 민족경제의 안정적 성장을 추구하는 기존의 관리 패러다임과 빈번하게 충돌을 일으켰다. 이들의 지속적인 압력 속에서 미국은 1974년에 해외자본 이동에 대한 제한을 완전히 철폐했고, 미국과 영국은 1978년에 역내시장과 역외시장을 통합했다. 그리고 1979년에 미국은 결국 외환통제를 공식적으로 철회했다. 그 결과 은행과 기업의 네트워크 내부에서 단기적인 자본이 자유롭게 이동할 수 있게 되었다(Pijl, 1984: 232; Duménil and Lévy, 1998a: 103).

이와 함께 주요 자본주의 국가는 전통적인 민족경제의 거시적 지표, 즉 소비, 투자, 소득, 지출의 민족적 총계로는 파악하거나 대처할 수 없는 새로운 현상에 직면하게 되었다. 금융기관 사이의 단기적 자본이동은 더 이상 개별 민족국가의 경제관리에 의해 통제되지 않았다. 또 초민족적 법인기업의 내부거래로 인해 국제무역은 과거처럼 '국내부문'에 대한 '외부부문'의 충격의 지표로 간주될 수 없었다. 이러한 상황은 곧 '국제적으로 제약되는 단일한 민족경제'라는 관리대상이 점차 해체되고 민족적 차원의 거시경제정책의 토대가 약화되기 시작했음을 의미했다(Bryan, 1995: 164; Arrighi, 1994: 310).

2. 관리 패러다임의 균열과 정치화

1970년대에 세계적 경제위기가 발생하고 스태그플레이션이 지속되면서 케인즈주의적 성장관리의 적합성은 점점 더 의문시되었다(Kemp,

1990: 183; Collins, 2000: 187; Spulber, 1989: 108). 스태그플레이션은 역설적인 정책적·제도적 조치를 요구하는 것으로 보였다. 국가는 한편으로는 적극적 재정정책을 통해 경기침체를 극복하면서도 인플레이션이 악화되는 것을 회피해야 했고, 다른 한편으로는 인플레이션 억제를 주요한 슬로건으로 내세우면서도 불황이 심화되면 경제를 자극하는 재정정책을 추진해야 했다. 그러나 어떠한 분명한 정책적 지침도 발견되지 않았기 때문에 1970년대 포드-카터 행정부는 다소 절충적인 성격을 띠는 일련의 제한적 재정정책을 '미세조정'이라는 명목으로 실행하는 것에 만족해야 했다(Kemp, 1990: 200; Hogan and Graham, 1990: 237; Collins, 2000: 155). 실용적이고 임기응변적인 대응은 혼란과 논란을 지속시켰고, 1980년대에 이르러 '미국의 쇠퇴'라는 관념이 대중적으로 확산되었다. 이에 따라 관리의 원리를 둘러싼 정치적·이론적 갈등이 증폭되었다(Spulber, 1989: 93; Coates, 2000: 48-54).

1) 관리 패러다임의 '정치화'

1970년대 중반 이후부터 심화된 스태그플레이션은 정부가 적절한 경제정책을 통해 완전고용, 경제안정, 지속성장을 동시에 달성할 수 있다는 믿음을 약화시켰다. 이러한 신뢰의 상실은 당시의 위기가 단순한 경제적 위기가 아니라는 것을 의미했다. 국가의 경제적 역할 자체가 적합한가 하는 의문이 제기되면서 경제적 위기는 사실상 더 일반적인 정치적 위기로 발전했던 것이다(Kettl, 2003; Poulantzas, 1978). 1970년대 중반부터 1980년대 초까지 국가관리의 이념과 기능을 둘러싼 일련의 논쟁이 진행되었는데, 크게 세 가지 쟁점이 두드러졌다.

① 완전고용 논쟁과 뉴딜로의 복귀?

1970년대 중반 이후의 스태그플레이션은 케인즈주의에 내재된 성장과 고용의 호순환을 약화시켰다. 경기침체로 인한 성장의 둔화는 실업률을 상승시켰지만, 인플레이션 압력으로 인해 재정지출을 통한 경기부양은 어려웠다. 특히 '두 자릿수' 물가인상의 충격은 인플레이션 억제를 새로운 경제적 목표로 만들었는데, 그러한 목표는 사실상 완전고용이라는 목표와 충돌했다. 이에 따라 1970년대 말 정부가 경제관리를 통해 추구해야 하는 완전고용의 의미와 그 주요한 정책수단으로서 재정정책을 둘러싼 논쟁이 촉발되었다.

초기의 논쟁은 '완전고용'을 어떻게 정의할 것인가, 또는 어느 정도의 실업률이 완전고용에 상응하는가를 둘러싸고 이루어졌다. 그 결과 완전고용 수준을 의미하는 실업률이 4%에서 4.9% 또는 5.5% 등으로 상향 조정되었고, 일각에서는 6% 또는 7%의 실업률이 정상적인 것으로 제안되었다(Stein, 1994: 242; DuBoff, 1989: 129). 이 과정에서 완전고용과 동일시될 수 있는 실업률 지표가 과거보다 높아진 것이 정당화되어야 했는데, 이를 위해 이른바 '자연실업률'이라는 개념이 활용되었다. 그 개념은 시장의 균형에 조응하는 자연적인 실업률이 존재한다는 관념을 내포했고, 시장의 실패로 인한 '비자발적 실업'이라는 케인즈주의적 관념을 사실상 기각했다(Pollin, 2000: 97).[8]

---

8) 자연실업률이라는 개념은 인플레이션과 실업률의 반비례 관계를 표현하는 필립스 곡선을 수정하기 위해 통화주의자 프리드만에 의해 적극적으로 활용되었고, 이후 이른바 새고전파의 '합리적 기대가설'에 의해 더욱 심화되었다. 이들에 따르면, 미래에 대한 합리적 기대를 포함할 때 장기적으로 실업률은 인플레이션과 무관하게 자연적인 수준으로 수렴한다. 이러한 논의는 결국 예상 물가와 자연실업률 변수를 포함하는 새로운 필립스 곡선을 고안하는 것으로 귀결된다(Screpanti

그러나 완전고용 개념의 이러한 '변질'에 반대하는 일부 세력은 1946년에 변형되어 통과된 「고용법」의 애초 취지, 즉 완전고용이라는 이념으로의 복귀를 주장했다. 이러한 논의는 특히 존슨 행정부에서 부통령을 역임했던 상원의원 험프리(H. Humphrey)와 시민권 운동과 노동조합의 지지를 받은 흑인 하원의원 호킨스(F. Howkins)로 대표되는 의회의 자유주의 세력에 의해 주도되었고, 미국노총(ALF-CIO)으로부터 지지를 받았다. 이들은 경제위기의 원인을 산업적 불균형과 부적합한 소득분배에 따른 수요부족으로 파악했고, 그 해결책으로 전통적인 뉴딜의 관리이념으로 복귀할 것을 주장했다. 이들의 제안은 '뉴딜의 정당'이었던 민주당 내에서 수년 동안 중요한 토론의 대상이 되었고, 카터의 대통령 집권 과정에서 중요한 정책적 전망이 되었으며, 지속적인 수정을 거쳐 1978년 「완전고용 및 균형성장에 관한 법」, 일명 「험프리-호킨스법」으로 제도화되었다(Waddan, 1997: 109; Weir, 1992: 132; Collins, 2000: 167; Spulber, 1989: 100).

애초 이 법안은 '양질의'(decent) 임금을 받는 고용을 개인적 권리로 승인하고 연방정부로 하여금 장기에 걸쳐 완전고용의 수치상 목표를 추구하게 만들 것을 제안했다. 또한 그것은 장기적인 재정 및 화폐정책을 조정하는 완전고용 및 균형성장 계획을 매년 대통령이 발표하도록 요청했다. 나아가 그 법안은 연방정부가 '최종고용주'(last employer)로 기능하는 것을 명시화했다. 즉 마치 연방준비제도가 '최종대부자'로 기능하면서 신용체계를 안정화시키는 것처럼, 사적 부문이 완전고용이라는 목표를 달성하지 못할 경우에는 연방정부가 노동의지가 있는 모든 성인들에게 공적 서비스부문의 일자리를 제공하도록 한 것이다(Collins, 2000: 168; Weir, 1992: 135).

---

and Zamagini, 1993; Budd, 1996: 128-129).

그러나 최후의 뉴딜식 사고를 대표했던 이 법안의 지지자들은 완전고용을 뒷받침할 수 있는 특수한 메커니즘에 관한 지침을 거의 제공하지 못했다. 특히 그들은 인플레이션이 심각한 경제적 문제가 되고 있는 상황에서 어떻게 인플레이션 없이 완전고용을 달성할 수 있는가에 대해 답하지 못했다(Weir, 1992: 138; Collins, 2000: 169). 선거과정에서 그 제안을 활용했던 카터는 집권 이후 정치적인 이유에서 그 법안을 계속 지지했지만, 그러한 지지는 사실상 상징적인 수준에 머물렀다. 그 결과 최종적으로 통과된 법안은 완전고용뿐만 아니라 물가안정도 중요한 목표로 규정했다. 그리고 정부를 '최종고용주'로 규정하는 조항은 삭제되었고, 완전고용을 달성하기 위해 구체적으로 취해져야 할 수단도 명시되지 않았다(Weir, 1992: 139-140; Collins, 2000: 170).[9]

② '탈산업화' 논쟁과 산업정책의 수입?

카터 행정부는 집권 후기에 접어들면서 1977년의 철강산업 현대화와 1979년 자동차산업 현대화를 위해 구제금융을 비롯한 직접적인 경제적 지원과 기업회생 활동에 대한 감독을 수행했다. 이와 동시에 정부 내에서 미국을 따라잡은 유럽과 일본 자본주의의 모형에 주목하여 이들 국가가 추진했던 민족적 산업정책을 수용하려는 시도가 등장했다(Coates, 2000: 48-49; Harrison and Bluestone, 1988: 14).[10] 그 실험은 카터

---

9) 비록 당시에는 형해화되었지만 「험프리-홉킨스법」은 연준의 최종목표를 완전고용과 물가안정으로 규정했다. 이와 같은 의회의 '이중 위임'(double mandate)은 거의 잊혀 있다가 2007~09년 금융위기 이후 버냉키에 의해 연준의 수량완화 정책을 정당화하는 수단으로 활용된다.

10) 당시 미국에서 산업정책에 대한 논의는 미국 경제의 도전세력으로 급속하게 성장한 일부 유럽 국가의 '지표적 계획'(indicative planning)과 일본 대장성(MITI)의

행정부 말기였던 1980년 8월에 산업정책을 기본적인 골자로 하는 새로운 '경제부활 프로그램'으로 체계화되었다(Collins, 2000: 172-173).

산업정책을 둘러싼 논의는 1980년대에도 지속되었다. 민주당의 자유주의 세력과 노동조합 지도자들은 전통적인 케인즈주의에 대한 대안으로 카터 행정부 시대의 산업정책을 더욱 체계적으로 옹호했다. 1970년대 말에서 1980년대 초에 산업정책의 주요한 옹호자로 나섰던 MIT 경영학과의 레스터 서로우(Lester Thurow), 카터 행정부에서 활동했던 사회학자 아미타이 에치오니(Amitai Etzioni), 그리고 하버드 행정학과의 로버트 라이시(Robert Reich) 등은 '미국 재건' 프로그램으로 산업정책과 코퍼러티즘의 결합을 적극적으로 제안했다.

산업정책 지지자들은 당시 미국 사회가 직면한 핵심적인 문제를 '탈산업화'에서 찾았다. 여기서 탈산업화는 기본적인 생산설비에 대한 광범위하고 체계적인 투자감축을 의미했다. 그것은 양질의 고용을 감축시키고 전통적인 산업도시를 황폐화시킬 뿐만 아니라 '주식회사 미국'의 국제적 경쟁력을 지속적으로 하락시키는 것으로 간주되었다. 이와 같은 '탈산업화' 추세를 역전시키고 '재산업화'를 촉진하기 위한 적극적인 대안이 바로 산업정책이었다(Eisner, 1995: 317). 또한 이들은 자신들이 제안하는 산업정책이 경쟁력 없는 낡은 산업을 유지하는 보호주의적 산업정책이 아니라 합리화를 위한 선별적 산업정책이라고 주장했다. 그리고 '탈산업화'와 산업정책을 둘러싼 논쟁의 과정에서 산업정책의 실행을 뒷받침하기 위해 자본과 노동을 비롯한 이해관계자

경험으로부터 영감을 받은 것이었다(Collins, 2000: 171; Spulber, 1989: 105). 그리고 이를 둘러싼 논의는 동아시아의 '발전국가'를 둘러싼 논쟁과도 연동되었다. 그것은 1993년에 경제개발협력기구(OECD)가 발간한 『동아시아의 기적: 경제성장과 공공정책』(*The East Asian Miracle: Economic Growth and Public Policy*)을 둘러싼 시장주의자와 국가론자의 논쟁으로 발전한다.

들의 관계를 매개하는 국가의 역할에 대한 토론도 병행되었다(Harrison and Bluestone, 1988: 14; Herman, 1983: 31).

그러나 산업정책은 전통적인 케인즈주의적 관리 패러다임과도 대립되는 것이었다. 왜냐하면 산업정책과 코퍼러티즘의 기본적인 문제의식은 케인즈주의에 의해 인도되었던 '거시경제적 미세조정'을 새로운 '미시경제적 미세조정'으로 대체하는 것이었기 때문이다. 즉 재정정책과 화폐정책처럼 경제 전체에 포괄적으로 영향을 미치는 거시적 관리와 대조적으로 산업정책은 특수한 부문에서의 행태에 영향을 미치는 것을 목적으로 하는 미시적 관리의 성격을 띠었던 것이다(Collins 2000: 171). 이는 사적 부문의 활동에 개입하지 않는다는 케인즈주의의 전통적 원리에서 벗어나는 것이며, 동시에 사적 부문에서의 미시적 관리를 담당해 온 법인기업 경영자들의 권리를 침해하는 것이기도 했다. 또 동아시아 국가 등에서 실행된 산업정책은 은행을 통한 값싼 신용의 제공을 특징으로 했는데, 이런 '관치금융'은 케인즈주의적인 금융억압과는 구별되는 금융에 대한 국가통제를 내포했다.

게다가 선별적 산업정책이라는 구상은 정치적인 이유에서도 현실성이 없었다. 국가가 특정한 자본분파를 직접적으로 지원한다면, 자본 내부의 갈등이 연방국가의 관리능력을 넘어설 수도 있다. 이 때문에 많은 사람들에게 산업정책을 통한 국가의 직접적 개입은 공정과 형평의 원리에 어긋나며 미국의 정치적 전통과 양립하기 어려운 것으로 인식되었다.[11] 특히 '거대정부'에 대한 대중적 불신이 증가하는 상황에서 정부의 전문가가 승자와 패자를 가리고 승자를 선별해서 육성할 수 있다는 주장은 더욱 설득력이 없었다. 게다가 그 성과도 의심스러웠는

---

11) 실제로 미국 정책사에서 특정한 산업에 대한 지원은 국가안보 문제와 직결된 항공우주산업을 제외하면서 언제나 성장하는 부문이 아니라 쇠퇴하는 부문—예를 들면 직물산업—에 대한 지원으로 국한되었다(Lindert, 2000: 408).

데, 왜냐하면 1970년대 말 카터 행정부의 실험은 결국 경제적 쇠퇴를 극복하지 못했기 때문이다. 그 결과 산업정책은 일부 개혁가와 노동조합 지도자를 제외하면 대중적 지지를 받지 못했을 뿐만 아니라 민주당 내에서도 큰 힘을 얻지 못했다(Norton, 1985: 233; Harrison and Bluestone, 1988: 86; Eisner, 1995: 322).[12]

③ 부정적 수렴: '국가실패론'의 대두

1970년대 후반에 관리 패러다임의 '정치화'는 전통적인 완전고용으로의 복귀나 선별적 산업정책의 실행을 둘러싼 논란을 수반했지만, 더 큰 반향을 불러일으킨 것은 '공급측 경제학'으로 불린 세 번째 접근이었다. 공급측 경제학은 주류 경제학의 외각에서 정치적 고려에 의해 고안되고 소수의 활동적인 여론 형성자에 의해 대중화된 정책지침에 가까웠지만, 당시 상황에서 문제는 '이론'이 아니라 '정치'였다. 관리 패러다임을 둘러싼 정치적 갈등이 증폭되는 과정에서 케인즈주의를 대체할 새로운 대안이 강력히 요구되었던 것이다. 대규모 조세삭감을 통해 재정적자를 감소시킬 수 있다는 공급측 경제학의 대안은 공화당의 잭 켐프(Jack Kemp)가 주도한 대규모 감세법안에서 가장 분명한 형태를 취했다. 이러한 제안은 의회와 정책전문가들 사이에서 즉각적인 논쟁을 야기했다(Collins, 2000: 174).[13]

---

12) 그러나 산업정책을 중심으로 경제를 부활시킨다는 관념은 결코 소멸하지 않았고, 1980년대 말과 1990년대 초에 '국가경쟁력'을 강조하는 '전략적 무역론'이라는 이름으로 다시 출현했다(Spulber, 1989: 106).

13) 대규모 조세삭감을 정당화했던 이른바 '레퍼 곡선'은 정치적 요구에 따라 급조된 이론적 모형의 대표적인 사례다. 그러한 모델은 자유주의적 지향의 경제학자 뿐만 아니라 보수주의적 지향의 경제학자에 의해서도 비판을 받았다. 마찬가지

그러나 사태를 진전시킨 것은 의회나 정책전문가가 아니라 여론이었다. 연방정부와 재정적자에 대한 불만이 높았던 당시의 정치적 환경에서 높은 조세와 낭비적 지출은 모든 집단의 원성을 샀다. 기업은 조세가 경기침체를 심화시킨다고 주장했고, 빈민은 조세에 비해 공적 서비스의 질이 낮다고 생각했다. 게다가 자기가 '중산층'에 속한다고 믿었던 다수의 노동자와 시민은 자신들을 '과잉조세'의 희생자로 간주했다. 이러한 상황에서 조세삭감이라는 의제는 기업가 집단과 노동자 일부를 포함하는 '중산층'의 새로운 제휴를 가능케 했을 뿐만 아니라 광범위한 대중적 동원도 가능케 했다. 그 결과 1978년 캘리포니아에서 시작된 '납세자들의 반란'은 여타 주(州)로 신속하게 확산되었다(Collins, 2000: 178; Steinmo, 2003: 227).

나아가 조세라는 쟁점이 '거대정부'에 대한 반대라는 더 포괄적인 정치적·이데올로기적 인지 틀(frame) 내에서 교육, 복지, 문화, 종교 등 여러 사회적 쟁점과 결합되면서, 전통적인 보수주의 정당이었던 공화당 내부에서뿐만 아니라 다양한 지적·문화적 영역에서 '신보수주의'로 지칭되는 개인과 조직이 등장했다(Boggs, 2000: 132). 노먼 포드레츠(Norman Podhoretz)나 어빙 크리스톨(Irving Kristol) 같은 지식인들은 개별적으로 다양한 '복지정책'에 대한 회의를 유포했다. '도덕적 다수'(Moral Majority)와 '생명권 운동'(Right to Life Movement) 같은 도덕적·종교적 운동은 가족의 가치 같은 전통적 미덕을 옹호하면서 광범위한 기층조직을 동원했다(Jansson, 1993: 275; Peele, 1994: 77). 이들은 단일한 정치적·이념적 관점을 갖지는 않았지만, 1960~70년대 미국의 사회와 문화에 대한 우려를 공유하고 '거대정부'를 문제의 원인으로 지목한다는

로 '공급측 경제학'이라는 아이디어도 민주당뿐만 아니라 공화당 내부에서도 비판에 직면했다. 레이건의 대권 경쟁자였던 부시는 당내 경선과정에서 공급측 경제학을 '부두교식 경제학'이라고 비난했다(Collins, 2000: 185).

점에서 수렴했다(Boggs, 2000: 130-131; Trattner, 1999: 358; Waddan, 1997: 111).[14]

한편 1970년대에 기업으로부터 대규모 자금을 지원받으면서 급속하게 성장한 보수주의적 싱크탱크는 이와 같은 '부정적 수렴'에 촉매제 역할을 했다. 헤리티지재단, 전국정책센터, 도시연구소, 미국기업연구소, 카토연구소, 후버연구소 등과 같은 싱크탱크는 자신들이 '침묵하는 다수'의 목소리를 대변한다고 주장하면서 전국적인 정치에서 정책 논쟁의 용어를 다른 방향으로 변환시키는 데 성공했다. 또 이들은 유사한 지향을 갖는 이익집단 사이에서 제휴를 형성하는 데에도 직접적으로 기여했다(Weir, 1992: 157; Smith, 1991: 192; McGann, 2007: 49; Riddell, 1994: 23; Edsall, 1989: 272; Peele, 1994: 77).

새로운 보수주의로 통칭된 이들이 공유했던 것은 국가가 해법이 아니라 문제 그 자체라는 인식이었다. 몇몇 정치학자와 경제학자에 의해 이른바 '국가실패론'과 더 구체적으로는 '정책무용론'으로 표현된 이들의 주장에 따르면, 국가의 경제정책은 그 효과가 의심스러울 뿐만 아니라 오히려 시장을 왜곡한다. 국가는 본래 약탈적이며 국가의 거대한 행정기관은 공적 이익을 추구하는 것이 아니라 관료기구의 강화라는 자기 이익만을 추구한다. 또한 빈민에 대한 정부의 낭비적인 정책은 빈민의 노동윤리를 약화시키고 가족의 가치를 침식한다는 점에서 미국적 가치와 양립할 수 없다. 요컨대 신보수주의자들은 20세기의 관리국가가 경제적으로 무능할 뿐만 아니라 정치적·도덕적으로도 부당하다는 논리를 전개하면서 '국가실패'를 대신할 수 있는 '자유시장' 경

---

14) 또 '거대정부'에 대한 이들의 공격은 1960년대 급진적 사회운동의 유산, 즉 사회적·경제적 문제를 해결할 수 있는 국가의 전문적 능력에 대한 불신이나 개인의 자유를 침해하는 거대정부에 대한 저항감 같은 대중적인 반국가주의적 감수성과도 공명했다(Boggs, 2000: 125; Weir, 1992: 158).

제로의 복귀만이 정부를 인민에게 되돌려줄 것이라고 주장했던 것이다(Kemp, 1990: 207; Dionne, 1991: 157).

2) 정치의 과잉과 정치의 공백

1970년대 말에서 1980년대 초 사이에 관리국가 패러다임을 둘러싼 정치적 갈등은 절정에 달했다. 국가의 실패를 주장하는 신보수주의 세력의 성장과 집권으로 인해 관리 패러다임의 국지적인 요소를 둘러싼 갈등이 아니라 관리국가 자체의 유효성과 정당성에 대한 갈등이 증폭되었다. 그러나 여기서 흥미로운 것은 정책의 전환을 수반했던 그러한 정치적 갈등의 전개 양상이 매우 불균등했다는 점이다. 사회정책의 전환이 기존 정책에 내포된 실질적인 문제 이상의 정치적 논쟁을 수반하는 '정치의 과잉'을 특징으로 했다면, 그보다 훨씬 더 중요한 사회적·경제적 효과를 낳은 화폐정책의 전환은 상대적으로 '정치의 공백'을 특징으로 했던 것이다.

사회정책에서 '정치의 과잉'은 1970년대 후반 보수주의의 변화에 의해 촉발되었다. '국가실패'라는 새로운 교리로 무장한 신보수주의 세력은 전통적인 보수주의 세력과 달리 사회정책에서 개별 프로그램의 장점과 한계에 대한 토론이 아니라 훨씬 더 일반적인 쟁점, 즉 정부 활동의 적절한 범위가 무엇인가를 둘러싼 정치적 쟁점을 제기했다. 특히 재정적자의 누적은 '복지국가'의 실패를 상징하는 사건으로 활용되었다. 신보수주의자들은 재정적 낭비를 낳은 사회정책 자체가 국가의 부적절한 활동이라고 공격했다. 그리고 레이건의 집권과 함께 공세는 훨씬 강화되었다. 거의 모든 사회보장제도가 도마에 올랐고 예산삭감이 논의되었다. 그러나 사회보장제도를 둘러싼 공방은 행정부의 전략과 각 정치세력의 정치적 동원 수준의 차이를 반영하면서 다양한 양상을 보였다(Weir, 1992; Pierson, 1998: 127; Piven and Cloward, 1993: 359).

스태그플레이션에 따른 기여금의 축소와 급부지출의 증가로 인해 재정위기를 겪고 있던 몇몇 사회보장제도는 정치적 공방의 쟁점이 되었다. 특히 사회보장 퇴직연금의 기능을 담당하는 노령·유족·장애보험(Old Age, Survivor, Disability Insurance: OASDI)의 신탁기금은 1970년대 후반부터 반복적으로 지불불능의 위협을 겪었는데, 이러한 신탁기금의 위기는 복지국가에 대한 보수주의적 비판자들에게 사회보장을 공격할 수 있는 경험적 증거를 제공했다. 1970년대 말과 1980년대 초에 보수주의적 싱크탱크는 사회보장제도가 '파산 직전'이라고 선언하는 보고서와 서적을 발간했고, 그것은 대중적 관심을 이끌어 내는 데 성공했다. 그리고 이를 배경으로 레이건 정부는 사회보장 예산과 급여의 삭감을 추진할 수 있었다(Quadagno, 1998: 100; Myles, 1988: 278).

그러나 이러한 시도는 정치적으로 큰 성공을 거두지 못했다. 의회의 유력 정치인과 저명인사들이 사회보장 삭감에 반대를 표했으며, 다양한 고령자 이익집단과 여타의 자유주의 조직, 그리고 노동자 조직은 "우리의 사회보장을 지키자"(Save Our Security)는 동맹을 형성하고 캠페인을 조직했다(Trattner, 1999: 366). '중간계급'과 강력한 유권자들에게 지지를 받았던 사회보장 프로그램에 대한 공격은 결코 쉬운 일이 아니라는 사실을 깨달은 레이건은 한 발 물러서야 했다. 그는 자신이 사회보장 지출 자체를 삭감하려는 것이 아니라 그 급속한 증가를 억제하려는 것일 뿐이라고 말하고, '불행에 빠진 미국인들'을 위한 기본적 프로그램의 사회적 안전망을 유지할 것이라고 선언했다.

대신 레이건은 '진정으로 도움이 필요한 사람'과 자신이 '복지 여왕'(welfare queen)이라고 지칭한 사람, 즉 정부로부터의 공공부조를 통해 사치스런 생활을 누리는 사람을 구별하고, 후자에 공격을 집중했다

(Wolfe, 2006; Weir, 1998: 20; Jansson, 1993: 287; Collins, 2000: 201). 레이건과 신보수주의자들에 따르면, 부양아동가족원조(AFDC)로 대표되는 공공부조를 통해 생활하는 사람은 자신의 노동을 통해 스스로 생활을 영위한다는 미국의 가치를 저버린 채 정부에 부담을 지우는 사람이었다. 이런 맥락에서 신보수주의 세력은 빈민에 대한 공공부조가 낭비적일 뿐만 아니라 원조에 대한 의존을 만성화시키고, 결국은 빈민의 무책임성을 강화시킨다고 주장했다(Trattner, 1999: 370; Waddan, 1997: 123).

이러한 주장에서 재정과 조세를 둘러싼 의제와 정치적·도덕적 의제는 기묘한 방식으로 결합되었다. 당시에 대중적 호응을 얻은 신보수주의 싱크탱크의 주장에 따르면, 공적 복지체계에 내포된 부정과 남용은 정부의 재정위기를 심화시키고, 결국에는 납세자들에게 더 큰 비용을 지불하게 만든다. 뿐만 아니라 그것은 '하층계급'(underclass)에 속한 사람이 자기의 운명을 스스로 개척할 수 있는 능력을 약화시킨다. 이 때문에 실업자와 빈민을 대상으로 하는 원조 프로그램은 폐지되거나, 그렇지 않다면 그 예산이 대폭 삭감되어야 한다(Waddan, 1997: 118).

재정적자에 대한 대중적 우려가 확산된 당시의 상황에서 재정적자를 증대시킬 수 있는 정책은 정치적으로 수용될 수 없다고 믿었던 의회의 정치인들은 이와 같은 주장에 입각한 복지예산 삭감에 저항하기 어려웠다(Jensson, 1993: 282; Weir, 1998: 14; Pierson, 1998: 127). 그러나 공적 원조에 대한 지출 중에서 가장 큰 비중을 차지했던 부양아동가족원조(AFDC) 예산이 연방예산의 2% 수준에 불과했으며, 1970년대 후반부터 그 급여의 실질적 가치도 지속적으로 하락하고 있었다는 점을 고려할 때, 공공부조, 즉 복지에 대한 공격은 단순한 재정위기에 대한 대응을 넘어서는 '정치의 과잉'을 내포했다(Boggs, 2000: 132; Rieder, 1989: 264; Jansson, 1993: 283).

그것은 또한 사회정책 전반에 대한 신보수주의 세력의 도덕적이고 문화적인 공격과 공명했다. '도덕적 다수'(Moral Majority)로 대표되는 '도덕 개혁가들'은 가족의 가치와 같은 전통적 가치와 종교적 신념을 새롭게 환기시키는 낙태, 동성애 권리, 학교 기도식, 흑백통합 통학버스, 교과서 검열 등과 같은 다양한 사회적·문화적 쟁점을 제기하면서 이른바 '문화전쟁'(cultural war)을 촉발시켰다(Jansson, 1993: 290). 이 과정에서 신보수주의 지지자들은 공적 영역에서 활동하는 전문가를 '새로운 계급'으로 규정하고, 이들이 '진보'의 이름으로 인민에게 미국적 가치에 어긋나는 잘못된 생활방식을 권고해 왔다고 주장했다. 또한 그들은 전문가가 주도한 사회정책이 결국 '과학'이라는 명분을 내세우는 전문가 자신과 '자격 없는' 빈민의 공생관계를 재생산했을 뿐이라고 공격했다(Peelle, 1994: 77-79; Ricci, 1993: 158).[15]

이처럼 사회정책을 둘러싼 정치의 과잉은 사회정책의 문제를 정치적·도덕적 문제로 전환시킴으로써 1950~60년대에 확대된 사회정책의 구조적인 한계를 해결하는 것이 아니라 오히려 은폐시키는 역할을 했다. 성장기의 높은 고용수준과 기여금의 증가를 전제로 설계되었기 때문에 불황기에는 재정위기에 부딪힐 수밖에 없는 사회보장의 모순은 '거대정부'의 무능에 대한 정치적 공격으로 인해 대중적으로 토론될 수 없었다.[16] 또한 노동시장의 최하층에서 취업과 실업을 넘나들면서 저임금으로 생활하는 사람들의 문제는 사회적 차원의 빈곤이나 그

---

15) 신보수주의자들은 공적 영역에서 활동하는 자유주의적 과학자, 도시계획자, 사회사업 전문가, 사회학자, 범죄학자, 교육자, 언론가, 관료, 공공의사 등을 '새로운 계급'이라고 칭하면서 이들이 미국의 문화적·도덕적 위기의 주범이라고 비난했다(Ricci, 1993: 158).
16) 사실 성장기 동안 안정적 성장과 완전고용을 전제로 확립되었던 사회보장 원리는 중요한 모순을 내포하고 있었다. 불황은 사회보장에 대한 요구를 증가시키지만, 동시에 사회보장에 대한 기여금을 축소시킨다. 그리고 1970년대의 스태그플레이션과 연계된 높은 실업률은 그러한 모순이 가시화되는 계기였다.

용의 문제가 아니라 '의존성'이라는 개인적이고 도덕적인 문제로 전환 되었다(Waddan, 1997: 133).

사회정책이 과도한 정치적 논쟁의 대상이 되었던 것과 대조적으로 케인즈주의를 실질적으로 폐기함으로써 훨씬 더 큰 사회적·경제적 효과를 낳았던 화폐정책의 전환은 사실상 정치적 논쟁의 외부에 위치했다. 또 사회정책을 둘러싼 다양한 이해당사자들이 참여하는 '정치의 과잉'이 신보수주의 세력의 집권 이후에 심화되었다면, 화폐정책의 전환은 신보수주의 세력이 집권하기 이전인 민주당 정부 시기에 소수의 기술관료에 의해 신속하게 실행되었다.[17]

화폐정책의 전환을 추동한 직접적인 계기는 1979년 '2차 석유위기'가 촉발한 세계경제의 불황과 달러가치의 하락이었다. 당시 미국의 경기침체가 심화되고 달러의 신인도가 하락하면서 일부 산유국은 달러를 기피하고 달러보다 더 안전한 궁극적 세계화폐로서 금에 대한 투자를 늘리기 시작했다. 이와 같은 '금으로의 도피'는 금의 가격이 온스당 875달러——현재 가치로 대략 2,200달러에 상응——로 상승하는 1981년에 절정에 달하지만 이미 1979년부터 가속화된 현상이었다. 이러한 현상은 기축통화로서 달러의 지위를 실질적으로 위협했다. 그리고 '달러의 위기'는 필연적으로 미국 재무부가 발행하는 국채의 신용을 하락시키며 미국 정부의 재정위기 가능성을 증가시켰다. 그것은 전후 자본주의 세계체계를 경제적으로 안정화시켰던 미국 세계헤게모니의 위기를

---

17) 신보수주의 세력의 집권으로 인해 케인즈주의가 폐기되었다는 일반적인 통념과 달리 케인즈주의를 폐기한 것은 민주당의 카터 행정부였다. 마찬가지로 영국에서도 대처 집권 이전에 노동당 정부가 케인즈주의를 폐기했으며, 남유럽 국가들, 프랑스, 오스트레일리아, 뉴질랜드에서도 사민주의 정부가 긴박한 경제위기에 대한 대응의 과정에서 '새로운 현실주의'를 내걸고 케인즈주의를 폐기했다(Carruthers et al., 2001: 109; Clark, 1988: 2).

상징했다(Arrighi, 1994; Guttmann, 1994).

이처럼 긴박한 상황에서 연방준비제도 이사회 의장 볼커(Paul Volker)는 1979년에 전통적인 케인즈주의적 정책을 포기하고 심각하게 훼손된 달러의 지위를 재확립하기 위한 정책전환을 추진했다. 그는 케인즈주의적 화폐정책의 주요한 중간목표였던 이자율에 대한 관리를 포기하는 대신 화폐 공급량을 관리하기 위해 은행 지급준비금에 대한 통제를 더 강화하는 운영절차(operating procedures)의 변화를 선언했다. 새로운 운영절차에 따르면, 과거와 달리 총통화(M_b)를 통제하는 것을 중간목표로 해서 은행의 지급준비율이 통제되었고, 이자율, 즉 연방기금금리는 변동이 허용되었다(Hogan and Graham, 1990: 237; Sylla, 1988: 35-36; White, 2000: 786). 지급준비금에 대한 통제는 은행이 신용을 제공할 수 있는 역량을 제한함으로써 인플레이션을 억제할 것으로 기대되었고, 이자율에 대한 관리의 완화는 이자율 상한에 대한 여타의 규제 철폐와 결합되어 이자율을 상승시킬 것으로 예상되었다. 그리고 이런 조치를 정당화하기 위해 당시 학계에서 유행하고 있던 통화주의가 활용되었다(Eisner, 1995: 299; Guttmann, 1994: 164-172).

1980년에는 연방준비제도의 정책전환을 보완하기 위해 「예금기관탈규제와 화폐통제법」이 제정되었다. 이 법은 1933~35년 루스벨트 행정부의 금융체계 개혁 이후 가장 중요한 은행 관련 법으로서 루스벨트의 개혁을 역전시켜 은행 업무에 대한 전후의 각종 제한을 철폐했다. 이에 따라 사실상 무제한적인 행동의 자유를 보장받은 미국의 금융기관은 '금융혁신'을 가속화해 고수익의 다양한 금융기법을 개발했다. 그 결과 1979~82년 동안 실질이자율은 마이너스에서 8~9%까지, 그리고 명목이자율은 5%에서 20% 가까이 상승했다(Arrighi, 1994: 316; Guttmann, 1994: 202; Kemp, 1990: 189; Hogan and Graham, 1990: 237; Sylla, 1988: 35-36).

이와 같은 화폐정책의 전환은 실업의 증가와 성장의 쇠퇴를 무릅쓰고라도 성취해야 할 만큼 인플레이션에 대항하는 투쟁이 최우선의 과제가 되었음을 의미한다(Kemp, 1990: 200; Harvey, 2005: 58-59; Brunhoff, 1986: 152; Weir, 1992: 160). '완전고용 전략'에서 '화폐 전략'으로의 이행이라고 지칭될 수 있는 이러한 전환은 사실상 기존의 관리 패러다임을 폐기하는 정치적 결정이었지만, 결코 정치적인 문제로 인식되고 토론되지는 않았다. 정치적 논쟁과 의회의 통제로부터 상대적인 자율성을 향유했던 연방준비제도가 급속한 정책전환을 주도했고, 정당은 그러한 전환을 수용하는 수동적 역할에서 벗어나지 못했다. 특히 민주당 정부 하에서 케인즈주의를 폐기하는 보수적 정책전환이 발생하면서, '뉴딜'과 '위대한 사회'의 정당이었던 민주당은 근본적인 정체성의 위기에 직면했고 당 내부의 정치적 균열은 심화되었다(Collins, 2000: 160; Stein, 1994: 259).

물론 정책전환에 대한 불만과 반대가 없지는 않았다. 특히 지나치게 높아진 이자율로 인해 연방준비제도에 대한 항의가 산발적으로 일어났고, 몇몇 경제학자와 정치인이 불만을 표출했다. 또 레이건 행정부의 재정정책을 담당했던 기관과 연방준비제도 사이의 균열도 존재했다(Shull, 2005: 142). 그러나 사회정책을 둘러싼 정치의 과잉과 비교할 때, 높은 이자율에 대한 저항은 에피소드에 가까웠고 행정부 내부의 균열은 찻잔 속의 태풍에 불과했다. 화폐정책을 둘러싼 대중적인 정치적 갈등은 존재하지 않았을 뿐만 아니라 정책전환을 계기로 은행에 대한 규제와 감독을 담당하는 유일한 기관으로서 연방준비제도의 권한은 오히려 강화되었다(Shull, 2005: 155).

이와 같은 정치의 불균등한 분포는 자본주의 국가로서 관리국가를 구성하는 국가장치에 내재된 구조적 차이를 반영하는 것이었다. 사회행정기관은 시민의 권리와 의무를 둘러싼 이데올로기적 갈등을 수반하는 노동력의 재생산과정에 개입한다. 이 때문에 그들은 정치에 쉽게 노출되는 경향이 있다. 반면 화폐의 재생산은 순수한 기술적 문제로 제시될 수 있기 때문에 중앙은행은 정치를 회피할 수 있는 고유한 역량을 갖는다. 게다가 그들의 정책은 정치적 갈등을 우회해 직접적인 경제적 효과를 낳을 수 있다. 이러한 차이는 또한 1980년대 레이건 행정부에서 관리 패러다임의 전환이 불안정하고 불균등할 수밖에 없었던 조건이 된다.

3. 전환의 불안정성과 관리의 위기

1981년 레이건은 대통령 취임 연설에서 "현재의 위기에서 정부는 우리 문제의 해법이 아니다. 오히려 정부가 문제다"라고 선언했다. 그러나 정부가 아니라 시장을 문제의 해결책으로 제시한 그의 이념과 현실의 괴리는 컸다. 19세기적인 '자유시장'에 대한 신보수주의적 숭배에도 불구하고 관리국가는 20세기 자본주의가 요구하는 경제관리와 사회행정을 지속적으로 실행해야 했다(Kemp, 1990: 206-207). 즉 정책은 단순히 폐기되는 것이 아니라 '전환'되어야 했고, 그것을 실행하는 국가장치는 해체가 아니라 재배치되어야 했던 것이다. 그러한 전환과 재배치는 국가장치 내에서 정책의 유효성을 둘러싼 갈등과 균열을 수반할 수밖에 없었다. 게다가 자유시장을 신봉했던 신보수주의가 그러한 갈등과 균열을 조정할 수 있는 일관된 관리의 패러다임을 결여했다는 사실로 인해 사태는 더욱 악화되었다.

1) 갈등적 전환: 신보수주의 경제정책의 역설과 모순

레이건 행정부가 실행한 경제정책은 이른바 '레이거노믹스'(Reaganomics)로 지칭되었지만, 결코 단일한 패러다임을 따른 것은 아니었다. 오히려 그것은 경제정책과 그것을 실행하는 국가장치 사이의 균열과 경쟁을 내포했다. 특히 '공급측 경제학'을 따르는 재정정책과 통화주의를 따르는 화폐정책의 부정합성은 균열의 중심축을 이루었다. 양자는 모두 제2차 세계대전 이후 존재해 온 역사적 합의를 의식적으로 종결시키고 기존의 경제정책을 역전시키려는 레이건 행정부의 유력한 대안으로 기능했지만, 그 내적 일관성이나 정책적 효과는 상이한 것이었다(Kemp, 1990: 204). 카터 행정부 시절 통화주의 교리에 의해 정당화된 '볼커의 전환'은 시기적으로 선행했고, 인플레이션 억제와 달러 강세라는 가시적 성과를 남겼다. 그러나 레이건 행정부가 가장 역점을 두었던 것은 집권 초기(1981년)에 재정정책의 방침으로 채택했던 공급측 경제학의 이상을 실현하려는 것이었다.

집권 직후에 레이건 행정부와 '레이거노믹스'의 핵심축이 되었던 관리예산청(Office of Management and Budget: OMB)은 과거의 케인즈주의적 재정정책을 공격하면서 재정적자와 인플레이션 문제에 대한 대안으로 공급측 경제학에 기초한 세금 및 지출삭감을 제안했다. 공급측 경제학의 논리에 따르면, 소득세율을 일률적으로 대폭 삭감하면 공급측, 즉 기업의 투자 및 생산활동이 개선되어 정부의 세입총액은 증가할 것이며, 따라서 재정적자도 줄어들게 된다. 또 세입의 증가와 짝을 이루면서 불필요한 재정지출을 삭감하면 '균형재정'의 원리를 실현할 수 있다(Stein, 1994; Collins, 2000; Kemp, 1990; Krugman, 1994; Guttmann, 19

94; Spulber, 1989; Rosenberg, 2003). 이러한 전망에 입각해서 레이건 행정부는 1981년에 「경제재건조세법」(Economic Recovery Tax Act)을 신속하게 통과시켰다. 그것은 개인소득세를 23% 삭감하는 등 미국 역사에서 가장 큰 규모의 감세를 단행하는 조처였다. 그 후 1982년과 1986년에도 추가적인 감세조치가 취해졌고, 그 결과 재정수입은 빠르게 감소했다(Collins, 2000: 198; Pfaller, 1991: 69). <그림 4-2>에서 볼 수 있는 것처럼 1983년부터 87년까지 재정수입은 감소하는 추세를 보였는데, 특히 그 이전 시기와 비교해 볼 때 법인세는 훨씬 큰 폭으로 감소했다.

반면 레이건 행정부는 조세삭감이나 재정수입 감소에 상응해 정부지출을 축소하지는 않았다. 기존의 연방 프로그램을 축소하겠다는 정부의 일반적 전망과 달리 실제 개별 프로그램을 추진하는 과정에서 대다수 지출 프로그램은 그대로 유지되었다(Collins, 2000: 201; Stein, 1994: 404). 게다가 소련과의 평화공존이 종결되고 '2차 냉전'이 전개되면서 '별들의 전쟁'(Star Wars) 등을 위한 군사비 지출은 1980년부터 1986년까지 꾸준히 증가했다. 그렇지만 전반적인 재정지출 수준은 크게 상승

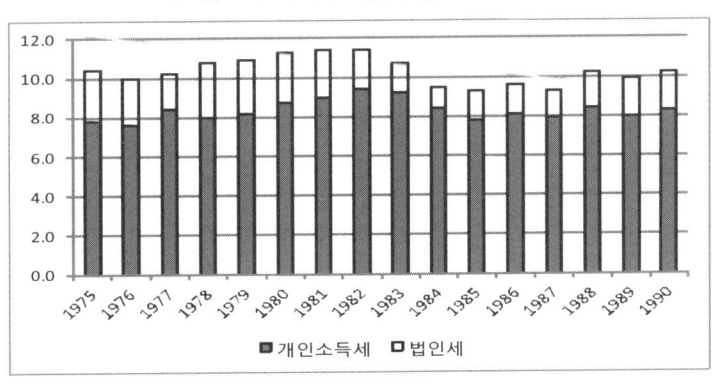

〈그림 4-2〉 미국의 재정수입(GDP 대비 %)

자료: Office of Management and Budget, Historical Tables, 2-3.

〈표 4-2〉 정부재정 수입과 지출(GDP 대비 %): 1981~1985

	총수입	총지출	예산수지
1981	19.6	22.2	-2.6
1985	17.7	22.9	-5.2

자료: Economic Report of the President, 2007, B-79에 기초해서 계산.

하지 않았기 때문에 레이건은 가까운 장래에 경제가 성장하고 조세수입이 증가해 '균형재정'이 달성될 것이라고 낙관했다(Kemp, 1990: 221-222; Stein, 1994: 331-332).

그러나 조세를 삭감하면서 균형재정을 달성하겠다는 공급측 경제학의 '기쁨의 경제학'은 사실상 현실성이 없었다.[18] <표 4-2>에서 볼 수 있는 것처럼 공급측 경제학의 예상과 달리 대규모 조세삭감은 연방조세를 감소시켰다. 연방정부의 총수입은 1981년 국내총생산(GDP)의 19.6%에서 1985년에 17.7%로 대폭 하락했다. 반면 같은 기간 연방정부의 총지출은 국내총생산의 22.2%에서 22.9%로 소폭 상승했다. 그 결과 '균형재정'에 대한 레이건의 명시적인 옹호에도 불구하고 재정적자는 감축되지 않았을 뿐만 아니라 오히려 지속적으로 증가했다. 국내총생산 대비 재정적자는 1981년 2.6%에서 1985년 5.2%로 크게 상승했던 것이다.

더 큰 문제는 레이건 행정부가 이런 현실에 대응할 일관된 관리 패러다임을 결여했다는 점이다. <그림 4-3>에서 드러난 것처럼 1982년과

---

[18] 닉슨 행정부에서 경제자문위원회 의장을 역임했고 '공급측 경제학'이라는 용어에 영감을 주었던 보수주의 경제학자 허버트 스테인도 레이건 행정부의 경제정책을 '풋내기 공급측 경제학'이라고 비판했다. 그에 따르면 그 풋내기들 때문에 레이건 행정부는 유일하게 현실적인 대안이었던 '내핍의 경제학'이 아니라 실효성이 없는 '기쁨의 경제학'으로 경도되었다(Stein, 1994; Collins, 2000: 185).

〈그림 4-3〉 미국의 재정적자(GDP 대비 %): 1960~1990

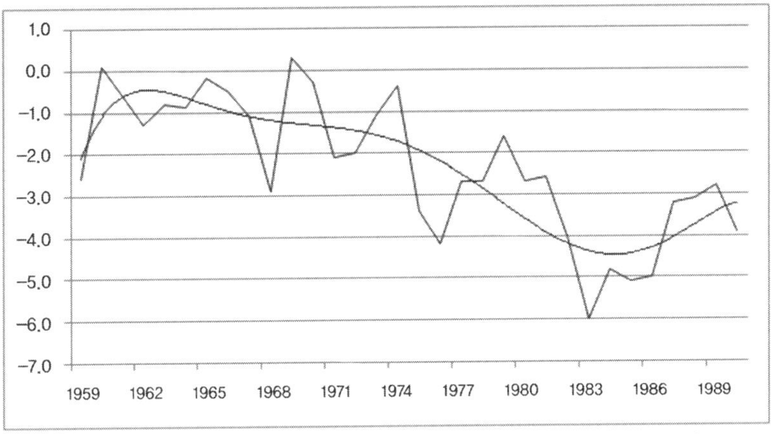

자료: Economic Report of the President, 2007, B-79, B-103에 기초해서 계산.

1983년에 재정적자가 제2차 세계대전 이후 역사상 최고 수준인 국내총생산(GDP)의 6%에 도달하면서 행정부는 몇몇 세금의 인상에 찬성했지만, 그것은 미봉적인 대응에 불과했다. 조세수입 체계는 사실상 파괴되었고 재정적자를 감축시키려는 실질적인 조처도 추진되지 않았다. 게다가 레이건 행정부는 재정균형의 원칙을 더 이상 지킬 수 없다는 사실을 인정하려 하지 않았으며, 재정정책의 대안적 원칙을 개발하려고 하지도 않았다. 그 결과 1980년대에는 재정적 원리를 결여한 '분열증적인 예산정치'와 대규모 재정적자가 지속되었다(Stein, 1994: 332-329; Collins, 2000: 207; Kettl, 2003: 30)

미국 정부 재정적자의 장기적 추세를 보여주는 <그림 4-3>을 살펴볼 때 레이건 행정부가 실행한 재정정책의 역설은 더욱 분명하게 드러난다. 1960년대 케네디와 존슨 행정부 시기에는 적극적인 재정정책에도 불구하고 재정적자가 국내총생산(GDP) 대비 1~2% 내외에서 유지되었던 것과 대조적으로 레이건 행정부에서는 1980년대 초 재정적자 규모가 국내총생산 대비 6% 수준으로까지 증가했다.[19] 그 결과는 정부부채의 누적이었다. 레이건 집권기에 의회는 18차례나 정부부채 상한선(debt ceiling)을 상승시켜야 했다. 재정지출에 우호적이었던 정부에서 재정적자 수준이 낮았던 반면, 재정적자 감축이라는 구호를 통해 집권에 성공했고 또 그 문제를 핵심적인 정책적 목표로 삼았던 신보수주의 정부가 제2차 세계대전 이후 역사상 가장 높은 수준의 재정적자를 기록했다는 사실은 역설이 아닐 수 없다. 또한 전후 시기 동안 성장관리의 주요한 수단이었던 재정정책을 실질적으로 무효화시킨 것이 신보수주의의 집권이 아니라 그들이 야기한 막대한 액수의 재정적자였다는 사실도 마찬가지로 역설적이다(Collins, 2000: 203, 212).

레이건 행정부 하에서 재정정책이 화려한 정치적 수사에도 불구하고 빈곤한 실적으로 보였던 것과 대조적으로 화폐정책은 인플레이션을 하락시킴으로써 레이건 집권기의 전반적인 경제실적에서 훨씬 중요한 역할을 했다. 레이건은 비록 자신이 주도하지는 않았지만 케인즈주의를 폐기했던 볼커의 정책전환을 지지했고, 그 결과 인플레이션 억제라는 독자적인 목표를 추구하는 연방준비제도의 자율성과 권한은 증가했다. 이에 따라 과거에 성장과 높은 수준의 고용을 추구하는 재정정책과의 '미세조정' 속에서 그것을 보완했던 화폐정책은 이제 재정정책과 분리되거나, 심지어는 그것과 충돌하면서 인플레이션 억제라는 목표에 봉사했다.

---

19) 이런 재정적자는 모두 정부부채에 의해 충당되었고, 레이건 시대가 종결될 무렵 정부부채는 3배가량 증가했다. 그 결과 레이건 행정부를 거치면서 미국은 10년 만에 세계 최대의 채무국으로 전락했다. 이와 함께 세계 최대 채무국의 화폐가 세계화폐로 사용된다는 모순이 출현했는데, 그 모순은 국제적인 금융체계를 내생적으로 불안정하게 만들었다(Eisner, 1995: 305; Guttmann, 1994: 193). 그러한 모순과 불안정성의 역설적 결과는 제5장에서 검토될 것이다.

이와 같은 연방준비제도의 실천은 당시 경제학계를 지배하던 통화주의 경제학에 의해 이론적으로 뒷받침되었다. 정책 패러다임으로서 통화주의의 본질적 명제는 민족적인 화폐공급에 대한 안정적 통제가 성공적인 경제관리의 핵심적 열쇠라는 것이었다. 통화주의는 올바른 경제정책이 민족경제 내에서 낮은 인플레이션과 경제성장을 달성할 수 있다는 신념을 케인즈주의와 공유했다. 그러나 통화주의는 재정정책의 유효성을 기각하고 대신 화폐정책의 유효성을 옹호한다는 점에서, 그리고 이자율이 아니라 통화량을 화폐정책의 중간목표로 삼는다는 점에서 케인즈주의와 대립했다(Bryan, 1995: 165-166).[20]

화폐정책의 실질적인 운용과 관련하여 통화주의는 중앙은행이 통화량을 몇 가지 범주로 세분한 후 기존의 대표적인 통화량(monetary aggregate) 지표인 통화(M_1)가 아니라 거기에 소액저축성예금을 추가한 총통화(M_2)라는 더 포괄적인 통화량을 설정하여 그것을 엄격하게 통제할 것을 처방했다.[21] 이는 화폐공급의 안정성을 확립하기 위해 화폐정책에서 '재량주의'가 아니라 '준칙주의'가 확립되어야 함을 의미한다. 또

---

[20] 통화주의의 주창자 밀턴 프리드만(Milton Friedman)은 투기적 수요로 인해 화폐수요가 불안정해지고 이자율에 민감하게 반응한다는 케인즈의 주장을 기각하면서 이자율뿐만 아니라 여타 금융자산 수익률을 고려할 때 화폐수요는 안정적이라고 주장한다. 또 그는 화폐수요가 안성석이기 때문에 인플레이션을 야기하는 것은 화폐당국의 과도한 화폐공급이라고 주장한다. 바로 이러한 이론적 논거에 기초해 통화주의는 이자율이 아니라 통화량을 화폐정책의 주요한 수단으로 간주하게 된다(Screpanti and Zamagni, 1993: 308).

[21] 연방준비제도가 발표하는 가장 좁은 의미의 통화량 지표는 통화(M_1)다. 통화는 화폐와 은행신용, 즉 유통 중인 현금(민간 보유 화폐)과 요구불예금의 합으로 계산된다. 더 넓은 의미의 통화량 지표인 총통화(M_2)는 통화에 소액저축성예금을 추가한 것이고, 그보다 더 넓은 의미의 통화량 지표인 총유동성(M_3)은 총통화에 증권을 제외한 모든 금융자산을 추가한 것이다. 그리고 가장 넓은 의미의 화폐로서 광의유동성(L)은 주식을 제외한 모든 금융자산을 추가한 것이다.

한 이는 그러한 준칙의 수호자로서 중앙은행의 화폐공급이 정부가 설정하는 어떤 인위적 목적에 구애됨 없이 국민소득의 증가에 비례해서 고정된 비율로 증가해야 함을 의미한다. 즉 화폐정책을 정치의 영향으로부터 차단하기 위해 중앙은행은 목표상의 독립성을 획득해야 하는 것이다(Kemp, 1990: 185; Snowdon et al., 1994).[22]

연준 의장 볼커는 화폐정책의 전환을 정당화하고 연준의 권한을 강화하기 위해 이와 같은 통화주의 논리를 활용했지만, 실제로 실행된 화폐정책은 결코 통화주의의 처방과 동일한 것이 아니었다. 왜냐하면 연방준비제도의 실천은 화폐공급 증가율을 경제성장률에 맞게 고정시키는 준칙주의가 아니라 상황에 따라 조절하는 '재량주의'에서 크게 벗어나지 않았기 때문이다(Stein, 1994: 334-336).[23] 사실 경제적 국가장치로서 중앙은행의 입장에서 볼 때 화폐공급에 대한 수량적 준칙을 준수하는 것 자체가 화폐정책의 핵심적 목표가 될 수는 없었다. 연방준비제도가 통화주의를 활용하면서 정당화했던 화폐정책의 실질적인 목적은 훨씬 실용적인 것이었다. 그것은 바로 인플레이션으로 인해 악화된 화폐의 품질을 개선하고 연방준비제도의 화폐관리에 대한 금융시장의 신뢰를 회복하는 것이었다(Greider, 1987: 676; Guttmann, 1994: 164).

게다가 '볼커의 전환'을 보완하는 1980년의 은행법은 사적 은행에 대한 규제——예를 들면 이자율과 금융상품에 대한 규제——를 제거하는 동시에 그들의 화폐창조 과정에 대한 연방준비제도의 영향력을 강화한다는 명백하게 모순적인 내용을 담고 있었다(Guttmann, 1994: 198). 규제에서 벗어난 은행은 새로운 신용수단——그것은 대부분 총통화(M_2)

---

[22] 중앙은행의 '목표상의 독립'은 사실상 중앙은행이 고용안정이나 경제성장 같은 목표가 아니라 물가안정을 유일한 목표로 추구해야 한다는 것을 의미한다.

[23] 바로 이 때문에 프리드먼을 위시한 엄격한 통화주의자들은 연방준비제도의 새 정책을 '통화주의 정책'으로 간주하지 않았다(Stein, 1994: 334).

와 총유동성(M₃)에 속했다──을 지속적으로 고안해 냈기 때문에 화폐공급에 대한 중앙은행의 통제는 더 어려워졌던 것이다. '금융혁신'의 결과 은행의 지급준비금과 통화량 사이의 상관관계는 모호해졌고, 지급준비금에 대한 통제를 통해 화폐공급을 조절하려는 정책은 실효성을 상실했다. 이런 이유로 인해 통화주의 원리에 따라 통화량을 정책목표로 삼았던 시기에도 핵심적인 통화지표가 목표치 내에서 유지된 경우는 거의 없었다(Guttmann, 1994: 200-203).

미국에서 통화주의가 공식적으로 유행한 기간은 사실상 1979년부터 1982년까지의 짧은 기간이었다. 연준은 통화주의를 폐기하면서 그 원리에 따라 통화량을 통제할 수 없다는 기술적인 이유를 제시했지만, 1980년대 초의 높은 이자율로 인해 신용위기의 가능성이 높아졌다는 현실적인 이유도 중요하게 작용했다. 특히 이자 지불에 어려움을 겪으면서 채무불이행의 상황에 직면한 멕시코 경제에 대한 구제는 화폐정책의 주된 고려사항이 되었다(Henwood, 1997: 201; Bryan, 1995: 166). 연준은 멕시코의 외채위기가 미국의 금융위기로 확산되는 것을 막기 위해 적극적인 조치를 취해야 했던 것이다. 1982년 여름 연방준비제도는 다시 이자율이라는 익숙한 정책목표로 전환했고 신용공급을 확대함으로써 화폐제약을 완화하기 시작했다(Shull, 2005: 140).

이상에서 살펴본 것처럼 레이거노믹스의 양대 축이었던 '공급측 경제학'과 '통화주의'는 현실의 정책에서 각각 고유한 모순과 한계를 보였다. 공급측 경제학을 따랐던 조세삭감은 결국 전례 없는 재정적자를 야기하는 것으로 귀결되었고, 통화주의를 통해 정당화되었던 화폐정책은 통화주의를 일관되게 실행하지 않았다. 뿐만 아니라 각각의 논리를 따르는 재정정책과 화폐정책은 케인즈주의 시대와 달리 체계적으로 조정되지 않았다. 예를 들어 통화주의적인 정책전환에 따른 높은 이자율은 정부예산 중에서 원리금 상환에 따른 지출의 비중을 증가시킴으로써 재정적자를 더욱 증가시키는 역할을 했다. 또한 지속적인 재정적자는 통화량을 증가시킴으로써 인플레이션을 증폭시킬 위험이 있었다. 이와 같은 정책전환의 불안정성으로 인해 레이건과 그 보좌관들은 특정한 관리 패러다임을 지속적이고 일관되게 적용하는 것이 아니라 주류 '공화당주의'와 더 유사한 정책을 추진할 수밖에 없었다. 그들은 사실상 상황의 필요에 따라 이런저런 정책을 조합하면서 '그럭저럭 버티기'(muddling through)에 머물렀던 것이다(Guttmann, 1994: 193; Kemp, 1990: 223; Collins, 2000: 212-213).

그러나 경제관리에서 레이건과 신보수주의 세력의 혼란은 더 심층적인 문제에서 기원한 것이었다. 사실 그것은 그들의 집권을 가능하게 했던 '자유시장' 이념의 내적 모순에 이미 잠재해 있었다. 레이건은 정부가 문제의 해법이 아니라 문제의 원인이라고 지목했지만, 한 가지 역설은 정부가 실행한 것은 오직 정부에 의해서만 무효화될 수 있다는 점이었다. 즉 정부의 문제는 시장의 자율적인 힘이 아니라 정부 자신에 의해 해결되어야 한다는 것이다. 게다가 신보수주의자들이 주장하는 자유시장 이념을 실현하기 위해서는 재무부와 중앙은행 같은 경제적 국가장치의 밀도 높은 개입이 필요했다(Kemp, 1990: 209). 신보수주의자들은 이러한 사실을 인정할 수 없었고, 이 때문에 국가가 '자유시장'의 이름으로 행동한다는 모순을 피할 수 없었다.

2) 불균등한 전환: 신보수주의 사회정책의 한계

레이건 행정부 하에서 추진된 경제정책의 전환은 그 내적 모순과 불안정성에도 불구하고 사회정책의 전환에 결정적인 영향을 미쳤다. 특히 레이건 행정부가 최우선의 과제로 삼았던 인플레이션 억제와 재정적자 감축이라는 목표는 경제정책과 사회정책의 결합을 해체시키고 사회정책의 재정적 토대를 약화시켰다. 신보수주의자들은 '자연실업률'이라는 관념을 활용해 사회정책의 거시경제적 효과를 기각하고 비생산적인 사회정책을 인플레이션과 재정적자의 원인으로 공격했다(Kemp, 1990: 187; Baldock and Miller, 1985: 151).[24] 또 집권 초기에 공급측 경제학의 논리에 따라 실행된 감세가 재정적자를 야기하면서 적자 감축은 더 절박한 과제로 부각되었고, 이에 따라 '사회적 지출'의 삭감에 대한 요구는 더 증가했다. 이러한 재정적 관심은 사회정책을 둘러싼 논의의 지반을 "사회적 지출을 어디에 어떻게 배치할 것인가"에서 "사회적 지출을 어떻게 축소할 것인가"로 완전히 변경시켰다(Waddan, 1997: 130; Rosenberg, 2003: 240; Trattner, 1999: 364).[25]

그러나 '사회적 지출'에는 연방정부가 퇴직자에게 지급하는 연금에서부터 빈민의 학교급식에 대한 주정부의 지원에 이르는 매우 다양한 영역의 지출이 포함되어 있었다. 또 각각의 지출 프로그램이 전체 사회적 지출에서 차지하는 비중은 상이했고, 프로그램의 운영방식이나 이해관계자도 단일하지 않았다. 사회적 지출에서 높은 비중을 차지했던 '사회보장' 프로그램은 비교적 유사한 보험의 원리에 따라 상대적으로 여유 있는 집단에게 보험금을 지급했고, 더 낮은 비중을 차지했

---

[24] 제2절에서 살펴보았던 것처럼 자연실업률 주창자들은 장기적으로 실업률은 정부의 정책과 무관하게 '자연적 수준'으로 수렴하는 경향이 있다고 주장했다. 이러한 논의에 따르면, 자연실업률보다 낮은 수준의 실업률을 유지하려는 정부의 인위적인 재정정책은 인플레이션을 발생시킬 뿐이다(Brunhoff, 1986: 58; Snowdon et al, 1994: 233; Budd, 1996: 128-129).

[25] 레이건 집권 초기에 공급측 경제학을 따라 조세삭감을 주도했던 관리예산청장 스토크먼은 조세삭감에도 불구하고 균형재정을 달성할 수 있는 유일한 길은 여타의 정부활동을 축소하는 것밖에 없다고 주장했는데, 그 구체적인 방안은 불필요한 지출로서 사회적 지출을 대폭 축소하는 것이었다(Jansson, 1993: 285).

던 '복지' 또는 '공적 구호' 프로그램은 더 빈곤한 집단에게 다양한 방식으로 복지급부를 제공했다. 또 두 범주의 프로그램이 당시에 직면하고 있던 현실적인 문제도 달랐다. 이 때문에 레이건 행정부는 사회적 지출을 축소한다는 일반적인 원칙에도 불구하고 사회보장 프로그램('수급권 프로그램')과 공적 구호 프로그램('자산조사 프로그램')에 대해 서로 다른 접근법을 채택했다(Jansson, 1993: 284; Trattner, 1999: 365).

사실 레이건 행정부가 출범하기 이전부터 사회보장 프로그램은 그 내적 모순으로 인해 심각한 재정위기를 겪고 있었다. 사회보장 프로그램은 고용주와 노동자가 일정한 비율로 기여금을 납부하고, 그것에 기초해서 노동을 통해 임금을 획득할 수 없는 퇴직 노동자에게 급부를 지급하는 부과식 체계(pay-as-you-go)에 기초했다. 이러한 배치로 인해 사회보장기금은 경제활동 노동력의 규모와 그 임금의 성장에 의존한다는 한계를 가졌다(Katz, 2001: 238; Spicker, 1993: 154). 일정한 수준의 성장과 고용이 보장되지 않는다면, 기여금은 감소하고 사회보장 재정은 위험에 빠질 수 있다. 그리고 그 위험은 누적적인 효과를 갖는다. 왜냐하면 위기 시에는 사회보장 급부에 대한 요구는 증가하는 데 반해 기여금은 줄어들며, 더 작은 수의 노동자들이 더 많은 수의 사람들을 위해 기여금을 제공해야 하기 때문이다. 결국 사회보장은 그 수혜자가 적은 경우에만 잘 기능하며, 불황기처럼 그것이 가장 필요할 때에는 제대로 기능하지 못한다는 모순을 가졌던 것이다(Brunhoff, 1986: 57-61; Trattner, 1999: 367).

이러한 모순으로 인해 연방 차원에서 제공되는 사회보장 퇴직연금의 기능을 담당했던 노령·유족·장애보험(OASDI)의 신탁기금은 1974년에서 1983년 사이에 반복적으로 지불불능의 위협을 겪었다. 그리고 1983년에는 신탁기금이 거의 고갈되어 준비금이 1개월 정도만 지급할 수 있는 수준에 도달했다(Quadagno, 1998: 100). 레이건 행정부는 이 문제에 대한 대안으로 사회보장 급여의 축소를 추진했지만, 그러한 시도는 의회와 "우리의 사회보장을 지키자"(Save Our Security) 같은 반대 캠페인의 도전에 직면했다. 그 결과 사회보장 재정과 관련된 문제의 해법은 과거에 대통령경제자문위원을 역임했던 경제학자 앨런 그린스펀(Alan Greenspan)을 위원장으로 하는 초당적인 위원회에 위임되었다(Trattner, 1999: 366-367).

그린스펀의 전국사회보장개혁위원회(National Commission on Social Security Reform)는 노령・유족・장애보험(OASDI) 재정위기의 해법으로 그 제도의 전면적인 구조조정이 아니라 세입을 증가시키는 기술적인 방법을 추천했다. 단기적으로는 이미 예정되어 있던 세율 인상을 조기 실시하고, 일부 사회보장 급부금에 연방소득세를 부과하며, 연방공무원들을 그 제도에 가입시키는 것과 같은 처방이 제시되었다. 그리고 장기적으로는 급부금의 증가를 제한하기 위해 급부금 수급 개시 연령, 즉 정규 퇴직연령을 서서히 상승시키는 것과 같은 방안이 제안되었다. 그리고 이러한 제안에 따르는 기술적 조정의 결과로 사회보장 신탁기금은 큰 어려움을 겪지 않고 흑자로 전환되었다(Stein, 1994: 320; Katz, 2001: 239-240; Trattner, 1999: 367).[26]

한편 퇴직연금과 달리 실업보험의 경우는 문제가 훨씬 복잡했다. 실업보험도 퇴직연금과 유사한 보험의 원리에 따라 운영되었고 실업률이 상승하는 시기에 그 납부금이 축소되었지만, 퇴직연령에 의해 그 수령인구가 결정되는 퇴직연금과 달리 실업보험 급부의 수령인구는 훨씬 더 불안정한 경제적 순환을 직접적으로 반영했다. 즉 경기침체가

---

[26] 물론 이러한 조정이 모든 논란을 잠재운 것은 아니다. 사회보장 재정을 둘러싼 문제는 1980년대 동안 기금 고갈의 위험과 세대 간 형평성의 문제──노령층이 청년층을 희생하여 너무 많은 자원을 가져간다는 문제──라는 형태로 지속적으로 제기되었다(Quadgno, 1998: 100; Katz, 2001: 240).

발생하면 실업보험의 급부 수요는 즉각적으로 증가했던 것이다. 이 때문에 주정부가 관리해 온 실업보험 신탁기금은 1973~74년의 불황을 거치면서 이미 고갈되었고, 연방정부는 그때부터 무이자 대부를 통해 주정부를 지원하고 있었다(Katz, 2001: 225-227).

각 주는 이러한 재정위기에 대응하기 위해 세 가지 방안을 검토했다. 첫째, 고용주가 조세형태로 납부하는 기여금을 인상하는 방법, 둘째, 실업보험 급부를 삭감하는 방법, 셋째, 실업보험 수급자 수를 축소시키는 방법 등이 모두 고려되었다. 그러나 대다수의 주는 수급권 기준을 엄격하게 정의함으로써 실업보험 수급자를 축소시키는 세 번째 경로를 선택했는데, 레이건 행정부 하에서는 이러한 경향이 강화되었다. 1981~87년 사이에 44개 주가 실업보험을 위한 노동 및 수입 기준을 상승시켰고 부적격 기준을 추가했다. 그 결과 1980년대에는 실업급여에서 새로운 경향이 나타났다. 과거에는 경기침체 상황에서 실업급여를 활용할 수 있는 접근권이 확대되었던 반면, 이제는 경기침체 상황에서 실업급여에 대한 접근권이 오히려 축소되었던 것이다(Weir, 1992: 161; Katz, 2001: 225).[27]

레이건 행정부는 1981년 「포괄예산조정법」(Omnibus Budget Reconciliation Act)의 일부로서 시행된 1982년의 예산삭감을 통해 사회정책을 개혁했다(Eisner, 1995: 292). 그런데 <표 4-3>이 보여주는 것처럼 예산삭감의 대부분은 사회보험이 아니라 공적 구호와 관련된 프로그램들이었다. 정부가 고용능력과 의사를 가진 사람들에게 직접적으로 공적 고용을 제공하는 「포괄교육훈련법」의 공적 서비스 고용 프로그램은 폐지되었고, 부양아동가족원조(AFDC), 메디케이드, 식품교환권(Food Stamp), 보충적

---

27) 그 결과 분명한 근거 없이 일자리를 자발적으로 그만둔 경우, '적절한 직무'를 거절한 경우, 부정행위로 인해 일자리를 잃은 경우는 실업급여 수급권을 상실했다(Katz, 2001: 225).

〈표 4-3〉 레이건 행정부의 사회보장 개혁(1982)

유지	노령·유족·장애보험(OASDI), 공무원 퇴직·유족·장애보험, 철도직원 퇴직·유족·장애보험, 군무원 퇴직·유족·장애보험, 참전용사 퇴직·유족·장애보험, 진폐증 보험, 메디케어, 여성 보충급식
예산삭감	보충적 소득보장(SSI), 메디케이드, 식품교환권, 학교급식, 부양아동가족원조(AFDC), 에너지보조, 주택보조, 실업보험, 포괄교육훈련(CETA) 내 직업 및 청소년 훈련 프로그램(jobs corps)
폐지	포괄교육훈련 내 공적 서비스 고용

소득보장(SSI) 등과 같이 빈민들에게 현금 또는 현물 형태로 소득을 지원하는 정책은 삭감되었다. 또한 노동과 자존에 대한 애착을 증진시킨다는 명목으로 복지 수급권이 제한되었고, 지급액이 축소되었으며, 개별 주별로 의무적인 노동 프로그램을 발전시키도록 권고되었다. 그리고 여기에 덧붙여 공적 구호에 대한 연방정부의 책임을 지방정부로 이전시키려는 시도가 병행되었다(Peck, 1999: 91; Rosenberg, 2003: 240; Trattner, 1999: 364).[28]

실업과 빈곤이 증가하는 시기에 빈민들에게 가장 큰 혜택을 주었던 부양아동가족원조, 메디케이드, 식품교환권 같은 프로그램이 축소되면서 상대적으로 더 빈곤했던 사람들이 획득할 수 있는 급부는 줄어들었다. 뿐만 아니라 그들은 복지에 의존해서 생활하는 '자격 없는' 빈민이라는 도덕적 비난을 받아야 했고, 징벌적 성격의 의무적 노동을 감수해야 했다. 이와 같은 경제적·사회적·도덕적 압력은 결국 빈민들로 하여금 불가피하게 더 낮은 임금을 수용하게 만드는 요인으로 작용했

---

28) 신보수주의자들의 구상에서 '복지문제'의 해결은 사회적 지출을 삭감하는 데 멈추지 않았다. 그들에게 핵심은 빈민에 대한 책임을 연방 차원의 행정으로부터 제거하는 것이었다. 대신 사적 재단, 교회, 우애협회, 기업, 자선기관 등과 같은 사적 부문의 자발적 활동이 대안으로 제시되었다(Trattner, 1999: 364).

다(Piven and Cloward, 1993: 359).

결국 레이건 행정부에 의해 추진된 사회정책의 전환은 사회보장제도 전반에 걸쳐 불균등한 결과를 남겼다. 사회보장제도, 즉 노령·유족·장애보험(OASDI)과 실업보험처럼 보험의 원리에 기초한 사회정책은 대체로 그 기본적인 구조를 유지했다. 특히 사회보장 및 실업보험 기금의 재정위기와 관련된 대중적 논란에도 불구하고 사실상 그 원리와 제도의 전반적인 변형보다는 기금의 안정적 확보를 위한 기술적 조정이 선호되었다는 사실에 주목할 필요가 있다. 반면 구호의 원리에 기초한 '복지' 프로그램은 무책임한 빈민들의 의존성을 재생산하는 것으로 공격을 받으면서 폐지되거나 축소되었다. 1980년대에 사회적 지출의 축소를 위한 노력이 지속되었지만, 레이건 행정부가 실제로 수행한 사회정책의 전환은 정부지출에서 훨씬 큰 부분을 차지하는 사회보험이 아니라 매우 작은 부분을 차지하는 빈민구호 프로그램을 축소하는 것에서 가시적인 '성과'를 남겼던 것이다(Waddan, 1997: 116; Kemp, 1990: 222; Stein, 1994: 319; Amenta, 1998: 267).[29]

이와 같은 불균등성의 일차적 원인은 정치적인 것이었다. 사회보장의 삭감을 둘러싸고 의회와 이익집단이 전국적 차원의 반대를 조직할 수 있던 반면, 조직적 자원을 결여한 채 지역·인종·성별 등의 이유로 분할되어 있던 빈민들은 신보수주의의 공격에 효과적으로 대응할 수 없었던 것이다(Jassen, 1993: 282-283). 그러나 그 이면에는 더 구조적인 원인이 존재했다. 국가에 의한 노동력의 관리라는 관점에서 볼 때, 사회보험과 공적 구호는 서로 다른 원리에 기초했다. 보험의 원리는

---

29) 미국 상무부 경제분석국의 자료에 따르면, 1982년에 퇴직·장애보험 급여에 대한 연방지출은 1,658억 달러였고 실업급여에 대한 연방지출은 253억 달러였던 반면, 모든 공적 구호를 포괄하는 소득유지 급여에 대한 연방지출은 383억 달러에 불과했다(US Bureau of Economic, 2002).

고용과정에서의 기여에 기초를 둔 '지연된 임금'이나 '강제된 저축'이었다. 따라서 그것은 자본주의적 소유권으로서 존중되어야 했다. 반면 19세기 빈민구제의 연장으로서 구호의 원리에 기초한 복지는 노동력을 정상적으로 유지하기 위해 국가가 제공하는 시혜였다. 이 때문에 이들 제도는 훨씬 쉽게 정치적 공격에 노출되고 상대적으로 더 크게 축소되었던 것이다(Brunhoff, 1986: 85).

비록 불균등한 전환으로 종결되었지만 레이건 행정부의 사회정책 개혁은 관리국가의 역사적 진화와 관련하여 중대한 의미를 내포했다. 사회정책의 전환은 일시적인 경제적 침체에 대한 실용적 대응의 산물이 아니었고, 단순한 사회적 지출 삭감의 문제도 아니었다. 오히려 그것은 1970년대 사회정책의 임시방편적 해결책으로부터의 단절로서, 빈곤이라는 사회적 문제가 행정적 관리를 통해 해결할 수 있다는 전후의 포괄적인 합의가 붕괴되었다는 것을 의미했다. 나아가 그것은 사회정책이 경제성장에 기여한다는 성장관리 패러다임의 일반적인 도식——'경제와 사회의 호순환'——이 해체되었다는 것을 의미했다. 이제 어느 누구도 사회정책이 경제를 자극할 수 있다고 주장하기가 어려워졌고, 그 결과 경제적 부담이 될 수 있는 새로운 사회정책을 도입한다는 것은 생각할 수 없는 일이 되었던 것이다(Brunhoff, 1986: 85; Collins, 2000: 210).

4. 신보수주의의 역사적 유산

미국의 정책사에서 케네디의 시대가 '전문가의 시대'로 기록되는 것과 대조적으로 레이건의 시대는 '이데올로그의 시대'로 기록된다

(Norton, 1985: 213; Krugman, 1994: 270). 레이건 시대를 지배했던 신보수주의는 '거대정부'에 대한 반대라는 이데올로기를 통해 기존의 관리국가 패러다임에 반대하는 세력들을 결집시킬 수 있었지만, 바로 그러한 이데올로기로 인해 대안적 패러다임을 확립하는 데는 실패했다. 그 결과 경제정책의 전환은 불안정했으며 사회정책의 전환은 불균등했다. 이러한 불안정과 불균형은 국가장치 사이의 균열과 갈등을 수반했고, 그 결과 관리의 위기는 심화되었다. 그럼에도 불구하고 신보수주의는 분명한 역사적 유산을 남겼는데, 그것은 바로 경제관리에서 중앙은행의 주도적 역할을 확립했다는 것이다. 위기상황에서 남다른 적응능력을 보였던 중앙은행은 노동에 대한 화폐의 우위를 확립함으로써 사회적 세력관계를 변화시키고 금융의 지배를 확립하는 데 핵심적인 역할을 했다.

1) 국가장치의 경쟁적 적응과 중앙은행의 승리

1980년대 레이건 행정부는 전후에 확립된 관리국가의 사회경제적 역할에 대한 대중적 불만에 기초했다. '국가실패'라는 대중적 진단은 기존 관리 패러다임을 기각시켰을 뿐만 아니라 관리국가를 구성하는 국가장치의 생존 자체를 위협했다. 경제정책과 사회정책을 실행했던 국가장치는 변화된 환경에 적응하는 동시에 자신의 존재 근거를 증명해야 했다. 국가장치는 각자의 정책수단을 통해 서로 경쟁했고, 이 과정에서 그들 사이의 균열은 증폭되었다. 경제적 위기뿐만 아니라 사회적 세력관계를 변경시키려는 계급집단의 경제적·이데올로기적 전략은 그런 경쟁적 적응의 과정에 직접적인 영향을 미쳤고, 의회와 행정부 내에서의 갈등도 중요한 역할을 했다. 경제적·이데올로기적 환경과 국가장치 사이의 상호작용 속에서 개별 장치의 적응력은 심판대에 올랐다.

신보수주의 세력은 사회정책을 실행하는 관료-전문가들이 미국적인 가치에 반하는 생활양식을 권장하고 복잡한 사회에서 실현될 수 없는 사회공학을 실행한다고 비판했다. 이와 같은 적대적 태도가 대중적 반향을 불러일으키면서 사회행정기관은 매우 불리한 이데올로기적 환경에 직면했다. 또한 경제정책을 담당하는 기관이 재정적자를 감축시키기 위해 사회적 지출의 삭감을 추진하면서 사회행정기관의 재정적 토대도 약화되었다. 사회정책을 둘러싼 갈등에서 의회는 그 예산을 삭감하려는 행정부의 시도에 대해 일정한 비토 권력(veto power)을 행사했지만, 그럼에도 불구하고 사회정책기관의 상처 입은 전문성은 치유되지 않았다. 그 결과 실업과 빈곤의 증가에도 불구하고 사회정책을 담당하던 관료-전문가의 재량적 권한은 점차 축소되었다. 또한 연방정부 차원의 사회행정기관을 축소하거나 주정부 차원으로 이전시키는 계획이 추진되기도 했다(Rosenberg, 2003: 240; Trattner, 1999: 364).

사회정책을 담당하는 기관이 외적인 공격, 특히 경제정책을 담당하는 기관의 공격으로 인해 취약해졌다면, 재정정책을 담당하는 기관은 내적인 분열에 직면했다. 전통적인 재정정책의 트로이카였던 재무부, 관리예산청(OMB), 경제자문위원회(CEA)는 케인즈주의를 따르는 적극적인 재정정책을 기각했지만, 대안을 둘러싼 갈등은 지속되었다. 적극적인 감세를 주장하는 '공급측 경제학'이 주변적 위치를 차지했던 재무부는 정부재정을 더 엄격하게 관리하고 정부부채를 효과적으로 처리하기 위한 기술적 노력을 경주했다.[30] 당시 유행 중이던 통화주의

---

30) 1974년 재무부 산하에 설립된 정부재정운용국(Bureau Government Financial Operations)은 1984년에 재정관리서비스(Financial Management Service)로 개칭되었다. 이와 같은 명칭 변경과 함께 기구의 관할 영역도 확대되었다. 특히 재정관

경제학의 영향을 받았던 경제자문위원회는 레이건 행정부의 정책 선택을 정당화하는 경제보고서를 의회에 제출했지만, 공급측 경제학에 대해서는 미온적인 태도를 보였다(Stein, 1994; Collins, 2000). 반면 1974년의 「의회예산법」에 따라 예산국(Bureau of Budget)에서 확대·강화된 관리예산청은 재무부와 경제자문위원회의 반감에도 불구하고 예산편성에 관한 논의를 주도하면서 공급측 경제학이 제안한 조세삭감을 옹호했다(Norton, 1985: 230).

재정적자가 증가하고 의회에서 예산논쟁이 격화되면서 행정부 내에서 예산편성과 관련된 권력은 점차 관리예산청으로 집중되었다. 레이거노믹스의 대변자로 활약했던 관리예산청장 데이비드 스토크먼(David Stockman)은 '거대정부'에 대한 신보수주의적 불만을 공유했고, 재정적자를 누적시키는 정책결정과정을 해체시키려고 했다. 그 결과 기존의 예산편성 원리였던 '누적주의'(incrementalism), 즉 행정예산 입안자가 다양한 이해관계를 모두 고려해서 그것을 예산에 누적적으로 반영하는 원리를 기각했다. 그것은 재정정책의 핵심적인 기관이 예산편성의 재량적 권한을 사실상 스스로 포기하는 것이었기 때문에 매우 역설적인 사건이라고 할 수 있다(Kettl, 2003: 110).[31]

리서비스는 정부 차원의 재정관리를 개선하기 위한 프로그램의 선도 기관으로 기능했다. 그리고 1986년에는 공채국이 국채시장의 운영을 위한 규칙 제정 기관의 임무를 맡게 되었다(Department of Treasury, 2006: 22; Shohov, 2003: 63).

31) 또 스토크먼의 영향력 하에서 1985년에 의회에서 「균형예산·긴급적자통제법」(「그램-루드먼법」)이 통과되었다. 그 법은 향후 5년 뒤에는 균형재정에 도달하도록 5년 뒤를 고려하여 매년 예산적자의 한도를 정하는 방안을 구체화했다. 그것은 예산에 대한 정치적·재량적 결정을 막고 자동적으로 균형예산을 확보하게 만드는 절차를 법적으로 확정하려는 시도였다(Kettl, 2003: 110; Pitney, 1994: 179; Stein, 1996: 588). 그러나 이런 계획은 적자축소 목표액이 비현실적으로 높았기 때문에 결국 실패했다.

비록 대중적인 정치적 공격의 대상이 되지는 않았지만 중앙은행도 경쟁의 압력에 직면했다. 1979년 이전까지 치솟는 인플레이션은 연방준비제도의 화폐관리 능력에 대한 신뢰를 약화시켰다. 반대로 1979년 '볼커의 전환' 이후에는 긴축적인 화폐정책과 높은 이자율이 공격을 받았다. 특히 조세삭감을 주도했던 관리예산청은 긴축적인 화폐정책이 경기침체의 원인이라고 공격했다. 게다가 대표적인 통화주의 경제학자 프리드먼은 이자율의 휘발성이 높아지는 것을 비판하면서, 연방준비제도를 해체하고 그 권한을 재무부와 의회로 이전시켜야 한다고 주장했다(Sylla, 1988: 36; Shull, 2005: 11).

그러나 이러한 불만과 반대에도 불구하고 연방준비제도는 위기상황에서 케인즈주의를 해체하는 경제정책의 전환을 주도했을 뿐만 아니라 변화된 환경에 대응해서 행동을 변경할 수 있는 신축적인 능력을 보여주었다. 볼커와 같은 뛰어난 지도자의 개인적 능력이나 연구부서에 포진한 경제-기술관료의 분석 능력은 이 과정에서 중요한 영향을 미쳤다. 그러나 연방준비제도의 적응력은 훨씬 더 제도적이고 구조적인 성격을 가진 것이었다. 그것은 사실상 중앙은행이라는 경제적 국가장치의 구조적 특징과 화폐정책의 고유한 작동방식에 유래한다(Brunhoff, 1981; 1986).

첫째, 은행의 은행이자 '최종대부자'로서 중앙은행은 사적 금융체계와 제도적으로 연계되어 있다. 바로 이 때문에 중앙은행은 금융의 요구에 민감하게 반응할 수 있으며, 또 긴급한 상황에서 금융기관을 동원할 수 있다. 특히 '세계화폐'로 기능하는 달러의 관리자로서 연방준비제도는 세계금융의 중심, 즉 월스트리트에 위치한 금융 공동체와 일상적으로 교류했다(Shull, 2005: 171; Greider, 1987). 따라서 연방준비제도는 인플레이션의 가파른 상승으로 인해 화폐가치가 하락하는 것에 대한 금융의 불만과 더 높은 수익성에 대한 금융의 요구에 신속하게 대처할 수 있었다. 통화량을 통제하고 이자율을 상승시킨 '볼커의 전환'은 달러의 가치를 강화했고, 런던으로 이탈한 해외자본을 다시 유입시킴으로써 월스트리트의 세계적 지위를 다시 공고화했다(Gowan, 1999: 40; Collins, 2000: 211).

둘째, 안정적인 화폐관리를 담당하는 전문적 기구로서 중앙은행은 정책과정에 대한 정치적 영향으로부터 상대적으로 자유로우며 선출된 대표기관, 즉 의회에 대한 책임성도 상대적으로 낮다(Eisner, 1995: 307; Greider, 1987: 675). 중앙은행은 형식상 독립적인 금융활동을 통해 자기 예산을 확보하기 때문에 의회의 예산과정에 종속되지 않는다(Shull, 2005: 168). 또한 대부분의 사회정책과 재정정책이 다양한 이해관계 사이의 갈등을 야기함으로써 의회에게 일종의 정치적 비용을 지불하게 만드는 것과 대조적으로 중앙은행의 자율성은 의회에게 어떤 특별한 정치적 비용도 요구하지 않는다. 1970년대 말과 1980년대 초 의회가 연방준비제도의 이탈과 재량적 활동을 문제 삼지 않았던 것도 이 때문이었다.[32] 의회뿐만 아니라 대다수 공중에게 연방준비제도는 정치적 갈등과 무관하게 전문적 지식에 기초해서 경제관리를 수행하는 기관으로 간주되었다(Greider, 1987: 70, 430). 그 결과 연방준비제도는 대중적인 정치적 논쟁으로부터 자유로울 수 있었고, 이는 이례적인 상황에

---

[32] 1978년의 「완전고용법」, 즉 「험프리-호킨스법」은 대통령에게 향후 5년간의 고용 및 생산, 그리고 물가수준의 목표와 각 경제변수에 대한 목표를 구체적으로 적시하도록 요구했지만, 연방준비제도는 이와 유사한 제재를 거부했다. 이러한 사례는 의회의 결의안이 사실상 화폐정책에 대한 엄격한 지침이나 제한으로 간주되기 어려웠음을 보여준다(Stein, 1994: 387). 역설적으로 2008~09년 금융위기에 대응하는 과정에서 연준 의장 버냉키는 「험프리-호킨스법」을 근거로 해서 가격완화 및 수량완화 정책을 정당화한다. 즉 연준은 물가안정뿐만 아니라 고용안정에 대해서도 책임을 지기 때문에 필요한 경우 이자율을 급격하게 하락시킬 수 있을 뿐만 아니라 민간의 부실자산을 구매할 수도 있다는 것이다.

대한 남다른 적응력으로 이어졌다.

셋째, 중앙은행은 사회행정기관이나 재정기관과 달리 단일한 조직으로서 위기 시에 중앙집중적인 의사결정이 가능했다.33) 또 경제관리의 실용적 전문가로서 중앙은행의 기술관료들은 경제이론을 활용할 수 있는 능력을 가졌지만, 의사결정과정에서 특정한 이론에 집착하지 않는 신축적인 태도를 보였다. 1979년 '볼커의 전환'은 달러의 지위가 위협받는 긴급한 상황에 대한 기술관료적·실용적 대응의 전형이었지만, 연방준비제도는 통화주의를 기꺼이 수용·활용하여 자신의 정책적 실천을 '이론적으로' 정당화했다(Greider, 1987: 672). 그러나 1982년에 긴축적 화폐정책이 더 이상 유지될 수 없다고 판단되었을 때, 연방준비제도는 또한 미련 없이 통화주의 원리를 포기했다(Shull, 2005: 160). 정치로부터 차단되어 있다는 특성뿐만 아니라 이와 같은 실용적 정책대응 과정이 중앙은행이 변화하는 경제상황에 신속하게 대응해서 정책을 변경시킬 수 있었던 적응능력의 원천이었던 것이다.

넷째, 중앙은행이 실행하는 화폐정책은 순수한 수량의 문제만을 다루기 때문에 기술적인 조작이 쉽고, 다른 정책에 비해 훨씬 신속하고 신축적으로 활용될 수 있다. 또 금융시장은 화폐정책에 매우 민감하게 반응하기 때문에 화폐정책은 즉각적인 효과——비록 그 효과가 반드시 연준이 의도한 방향대로 되는 것은 아니지만——를 낳을 수 있다. 게다가 화폐정책은 재정정책이나 사회정책, 또는 산업정책이나 임금정책

---

33) 이사회(Board of Governor)와 공개시장조작위원회(FOMC), 12개의 연방준비은행(FRB) 등 다단계의 다원적 형태로 구성된 연방준비제도는 복잡한 조직구조로 악명이 높았고 신속한 의사결정에 매우 불리한 '느림보 관료제'의 전형으로 손꼽혀 왔다. 그러나 연방준비제도의 실제적 활동방식은 의장을 정점으로 하는 중앙집중적인 의사결정 행태를 특징으로 했는데, 이러한 경향은 볼커처럼 강력한 의장이 등장하거나 경제적 위기의 상황에서 더욱 강화되었다(Shull, 2005).

과 달리 생산과 소득의 물질적 기초에 직접적으로 작용하지 않기 때문에 다른 정책에 비해 비가시적이다. 그리고 그 덕택에 화폐정책은 손쉽게 직접적인 정치적 공격을 회피할 수 있다. 한마디로 화폐정책은 도구적 성격이 강하고, 중앙은행은 이에 힘입어 더 효과적으로 기술관료적인 관리를 수행할 수 있었던 것이다(Brunhoff, 1981; Kemp, 1990: 223; Carruthers, et al., 2001: 118; Greider, 1987: 681).

1980년대를 거치면서 연방준비제도는 비록 통화공급량 목표를 달성하는 데 실패하고 이자율의 전례 없는 휘발성을 야기했음에도 불구하고 인플레이션에 대항하는 전투에서는 확실히 승리했고, 따라서 인플레이션에 맞서는 투사로서 신뢰성을 회복했다(Shull, 2005: 140). 이는 재정적자를 감축한다는 목표를 내걸었던 관리예산청의 조세삭감 정책이 미국 역사상 최악의 재정적자를 야기했던 것과 대조를 이루었다. 이러한 가시적인 성과 덕택으로 화폐정책과 관련된 중앙은행의 재량적 권한은 증대되고 권력은 더욱 집중될 수 있었다(Eisner, 1995: 307; Collins, 2000: 212; Duménil and Lévy, 2001a).[34] 그리고 이러한 성공사례는 주요 선진 자본주의 국가에서 '중앙은행 독립'이라는 형태로 경쟁적으로 모방되었다(Kemp, 1990: 188).[35]

---

[34] 화폐정책 운용에서 연방준비제도의 자율성이 증가한 것이 화폐의 흐름에 대한 연방준비제도의 통제력이 증가한 것을 의미하지는 않는다. 왜냐하면 지속적인 금융의 혁신과 자유화로 인해 화폐의 흐름에 실질적으로 작용할 수 있는 중앙은행의 능력은 약화되었기 때문이다(Guttmann, 1994: 202-203).

[35] '볼커의 전환'은 주요 선진 자본주의 국가에게 하나의 모델이 되었고, 그 결과 1970년대 말과 1980년대 초에 주요 선진 자본주의 국가에서 인플레이션 억제라는 목표를 중심으로 중앙은행의 자율성이 강화되었다(Carruthers, et al., 2001: 99). 이를 배경으로 몇몇 경제학자는 재선이라는 자기 이익을 추구하는 정치인으로 인한 '정치의 왜곡'이 화폐정책에 영향을 미치는 것을 차단해야 한다고 주장하면서 중앙은행의 독립, 즉 목표상의 독립을 주장했다. 이러한 주장은 유럽중앙

연방준비제도는 긴급한 상황에 신축적으로 대응해 연방정부를 실질적으로 지원할 수 있는 능력에 기초하여 국가장치 사이의 균열과 갈등 속에서 생존했을 뿐만 아니라 경제정책의 주도적 기관으로 성장했다(Shull, 2005: 155). 관리 패러다임의 위기가 더 대중적이고 민주적인 토론을 요구하고 있던 시기에 민주적 통제로부터 가장 멀리 떨어져 있던 국가장치가 더 큰 적응력을 가졌다는 것은 자본주의 국가로서 관리국가의 고유한 역설이라고 할 수 있다. 이런 측면에서 볼 때, 레이건 행정부가 남긴 가장 큰 역사적 유산은 경제정책의 입안과 실행을 공중의 선출된 대표에서 선출되지 않은 금융자본의 대표에게로 이전시킨 것이었다(Bryth, 2002: 171).

2) 세력관계의 재편: 노동에 대한 화폐의 우위

1970년대 말과 1980년대 초에 미국을 비롯한 주요 선진 자본주의 국가에서 발생한 정책전환은 외형상 경제적 위기에 대한 기술적 대응의 산물로 드러났지만, 사실 그것은 단순히 기술적인 문제가 아니었다. 정책의 변화는 상이한 사회세력의 요구를 상이한 방식으로 반영했으며, 그 결과도 각 사회세력에게 서로 다른 효과를 낳았다. 특히 화폐정책의 변화는 비록 가시화된 형태는 아니라 할지라도 화폐자산의 소유자로서 금융의 이해에 직접적인 영향을 미쳤고, 일련의 정치적 갈등을 수반했던 사회정책의 변화는 노동력의 판매자로서 노동자의 이해에 직·간접적인 영향을 미쳤다.

이자율을 비롯한 금융활동에 대한 규제를 철폐하고 인플레이션을 억제하는 연준의 화폐정책은 사실상 금융의 이해를 직접적으로 대변

은행(ECB) 설립의 근거가 되었다(Alesina, 2004).

하는 것이었다. 이자율에 대한 규제가 철폐되면서 신용제공자들은 '가격위험', 즉 자신의 금융자산의 가치가 하락할 위험을 상당 부분 채무자에게 전가할 수 있었다. 그들은 경제적 불확실성에 대한 대응으로 더 높은 리스크 프리미엄을 요구했고, 그 결과 이자율은 상승했다. 그리고 높은 이자율은 정부와 기업 같은 채무자에서 금융기관으로 대표되는 채권자에게 이전되는 부의 양을 증가시켰다(Greider, 1987: 680-682; Guttmann, 1994: 208-209; Eisner, 1995: 308; Chesnais, 2007: 138). 게다가 인플레이션 억제정책은 화폐 또는 화폐로 표현되는 금융자산의 가치를 지지함으로써 금융의 이익을 뒷받침했다. 금융자산 소유자들은 높은 이자율의 혜택에 더해 인플레이션 억제를 통한 추가적인 보호도 받을 수 있었던 것이다. 바로 이런 면에서 신보수주의 세력의 집권은 '화폐의 정치적 승리', 즉 금융권력의 부활을 상징하는 사건이었다(Duménil and Lévy, 1999; Minsky, 1994: 156; Greider, 1987: 682; Guttmann, 1994: 180; Brunhoff, 1999: 51).

금융권력의 부활과 함께 금융기관의 활동이 전례 없이 활발해졌다. 특히 상업은행으로 대표되는 전통적인 금융기관뿐만 아니라 연금기금이나 상호투자신탁(mutual fund) 같은 새로운 금융기관들이 급속하게 성장했다. 이와 함께 법인기업의 투자 구성도 변했다. 1980년대에 기업은 막대한 양의 화폐를 산업 현대화와 같은 장기적인 산업투자가 아니라 단기적인 고수익 금융수단에 투자했다. 1980년대 중반에 고위험 · 고수익 회사채, 즉 정크본드(junk bond)를 통한 비공개 차입매수(LBO)를 중심으로 거대한 인수 · 합병의 물결이 폭발한 것도 바로 이러한 맥락이었다. 그것은 과거와 같은 산업적 팽창을 위한 인수 · 합병이 아니었다. 오히려 당시의 인수 · 합병은 단기부채를 조달하여 기업을 매입해 주가를 상승시킨 이후 다시 그 주식을 매각하여 부채를 지불하고 수입을 올리는 금융적 팽창의 욕구에 의해 추동되었다. 그리고 그러한 활동을 통해 투자은행가, 인수·합병 중개업자, 핵심적인 주식보유자 등은 막대한 수익을 얻을 수 있었다(Greider, 1987: 692; Kemp, 1990: 196-198; DuBoff, 1989: 114-115).

이처럼 생산과 분리된 금융의 팽창은 산업부문의 전반적 쇠퇴와 '부채위기'를 심화시키는 역할을 했다. 이자율이 급속하게 상승하면서 채무자들은 점증하는 부채로 인해 채무불이행의 상황으로 내몰렸다. 특히 1970년대에 투기의 대상이 되었던 상품, 즉 에너지, 원료, 부동산 부문은 1980년대 초의 저금리와 강한 달러로 인해 야기된 가격하락 압력 때문에 부채상환이 더욱 어려워졌다. 20세기 초부터 주택에 대한 모기지 대출을 담당했던 저축대부조합(saving and loan associations)은 장기저리의 대출금에 묶인 채 수익성이 악화되었고, 결국 대부금을 회수하지 못하여 파산 위기에 직면했다. '저축대부조합 위기'가 전개되던 1985~86년부터 1995년 사이에 연방예금보험공사에 등록된 저축대부조합의 수는 3,234개에서 1,645개로 감소했다.36) 이들만큼 극적인 형태를 띠지는 않았지만 상업은행도 심각한 타격을 입었다. 1981~94년 동안 총 1,455개의 은행이 파산했고 보험기금에서 520억 달러의 비용이 지출되었다. 뉴욕에서 활동하는 '대마불사' 은행도 점점 더 큰 위험에 노출되었다. 또한 부채비용이 높은 제조업부문에서도 기업파산이 증가했다(Guttmann, 1994: 248; Greider, 1987: 697; Arrighi, 2007: 109-110;

---

36) 조합원으로부터 예금을 모집하고 조합원에게 주택이나 자동차 대출을 제공하는 저축대부조합(S&L, Thrift)은 1920년대에 '마이홈, 마이카'가 미국 시민의 표준으로 확산되면서 급속하게 성장했고, 제2차 세계대전 이후 베이비붐 세대의 주택 소유와 함께 전성기를 누렸다. 연준은 저축대부조합이 상업은행보다 높은 이자율을 제공할 수 있게 허용했기 때문이 그들은 특별한 혜택을 누렸다. 그러나 저축대부조합은 65% 이상의 대출을 주택 및 소비자 대출에 충당하도록 강제되었다. 이런 상황에서 1979년 화폐정책의 전환에 따른 이자율 상승과 주택시장 침체는 치명적인 효과를 가졌다(Ronald, 2008; White, 2000).

White, 2000: 793). 미국 기업파산율의 장기적인 추세를 보여주는 <그림 4-4>에서 드러나는 것처럼 1980년대에 미국 기업의 파산율은 급속하게 증가했다. 한편 1970년대에 낮은 이자율과 낮은 달러가치로 막대한 외채를 동원해서 공업화를 추진했던 신흥공업국들 역시 이자율과 달러가치의 상승으로 외채의 누적적인 증가를 경험했다. 그리고 결국 1982~83년에 라틴아메리카 전역에서 외채위기와 채무불이행 사태가 폭발했다. 이는 특히 초민족적 영역에서 활동하는 미국의 거대 은행에게 큰 충격을 주었다(Guttmann, 1994: 225-228; White, 2000: 793).

신보수주의 하에서 금융권력의 부활은 또한 노동에 대한 평가절하를 동반했다(Brunhoff, 1986: 53). 산업이윤율의 하락으로 법인기업의 생산이 둔화된 상황에서 금융비용의 증가는 경영자를 더욱 압박했다. 그 결과 경영자는 비용을 절감하기 위해 점차 다양한 산업, 지역, 민족 등에 자본을 재배치했고, 세계적 차원에서 생산비용을 절감하기 위한 '구조조정'을 모색했다. 이를 배경으로 대다수 기업에서 경영진은 전후 노동조합과의 타협을 해체시키면서 강경한 협상전략을 추진하기

<그림 4-4> 미국 기업파산율[1]: 1955~1997

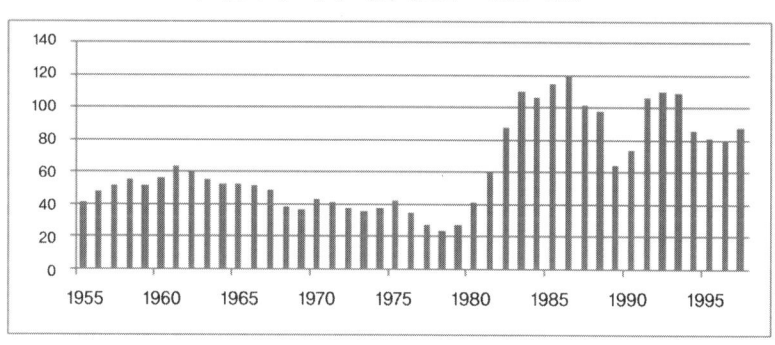

자료: Economic Report of President, 2004, table B-96.
1) 등록기업 10,000개당 파산기업 수.

시작했다(Dubofsky, 1994: 226; Moody, 1999; Harrison and Bluestone, 1988: 13; Kemp, 1990: 199).

법인기업 경영자는 특히 높은 실업률로 인해 침체된 노동시장 상황을 적극적으로 활용했다. 실업과 공장폐쇄의 공포로 인해 노동조합의 교섭력은 점차 약화된 반면 경영권은 강화되었다. 몇몇 노동조합은 일자리와 연금의 권리를 지키기 위해 양보를 했고, 기업은 더 강경한 태도를 취했다. 몇몇 반노조적인 기업의 경영진은 전문적인 '노사관계 컨설턴트'를 고용하여 자신들의 공장에서 노동조합 조직가 또는 조합원들을 제거하기에 이르렀다. 그 결과 <표 4-4>에서 볼 수 있는 것처럼 1980년 정점에 도달한 노동조합 조합원수는 뉴딜 이후 최초로 하락하기 시작했다. 특히 1980~83년 사이에 대략 300만 명의 조합원이 감소했다. 1984~86년의 경제회복에도 불구하고 1980년대에 조합원의 감소는 내내 지속되었고 노동조합 조직률도 지속적으로 하락했다(Kemp, 1990: 210; Harrison and Bluestone, 1988: 15; Piven and Cloward, 1993: 350; Dubofsky, 1994: 226; Dubofsky and Dulles, 1999: 387).

신보수주의의 확산은 이와 같은 경영진의 공격이 강화될 수 있는 조건을 제공했다. 특히 통화주의에 영향을 받은 '자연실업률'이라는 관념이 노동조합에 대한 공격을 암묵적으로 조장·정당화했다. 그것은 시장의 규칙을 파괴하고 노동비용을 상승시키는 노동조합이 고임

〈표 4-4〉 노동조합 조합원수(단위: 1000명)와 조직률(%)

연도	1953	1962	1970	1977	1980	1983	1993
조합원수	16,310	16,893	19,381	19,335	20,095	17,717	16,627
조직률	32.5	30.4	27.3	23.8	23.0	20.1	16.0

자료: Moody(2007: 100)에 근거해서 재구성.

금과 실업의 동시적인 원인으로서 '경직성'의 주요인라고 보았기 때문이다(Brunhoff, 1986: 48). 이러한 관념이 확산되면서 미국에서는 1978년부터 조직된 노동에 대한 행정부와 의회의 태도도 비우호적인 방향으로 전환됐다. 정부는 노동자에게 임금양보를 수용하도록 강제하는 정책을 채택하기 시작했고 노동조합운동을 불신하기 시작했다(Harrison and Bluestone, 1988: 14-15).

'시장의 자유'를 전면에 내세운 레이건 집권 이후 노동에 대한 정부의 비우호적인 태도는 더욱 강화되었다. 레이건 행정부는 1920년 이래 최초로 노동조합에 대한 반감을 공개적으로 표출했다. 뉴딜 이후 확립된 전국노사관계위원회(NLRB)에 노동조합이 동석하는 관행 등이 기각된 것이다(Collins, 2000: 109). 또한 레이건 행정부는 노동조합에 대한 직접적인 공격에 나서기도 했다. 특히 1982년 항공관제사 파업에 대한 정부의 강경한 대응은 노동조합운동 전체에 하나의 명시적인 본보기가 되었다. 경영진은 그 사태 이후 노동조합에 대해 더 강경한 태도를 취할 수 있었다(Kemp, 1990: 204; Harrison and Bluestone, 1988: 14; Zieger, 1994: 198; Piven and Cloward, 1993: 351). <그림 4-5>에서 드러나는 것처럼 1980년대에 노동조합의 파업활동은 급격하게 위축되었고 단체협상에 의해 포괄되는 노동자의 숫자도 지속적으로 감소했다. 레이건 행정부 하에서 노동조합의 쇠퇴는 가속화되었던 것이다.

한편 앞에서 살펴보았던 것처럼, 시장원리에 대한 신보수주의적 옹호는 단순한 국가의 무능이 아니라 특수한 종류의 국가활동, 즉 국가의 '사회적 활동'에 대한 공격을 수반했다. 기업이 원하는 과학적 연구에 대한 국가적 지원이나 군사비에 대한 지출은 공격받지 않았지만, 노동시장이라는 시장의 자유를 제한하는 것으로 규정된 '사회적 지출'은 지속적으로 공격받았다(Brunhoff, 1986: 55).[37] 사실 연금은 미래소득

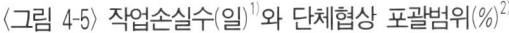

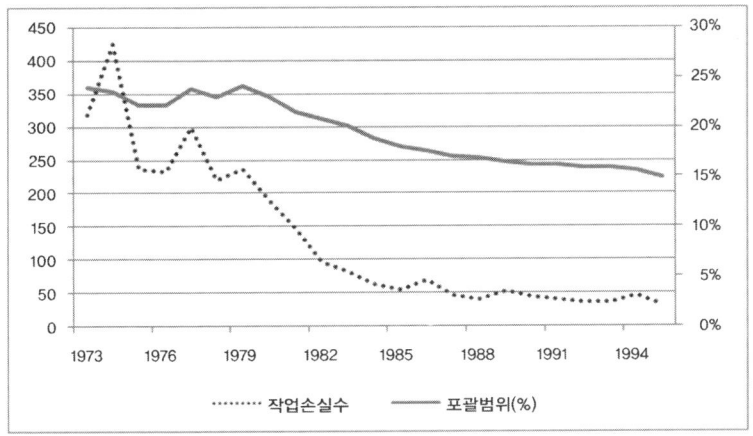

자료: US Bureau of Labor Statistics.
1) 1,000명 이상 노동자가 참여, 파업 개시년도 기준.
2) 단체협상에 의해 포괄되는 노동자의 비율.

에 대한 안정적 보장을 통해 현재 노동자에 대한 압력을 약화시키며, 실업보험이나 공적 구호 같은 소득유지 프로그램은 실업이 야기하는 노동시장의 압력을 완화시킨다(Myles, 1988: 283). 따라서 이러한 조처는 임금상승을 억제하고 수익성을 강화하고자 하는 자본의 능력을 약화시킬 수 있다. 신보수주의자들이 사회적 프로그램과 그 수혜자를 '비생산석'인 것으로 공격했던 것은 바로 이러한 '간접임금'을 박탈할 필요성을 주장한 것이었다(Piven and Cloward, 1993: 357; Brunhoff, 1986: 61).

결국 신보수주의 하에서 수행된 일련의 '노동의 평가절하'는 노동자가 획득하는 '직접임금'과 '간접임금'의 동시적 하락을 야기했다. 양자는 서로 밀접하게 결합되었다. 노동조합으로 조직된 노동자들에 대

---

37) 이와 대조적으로 재정위기에 악영향을 미칠 만큼 지속적으로 증가한 이자부담의 수취자, 즉 국가채권 보유자의 사적·금융적 소유권은 완전하게 존중되었다(Brunhoff, 1986: 55).

한 공격은 안정적인 고용을 보장받으려는 노동조합의 양보와 직접임금의 하락을 가능케 했다. 또 고용주가 제공하는 '사적 복지' 형태의 '지연된 임금', 즉 건강보험과 퇴직연금의 포괄범위도 하락했다(Moody, 2007: 82). 국가가 제공하거나 또는 규제하는 사회적 급부와 사회보장 프로그램에 대한 공격은 이들 프로그램이 제공하는 간접임금의 하락을 낳았는데, 그것은 다시 노동시장의 압력을 증가시켜 직접임금의 하락을 더 용이하게 만들었다. 따라서 위기의 시기에 신보수주의가 공격의 대상으로 삼았던 것은 사실상 직접임금과 간접임금을 모두 포괄하는 임금보상의 앙상블이었다고 할 수 있다.

<그림 4-6>에서 드러나는 것처럼 전후 자본주의의 '황금기'를 특징 지었던 생산성 임금제도, 즉 생산성과 임금상승을 연동하는 원리는 1970년대 말에 거의 해체되었다. 노동생산성은 1950년대부터 거의 일정한 비율로 꾸준히 상승했지만, 실질임금은 대략 1972~73년까지 노동

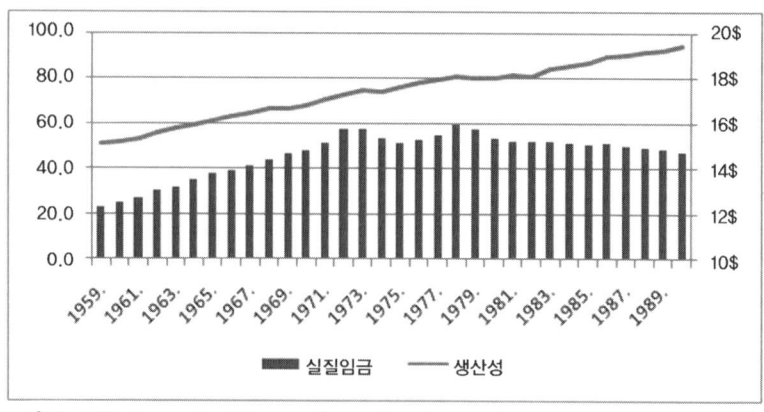

〈그림 4-6〉 미국의 생산직 및 비감독직의 시간당 실질임금[1]과 노동생산성 추세[2]

자료: BLS Current Establishment Survey Data, Economic Report of the President, 2007, table B-64, table B-49에 기초해서 재구성.
1) 2005년 달러로 조정.
2) 시간당 산출량, 1992년을 100으로 설정.

생산성 상승 비율을 약간 상회하는 수준으로 증가하다가 1973년 1차 석유위기 이후 감소했다. 그 후 일시적으로 반등했던 실질임금은 1979년 이후 노동생산성의 상승에도 불구하고 완만하게 감소했다. 특히 레이건 집권 후 실질임금 하락은 더욱 두드러지는데, 이는 임금소득을 '다방면으로' 감축하려고 했던 신보수주의 세력의 노력이 성공을 거두었음을 보여준다.

제5장 '금융적 축적'과 신자유주의적 위기관리

1970년대 후반과 1980년대 초반의 세계적 위기를 거치면서 미국의 법인자본은 금융적 팽창으로 방향을 돌리기 시작했고, 1990년대에 미국 자본주의는 금융을 통해 높은 수익을 올리는 '좋은 시절'(belle époque)을 맞이했다. 금융지배에 기초해 소유와 경영은 새로운 동맹을 형성한 반면, 노동은 위기에 빠졌다(제1절). 금융지배를 제도화한 신자유주의는 이자율을 낮게 유지하는 화폐정책을 중심으로 새로운 관리 패러다임을 확립했다(제2절). 재정정책과 분리된 사회정책은 분절화되었다. 사회보장은 투자원리에 따라 금융적 축적을 지원하는 방향으로 전환되었고, 선별적인 공적 구호는 효율화되어 신축적인 노동시장을 뒷받침했다(제3절). 특히 미국 자본주의의 금융화는 미국의 증권시장을 중심으로 세계 금융시장을 통합했고, 이와 같은 '금융세계화'는 국제적 차원에서 금융위기를 관리하는 국제적 통치기구에 의해 중앙은행을 중심으로 한 경제-기술관료적인 위기관리는 기존의 정당정치를 위기에 빠뜨렸고, 금융의 불안정성에 기인하는 위기를 금융적 축적을 확대·심화하는 방식으로 봉합했다(제4절).

1. 법인자본의 금융적 축적과 금융의 지배

1980년대 초부터 시작된 '금융의 반격'은 애초부터 민족국가의 통제에서 벗어난 세계적인 '흐름의 공간'에서 시작되었다. 자본축적 과정에서 산업활동에 대한 금융활동의 우위를 의미하는 금융화(financialization)는 1980년대에 세계 각지에서 금융위기가 발생하면서 오히려 심화되었다. 특히 미국 자본주의의 금융화는 미국의 증권시장을 중심으로 세계 금융시장을 통합했고, 이와 같은 '금융세계화'는 국제적 차원에서 금융위기를 관리하는 몇몇 국제적 통치기구에 의해 지지되었다.

1) '금융세계화'와 법인자본주의의 변모

1970년대 말과 1980년대 초 이자율 상승과 인플레이션 억제에 기초하여 본격화된 금융의 반란은 1980년대 초에 세계적인 '부채위기'를 야기했다. 미국 주택대부조합의 파산과 라틴아메리카의 외채위기는 바로 이러한 부채위기의 표현이었다. 그러나 금융해방의 과정에서 발생한 부채위기는 금융의 지배를 약화시킨 것이 아니라 오히려 강화시켰다. 미국의 금융기관은 위기를 기회로 활용해 새로운 금융기법을 발전시키고 세계화된 금융활동 내부로 더 많은 국가와 행위자들을 참여시키는 금융혁신을 추진했던 것이다(Duménil and Lévy, 2004a: 123).

1980년대 중반부터 활발해진 금융혁신에서 특히 흥미로운 것은 위기를 낳은 부채를 더 높은 수익을 낳는 증권이라는 새로운 금융수단으로 전환시키는 '부채의 증권화'(securitisation of debt)라는 현상이었다. 전통적인 금융 중개기관으로서 은행은 수익성이 낮아진 기존의 대부업무에서 벗어나 자신이 대부한 부채를 증권시장에서 거래되는 새로운 금융상품으로 변모시켰다(Mishikin, 2004). 그리고 증권화라는 금융혁신 기법이 확산되면서 그것을 전담하는 금융기관이 출현했다. 또한 상업 은행은 자회사 설립과 같은 방식으로 규제를 회피하면서 증권시장에 참여했고, 모건스탠리(Morgan Stanley), 골드만삭스(Goldman Sachs), 메릴린치(Merrill Lynch) 같은 투자은행은 대규모의 증권 인수와 거래를 주도했다.[1]

제3세계의 외채위기도 유사한 방식, 즉 외채를 증권으로 변화시키는 '부채-증권 전환'(debt-equity swap)을 통해 그 해결이 모색되었다. 즉 위기에 처한 국가의 국채를 보유한 초민족적 은행은 그 국채를 사유화가 예정된 기업의 주식으로 전환할 수 있는 권리를 얻었다. 그들은 위기상황 덕택으로 상대적으로 낮은 가격으로 핵심적인 기업의 주식을 획득할 수 있었다. 이를 배경으로 위기를 겪은 국가에서도 증권시장이 활성화되었다. 그 결과 과거의 '신흥공업국'은 새로운 증권시장을 지칭하는 이른바 '신흥시장'(emerging market)으로 변모했다(Harvey, 2005: 75; Gowan, 1999: 35).

증권시장은 채권시장과 주식시장으로 구성되는데, 이러한 시장이 성장하는 것에 발맞추어 금융자본의 지배적인 형태도 변했다. 기존의

---

[1] 부채의 증권화와 함께 모기지, 자동차 대부, 신용카드 매출채권(credit card receivables) 등과 같은 은행의 금융자산은 자본시장에서 거래될 수 있는 증권, 즉 모기지담보부증권(MBS)이나 자산담보부증권(ABS) 등으로 변했다. 은행은 이러한 증권거래를 통해 새로운 수수료 수입을 얻었다. 그리고 은행이 증권시장에 참여함에 따라 상업은행과 투자은행을 분리시키고 은행의 증권시장 참여를 막았던 「글래스-스티걸법」은 사실상 유명무실해졌다(Mishikin, 2004).

금융활동이 정해진 기간 동안 화폐를 대부해 주고 정해진 이자수익을 올리는 '대부자본'을 중심으로 조직되었다면, 이제 금융활동은 정해진 기간과 수익이 아니라 금융시장에서의 평가에 따라 가격이 지속적으로 변하는 증권 형태의 자본, 즉 '가공자본'(fictitious capital)을 중심으로 재조직되었다. '가공자본'은 실물자본으로부터 괴리된 가장 순수한 형태의 금융자본이다. 그것은 실물경제에 구속되지 않기 때문에 금융적 축적 속에서 실물자본보다 훨씬 빠르게 증가함으로써 경제의 불안정성을 야기하는 이른바 '거품경제'를 초래할 수 있다(Guttmann, 1994: 40-42; Gowan, 1999).

가공자본의 축적과 함께 전통적인 대부자본을 취급하는 상업은행이 아닌 새로운 금융기관이 증권시장의 중요한 행위자로 등장했다. 연금기금(pension fund)과 투자신탁기금(mutual fund)으로 대표되는 이른바 '기관투자자'(institutional investor)가 바로 그들이다.[2] 기관투자자는 고객들로부터 자금운용을 위임받아 단기적 투자수익률의 극대화를 추구하는 전문적인 금융관리 기관이라고 할 수 있다. 미국 내에서 연금기금과 투자신탁기금의 보유자금은 1952년에 비금융기업의 10%에 불과했지만 1999년에는 170%에 이르렀다. 또 1998년에 기관투자자들은 미국 가계 금융자산의 50% 이상을 통제하면서 가계의 저축을 예금 형태로 관리하던 전통적인 상업은행을 사실상 추월했다(Henwood, 1997: 287;

---

[2] 종종 금융투기의 주범으로 비난받는 헤지펀드(hedge fund)는 투자신탁기금의 일종이다. 헤지펀드는 1인 또는 소수의 운용자가 소수의 거대 자산가와 기관투자자로부터 자금을 모집・운용하는 비공개의 '사모(私募)펀드'로서 공적 규제를 거의 받지 않는다. 헤지펀드의 다수는 역외 '조세천국'에 등록을 하고 뉴욕과 런던 같은 곳에서 활동한다. 또 이들은 주로 선물, 옵션 등 파생금융상품을 활용하여 위험성과 수익성이 높은 거의 모든 분야, 즉 주식, 채권, 외환, 부동산, 귀금속 등에 투자해 단기적인 자본이득을 추구한다(Henwood, 1997: 286).

Duménil and Lévy, 2004a: 154; Seccombe, 2004: 204).

그럼에도 불구하고 증권시장을 중심으로 하는 금융화의 과정에서 가장 중요한 행위자는 은행이나 기관투자자가 아니라 과거에 산업적 축적을 주도했던 법인기업이었다. 미국의 법인기업은 1970~80년대에 사업을 다각화하여 금융자산에 대한 투자를 급격히 늘리기 시작했다. 그 결과 1990년대에 이르러서는 법인기업 총이윤에서 금융·보험·부동산이 차지하는 비중이 제조업의 비중을 능가하게 되었다. 법인기업은 금융기관을 인수하여 자회사로 운영하면서 기업의 내부금융시장을 형성하거나 또는 독자적인 금융거래를 조직·통제했다(Chesnais, 1998; Krippner, 2003; Arrighi, 2007: 140; Guttmann, 1996; Duménil and Lévy, 2004a). 그런 과정을 통해 미국의 법인자본은 더 이상 전통적인 산업자본이 아니라 '산업을 지배적 요소로 하는 금융그룹'(*groupe financier à dominante industriel*)으로 변형되었다(Chesnais, 1998).

이러한 변화는 비금융기업의 이윤 중에서 이자, 배당금, 자본이득 등과 같은 금융적 활동에 따른 수익의 비중이 증가하는 것에서 확인된다. 미국의 비금융 법인기업 전체가 획득한 이윤에서 금융수익이 차지하는 비중은 1970년까지 10% 미만에서 1980년 20%, 1990년 45%로 상승했다(Krippner, 2003). 특히 제너럴일렉트릭(GE)의 경우 2003년 그룹 총이윤의 42%가 금융투자를 전담하는 GE캐피털에 의한 것이었고, 제너럴모터스(GM)의 경우 그 자회사인 GM인수회사(GMAC)가 그룹 총이윤의 80%를 책임졌다(Blackburn, 2006).

법인기업이 주도하는 미국 자본주의의 '금융적 팽창'에서 증권시장을 통한 인수·합병은 특히 중요한 계기가 되었다. 1990년대 초 정크본드(junk bond) 시장의 붕괴로 소강상태를 보였던 인수·합병은 1990년대 중반부터 대규모 공개기업의 합병 또는 일부 사업부문의 흡수를 중심으로 다시 급증했다. 인수·합병은 시장지배력의 증대, 규모의 경

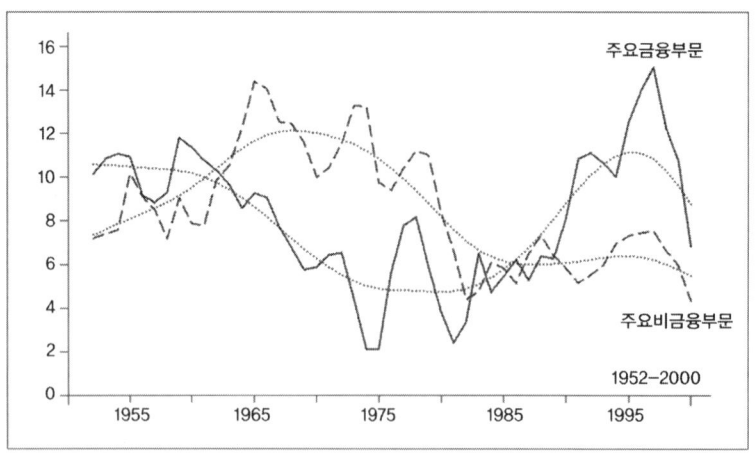

〈그림 5-1〉 미국 법인기업의 이윤율(%): 주요 금융부문과 주요 비금융부문

출처: Duménil and Lévy (2004d).

제 및 시너지효과의 극대화, 유통비용 및 정보비용의 절감, 새로운 시장에 대한 접근, 정부규제의 회피, 지적 재산권 확보 및 연장, 연구・개발(R&D)비용의 절감, 수익성이 낮은 자회사 및 생산라인의 매각, 주식가치의 시세차익을 통한 금융소득 획득 등 다양한 이윤창출 기회를 제공했던 것이다(Henwood, 1997: 277-281).

이러한 변화는 미국에서 금융부문 이윤율과 비금융부문 이윤율의 격차를 심화시켰다. <그림 5-1>은 미국의 주요 금융부문과 주요 비금융부문 이윤율의 장기 추세를 보여준다. 여기서 드러나는 것처럼 1970년대에 말에 동반 하락했던 두 부문의 이윤율은 1980년대를 거치면서 분기하기 시작했다. 1990년대에 금융부문의 이윤율은 비금융부문의 이윤율을 추월했고 그 폭은 점점 증가했다. 비금융부문의 이윤율은 1970년대 이후부터 상대적으로 낮은 수준을 유지했던 반면, 금융부문의 이윤율은 1990년대에 급속하게 상승했다. 이러한 이윤율의 격차는 미국 자본주의의 '금융화'를 가장 잘 보여주는 지표라고 할 수 있다.[3]

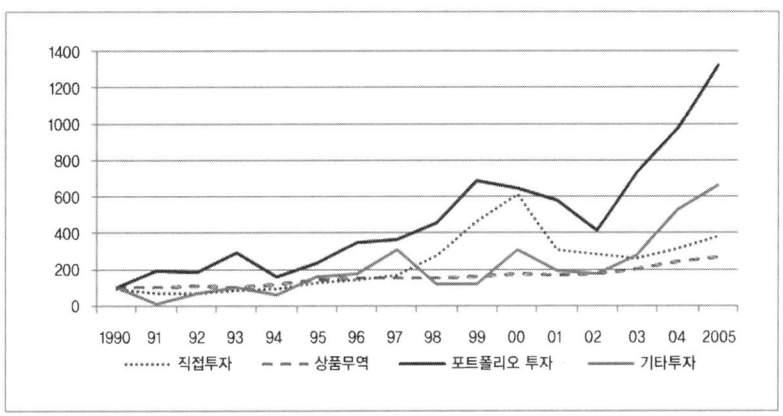

〈그림 5-2〉 국제거래의 요소[1]: OECD 국가[2], 1990년을 100으로 조정

자료: IMF, Balance of Payments, June 2007.
1) '수입+수출' 또는 '평균자산+부채'의 평균. 파생금융상품 제외.
2) 1990~92년 체코, 1998년 그리스, 1990~92, 2001, 2004~05년 슬로바키아 제외.

법인자본의 '금융화' 덕택에 1990년대에 미국 자본주의는 금융적 축적의 '좋은 시절'을 구가했다. 미국의 증권시장은 전 세계로부터 자본을 끌어들였고, 그로 인해 달러의 지배력도 강화되었다(Arrighi, 2007: 146; Gowan, 1999: 31). 세계헤게모니의 금융화는 또한 중심부국가들 내에서 금융적 팽창, 즉 '금융세계화'를 심화시켰다. <그림 5-2>에서 드러나는 것처럼 경제개발협력기구(OECD) 국가들 내부의 국제적 거래에서 증권투자와 관련된 부분, 즉 해외 직접투자와 포트폴리오 투자는 그 증가율에서 상품거래를 압도했다. 특히 단기적인 증권투자를 대표하는 포트폴리오 투자는 1990년에서 2005년 사이에 거의 14배 가까이 증가했다.

---

3) 그 밖에 미국 자본주의의 금융화를 보여주는 정형화된 사실(stylized fact)은 오란가지(Orhangazi, 2008: 11-23)를 참조할 수 있다.

2) 소유와 경영의 새로운 동맹

금융의 핵심적인 활동공간과 그 주요한 활동주체의 변화는 더 높은 금융수익을 보장했을 뿐만 아니라 새로운 사회적 세력관계를 형성시켰다. 주요한 경제적 행위자로서 금융은 이제 적극적인 사회적 행위자로도 등장해 자신의 이익을 공개적으로 표출했으며, 자신의 지배력을 안정화하기 위한 동맹을 형성했다. 이 과정에서 금융투자 업무를 전담하는 관리자와 이른바 '금융공학자'가 최고의 전문가로 부상했고, 산업기업을 관리하는 경영자도 금융이익에 맞게 경영전략을 변화시켰다(Henwood, 1997; Aglietta, 2008).

1990년대에 미국에서 금융은 이른바 '주주행동주의'(shareholder activism)라는 형태로 자신을 조직했다(Fligstein, 2001: 147-148; Crotty, 2005: 91-94). 기업의 명목적 소유자로서 주주는 1980년대 중반 이후의 주식시장 호황에 만족하지 못하고 더 많은 '주주의 가치'(shareholder value)를 해방시켜야 한다고 주장했다. 또 이들 중 일부는 대주주뿐만 아니라 소액주주(minority shareholder)의 이익을 옹호하는 '연합주주협회'(United Shareholder Association) 같은 압력집단을 조직해 경영실적이 부진한 기업을 공개하는 것과 같은 방식으로 기업경영에 대해 직접적인 압력을 행사했다(Henwood, 1997: 289).

이러한 주주행동주의의 이면에는 거대 기관투자자들이 존재했다. 연금기금, 보험회사, 투자신탁기금 같은 기관투자자의 활동은 금융자산 관리에 대한 소유자의 위임에 기초를 두었다.[4] 기관투자자들의 소

---

4) 이러한 종류의 위임 현상은 기관투자자들 내에서도 발생할 수 있다. 연금기금은 자신에게 위임된 자산에 대한 통제권을 투자신탁기금(mutual fund)에 다시 위

득원천은 주가상승에 따른 단기자본이득과 주식보유를 통한 배당수익이기 때문에, 그들은 '주주가치의 극대화'를 지지했다. 또 기관투자자는 다수의 소유자를 대신해 개별 기업의 이윤율을 비교하고 경영진의 성과를 판단하면서 산업과 기업 내에서 자본을 배분하는 금융의 기능을 수행했다. 그들은 '투자파업', 즉 기존의 투자를 철회하고 자본을 신속하게 다른 부문으로 이동시킬 수 있는 특별한 권력을 가졌고, 바로 그런 권력에 기초해서 경영진에게 단기적으로 실적을 향상시키도록 압력을 가할 수 있었다. 높은 수익과 높은 단기 기업이윤에 대한 주주의 강력한 요구는 금융지배의 핵심적 특징이었다(Brunhoff, 2003: 142; Minns, 2001: 40; Duménil and Lévy, 2001a; Harmes, 1998: 99; Parenteau, 2005: 123).

주주의 요구를 반영하면서 이른바 '기업지배구조'의 새로운 기준이 만들어졌고, 그런 기준을 중심으로 법인기업 내에서 소유와 경영이 새로운 동맹을 형성했다. 우선 주식이라는 금융의 형태를 띠는 소유자의 권력이 다시 긍정되었다. 반면 장기적인 투자를 계획하고 그 계획에 따라 기업활동을 통제하는 경영의 자율성은 약화되었다(Duménil and Lévy, 2004a; Brunhoff, 2003a: 74). 그러나 다른 한편으로 주주는 기업의 실질적인 운영과 관련하여 여전히 경영자에 의존했고, 이 때문에 경영자에게도 실적 보너스와 스톡옵션 같은 형태로 단기적인 금융이득을 공유할 수 있는 수단이 제공되었다(Lazonick and O'Sullivan, 2000: 27).[5]

임할 수 있다. 이 과정에서 투자와 관련된 의사결정의 권력은 점점 더 소수 금융행위자의 수중으로 집중된다(Harmes, 1998: 99-101).

5) 미국에서 최고경영진의 소득 중 스톡옵션이 차지하는 비중은 1990년대에 급속히 증가했다. 미국의 상위 100대 법인기업 최고경영자(CEO)의 평균소득과 노동자계급 평균임금의 비율은 1970년 38배에서 1990년에 약 200배, 1999년에는 약 1천 배로 급증했다(Duménil and Lévy, 2004b). 1996년 미국의 최고액 연봉의 경영

즉 경영에 대한 압력과 포섭이 동시에 진행된 것이다. 그 결과 경영자들은 장기적인 재투자가 아니라 자사주매입(repurchase)과 같은 주식가격 상승 계획에 더 많은 자본을 투여했고, 동시에 단기적인 비용절감과 단기수익 극대화라는 경영전략을 채택하는 경향이 있었다(Chesnais, 2007: 138; Seccombe, 2004: 196; Aglietta, 2000: 155; Lazonick and O'Sullivan, 2000: 25).

법인기업의 경영전략 변화는 특히 '경영혁신'이라는 형태를 취했다. 그것은 법인기업의 거대한 관리조직이 낳은 고유한 비효율성을 제거하는 조직적 혁신을 통해 관리비용과 노동비용을 절감하고, 이를 통해 기업실적의 개선——이는 즉각적으로 주가를 상승시키는 효과를 갖는다——을 도모하는 것이었다. 거대 법인기업은 가능한 한 시장과 기술적·금융적 자원에 대한 통제를 유지하면서 생산을 그들의 조직 영역 외부로 분권화했다. 이러한 변화는 때때로 '수직적 해체'(vertical disintegration), 즉 법인기업의 전통적인 수직적 관리 위계를 유지하면서 동시에 외주나 하청계약을 통해 조직적 신축성을 강화하려는 시도로 드러났다. 동시에 그들은 임금과 고용조건의 제도적 경직성을 해체함으로써 노동비용을 삭감했다(Arrighi, 2007: 170; Brunhoff, 2003b: 143; Moody, 1999; Seccombe, 2004: 197).

바로 이런 맥락에서 1980년대 중반 미국에서 중간관리자 층이 과잉 충원되어 있다는 지적이 제기되었고, 기업 '다운사이징'은 1990년대를 대표하는 표어가 되었다(Gordon, 1996: 50-51). 1990~92년에 중간관리자와 감독직의 정리해고가 진행되었고, 동시에 경영관리 업무의 많은 부분이 외주 등의 방식으로 외부화되었다. 이는 과거에 보호를 받았던

자 12인의 평균연봉은 910만 달러에 불과했는데, 그들의 스톡옵션 수익은 평균 7,280만 달러에 이르렀다(Seccombe, 2004: 200).

화이트칼라 집단의 안정성이 해체되는 질적인 단절을 상징했다(Useem, 1996: 164; Seccombe, 2004: 198; Jacoby, 1997: 260). 또한 이른바 '린-생산방식' 도입과 함께 생산직 노동자 내부에서도 시간제 또는 임시직 노동을 포함하는 비정규적 고용형태가 증가했다. 고용의 불안전성은 모든 곳에서 증가했고 기업연금처럼 고용과 연계된 여타 부가급여도 불안정해졌다. 소위 노동시장의 '신축화'(flexiblization)로 표현되는 이러한 변화는 역으로 일자리와 임금, 그리고 노동시간에 대한 압력을 더욱 증가시켰다(Mishra, 1999: 25; Brunhoff, 2003b: 148; Piore, 2005: 189; Basso, 2003: 83-84).

이 같은 노력의 결과 미국 경제는 1990~92년의 불황으로부터 탈출할 수 있었다. 그러나 그것은 사실상 금융의 팽창에 의해 추동되었기 때문에 '고용 없는 회복'이라는 특징을 가졌다. 그러한 특징이 1990년대 이후 경기침체와 회복과정의 일반적인 현상으로 자리를 잡았다. 경제성장은 금융에게 더 높은 수익을 보장했지만, 대다수 노동자에게는 더 이상 안정된 일자리와 높은 임금의 확산을 의미하지 않게 된 것이다. 미국에서 일시적인 경기회복을 통해 새롭게 창조되는 일자리의 대부분은 노동시장의 신축적인 변화에 종속된 것이었다. 미국 법인기업의 최고경영자들은 경기가 상당한 수준으로 회복된 상황에서도 노동력 삭감 전략을 지속적으로 추진하는 경향이 있었다(Zieger, 1994: 195; Mishra, 1999: 33; Meeropol, 1998: 244; Basso, 2003: 78; Boyer, 2000: 118; Lazonick and O'Sullivan, 2000: 18).[6]

---

6) 미국경영자협회는 미국 주요 법인기업에 의해 추진된 일시정리해고(lay-off)에 대한 매년 현황을 조사했는데, 그 결과에 따르면 1990년대에 일시정리해고의 비율은 지속적으로 상승했고 특히 호황의 정점이었던 1998년에는 1990년대의 여느 해보다 더 많은 수의 간부가 감축되었다(Lazonick and O'Sullivan, 2000: 19-20).

3) 국제적 위기관리 메커니즘의 형성

1970년대 중반 이후 미국의 경제적 쇠퇴와 함께 1980년대에 경제위기는 '세계화'되었다. 1980년대 초 라틴아메리카를 필두로 해서 1994년 멕시코, 1997년 아시아, 1998년 남아공과 러시아, 그리고 2000~01년 터키에 이르기까지 1980~90년대에 세계 각지에서 외채위기·외환위기와 결합된 금융위기가 만성화되었다. 이러한 세계적인 불안정성은 미국 자본주의의 금융적 축적의 또 다른 측면이었다. 자본의 자유로운 국제적 이동성과 신축적인 환율제도는 서로 결합되어 금융적 축적을 심화시켰지만, 그것은 동시에 국제적인 금융위기의 가능성을 높였고 미국 헤게모니에 잠재적 위협요인이 되었다. 바로 이러한 맥락에서 국제적인 위기관리 메커니즘이 형성되었다(Harvey, 2005: 162; Duménil and Lévy, 2004c: 262).

그 시작은 1980년대로 소급된다. 레이건으로 대표되는 신보수주의 정부는 공식적으로 '자유시장주의'를 표방했지만, 1980년대 초반부터 시작된 세계 각지의 금융위기는 국제적인 위기관리를 위한 제도적 장치를 요구했다. 그 결과 공식적인 '자유시장주의'와는 반대로 과거 케인즈주의 시대에 브레턴우즈 체제의 일부로 설립되었던 국제통화기금(IMF)이나 세계은행(World Bank) 같은 국제적 관리기구가 전면에 나서게 되었다. 이들 기구는 브레턴우즈 체제 하에서는 사실상 큰 역할을 하지 않았는데, 오히려 그 체제가 붕괴되고 대안적인 국제적 금융질서가 확립되지 못한 상황에서 새로운 활동목표를 부여받았다. 이들은 미국 재무부와의 연계 속에서 지역적인 경제적 불안이 중심부의 금융 안정성을 위협하지 않게 만드는 동시에 신자유주의적 질서를 세계적으로 확산시키는 핵심적 기관이 되었던 것이다(Duménil and Lévy, 2004c: 262; Arrighi, 1994: 331; Harvey, 2005: 73).

이 과정에서 워싱턴에 있는 국제기구와 싱크탱크 조직, 그리고 미국 재무부에 의해 확립된 이른바 '워싱턴 컨센서스'(Washington Consensus)가 신자유주의적인 정책개혁의 지침이 되었다. 라틴아메리카 외채위기를 해결하기 위해 1985년과 1989년에 미국 재무부장관이 제시한 정책 프로그램에서 드러난 것처럼, 경제위기를 겪은 국가는 국제통화기금(IMF)으로부터 긴급융자를 받는 조건으로 의무적으로 정책개혁을 수용해야 했다.7) 그리고 국제적 위기관리 기구가 정책개혁을 수용한 국가의 정책실행 과정에서 투명성과 책임성을 강조했기 때문에, 그 국가의 정치적 쟁점은 국제적 기구에 의해 확립된 프로그램이 요구하는 금융시장 개방과 금융자유화를 통해 해외자본을 유치하는 기술적 문제의 실행을 중심으로 조직됐다(Aronowitz and Bratsis, 2002: xiv; Burnham, 2001: 129; Strange, 1996: 197). 그러한 신자유주의적 정책개혁은 전통적인 신흥공업국가를 신흥시장, 즉 '글로벌 증시'의 일부로 통합된 새로운 증권시장으로 변모시켰다. 이들 신흥시장 국가의 성장은 상당 부분 달러로 거래되는 금융의 세계적 흐름에 종속되었다(Gowan, 1999: 49-50; Nesvetailova, 2005: 413).

---

7) 1985년에 미 재무부장관 베이커는 재정긴축을 전제로 외채상환 시기를 재조정하는 이른바 '베이커 플랜'(Baker Plan)을 제안했는데, 이때 수출을 통한 외환 확보와 국내 기업의 경쟁력 강화를 위해 무역자유화가 권고되었다. 또 1989년에는 미 재무부장관 브래디가 부채-증권 전환을 외채문제의 해결책으로 공식화하는 '브래디 플랜'(Brady Plan)을 발표했는데, 그 계획에 따르면 채무국은 국제통화기금의 긴급융자를 받는 대가로 금융자유화와 신자유주의적 정책개혁을 수용해야 했다(Petras and Veltmeyer, 2001). 그리고 바로 이 시기에 미 재무부 주도 하에 주요 산업국가 사이에서 환율과 화폐정책을 조정하는 플라자(1985년)-루브르(1987년) 합의가 진행되었다(Bryan, 1995: 117).

성장기에 브레턴우즈 체제가 금융의 국제적 이동을 억압함으로써 개별 민족국가에게 민족적 경제발전을 가능하게 만드는 국제적 조건을 제공했다면, 국제통화기금과 세계은행 같은 세계적 관리기구는 신자유주의적 정책개혁을 통해 금융의 자유로운 이동을 강화시킴으로써 민족적 경제발전의 제도적 조건을 해체시켰다. 즉 성장기의 국제적 제도가 민족국가의 정책적 자율성을 뒷받침했던 것과 대조적으로 위기에 대한 대응으로 재구성된 국제적 제도는 민족국가의 정책적 자율성을 약화시킨 것이다(Aronowitz and Bratsis, 2002: xiv; Markoff, 1996; Jessop, 2002b: 206).

그러나 더 중요한 것은 국제적인 위기관리 메커니즘이 세계 각지의 경제위기를 관리하는 동시에 미국의 세계헤게모니를 재생산하는 경향이 있다는 사실이다. 여기서 핵심적인 것은 '세계화폐'로서 달러의 지위를 유지하는 동시에 그것으로부터 지속적인 이득을 얻는 것이다. 1980년대부터 세계 각지에서 금융위기와 외환위기가 발생했지만, 미국의 재무부와 국제적 위기관리 기구는 달러의 지배력을 유지함으로써 미국으로의 국제적 자본유입을 지속시킬 수 있었다. 그리고 이 과정에서 발생하는 지역적인 금융위기는 그 지역 경제에 대한 달러의 지배력을 강화시키는 역할을 했다. 그런 측면에서 1980년대 이후 미국 헤게모니의 가장 특징적인 형태는 세계경제의 점진적인 달러화(dollarization)라고 할 수 있다(Duménil and Lévy, 2004c: 262).

브레턴우즈 체제의 해체와 1970년대 말 '달러위기'에도 불구하고 세계경제에서 달러의 지배력은 붕괴되지 않았다는 점은 흥미로운 사실이다. 환율의 불안정한 변동과 자본이동의 자유화라는 맥락 속에서 달러의 헤게모니는 특수한 방식으로 유지·강화되었다. 미국은 국제무역의 유일한 결제수단인 달러의 발행을 독점하고 있고, 바로 그러한 발권이익(seigniorage)에 기초해 달러의 가치를 국제적으로 통제할 수 있었다. 라틴아메리카를 비롯한 여러 국가가 외채위기와 외환위기를 겪고 달러에 더욱 의존하게 되었던 반면, 미국은 발권이익 덕택으로 그러한 경제적 위기의 충격으로부터 상대적으로 자유로운 상태를 유지했다(Gowan, 1999: 50).

1985년에 미국은 각각 국내총생산(GDP)의 3% 이상에 이르는 재정적자와 무역수지적자를 기록했다(Hogan and Graham, 1990: 242). 재정적자가 사라진 1998~99년의 짧은 기간을 제외하면 1980년대 초부터 20년 이상 미국의 이중적자는 지속되었고, 2000년 이후 그러한 추세는 절정에 달했다(Brenner, 2005: 226). 그러나 재정적자와 무역수지적자로 인해 수많은 신흥공업국이 외채위기와 외환위기를 겪고 긴축과 수출 장려라는 처방을 받아들어야 했던 것과 대조적으로 미국은 그러한 종류의 규칙을 수용할 필요가 없었다. 미국은 세계화폐로서 달러를 발행하고 있기 때문에 스스로 생산하는 것보다 더 많은 것을 소비하더라도 해외로부터 자본을 손쉽게 충당할 수 있었다. 즉 세계화폐의 발권국가로서 미국은 해외로부터의 자본유입을 통해 이중적자를 유지할 수 있는 고유한 능력을 갖는다(Duménil and Lévy, 2004c: 263; Gowan, 1999: 51).

이러한 '자본수입'은 미국 헤게모니의 역사적 고유성을 보여주는 지표이기도 하다. 19세기 말과 20세기 초 영국 헤게모니의 금융적 축적 국면의 '제국주의'가 해외로의 자본수출을 특징으로 했던 것과 반대로 미국 헤게모니는 해외로부터의 자본수입을 특징으로 했다. 1979~82년 '볼커의 전환' 이후 미국은 세계 최대의 자본수출 국가에서 세계 최대의 자본수입 국가로 전환되었던 것이다(Arrighi, 2007: 201; Duménil and Lévy, 2004a: 151). 그런데 미국으로의 투자수익률은 여타 지역으로의 투자수익률보다 더 낮았기 때문에 미국으로의 자본유입이 높은 투자수익에 기인하는 것이라고 볼 수는 없다. 오히려 미국으로의 자본유입은 '세계화폐'로 기능하는 달러의 상대적 안전성에 대한 신뢰에 기인한 것이었다. 여전히 달러가 지배적인 화폐이기 때문에 대다수의 국가와 거대 법인기업이 외환을 주로 달러로 보유했고, 이를 다시 미국의 금융체계 내부에 투자했던 것이다(Gowan, 1999: 25-26; Chesnais, 1998; Duménil and Lévy, 2000a: 146).[8]

그러나 미국의 이중적자가 세계 금융시장의 자율적 운동에 의해 자동적으로 보장되는 것은 아니다. 달러의 평가절하를 결정했던 1985~87년의 플라자-루브르 협약은 레이건의 '자유시장주의'와 단절한 국제적인 환율관리의 시작이었다(Hogan and Graham, 1990: 242; Bryan, 1995: 110; Greider, 1987: 686-687). 그 이후 1995년에는 '역플라자' 합의를 통해 달러의 평가절상이 추진되었고, 반대로 2000년에는 달러의 평가절하가 추진되었다. 달러의 평가절하와 평가절상은 모두 미국의 적극적 개입의 산물이었다. 사실 미국은 달러의 가치가 어떤 방향으로 변하든 그로부터 이득을 얻을 수 있다. 왜냐하면 달러의 평가절상은 미국 금융시장으로의 달러 유입을 강화시키고, 평가절하는 미국의 수출을 자극할 뿐만 아니라 대외부채를 감소시키는 효과를 갖기 때문이다(Arrighi, 2007: 111-112; Duménil and Lévy, 2004c).

따라서 세계화폐 발권국가로서 미국은 정책조정을 통해 상황에 따라 달러의 가치를 상승 또는 하락시킴으로써 세계헤게모니를 지탱할 수 있다. 여기서 특히 흥미로운 점은 달러의 평가절하가 미국의 헤게모니를 약화시키지 않는다는 것이다. 미국을 제외한 다른 모든 국가에서는 자국 화폐의 가치하락이 외채부담을 증가시키고 외환위기의 가능성을 높인다. 이와 대조적으로 달러가 세계화폐로 통용되는 한 미국

---

8) 1952년 달러의 해외 보유율은 미국 국내총생산의 5%에 불과했다. 금융자유화의 초기단계인 1985년에 그것은 20%로 상승했다. 그러나 이후 20년 동안 세계 나머지 국가의 달러 보유율은 급속하게 상승해 2003년에는 미국 순국내총생산(NDP)의 70% 수준에 도달했다(Chesnais, 2007: 139).

은 달러를 평가 절하함으로써 과거에 높은 가치의 달러로 대부한 부채를 더 낮은 가치의 달러로 지불할 수 있다. 달러의 이런 특수한 지위 덕택에 '이중적자'는 안정적으로 유지될 수 있는 것이다.

이 과정에서 1970년대의 '석유달러 환류 메커니즘', 즉 미국이 석유를 수입하고 달러를 지불하면 그 달러가 유로달러 시장을 통해 환류되는 메커니즘과 유사한 '수출달러 환류 메커니즘'이 형성된다. 미국은 동아시아로부터 상품을 수입하고 그 대가로 달러를 지불하는데, 동아시아 수출 국가는 그 달러를 다시 미국의 증권시장에 투자한다. 그리고 달러의 가치가 점진적으로 하락하면서 미국은 더 낮아진 가치의 달러로 동아시아 국가에게 이자와 수익을 제공한다.[9] 그 결과 미국 금융시장으로의 지속적인 자본유입에 기초한 '금융세계화'는 달러에 근거를 둔 미국의 헤게모니를 지속적으로 재생산한다. 미국에서 신자유주의적인 위기관리 패러다임이 성공을 거둘 수 있었던 것은 이처럼 세계 헤게모니 국가만이 누릴 수 있는 발권이익과 수출달러 환류 메커니즘이 전제되어 있었기 때문이다. 다만 여기서 한 가지 문제가 되는 것은 무역적자가 지속되고 그 결과 달러 유출이 지속된다면, 그렇게 유출된 달러를 다시 끌어들이기 위해 미국의 금융시장이 지속적으로 확대되어야 한다는 사실이다. 그런 측면에서 금융세계화는 근본적인 한계를 갖는다고 할 수 있다.

---

[9] 이는 미국 헤게모니의 심각한 위기의 표현(Arrighi, 2007: 203)으로 간주될 수 없고, 또 제국에 의해 보호비용으로 징수되는 공납(Panich and Gindin, 2005)으로 파악될 수도 없다. 오히려 그것은 국제적 환율관리 메커니즘을 통한 달러 발권이익의 활용으로 이해될 수 있다(Duménil and Lévy, 2004a).

2. 경제정책의 위기관리 패러다임

신자유주의적인 위기관리 패러다임은 사회적 타협을 제도화했던 케인즈주의적 성장관리 패러다임과 대조적으로 금융지배를 제도화했다. 또한 금융위기를 관리하는 과정에서 화폐정책이 지배력을 획득했는데, 이 또한 재정정책을 중심으로 산업적 성장을 관리했던 케인즈주의와 대조를 이룬다.

1) 금융지배의 제도화로서 신자유주의

경제관리의 이념인 동시에 일련의 경제정책으로서 신자유주의는 전통적인 보수와 진보의 대립을 넘어서는 일종의 '제3의 길'로 제안되었다. 이른바 '워싱턴 컨센서스'라는 용어에서 드러나는 것처럼 신자유주의는 보수주의와 자유주의의 중도적 수렴을 의미한다. 신자유주의는 경제정책의 무용성을 주장하면서 19세기적인 자유시장으로의 복귀를 주장하는 극단적인 보수주의를 거부한다. 그렇다고 해서 신자유주의가 케인즈주의적인 경제정책을 옹호하는 것도 아니다. 신자유주의는 변화된 경제적 상황과 사회적 세력관계에 맞게 정책의 수단과 목표를 개혁할 것을 제안한다. 그리고 신자유주의적 정책개혁은 케인즈주의 시대에 고안된 경제적 국가장치와 정책수단을 금융의 이익과 안정성을 강화하는 데 기여할 수 있도록 개혁하려고 한다. 여기서 중요한 것은 개별 정책이 아니라 정책의 앙상블이다(Munck, 2005: 63; Duménil and Lévy, 2004a; Brunhoff, 1999).

케인즈주의가 금융에 대한 제도적 억압에 기초했던 것과 대조적으로 신자유주의는 금융의 해방이라는 현실을 반영했다. 나아가 신자유주의는 심지어 금융시장의 '거품'이 우려되는 상황에서도 '시장원리'를 옹호하면서 금융시장에 대한 법적·제도적 규제를 해체시켰다. 그러한 정책은 국제적·국내적으로 금융의 이동성과 자율성을 강화했다. 금융기관은 금융시장의 전통적인 장벽을 넘나들면서 다양한 종류의 파생금융상품을 개발하는 것과 같은 금융혁신을 지속적으로 추진했다(Pollin, 2003: 33; Blackburn, 2008: 82; Brenner, 2004: 75). 그 결과 금융의 지배는 외연적으로 확장되었을 뿐만 아니라 내포적으로도 확장되었다. 즉 더 많은 행위자들이 금융시장으로 유입되고, 더 다양한 금융상품으로 가공자본의 축적이 심화된 것이다.

미국에서 이러한 금융해방을 상징적으로 보여주는 사건은 1999년에 통과된 「금융서비스현대화법」(Financial Services Modernization Act)이다. 그 법은 뉴딜 시기였던 1933년에 확립되어 금융규제의 기본적인 틀로 기능했던 「글래스-스티걸법」(Glass-Steagall Act)을 대체했다. 상업은행의 증권시장 진출 금지를 법으로 제도화한 「글래스-스티걸법」은 1990년대의 금융혁신으로 인해 사실상 유명무실해졌지만, 「금융서비스현대화법」은 그 법을 공식적으로 폐지하고 금융에 대한 탈규제를 법적으로 제도화했다는 점에서 중요한 의미를 갖는다.[10] 또 클린턴 행정부는 금융서비스의 현대화와 '신용의 민주화'라는 구호를 내세우며 지금까지는 분리되었던 상업은행, 투자은행, 그리고 보험의 기능을 모두 결

---

[10] 1980년대의 위기를 거친 이후 1990년대에 거대 상업은행은 은행지주회사로 변모했고, 증권중개회사를 인수하는 것과 같은 방식으로 증권업무에 개입했다. 증권중개회사는 증권을 인수하지 않고 중개만 했기 때문에 「글래스-스티걸법」을 회피할 수 있었다(White, 2000: 796).

합할 수 있는 '원스톱 금융 슈퍼마켓'의 출현을 예비했다(Pollin, 2003: 32; Brenner, 2004: 75).

그러나 이와 같은 '금융혁신'에 근거한 금융적 축적은 금융시장에 내포된 고유한 위험을 확산시키는 경향이 있다. 그런데 금융불안은 경제 전체에 막대한 파급효과를 미치기 때문에 국가는 그러한 금융시장의 위험을 내버려둘 수 없다. 국가는 공적 기관을 통해 사적 금융의 위험을 완화하는 안전을 제공한다. 예금보험공사와 같은 기구는 상업은행과 사적 금융기관의 신용을 보증함으로써 위기의 확산을 막으며, 중앙은행은 최종대부자로서 금융위기에 대응해 긴급융자 프로그램을 운영한다. 실제로 1980년대부터 신용경색과 금융위기가 빈발하면서 이러한 기관의 활동은 빈번해졌다(Guttmann, 1994: 253-254).

그리고 미국의 재무부와 중앙은행은 미국 내부의 금융위기뿐 아니라 국제적 금융위기도 관리했다. 1987년 월스트리트의 붕괴, 1994~95년 멕시코와 1997~98년 아시아의 금융위기, 그리고 1998년 롱텀캐피털 매니지먼트(LTCM)의 파산 등과 같은 상황에서 연방준비제도는 사적 신용시장의 붕괴를 막고 금융시장 투자자들의 이해를 보호하기 위해 공적 기금으로 긴급융자를 제공했다.[11] 이러한 긴급융자는 금융기관에게 금융시장의 위험으로부터 안전장치를 제공함으로써 금융시장에 특징적인 투기적인 금융활동을 사실상 용인하고, 심지어 자극하는 효과를 가졌다(Pollin, 2003: 31-32; Nesvetailova, 2005: 407).

---

11) 주택대부조합(S&L)의 부실을 둘러싼 문제가 지속되고 있었던 미국에서는 1989년 「금융기관개혁·재건·강제법」(Financial Institution Reform, Recovery and Enforcement Act)이 통과되어 구제금융과 관련된 일련의 제도를 정비했다. 그 법은 연방예금보험공사에 의해 관리되는 정리신탁공사(Resolution Trust Corporation: RTC)를 설립해 부실 금융기관의 자산을 인수하고 그 자산의 매각을 담당하게 했다(Guttmann, 1994: 248; Mishkin, 2004: 322).

여기에 하나의 역설이 존재한다. 금융의 사적 활동이 낳은 수익은 사적으로 영유되지만, 그러한 활동이 야기한 위기의 손실은 국가에 의해 공적으로 사회화되는 것이다. 금융시장에서 위험이 클수록 수익도 높기 때문에 금융은 위험을 무릅쓰고 높은 수익을 추구하는 경향이 있다. 그런데 그러한 위험이 현실화되었을 때 그 손실이 공적 자금에 의해 사회화된다면, 금융은 점점 더 고위험의 고수익 자산에 투자할 수 있게 되는 것이다. 따라서 국가에 의한 '손실의 사회화'는 금융활동을 억압하는 것이 아니라 오히려 더 강화하는 경향이 있다.

신자유주의 하에서 국가의 경제적 실천은 폭발적인 금융위기에 대한 대응뿐만 아니라 금융의 일상적인 활동을 지지하는 형태로 전개된다. 그런 측면에서 거시경제적 관리라는 국가의 역할은 사라지지 않는다. 대신 경제관리의 수단, 즉 경제정책은 개혁된다. 케인즈주의적 성장관리가 금융의 억압을 조건으로 해서 산업적 성장과 고용을 목표로 하는 재정정책을 중심으로 조직되었다면, 금융의 해방은 바로 그러한 재정정책의 효과를 모호하게 만들었다. 국제적·국내적으로 자본의 자유로운 이동이 보장되면서 사적 기업의 투자는 정부의 조세와 지출로부터 직접적인 영향을 훨씬 덜 받게 된 것이다. 정부는 여전히 조세를 징수하고 예산을 편성했지만, 정부의 재정적 활동이 사적 투자와 고용에 어떤 영향을 미치는가는 불투명해졌다.[12] 그 결과 거시경제적 관리의 일관된 원리를 갖는 재정정책은 더 이상 존재할 수 없게 됐다 (Campbell, 2005: 193; Boyer, 2000: 120).

---

12) 바로 이러한 맥락에서 닉슨 행정부에서 경제자문위원회 위원장이었던 스테인은 다음과 같이 말했다. "우리는 이제 모두 케인즈주의적-통화주의적-공급측 전통주의자이지만, 그것이 무엇을 의미하는지 모른다. 우리는 적자와 흑자, 조세율과 보조금 프로그램, 그리고 화폐공급이 모두 중요하다는 점을 알지만, 일정한 한도 내에서 그것들이 어느 정도 중요한가는 알 수 없다"(Stein, 1996: 600).

대신 정책의 중심은 화폐정책으로 이동했다. 사적 투자를 자극하는 방식으로서 화폐정책은 재정정책보다 더 직접적인 영향을 미치는 것으로 간주되었다. 자유로운 금융시장은 기업에게 더 낮은 비용으로, 그리고 더 매력적인 방식으로 자본을 제공하는 것으로 인식되었고, 정부의 역할은 금융시장이 그러한 방식으로 작동할 수 있는 환경을 제공하는 것으로 재규정되었다(Akard, 1998: 203). 금융시장의 신뢰를 강화하고 화폐의 가치를 보호하기 위해 적극적으로 인플레이션을 억제하는 정책이 추진되었고, 증권시장을 부양하기 위해 이자율이 반복적으로 인하되었다. 이와 같은 화폐정책은 금융의 이익에 호의적인 제도적 환경을 만드는 결정적인 수단이 되었다.

다른 한편 금융세계화가 전개되면서 각국의 경제관리에서 대외적 요소의 중요성이 부각되었다. 이와 함께 신자유주의로의 전환은 경제정책의 앙상블을 대외 지향적인 것으로 변화시켰다. 이는 때때로 '폐쇄경제 모형'에서 '개방경제 모형'으로의 이행으로 묘사된다. 개방경제를 전제로 할 경우 케인즈주의가 중심적인 고려의 대상으로 삼았던 국내수요는 국제수요로 대체될 수 있다. 기업은 국내에서의 유효수요가 아니라 세계시장으로의 수출을 위해 투자를 확대할 수 있는 것이다. 또 세계적으로 통합된 금융시장으로 인해 순수하게 민족적인 화폐정책 목표는 낡은 것이 된다. 왜냐하면 특정 국가의 중앙은행 활동은 다른 국가의 중앙은행 활동에 의해 증폭된 효과를 낳을 수도 있고 반대로 상쇄될 수도 있기 때문이다(Guttmann, 1994: 217).

대외 지향적인 정책에서 특히 환율에 대한 관리는 새로운 무게중심이 되었다. 외환시장의 지속적인 변동 속에서 이자율과 인플레이션에 대한 정책적 관리는 환율에 대한 관리와 직접적으로 연계되었다. 또 재정정책조차 정부의 재정적자가 환율에 미치는 효과를 적극적으로 고려하는 방향으로 변경되었다(Burnham, 2001: 135; Nesvetailova, 2005:

414; Bryan, 1995: 162). 특히 부채부담이 큰 국가에서는 환율안정이 국내적 경제활동의 수준보다 더 중요한 목표가 되었다. 왜냐하면 미국을 제외한 모든 국가에서는 자국 통화의 급속한 가치하락이 자동적으로 그들의 부채부담을 증가시키기 때문이다. 또 2000년대 이후 중국의 급속한 성장에서 드러나는 것처럼, 수출의존도가 높은 국가에서는 자국 화폐의 가치를 절하하는 환율정책이 수출을 증진시키는 수단으로 활용될 수 있었다(Nesvetailova, 2005: 414; Brunhoff, 1999).

대다수 국가는 환율문제와 동시에 '국제수지'를 개선해야 한다는 압력으로 인해 경쟁력 있는 산업을 국내에 유치하려고 노력했다. 이때 경쟁력은 특정한 민족적 또는 국가적 속성이 아니라 사실상 특수한 산업과 산업부문의 속성으로 간주되었다. 특정한 국가의 특정한 산업이 그 국가의 다른 산업과 비교해서 얼마나 우위를 갖는가 하는 '비교우위'가 아니라 다른 나라의 동일한 산업보다 얼마나 우위를 갖는가 하는 '경쟁우위'가 더욱 중요해졌다. 그리고 국가의 역할은 그러한 산업적 속성의 발전을 촉진하는 것으로 규정되었다(Bryan, 1995: 172-174).

그러나 이러한 대외 지향적인 정책은 결코 단일한 원리로 통합되지 않았다. 경제협력개발기구(OECD)의 대다수 국가는 단일한 정책적 원리보다는 일련의 '점검 목록'——인플레이션, 인플레이션에 대한 예상, 이자율, 환율, 국제수지 등의 민족적 지표를 포괄하는—— 을 만들고 그것을 점검하는 접근법을 채택했다. 여기서 문제는 그 점검 목록에 속한 요소들이 서로 일관되지 않는다는 것이다. 예를 들어 국제수지적자에 대한 대응으로 국내 이자율을 상승시키려는 중앙은행의 시도는 높은 이자율을 갖는 통화로 이동하는 투기적 화폐의 유입을 불러와 결국 자국 화폐의 평가절상을 야기한다. 이는 수출에 악영향을 미쳐 국제수지적자를 악화시킨다. 이처럼 이자율, 환율, 인플레이션, 국제수지의 목표는 서로 빈번하게 충돌한다(Bryan, 1995: 109). 게다가 국제 지향적인 정책은 국내적 경제관리의 요구와도 빈번하게 충돌하는 경향이 있다. 이 때문에 대외 지향적인 경제정책은 그때그때의 상황에 따라 실용적으로 조정되는 양상을 보였다(Bryan, 1995: 170).

2) 위기관리를 위한 정책혼합

신자유주의는 1980년대의 경제위기에 대응하는 과정에서 '정책개혁'의 전망을 체계화했다. 정책개혁은 '자유방임'보다는 더 적극적인 정부의 역할을 강조했다. 신자유주의적 정책개혁은 전후 황금기의 케인즈주의적 정책의 우선순위와 목표를 변경함으로써 금융의 헤게모니를 강화했다. 특히 화폐정책은 경제관리의 중심적 수단이 되었다. 그것을 통해 1990년대에 미국에서는 상대적인 거시경제적 안정성이 확보되었다. 그리고 그러한 미국의 경험은 세계적인 경제기구를 통해 여타의 중심부국가와 저발전국가로 확산되었다(Pollin, 2003: 8). 사회적 세력관계와 제도적 배치의 역사적 차이로 인해 국가별로 신자유주의가 확산되는 양상은 달랐지만, 그럼에도 불구하고 신자유주의적인 정책개혁은 세계적으로 수렴되는 양상을 보였다. 특히 경제위기와 위기관리의 필요성이라는 조건은 그러한 확산을 가속화했다.

물론 신자유주의적 정책개혁의 구체적인 내용이 처음부터 일관된 형태로 구상된 것은 아니었다. 오히려 그것은 주기적인 경제적 위기에 대응하는 과정에서 진화하는 양상을 보였다. 그 출발점은 화폐정책의 우위를 확립한 1979년 '볼커의 전환'으로 소급된다. 그 이후 '통화주의'를 따르는 화폐정책이 경제정책의 중심적 역할을 부여받았다. 인플레이션 또는 상품에 대한 화폐의 상대적 가치하락은 더 이상 용인되지 않았다(Collins, 2000: 221). 1980년대에 정책 논의는 하나같이 화폐공급

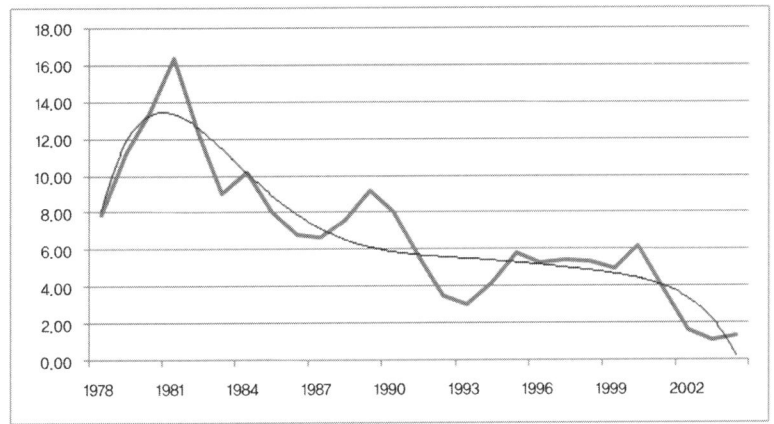

〈그림 5-3〉 연방기금 금리(%)[1]: 1978~2002

자료: Economic Report of the President: 2007, Table B-73에 기초해서 재구성.
1) 가는 실선은 추세선.

목표량과 인플레이션 감축에 초점을 맞추었고 때때로 환율에 대한 고려가 추가되었다. 그 결과 높은 이자율과 강한 달러 정책이 은행가와 채권소유자 같은 전통적인 금융투자자들의 이해를 충족시켰다. 반면 이 시기에는 주식시장의 동학은 화폐정책에서 중요한 역할을 차지하지 않았다(Parenteau, 2005: 137).

1990년대에 이르러 미국에서 신자유주의는 전성기를 맞이한다. 여기서 화폐정책은 여전히 우선권을 가졌지만, 그 구체적인 정책목표는 변경되었다. 금융혁신으로 인해 새로운 종류의 신용수단이 등장하면서 화폐공급에 대한 통제는 사실상 불가능했으며 유용하지도 않았다. 대신 이자율이 화폐정책의 중간목표로 설정되었다. 또 이자율의 목표 수준도 높은 이자율에서 낮은 이자율로 변했다. 이러한 변화에는 주식시장의 동학에 대한 고려가 중요하게 작용했다. 1980년대를 거치면서 주식시장은 미국 경제의 전망을 평가하는 화폐정책 입안자들의 필수적인 고려사항이 되었는데, 특히 1987년 주식시장의 붕괴가 이러한 인식을 강화시켰다. <그림 5-3>이 보여주는 것처럼 1990년대에는 이자율이 낮게 유지되었는데, 이는 사실상 주식시장을 부양하는 효과를 가졌다(Parenteau, 2005: 133-135; Pollin, 2003: 31; Boyer, 2000: 120). 마찬가지로 2002년 이후 1%대의 이른바 '초저금리'도 2001년 나스닥(NASDAQ) 붕괴 이후 신용경색을 완화하고 금융적 축적을 지속시키기 위한 수단이었던 것으로 이해할 수 있다.

낮은 이자율을 중심으로 하는 1990년대의 화폐정책은 과거 재정정책이 수행했던 것과 유사한 역할을 수행하는 것으로 간주되었다. 신자유주의적 전망을 수용한 대통령경제자문위원회(CEA)와 연방준비이사회는 케인즈주의가 지출 또는 조세삭감을 통해 투자와 고용, 그리고 수요를 자극했던 것처럼, 낮은 이자율을 통해 금융시장을 활성화함으로써 투자를 자극하고 고용과 수요를 확대시킬 수 있다고 주장했다(Akard, 1998: 203). 그리고 실제로 연준 의장 그린스펀은 주식시장을 부양하기 위해 반복적으로 이자율, 즉 연방기금 금리를 하락시켰다. 그런 조처는 1995년에서 2000년까지 주식시장의 폭발적 상승세를 지속시켰고, '금융에 기초한 경기회복'을 가능하게 만들었다(Brenner, 2005: 218; Weller, 2002: 308).13)

그 결과 1990년대 후반 미국 경제는 침체와 위기를 겪고 있던 대다수 선진 자본주의 국가와 달리 낮은 실업률과 높은 성장률, 그리고 노동생산성 향상 등 높은 실적을 보이면서 이른바 주주가치와 정보통신산업이 결합된 '신경제'의 성공사례가 되었다. 그러나 '신경제'라는 표

---

13) 상대적으로 낮은 이자율은 인플레이션을 자극할 수도 있지만, 신자유주의 하에서 더 중요한 것은 가격안정이라기보다는 원활한 신용창조를 통한 금융시장의 안정성이었다. 그리고 이 시기에 진행된 재정적자 삭감의 노력도 인플레이션을 완화시킴으로써 이자율을 낮게 유지하는 화폐정책을 사용할 수 있는 여지를 제공했다(Boyer, 2000: 120; Rosenberg, 2003: 305).

현에서 드러나는 것처럼 그와 같은 경기회복이 전통적인 산업적 성장과 안정적인 고용의 증가에 의해 추동된 것은 아니었다. 오히려 그것은 정부의 금융규제 완화 및 저금리정책과 결합된 주식시장 호황에 의해 자극된 것이었다(Lazonick and O'Sullivan, 2000: 29-31).[14]

1990년대에 기업은 낮은 이자율 덕택으로 더 손쉽게 자금을 조달할 수 있었는데, 그러한 자금의 많은 부분이 생산적 투자보다는 주식과 같은 금융자산의 구매에 사용되었다. 또한 중산층뿐만 아니라 노동자 계급 가계도 전통적인 저축을 외면하고 직접적인 주식투자나 상호투자신탁을 통한 간접투자를 통해 금융자산에 대한 투자를 증가시켰다. 법인기업의 금융화가 이제 '가계의 금융화'(financialization of household)로 확대된 것이다. 여기에 미국 증권시장으로의 해외자본 유입이 추가되었다. 특히 1990년대 중반 아시아의 금융시장 불안이 감지된 이후부터 해외자본 유입 액수는 급속하게 증가했다(Moseley, 1999: 33-34).[15]

주식시장이나 주택시장 같은 부동산시장의 성장은 산업과 고용의 안정적 성장보다는 주식과 여타 자산가치의 상승으로 표현되는 액면

---

14) 1990년대 말에 '신경제'는 통상 정보통신산업에 기초한 '지식경제'로 알려졌지만, 그 성장의 실체는 관련 산업의 주가상승이었다. 특히 뉴욕 증권거래소에 비해 상장요건이 느슨한 나스닥은 '신경제' 관련 주식의 수뇌 활동무대가 되었다. 그것은 사실상 새로운 '골드러시'였다. 지금은 이미 파산한 월드컴(World Com)과 글로벌크로싱(Global Crossing) 같은 신경제 관련 기업이 1990년대 말에 막대한 액수의 투자를 끌어들이면서 주가상승을 주도했던 것이다(Pollin, 2003: 58).

15) 미국으로의 자본유입은 달러 강세가 확립된 1994년부터 폭발적으로 증가했다. 1993년 미국으로의 자본 순유입액은 대략 574억 달러였는데, 1994년에는 1,346억 달러로, 그리고 1996년과 1997년에는 각각 1,951억 달러와 2,646억 달러로 증가했다. 이와 같은 해외자본 유입은 아시아를 비롯한 여타 지역에서 금융위기를 야기하는 동시에 미국 내에서는 이자율을 더욱 하락시켜서 금융적 축적을 지속시키는 효과를 낳았다(Moseley, 1999: 35).

상의 부(paper wealth)를 증가시켰다. 그리고 국내적인 소비수요는 이러한 '부의 효과'(wealth effect)에 의해 지속적으로 부양되었다. 미국 역사상 최초로 가계가 보유한 자산의 가치가 증권투자의 수익성이 지속되는 것에 직접적으로 의존하게 된 것이다. 이처럼 금융적 축적의 호순환은 결국 자산가치가 끊임없이 상승할 것이라는 예상에 기초했다는 점에서 고유한 불안정성을 내포했다(Brenner, 2005: 222; Chesnais, 2007: 138; Lazonick and O'Sullivan, 2000: 32; Aglietta, 2000: 155-156).

신자유주의 하에서 저금리정책을 중심으로 하는 화폐정책이 증권시장을 부양하는 핵심적인 경제관리 수단으로 부상한 것과 대조적으로 재정정책의 위상은 하락했다. 1980년대 이후 지속적인 적자재정은 국가의 재정적 역량을 침식했고, 재정정책을 통해 수요를 자극하는 전통적인 활동은 위축되었다. 그러나 더 중요한 것은 재정적자를 낳는 정부의 적극적 지출정책이 경제회복이나 성장을 낳으며 또 그 효과는 정확하게 측정하고 관리될 수 있다는 관념이 기각되었다는 사실이다. 이는 금융화의 진전으로 인해 정부의 재정운영과 사적 소비 및 투자 사이의 연계 메커니즘 자체가 불투명해진 것에서 기인했다(Stein, 1996: 594-598; Boyer, 2000: 123). 이에 따라 재정정책은 방향을 상실했고, 따라서 재정정책을 중심으로 하는 성장과 인플레이션의 '미세조정'도 더 이상 존재할 수 없게 되었다. 대신 거시경제정책은 화폐정책을 중심으로 조정되었다(Collins, 2000: 220; Boyer, 2000: 120; 윤소영, 1999).

재정정책은 금융적 팽창을 뒷받침하는 화폐정책의 목표에 종속되었고, 그러한 목표를 보완하기 위해 재정적자의 감축 또는 균형재정 정책이 추진되었다. 재정적 긴축은 인플레이션 억제에 기여할 뿐만 아니라 두 가지 메커니즘을 통해 이자율을 하락시키는 데 기여할 것으로 가정되었다. 첫째, 공적 부문에서 신용에 대한 요구가 감소하면 그만큼 이자율이 하락할 것이며, 둘째, 재정지출로 인한 인플레이션의 위험이 줄어들면 중앙은행은 더 자유롭게 완화된 화폐정책을 추구할 수 있을 것이다. 그리고 낮은 이자율은 과거에 재정정책이 수행했던 것과 유사한 역할, 즉 성장을 가속화하고 일자리를 증가시키며 주식시장을 상승시킬 것이다(Pollin, 2003: 31; Collins, 2000: 217; Rosenberg, 2003: 305).[16]

클린턴 행정부는 이러한 가정에 기초한 정책전환의 전형을 보여주었다. '국민 먼저'(People First)라는 구호를 내걸었던 클린턴은 집권 초기였던 1993년에 의회에 「미국을 위한 변화의 전망」(A Vision of Change for America)이라는 제목의 정책 프로그램을 제시했다. 그 계획은 소규모의 단기적인 재정지출을 통해 경기를 부양하는 동시에 시장 이자율을 하락시키고 민간투자를 자극하기 위해 장기적으로 재정적자를 삭감한다는 프로그램을 담고 있었다. 그러나 의회에서의 논란과 재정적자에 대한 금융 및 기업의 우려 속에서 재정지출 프로그램은 포기되었다. 반면 화폐정책을 중심으로 정책조정이 이루어지면서 재정적자를 감축하려는 시도는 지속되었다(Rosenberg, 2003: 282; Pollin, 2003: 21; Collins, 2000: 218-219; Stein, 1994: 504-505). 클린턴 행정부에서 가장 영향력 있는 대통령의 경제자문이었던 재무부장관 루빈은 강한 달러와 재정흑자를 주요한 정책 교리로 제시했다. 특히 그는 1997~98년에 이르러 정부부채에 대한 이자지급의 안정성을 확보한다는 명분으로 균형재정을 위한 캠페인을 주도했다.[17] 이러한 재무부의 직극적인 노력은

---

16) 연방준비이사회 의장이었던 앨런 그린스펀은 1992년 대선에서 클린턴이 승리한 직후 사적으로 그를 만나 신뢰할 수 있는 적자 삭감이 장기이자율을 낮추는 가장 확실한 경로이며 화폐정책이 경제관리의 중심이 될 수 있다는 점을 설득했다(Akard, 1998: 193-195; Pollin, 2003: 28).
17) 1980년대 이후 정부부채가 증가하면서 재무부 증권에 대한 관리는 중요한 문제가 되었다. 1990년대에 미국을 포함한 대다수의 경제개발협력기구(OECD) 회원국들은 정부예산의 20% 이상을 부채원리금으로 지불했다. 이는 국내총생산의 3~5%에 달했다. 결국 국민소득의 일부가 조세로 흡수된 후 공적 부채의 원리금

〈표 5-1〉 법인세율: OECD 국가, 1982~2001

국가		프랑스	독일	일본	스웨덴	영국	미국	OECD평균
법인세율 (%)	1982	41	56	48	54	36	35	40
	2001	30	34	37	23	26	29	29

자료: Institute for Fiscal Studies(2002).

경기호황에 따른 조세증가와 결합되어 1999~2000년에 정부재정을 흑자로 전환시키는 성과를 남겼다(Parenteau, 2005: 133; Brenner, 2005: 217; Polin, 2003: 68).

한편 사회적 지출로서 재정정책은 포기되었지만, 기업에 대한 조세 삭감으로서 재정정책은 유지되거나 오히려 강화되었다. 1990년대에 미국을 비롯한 대다수 국가에서 재정적자 감축이라는 정책과 동시에 거대 법인기업을 유치하고 사적 투자를 자극하기 위한 주요 수단으로 조세삭감이 추진되었다(Swank, 2002: 249; Steinmo, 2003: 223). 2005년 경제개발협력기구(OECD) 보고서 『경제정책 개혁』은 10개 주요 회원국에서 고용을 증가시키는 핵심적인 수단 중 하나로 세금 감면, 특히 법인세 인하가 추진되고 있다고 지적했다(Glyn, 2006: 165). <표 5-1>에서 드러나는 것처럼 2000년대 초 법인세율은 신보수주의가 조세삭감 정책을 주도했던 1980년대 초보다 더 낮은 수준으로 떨어졌다. 이 때문에 재정적자를 감축하기 위한 주요 수단은 사회적 지출을 포함한 여타 정부지출의 감축밖에 없게 되었다(Mishra, 1999: 37).

상환 명목으로 금융 영역으로 이전되었던 것이다. 재정적자 감축을 중요한 의제로 만드는 데 기여한 것은 바로 이러한 상황의 압력이었다(Chesnais, 1998; Guttmann, 1994).

3. 경제정책과 사회정책의 분절적 조합: 관리를 통한 사회문제의 봉합

경제정책에서 화폐정책이 지배력을 획득하면서 케인즈주의 시기에 완전고용을 중심으로 통합되어 있던 사회정책의 통합성은 해체되었다. 사회정책은 분절화된 형태로 경제정책의 요구에 종속되었다. '보험의 원리'에 기초했던 사회보장제도 내부에서 '금융화'에 조응하는 '투자의 원리'가 확산되었다. 반면 '구호의 원리'를 따르는 빈민에 대한 행정은 노동시장의 요구를 반영해 유연하고 선별적인 관리를 실행했다. 그 결과 케인즈주의적인 성장관리 패러다임 하에서는 성장이 사회문제를 '해결'할 것이라고 기대되었던 반면, 신자유주의적인 위기관리 패러다임 하에서는 과거에 고안되었던 관리의 장치를 개혁함으로써 사회문제를 '봉합'하려는 경향이 지배적이게 되었다.

1) 화폐정책의 지배와 사회정책의 분절화

정책적 목표로서 완전고용이 지속적인 경제적 성장을 기초로 한 자본과 노동의 사회적 타협의 산물이었다면, 1970년대 후반의 경제위기와 그에 뒤이은 신보수주의의 반격은 그러한 타협을 해체시켰다. 1980년대에 대다수 선진 자본주의 국가에서 금융의 권력이 강화되고 조직된 노동의 세력이 약화되면서, 인플레이션 억제라는 정책목표가 전면에 부각되고 완전고용이라는 정책목표는 사실상 폐기되었다. 그리고

〈표 5-2〉 사회적 지출[1]: OECD 국가, 1980~2001

국가		프랑스	독일	일본	스웨덴	영국	미국	OECD평균
사회지출 (GDP대비%)	1980	21.1	23.0	10.2	28.8	17.9	13.3	18.3
	2001	28.5	27.4	16.9	28.9	21.8	14.8	22.5

자료: OECD, Social Expenditure Database.
1) 보건, 사회서비스, 실업 및 연금급여를 포함하고 교육은 제외.

사회정책을 실행하기 위한 '사회적 지출'이 경제성장에 기여한다는 원리도 폐기되었고, 대신 '사회적인 것'은 낭비와 비효율의 상징으로 집중적인 공격을 받았다(Jessop, 2002a: 153; Mishra, 1999: 23; MacGregor, 1999: 104).

그러나 이러한 공격에도 불구하고 1980년대에 사회정책은 사실상 해체되지 않았을 뿐만 아니라 그 이후 다시 증가하기도 했다. <표 5-2>는 미국을 비롯한 주요 선진 자본주의 국가에서 사회적 지출 자체가 결코 축소되지 않았다는 것을 보여준다. 그러나 더 중요한 문제는 지출의 액수가 아니라 사회정책의 실질적 목표와 그것이 실행되는 방식이었다. 사회적 지출을 경기 자극 수단으로 간주했던 재정정책이 무효화되었기 때문에 사회정책은 더 분절화된 형태로 경제정책에 종속되었다. 즉 사회정책은 어떤 통합적 원리도 갖지 못한 채 개별 정책이 각자의 방식으로 경제정책에 대한 고려에 종속된 것이다.

신자유주의적 정책개혁 속에는 정부가 사회적 지출을 통해 일자리를 얻지 못한 사람들에게 고용을 제공하는 공적 고용창출 정책이 포함되지 않았다. 고용은 사적 부문에 의해 창출되는 것으로 간주되었고, 따라서 재정정책도 정부지출을 늘리는 것이 아니라 기업의 투자환경을 개선하기 위한 법인세 인하와 같은 형태를 취했다. 게다가 고용과 관련해서도 더 중요한 것은 재정정책이 아니라 화폐정책이었다. 화폐정책, 특히 낮은 이자율이 모든 기대를 독차지했다. 낮은 이자율은 간접적인 방식으로 사적 투자에 긍정적인 영향을 미칠 것이고, 그 결과로 고용을 증가시킬 것이라고 예상되었다. 이에 따라 이자율에 대한 관리는 실업률에 대한 고려를 포함하게 되었다(Akard, 1998: 204-205).[18]

신자유주의 하에서 화폐정책 당국은 신보수주의 시기에 통화주의자들이 제안했던 자연실업률 개념을 수용한 '물가안정실업률'(non-accelerating inflation of unemployment: NAIRU)을 주요한 정책의 지침으로 삼았다. 그 내적 논리는 단순하다. 일정한 수준의 균형성장률과 그 성장률에 조응하는 실업률이 존재하는데, 만약 실업률이 그 이하로 하락하면 임금이 상승하고 그 결과 물가가 상승한다는 것이다. 이러한 관념은 현실에서 비대칭적인 정책으로 이어졌다. 물가안정실업률(NAIRU)은 상황에 따라 변화하는 것으로 가정되기 때문에 높은 수준의 실업률도 자연적인 것으로 간주되었다. 반면 실업률이 4% 또는 5% 이하로 하락할 경우에는 인플레이션이 발생할 것이라 예상하고 이자율을 상승시키는 화폐정책이 추진되었다(Pollin, 2003: 50; Weller, 2002: 304; Guttmann, 1996a: 32). 이는 결국 화폐정책에서 실업률에 대한 고려보다 인플레이션에 대한 고려가 더 큰 비중을 차지했다는 것을 의미한다. 즉 인플레이션을 억제하기 위해 적어도 일정한 규모의 '산업예비군'은 필수적인 것으로 간주된 것이다(Weller, 2002: 309).

그러나 현실은 그러한 화폐정책의 원리와 부합하지 않았다. 1995년에서 2001년 사이에 미국에서는 4% 전후의 낮은 실업률이 지속되었지만, 임금은 매우 완만하게 상승했고 물가는 거의 상승하지 않았다. 이는 실업률이 낮더라도 노동시장의 신축성과 정리해고의 활성화로 인

---

18) 뿐만 아니라 세계적인 무역의 팽창도 고용을 자극하는 것으로 옹호되었다. 클린턴은 북미자유무역협정(NAFTA)과 관세 및 무역에 관한 일반협정(GATT)이 미국 내에서 성장과 고용을 창출할 것이라고 주장했다(Akard, 1998: 204).

해 노동력 공급의 병목현상이나 노동조합의 강력한 임금인상 요구가 없었던 것에 기인했다. 실업률이 하락하면 임금상승이 가속화되고 그것에 대응해 기업이 가격을 인상시킴으로써 인플레이션이 발생했던 과거와 달리, 1990년대에는 낮은 실업률이 임금 및 가격의 상승을 유발하지 않았던 것이다(Rosenberg, 2003: 298; Moseley, 1999: 32-33).

역설적으로 물가안정실업률(NAIRU)이라는 통념이 다시 이와 같은 상황을 정당화하는 데 활용되었다. 경제정책 입안자들은 5% 정도의 실업률을 인플레이션을 유발하지 않는 '자연실업률'로 가정하면서 1990년대에 완전고용이 달성되었다고 선언한 것이다. 여기서 완전고용의 의미는 사실상 변화되었는데, 그것은 언제나 일정한 수준의 실업자들이 존재함으로써 노동시장의 수요에 신축적으로 대응할 수 있는 상황을 의미했다. 그리고 완전고용 또는 높은 고용수준을 유지하기 위해서는 고용과 임금을 보호하는 제도적 장치를 확립할 것이 아니라, 반대로 노동시장의 신축성을 높이고 노동의 이동성을 증가시킬 필요가 있다고 주장되었다. 이런 맥락에서 클린턴 행정부는 노동조합의 지속적인 요구와 압력에도 불구하고 노동시장의 신축성을 약화시킬 수 있는 노동법 개혁이나 고용창출 정책을 추진하지 않았다(Collins, 2000: 225; Brunhoff, 1999; Rosenberg, 2004: 291).[19]

신자유주의는 이러한 변화된 노동시장 조건에 맞게 노동력 관리방식을 조정했다. 케인즈주의 하에서 사회정책이 적극적인 의미의 완전고용이라는 목표를 보완했다면, 신자유주의 하에서 사회정책은 금융

---

19) 유럽은 실업률이 미국보다 높고 훨씬 구조적인 성격을 보인다. 또 유럽에서 실업보험은 미국보다 더 관대하고 급부 제공기간도 더 길다. 유럽에서 고용상황은 상대적으로 안정적이며 새로운 일자리가 더 적게 창출되고 전통적 일자리도 상대적으로 덜 파괴된다면, 미국은 이와 대조적으로 고용의 이동이 훨씬 빈번하기 때문에 고용실패율도 높고 고용획득률도 높다(Mishra, 1999: 21).

적 팽창과 노동시장의 신축성이라는 목표를 보완하는 경향이 있었다. 그리고 그것을 위해 사회정책은 훨씬 더 신축적인 형태로 변형되었다(Macgregor, 1999: 106; Katz, 2001: 358). 기존의 사회정책 속에 내포되어 있던 '보험의 원리'와 '구호의 원리'는 경제적 상황에 조응하는 방향으로 각각 재조합되었다. 주식시장의 호황과 함께 '보험의 원리'에 기초했던 연금제도에는 '투자의 원리'가 도입되기 시작했다. 반면 '구호의 원리'에 기초했던 빈곤감축 프로그램은 신축적인 노동시장에서 빈민의 '고용 가능성'을 향상시키는 프로그램으로 전환되었다(Garrido, 2005: 101; MacGregor, 2005: 144). 즉 사회정책을 구성하던 프로그램은 차별적으로 변했고, 그 결과 과거와 같은 정책적 보완성은 약화되었다.

그럼에도 불구하고 사회정책의 '개혁'은 일정한 방향성을 가졌다. 그것은 노동자로서 시민의 고유한 사회적 위험에 대한 집단적 대응을 확대하는 것에서, 그러한 위험에 대한 개인적 대응 능력을 강화하는 것으로 방향을 전환한다는 특징을 공유했다. 이제 '사회적' 제도도 노동자 개인에게 자신의 상황에 맞게 위험에 대응해 금융자산을 관리하거나, 또는 실업에 처한 상황에서도 노동력이라는 자신의 자산을 적극적으로 관리할 것을 요구했다(Hacker, 2004: 243). 그리고 시민을 노동자가 아니라 투자자로 재규정하는 '대중투자 문화'(mass investment culture)의 확산(Harmes, 2001) 속에서 그러한 사회보장 '자산관리'에도 투자라는 담론이 활용되었다. 노동자들은 노후보장을 위해서 자신의 자산을 투자하는 법을 알아야 했으며, 실업자나 빈민에 대한 '사회적 투자'는 노동력, 즉 인적 자본의 질을 유지·강화하는 수단으로 인식되었다. 이제 사회정책도 경제정책과 마찬가지로 장기적으로 안정적인 소득을 보장한다는 원리가 아니라 가계가 처한 상황에 맞게 단기적으로 문제를 해결한다는 미봉적인 전망에 의해 지배되었다.

2) 투자원리의 확장으로서 사회보험의 금융화

1980년대 사회보장과 복지국가에 대한 신보수주의의 공격은 불균등한 양상을 보였다. '구호의 원리'를 따르는 사회보장제도는 '자격 없는' 빈민을 양산한다는 공격을 받았지만, '보험의 원리'를 따르는 사회보장제도는 기여금에 대한 시민의 정당한 권리를 뒷받침하는 것으로 간주되었다. 사회보험을 둘러싼 논쟁이 존재했지만 그것은 주로 신탁기금의 고갈 가능성을 둘러싼 것이었고, 재정위기에 대한 해법도 정치적인 것이 아니라 경제적이고 기술적인 것이었다. 이러한 경향은 1990년대에도 지속되어 다소 비가시적인 형태로 연금과 보험의 포괄범위가 조금씩 축소되었고, 퇴직연령을 상향 조정하는 방안이 모색되었다(Basso, 2001: 82). 그러나 동시에 더 획기적인 새로운 방안이 등장했는데, 그것은 바로 사회보험의 운영을 급속하게 성장하는 증권시장에 대한 투자와 결합시키는 것이었다.

선진 자본주의 국가에서 사적 연금기금(pension fund)은 1970년대 이후 급속하게 성장했고, 1990년부터는 그 성장이 가속화되어 평균성장률이 10.9%에 달했다. 1996년에 경제개발협력기구(OECD) 국가에서 연금자산 총액은 8조 7천억 달러에 이르렀다. 이런 상황에서 사적 연금기금과 연금 관련 금융상품이 주식시장에 대거 투자되면서 연금기금은 세계 금융시장의 중요한 부문을 차지하게 되었다. 특히 그 과정에서 연금기금 관리집단, 즉 은행, 보험회사, 그리고 기관투자자가 '금융화'를 가속화하는 데 직접 관여했다. 1990년대 말 연금기금은 경제개발협력기구 내 기관투자의 28%를 차지하고 있는 것으로 추산되었다. 특히 미국과 영국에서 그 비중은 각국 주식시장의 30%에 이르렀다. 연금기금은 사실상 가장 큰 기관투자자였던 것이다(Mimns, 2001: 25-27).

이러한 상황을 반영하며 금융시장에 대한 사회보장기금의 투자가 사회보장 재정문제를 획기적으로 해결할 수 있는 방안으로 급부상했다. 그런 방안의 옹호자들은 사회보장기금을 금융시장에 투자해 최소한의 수익을 올리더라도 공적 지출을 동결 또는 절감할 수 있다고 주장했다. 게다가 그들은 적립식에 기초한 새로운 투자방안이 부과방식(pay-as-you-go system)에 기초한 전통적 사회보장보다 더 높은 급부를 제공할 수도 있다는 청사진을 제시했다. 이에 따라 사회보장제도와 금융시장을 연계시키는 다양한 실험이 진행되었는데, 그러한 실험은 기존의 사회보장제도를 전면적으로 해체시키지 않으면서 상황에 따라 신축적인 방식으로 사회보장의 원리를 변화시키는 것이었다(Hacker, 2004: 244). 몇몇 유럽 국가에서 추진된 것처럼 공적 연금을 사적 연금으로 민영화하는 방식이 채택될 수도 있고, 아니면 미국에서처럼 기존의 사적 연금에 대한 공적 규제를 완화해 주식시장에 대한 투자를 가능하게 만들 수도 있으며, 그렇지 않으면 공적 연금의 성격을 유지하면서 금융시장에 대한 투자의 비중을 증가시킬 수도 있다(Mimns, 2001: 85; Brunhoff, 2003: 148).

사회보험의 대표로서 연금제도의 민영화는 단순한 소유권의 변화 이상의 제도적 변화를 수반했다. 그것은 실질적으로 현행의 부과방식에서 완전적립 방식으로의 이행을 의미했다. 즉 민영화된 연금제도는 노동자와 고용주의 기여금이 노동자의 개인계좌로 곧바로 연결된다는 공통된 특징을 가지며, 따라서 연금은 사적 투자원리에 따라 운영되는 사적 기금과 동일한 형태를 취하게 된다. 사적 연금제도는 특히 미국에서 널리 발전했는데, 1990년대에 이르러 주식시장에 대한 투자와 연동되면서 그 급부를 지급하는 방식이 확정급부형에서 확정기여형으로 변화했다. 확정급부형 지급방식이 지불금과 서비스의 기간에 기초한 규칙에 따라 급부를 계산하고 그 급부를 종신으로 지급했던 반면, 확정기여형 지급방식 하에서는 기여금이 가입자의 개별 퇴직계정으로 흘러들어 간다. 그리고 퇴직 이후에 지불되는 급부는 개인별 계정에 축적된 금액으로부터 산출되기 때문에 그 급부액은 개인별 기여금과 투자실적의 합을 반영한다(Katz, 2001: 184; Hacker, 2004: 255).[20]

사회보험을 민영화하거나 사적 연금계획을 확대하는 것 외에, 공적 사회보장 체계를 유지하면서 그 개혁의 일환으로 증권시장에 대한 투자를 확대할 수도 있었다. 1990년대에 미국에서 대표적인 사회보장제도인 노령·유족·장애보험(OASDI)은 연방예산의 20%에 육박했고, 향후 20~30년이 지나면 기금의 경상흑자가 고갈될 것으로 예상되었다. 이에 따라 클린턴 행정부는 1980년대와 마찬가지로 사회보장자문위원회(Advisory Council on Social Security)를 설치해 그 해법을 찾도록 했다. 위원회는 1997년에 최종 보고서를 제출했는데, 그 보고서는 1980년대와 달리 단일한 해법에 합의하지 못한 채 세 가지 방안을 제시했다(Minns, 2001: 102-103).

그런데 세 방안은 비록 정도나 형태의 차이는 있지만 모두 사회보

---

[20] 이러한 변화는 노동과 자본의 세력관계와 기업 내 고용관계의 변화를 반영하는 것이기도 했다. 성장기 동안의 확정급부형은 장기간의 고용관계를 전제로 해서 확립된 것이었다. 그러나 위기와 함께 경영자는 단기고용을 용이하게 하는 것으로부터 이득을 얻으려고 했다. 그 결과 노동자의 이동성(mobility)이라는 가정을 중심으로 피고용자의 급여가 재고안되었다. 노동자 개인별로 연금계정을 만들어 일자리를 옮기면서 일정한 기여를 누적하고, 그것에 따라 급부를 제공받게 되는 확정기여형 급부체계가 바로 그것이다(Katz, 2001: 184). 1990년대에 미국에서는 주식시장의 상승과 함께 연방정부가 후원하는 개인별 연금계정인 개별 퇴직계정(individual retirement account: IRA)과 고용주가 후원하는 자유화——주식시장 투자와 연동된 투자수익의 개별화——된 개인별 연금계정인 401(k)이 폭발적으로 확산되었다(Hacker, 2004: 255).

장기금을 주식시장에 투자할 것을 권고했다.[21] 이런 상황에서 보수주의자들은 사회보장의 민영화를 제안했고, 클린턴 정부는 신탁기금의 주식시장 투자를 대안으로 제시했다. 그런데 사회보장 전문가들은 증권시장과 연계된 더 실용적인 해법을 제시했고, 결국 그것이 시행되었다. 그 해법은 투자신탁의 포트폴리오에서 재무부 증권보다 상대적으로 높은 수익을 제공하지만 사적 주식은 아닌 제3의 증권, 즉 연방기구가 발행한 공적 채권에 대한 투자를 늘리는 것이었다. 그럼에도 불구하고 사회보장을 둘러싼 논쟁은 종결되지 않았으며, 이후에도 지속적인 쟁점이 되었다(Katz, 2001: 254).

이러한 일련의 과정을 거치면서 사회보장기금은 그것이 사적인 형태이건 공적인 형태이건, 그리고 개인적이건 집단적이건 모두 증권시장과 연동되었다. 이는 결국 사회보장의 핵심적인 원리가 근본적으로 변화했다는 것을 의미한다. 전통적인 사회보장이 공통의 위험에 집단적으로 대응한다는 보험의 원리에 기초했다면, 이제 사회보장은 위험에 대한 대처라는 명목으로 개인적 소득을 증가시키는 투자의 원리에 기초하게 된 것이다. 사회보험의 목적은 이제 '투자자로서 시민'의 개인적 저축과 투자를 증가시키는 것이며, 그 급부의 수준은 개인의 투자 포트폴리오에 의해 결정된다(Quadagno, 1999: 4). 이 같은 투자원리의 확산은 사회보장 급여의 재생산에 대한 책임을 국가나 공적 기관에서 사적 금융시장으로 이동시킨다. 그것은 본질적으로 사회보장제도를 자본의 금융적 축적 속에 통합시키는 것이다(Minns, 2001: 50).

한편 사회보장 기금은 금융의 본성에 의존하고 또 역으로 금융의 성장에 중요한 역할을 한다. 이는 매우 역설적인 현상이다. 산업적 성

---

21) 이 세 가지 제안은 각각 급여유지계획(maintenance of benefits plan), 개별개정계획(individual account plan), 개인보장계정계획(personal security account plan)으로 지칭되었다. 이들 사이의 쟁점은 민스(Minns, 2001: 102-103)를 참조할 수 있다.

장을 통해 획득된 부의 일부를 사회보장으로 적립한다는 애초의 계획이 사회보장 형태로 누적된 기금의 투입을 통해 금융적 성장을 자극하는 계획으로 역전된 것이다. 그 결과 사적 위험에 대한 사회적 대처라는 원리가 해체되고 대신 사회보장을 위한 집단적 기금이 사적 수익을 강화하는 데 기여하게 되었다. 게다가 사회적 안전을 위한 제도의 안정성은 해체되고 금융시장의 불안정성에 종속되었다(Minns, 2001: 101; Duménil and Lévy, 2004a: 33).

또한 투자의 원리가 확산되면서 노동자 내부의 분할이 심화되는 경향도 있었다. 상대적으로 안정적인 소득 덕택으로 금융으로부터 수익을 획득할 수 있는 취업 노동자와 '복지' 또는 '급부'를 필요로 하는 실업 노동자 또는 빈민의 분할은 단순한 노동자 내부의 분할이 아니라 투자자로서 시민과 복지 의존자로서 시민의 분할로 나타나는 것이다. 이는 노동자(가계)들의 일부가 의도하지 않게 금융의 논리에 통합되었다는 것을 의미한다. 즉 그들의 현재 또는 미래 소득 중 일부는 금융시장의 실적에 의존하게 된 것이다. 그러나 몇몇 실증연구가 보여주는 것처럼, 연금이나 보험 같은 종류의 금융자산에 대한 투자총액에서 노동자들이 차지하는 비중은 여전히 상대적으로 낮다. 또 투자의 원리에 기초한 사회보장의 급부는 상대적으로 부유한 사람들에게 유리하도록 편향되는 경향이 있다(Minns, 2001: 185; Harmes, 1998; Brunhoff, 2003: 148; Quadagno, 1999: 4).[22]

---

[22] 미국에서는 과거 기업연금이 401k라는 연금상품을 매개로 증권시장과 연동된 이후 소득이 높은 소수의 관리직 노동자를 제외한 대다수 생산직 노동자들이 투자손실로 인해 피해를 보았다. 퇴직한 노동자들은 연금을 거의 받을 수 없었기 때문에 다시 직장을 구할 수밖에 없었다. 이러한 사태는 '퇴직의 종말'이라고 명명되었다(Ghilarducci, 2006).

3) 빈민에 대한 관리의 효율화와 선별적 관리

넓은 의미의 보험원리에 의해 지배되었던 사회보장이 투자원리에 따라 재조직되는 것과 동시에 실업과 불안전고용에 시달리는 빈민들에 대한 원조제도도 변형되었다. 1980년대의 사회복지 '개혁'이 빈민에 대한 도덕적 공격과 사회적 지출의 삭감에 대한 강박으로 인해 체계적인 관리의 원리를 확립하지 못했던 것과 달리, 1990년대의 개혁은 훨씬 더 실용적이고 기술적인 몇 가지 원리를 따랐다. 또한 그러한 개혁은 사회적 여론에 의해 추동된 것이라기보다는 개혁적 의지를 가진 정부에 의해 주도된 것이었다.

대다수 선진 자본주의 국가에서 '복지개혁'은 1990년대에 중요한 의제가 되었다. 특히 미국에서 클린턴 행정부는 집권과정에서 '국민에 대한 투자'를 강조하면서도 '우리가 아는 복지의 종말'을 선언했다. 그 이후 일련의 복지개혁에서 정부는 적극적인 행위자로 변신했다(Katz, 2001: 77; Rosenberg, 2003: 285; 송호근, 2001a: 204). 복지개혁은 레이건 행정부에서 추진되었던 것처럼 원조를 위한 재정지출 축소 같은 수량적인 것이 아니었다. 그것은 생산적으로 사용되지 않는 노동력에게 지속적으로 변화하는 직무에 적응할 수 있는 능력을 제공하여 그들을 신축적인 노동시장에 재통합시키려는 전략이었다(Garrido, 2005: 106).

먼저 신자유주의는 실업급여를 노동의 이동성과 고용 탐색의 유인을 약화시키고 임금하락을 저해하는 '경직성'의 원천으로 간주했다. 이에 따라 미국의 실업보험은 유럽 국가에 비해 결코 관대하지 않았음에도 불구하고 그 규모가 실질적으로 감축되었다(Mishra, 1999: 47-49; Pierson, 1994: 119-120). 다른 한편 클린턴 행정부는 교육과 훈련을 '사회적 투자',

즉 교육적 지출을 통해 시민들의 생산성을 향상시키는 투자로 규정하고, 그것을 실업과 저임금이라는 사회문제에 대한 만병통치약으로 제시했다(Mishra, 1999: 22). 1998년의 「노동력투자법」(Workforce Investment Act)은 40여 가지의 연방 훈련프로그램을 공고화했다. 또 그 법은 노동자들이 사적 훈련비용을 지불하는 데 사용할 수 있는 바우처 제도를 도입하고 전국적인 고용 데이터베이스를 만들었다(Pollin, 2003: 25).

이와 함께 클린턴 행정부는 1993년에 저임금 노동자를 지원하는 소득세감면(earned income tax cut: EITC)을 확대했다. 1975년에 조세정책의 사소한 일부로 시작되었던 EITC는 1990년대 이후 행정부와 의회의 가장 대중적인 프로그램이 되었다. 그런데 여기에는 특별한 기술적 이유가 있었다. 왜냐하면 그것은 조세규칙에 따라 운영되기 때문에 별도의 대규모 사회행정기관을 필요로 하지 않으며, 노동자들이 비록 신축적인 노동시장에서 불안정에 노출되더라도 소득세감면을 위해 저임금 노동을 지속하게 만드는 효과를 가졌기 때문이다. 즉 소득세감면 정책은 1990년대 저임금 고용의 거대한 성장과 쌍을 이루는 것으로서, 사실상 저임금 노동력을 고용한 기업에 대한 주정부 차원의 보조금 정책으로 기능할 수 있었던 것이다(Howard, 1997: 139-140; Mishra, 1999: 50).

한편 빈민에 대한 공적 원조는 실업을 장기화하는 원인으로 간주되어 축소되었다. 1996년에는 초당적 합의에 따라 「개인책임・노동기회법」(Personal Responsibility and Work Opportunity Act)이라는 복지개혁법이 통과되었는데, 이 법은 빈곤한 여성 및 아동을 위한 공적 원조, 즉 부양아동가족원조(AFDC)에 대한 연방 차원의 지원을 폐지했다. 그러한 결정은 연방정부가 빈곤한 시민에게 최소한의 소득을 보장한다는 원리가 폐지되었다는 것을 의미하기 때문에, 사실상 지난 60년 동안 지속되어 온 연방 차원의 공적 원조의 종결을 상징하는 것이었다. 즉 연방정부에 공적 원조를 요구할 수 있는 빈민의 '수급권'이라는 개념이 소멸한 것이다(Mishra, 1999: 47; Katz, 2001: 324; Trattner, 1999: 397).[23]

공적 원조는 소득 유지가 아니라 정상적인 노동력의 유지라는 암묵적 원리를 중심으로 재배치되었다. 클린턴 행정부는 '빈곤가정을 위한 한시적 원조'(temporary aid to needy families: TANF)라는 새로운 공적 원조 제도를 설립했다. 그 핵심은 원조가 '한시적'이라는 것이었다. 그것은 적극적인 자조 노력을 하지 않는 것으로 간주되는 사람들에게는 국가가 더 이상 장기적인 사회·경제적 안전을 제공하지 않는다는 것을 의미했다. 그리고 거기에 원조에 상응하는 의무가 추가되었다. 한시적 원조프로그램의 지원을 받은 사람은 반드시 노동이나 구직 또는 교육·훈련 같은 활동을 해야 했고, 그 수급기간은 평생 60개월을 초과할 수 없었다(Waddan, 1997: 161; Katz, 2001: 324; Abramovitz, 2006: 339).

이와 함께 한시적 원조프로그램의 모든 권한과 책임은 주정부로 이전되었다. 부양아동가족원조(AFDC) 하에서는 주정부의 복지지출에 상응해서 연방정부가 지원금을 보장했다면, 이제 연방정부는 소요 예산 전액을 포괄적 교부금(block grant)으로 각 주에 지급하고, 주정부는 이 돈을 원하는 방식대로 사용했다(Rosenberg, 2003: 288). 그리고 각 주는 다시 그 책임을 시와 카운티로 이전시킨다. 그 결과 주, 시, 카운티마다 원조 수혜자에게 '인적 자본'으로서 노동력을 유지하는 활동을 강제하기 위한 다양한 제도적 실험이 수행된다.[24] 또 복지서비스 전달체

---

23) 이와 함께 수급권(entitlement)이라는 개념 자체가 복지 수혜자를 확장시킴으로써 비용을 증가시키고 또 빈민의 노동의욕을 감소시킨다고 공격을 받았다(Katz, 2001: 325).

24) 지역에 따라 다양한 '복지모형'이 제시되었는데, 그것은 대체로 복지와 노동의 연계, 그리고 복지와 학습의 연계를 강화했다. 대중적으로 성공을 거둔 '위스콘신 모형'은 처방된 등교 일수를 채우지 못한 자녀를 가진 복지 가족에게 급여의 15%를 삭감하는 프로그램을 포함했다. 이와 같은 학습 연계 복지(learnfare)는 사회적 투자로서 학교교육을 개선한다는 명분을 가졌다(Trattner, 1999: 380).

계와 관련해서는 지역사회의 참여를 권장한다는 명목으로 사적 차원, 즉 전통적인 종교기관과 자선기관을 비롯한 다양한 성격의 비영리 조직이 그 역할을 담당하도록 권장되었다. 그러나 역설적이게도 이러한 분권화와 분절화는 정부의 통제를 증가시켰다. 왜냐하면 각 주의 활동 원리, 즉 수혜자들에게 노동이나 그것과 관련된 활동을 강제해야 한다는 규칙은 지방 행정기관에게 어떤 재량권도 허용하지 않는 법적 규정에 의해 강제되었기 때문이다. 즉 행정적 조직질서의 유연화는 재량이 아니라 규칙을 강화시켰고 규칙준수를 확인하기 위한 절차가 증가했던 것이다(Katz, 2001: 324, 332; Waddan, 1997: 162; Eikenberry, 2007: 171).

실업과 빈곤에 대한 사회정책의 신자유주의적 개혁은 사실상 불평등이나 빈곤을 감축시키려는 의도를 가지고 있지 않았지만, 그렇다고 해서 빈민에 대한 단순한 공격에 머물렀던 것도 아니다. 오히려 그것은 실업자와 빈민으로 하여금 자신의 노동력을 정상적으로 유지하고 노동에 참여할 것을 자극한다는 더 적극적인 목표를 가졌다. 그러한 활성화(activation) 전략은 노동의무의 사례에서처럼 강제적인 형태를 취할 수도 있고 권한 강화(empowerment)라는 '자발적인' 형태를 취할 수도 있었다. 프로그램 목표의 대상도 등록된 실업자에서 빈곤한 독신 부모에 이르기까지 다양하며, 그 비용과 지속기간도 다양했다. 그럼에도 불구하고 그 모두는 하나의 일관된 방향성을 가지고 있었는데, 그것은 인적 자본으로 정의되는 노동자들의 고용 가능성을 증가시키는 것이었다(Garrido, 2005: 106).[25]

---

[25] 고용 가능성을 높이는 전략은 지속적으로 변화하는 노동시장의 필요에 적응할 수 있는 노동자의 능력을 향상시키는 것으로서, 고숙련의 노동력을 훈련시키는 전통적인 전략과는 구별된다. 그리고 이러한 전략 하에서는 노동의 조건과 무관하게 노동시장에 참여하는 것 자체가 하나의 사회적 성취로 제시된다. 이는 성장기 동안 발전된 시민의 고용 안정성에 대한 법적·제도적 보호라는 기획과 대

이른바 '신축 안전성'(flexecurity)(Basso, 2003)으로 지칭되는 이러한 제도적 배치 내에서 빈민으로 분류되는 실업노동자들은 지속적으로 노동력의 질을 유지·향상시키고 고용을 탐색해야 한다. 또한 그들은 가급적 신속하게 노동시장으로 복귀하기 위해 노동시장의 하부를 차지하는 저임금의 일자리를 수용해야 한다. 그러나 이들을 일시적으로 흡수하는 일자리의 일반적인 특징, 즉 불안전성으로 인해 이들은 사실상 노동과 '복지'——실업보험이 아니라——를 주기적으로 오고가는 양상을 보인다. 이런 측면에서 고용 가능성을 증가시키는 신자유주의적 사회정책은 노동시장의 신축성을 강화하고 그 신축적인 노동시장이 안정적으로 작동할 수 있게 하는 일관된 접근의 일부를 이루는 것이라고 할 수 있다(Swank, 2002: 225; Jessop, 2002a: 156; Mishra, 1999: 47; Abramovitz, 2006: 353; Handler, 2000: 118-121).

4. 위기관리의 제도적 통일성: 관리의 신축화

신자유주의적 위기관리 패러다임은 정책의 개혁과 함께 그것을 실행하는 국가장치 사이의 관계도 변화시켰다. 그것은 신자유주의적 정책의 안정적 수행을 위한 제도개혁을 내포했다. 화폐정책을 수행하는 중앙은행을 정점으로 경제-기술관료의 지배가 확립되는 동시에 행정적 관리는 유연화되었다. 그리고 '효율적 통치'가 국가장치의 핵심적 과제가 되면서 의회와 정당의 '탈정치화'라는 역설적 현상이 발생했다. 그러나 더 큰 문제는 신자유주의적 위기관리에 내재된 모순이다. 신자

립되는 방식으로 재규정된 '통합'이라는 개념에 기초를 둔다(Garrido, 2005: 106).

유주의는 금융위기에 대응해 금융활동을 외연적·내포적으로 확대하는 방식으로 금융의 지배를 재생산했다. 이러한 위기관리는 더 큰 위기를 배양하는 경향이 있고, 그 결과 위기에 대한 관리가 더 큰 위기를 야기하는 악순환이 발생한다.

1) 정책개혁과 제도개혁: '정부'에서 '통치'로

신자유주의적 정책개혁은 시장에 대한 국가개입의 단순한 감축이 아니라 금융지배라는 사회적 세력관계에 조응해서 국가와 시장의 관계를 재형성했다. 1980년대에는 정부의 크기와 범위를 축소하는 것이 중요한 쟁점이 되었지만, 1990년대에는 단순한 정부의 축소가 아니라 정부의 제도적 개혁이 쟁점이 되었다(Katz, 2007: 190). 또 1980년대에는 신보수주의 세력의 등장과 함께 국가와 시장을 둘러싼 정치적·이데올로기적 논쟁이 폭발했지만, 1990년대 신자유주의 하에서 추진된 정부의 혁신은 훨씬 실용적이고 기술적인 성격을 띠었다. 그렇지만 정부개혁이 효율성이라는 기술적 범주를 전면에 내세우는 경우에도 그것은 결코 단순한 기술적인 문제를 넘어 정부의 역할을 새롭게 규정하는 정치적 함의를 내포했다(Waddan, 1997: 7; Burnham, 2001: 129).

1990년대 초부터 미국과 영국을 비롯한 경제개발협력기구(OECD) 국가들에서 '정부의 재고안'(reinventing government)과 같은 구호를 내건 '정부혁신 운동'이 확산되었다. 개별 국가의 헌정질서에 따라 그 구체적인 전개양상은 달랐지만, 정부혁신이라는 전망을 갖는 행정개혁의 과정에서 기존의 공적 행정(public administration)이라는 패러다임을 대체할 새로운 대안으로 '새로운 공적 경영'(new public management)이라는 패러다임이 부상했다(Spicer, 2001: 4; Minogue, 1998: 18; Katz, 2007: 190).[26]

여기서 특히 주목할 것은 행정(administration)이 경영(management)으로 대체되었다는 사실이다. 그것은 사적 부문에서 성공을 거둔 경영기법이 공적 부문에서도 직접 활용될 수 있다는 믿음에 기초를 두었다. 즉 정부의 기능을 유지하면서도 비용을 절감하고 조직을 더욱 유연하게 만들기 위해 기업의 구조조정과정에서 실험된 성공적 경영기법을 활용할 필요가 있다는 것이었다. 개혁 주창자들은 행정개혁이 정치적으로 중립적이며 순수하게 기술적인 성격을 갖는다고 주장하면서, 정당이나 이념과 무관하게 실행될 수 있는 새로운 행정적 관리의 원리를 확립하려고 했다. 그들은 정부가 무엇을 해야 하는가가 아니라 정부가 어떻게 움직여야 하는가에 초점을 맞추었다(Spicer, 2001: 5; Ley, 2006; Katz, 2007: 190-191; Clarke and Newman, 2006: 21).

사실 20세기 미국의 행정이 법인기업의 '과학적 관리'와 조직혁명에 직·간접적으로 영향을 받았다는 점을 감안할 때, 경영원리를 행정에 적용한다는 것이 새로운 일은 아니다. 그러나 '정부혁신'은 단순히 사적 경영기법을 공적 부문으로 확대하는 것 이상의 의미를 가졌는데, 왜냐하면 새로운 공적 경영은 국가의 위상이나 역할에 대한 전반적인 변화, 즉 정부(government)에서 통치(governance)로의 전환이라는 관리국가 제도의 변모에서 핵심적 위치를 차지했기 때문이다(Purcell, 2002: 323; Jessop, 2002b: 209).[27] 세계은행이나 국제통화기금 같은 국제적인 경제기구는 새로운 공적 경영을 '우량통치'(good governance)의 성공적

---

26) 새로운 공적 경영은 크게 영국 및 영연방국가의 행정개혁 모형인 웨스트민스터 모형과 미국의 정부 재창조 모형으로 나뉘기도 한다. 그러나 어떤 쪽이든 공적 행정에 기업의 운영원리를 도입한다는 점에서는 차이가 없다(윤영근, 2011: 10).

27) 이런 맥락에서 몇몇 연구자들은 새로운 공적 경영이 확산된 결과 '경영자적 국가'(managerial state)가 등장하게 되었다고 주장한다(Clarke and Newman, 1997; Gottfried, 1999; Ley, 2006; Sakellaropoulos, 2007).

인 사례로 간주하면서 국가의 구조조정 또는 제도개혁을 위한 대안으로 제시했다. 여기서 통치는 신자유주의적 정책개혁을 제도화할 수 있는 정치적·행정적 능력을 의미하는데, 그것은 기술관료의 정책적 주도성과 정부의 집합적인 통제력을 유지하는 동시에 사회적·정치적 요구와 불만에 대한 더 유연한 대처능력을 요구했다. 즉 '우량통치'는 기술관료적인 경제관리와 그것을 실행하는 효과적인 정치를 내포했던 것이다. 관리국가가 형성되던 시기에는 의회로 대표되는 정치와 과학으로서 행정을 분리하는 것이 문제였다면, 이제는 의회와 정치를 상대화해서 더 넓은 의미의 행정적 논리에 종속시키는 것이 문제라고 할 수 있다(Doornbos, 2006: 75; Rhodes, 2000: 57; Burnham, 2001; 142-145).[28]

게다가 정부혁신은 성장기의 기업이 아니라 불황기의 기업을 모형으로 했다. '우량통치'의 제도화는 사적 법인기업의 경영혁신이 경영조직의 수직적 위계를 유지하면서도 기업조직을 신축화하는 '수직적 해체'(vertical disintegration)를 낳았던 것과 유사한 방식으로 국가의 관리조직을 변화시켰다. 또 법인기업에서 금융관리(financial management) 부서가 자율적 권한을 행사했던 것처럼 대다수 국가에서 중앙은행이 자율적 권한을 행사했다. 그리고 법인기업이 연구·개발, 홍보, 생산 등 다층적 영역에서 외주와 하청을 발전시켰던 것과 유사한 원리를 따르는 국가 관리·행정조직의 변화가 전개되었다. 그 결과 표면상 '비정치적인' 경제적 국가장치가 정책의 입안과 실행의 과정에 대한 통제력을 획득한 반면, 사회정책의 실행 및 전달은 다수의 행정적 기관과 비정부적 기구 또는 행위자로 분권화되는 현상이 출현했다(Munck, 2005:

---

28) 특히 경제위기를 겪었거나 또는 겪을 위험이 있는 주변부국가에서는 정책개혁과 함께 효율적 통치가 국제적 관리기구의 중요한 요구조건이 되었다. 그것은 보편적 표준으로 제시되는 신자유주의적 정책개혁이 추진될 수 있는 정치적 조건을 확보하는 문제였던 것이다(Doornbos, 2006: 78-83).

62; Carruthers et al., 2001: 117-118).

우선 화폐정책이 경제에 대한 국가개입을 대표하게 되면서 경제적 국가장치 내에서 중앙은행의 자율성이 크게 증가했다. 중앙은행은 이제 물가안정이라는 전통적 역할뿐만 아니라 과거에 재무부가 담당했던 완전고용과 경제성장을 보장하는 기구로 가정되었다. 반면 재정긴축 압력으로 인해 예산기구의 재량적 권한은 축소되었다(Kettl, 2003: 76). 재무부는 여전히 경제정책에 대해 총괄적인 책임을 지며 궁극적으로 중앙은행에 대한 통제권을 갖지만, 그 일상적 활동은 사실상 중앙은행의 의사결정을 보완하는 것이었다(Brun-hoff, 2003a: 49-50). 1990년대에 재무부는 화폐정책의 지침에 따라 재무부의 증권을 발행하고 관리하는 것에 활동의 중점을 두었다. 이와 대조적으로 중앙은행의 의사결정은 여타의 정치적 간부와 달리 광범위한 자율적 주도성을 갖는 독립적인 기술관료의 수중에 놓였다. 따라서 중앙은행의 활동은 여전히 폐쇄적이었고 정책결정과 관련된 투명성은 상대적으로 낮았다(Duménil and Lévy, 2004a: 33; Collins, 2000: 232; Shull, 2005: 10).

1990년대에 경제적 자료를 독자적으로 분석하고 그것에 따라 화폐정책을 정식화하는 연방준비제도의 역할이 커지면서, 연방준비제도 의장 앨런 그린스펀은 세계에서 가장 가시적이고 영향력 있는 정책입안자가 되었다. 특히 그는 수십 년 동안 유지되어 온 관례를 깨고 경제와 금융 전반의 쟁점에 대해 정기적으로 자신의 판단을 발표했다. 이처럼 더욱 강화된 연방준비제도의 권한은 1999년에 「금융서비스현대화법」에서 법적으로 제도화되었다(Collins, 2000: 220; Sakellaropoulos, 2007; Akard, 1998: 204; Shull, 2005: 9; Seabrooke, 2001: 211).[29] 이와 함께 중

---

29) 클린턴 시기에 대통령경제자문위원회 위원장을 역임하고 있던 타이슨(Laura D'Andrea Tyson)은 1994년 초 *Challenge Magazine*과의 인터뷰에서 화폐정책의 입안 및 실행이 행정부의 책임이 아니라 거의 전적으로 연방준비제도의 책임이라

앙은행의 독립을 옹호하는 논의가 확산되었고, 다수의 국가에서 중앙은행을 독립시키는 정책이 추진되었다(Carruthers et al., 2001: 118). 여기서 특히 흥미로운 점은 경제적으로 취약한 국가일수록 중앙은행의 자율성이 강화되는 경향이 더 강했다는 것인데, 이는 중앙은행의 활동이 세계경제 및 해외자본의 압력과 직접적으로 연계되었기 때문이다. 즉 세계금융에 대한 종속의 정도가 높은 국가일수록 금융의 요구에 부합하는 정책을 신속하게 실행할 수 있는 중앙은행이 더 높은 지위를 누렸고 정책결정에서도 결정적인 비토권을 가졌던 것이다(Barrow, 2005: 124; Boron, 2005: 42). 이처럼 중앙은행을 중심으로 하는 국가장치의 재배치는 '국가의 자율성' 또는 '사회'로부터 국가의 분리를 강화했다.

다른 한편 사회정책을 실행하는 다수의 행정기구에서는 조직혁신의 방안으로 경영자주의가 급속하게 확산되었다. 공적 경영자주의는 정부의 관료주의에 대한 '소비주의적' 불만을 수용해서 시민을 공적 서비스의 소비자로 재규정하고, 소비자로서 시민의 선택권을 확대하고 서비스의 질을 개선한다는 과제를 전면에 내세웠다(Clarke and Newman, 2006: 12, 20). 즉 비록 대중적으로 인식되지는 않았지만 사회행정기관의 변화는 국가와 시민의 관계에 대한 재구성을 내포했던 것이다. 여기서 '사회적' 시민권은 사실상 사회서비스라는 상품에 접근할 수 있는 자격을 의미하는 것으로 변형되었다(Crouch, 2004: 89; Ley, 2000; Clarke and Newman, 2006: 24).

그렇지만 경영자주의의 더 중요한 관심은 공적 서비스의 소비자로서 시민이 지불하는 비용을 절감하는 것이었다(Minogue, 1998: 31). 바로 이 지점에서 새로운 공적 경영은 재정적 통제력을 강화하려는 경제적

고 지적했다. 그녀는 "사실상 우리가 연방준비제도의 조처에 대해 논평을 한다면, 그것은 우리가 침묵을 유지하는 것보다 금융시장에서 더 큰 우려와 불안정을 낳을 가능성이 높다"고 말했다(Akard, 1998: 204).

국가장치의 기술관료적 지배와 친화력을 가졌다. 경영자주의는 사적 기업과 마찬가지로 지출과 실적을 연계해 비용을 절감하려고 하는데, 이러한 경제적 환원주의는 경제-기술관료의 환영을 받았지만, 전문적 지식에 근거해 일정한 수준의 재량권을 가지고 사회정책을 실행해 온 전통적인 관료-전문가주의와는 충돌했다. 경영자주의는 전통적인 관료-전문가들이 공적 이익을 추구하는 것이 아니라 사적 이익을 추구하고 있다고 가정하며, 따라서 그들을 통제하는 방법을 끊임없이 개발하고 실행했다. 그 과정에서 관리의 경제적 효율성을 강화하는 정책규칙과 성과에 대한 책임성의 원리가 확립·확장되었다. 그 결과 사회정책을 담당해 왔던 국가장치 내에서는 전문가의 재량권과 자율성이 크게 약화되었는데, 이는 '경제' 전문가의 자율성이 증가된 것과 대조를 이룬다(Cutler and Waine, 1994: 148; Clarke, 1999: 179; Palley, 2005: 23; Clarke and Newman, 2006: 21).

또한 사회정책을 실행하고 사회서비스를 전달하는 메커니즘은 과거와 같은 중앙집중적인 행정적·관료적 질서가 아니라 유동적이고 불안정하며 다차원적인 관리제도의 복합체로 대체되었다. 전자가 '구조화된 관료제'에 의해 전달되는 사회정책이라면, 후자는 '신축적 관료제'에 의해 전달되는 제도적으로 분절화된 사회정책이다(Peck, 2001: 14-15; Swank, 2002: 228). 그리고 국가제도의 조직적 신축성을 확대하려는 시도는 사적 기업의 구조조정에서와 마찬가지로 정책 실행기관의 '외부화'를 수반했다(Minogue, 1998: 28-29; Clarke, 1999: 180). 이른바 '공·사 협력'(public-private partnership)으로 묘사되는 행정적 질서의 외부화는 한편으로는 공적 기구와 사적 기업의 협력이라는 형태를, 그리고 다른 한편으로는 공적 기구와 이른바 '비정부기구'(NGO)의 협상이라는 형태를 취했다(Whitfield, 2001: 18).

첫째, 사회정책을 중심으로 사회서비스의 전달과정을 담당하는 행정기관이 점차 사적 기업으로 외부화되었다. 여기서 '외부화'가 공적 기업의 단순한 소유권 이전, 즉 사유화(privitization)를 의미하지는 않는다. 국가는 사회서비스와 관련된 사업의 소유권을 사적 기업으로 이전하면서도 그 기업의 활동에 대한 통제력을 유지할 수 있으며, 반대로 공적 소유권을 유지하면서도 경영의 일부를 사적 기업에 위임할 수 있다. 예를 들어 미국에서는 보건의료, 실업보험, 퇴직연금 등에서 기금을 관리하는 전문적인 관리조직이 출현했는데, 이들 기업은 연금과 보험의 운영만을 담당했다. 이들은 각각 수급권이 없는 사람을 확인하거나 또는 의료비용을 상승시키는 과도한 의료행위를 적발하는 데 활동의 초점을 맞추었다(Katz, 2001: 229).

둘째, 사회문제의 정의, 정책적 해법의 고안, 의사결정, 정책수행 등의 과정에서 정부와 비정부기구(NGO) 사이에 새로운 갈등과 협력의 양식이 출현했다.[30] 전통적인 사회운동과 달리 비정부기구는 전문가적 자질과 영속적 조직을 보유했다. 또한 그들은 사회문제에 대한 법적·행정적 대안을 적극적으로 제시하면서 정당을 우회해 정부 차원의 의사결정에 직접적으로 참여하려고 했다.[31] 비정부기구는 주로 전

---

[30] 2001년 현재 미국에만 200만 개의 비정부기구가 존재하며, 그 대부분은 채 30년이 되지 않았다. 동유럽에서는 1988년에서 1995년 사이에 10만 개 이상의 비정부기구가 생겨났다고 보고된다(Mimns, 2001: 188).

[31] 비정부기구(NGO)에 대한 대다수의 정의는 그 조직의 자발성과 비정부적 성격을 강조하지만, 비판자들은 '정부적인 것'과 '비정부적인 것' 사이에 분명한 경계선을 긋는 것이 어렵다는 것을 지적한다. 게다가 '비정부적' 집단은 일반적으로 공식적 자금(official funding)에 실질적으로 의존하고 그에 상응해서 정부가 규정하는 일정한 규칙을 준수한다. 게다가 기업조직적 비정부기구(business organized NGO)와 정부주도적 비정부기구(government run/initiated NGO) 같은 역설적이고 혼종적인 기구가 등장하면서 '국가'와 '시민사회' 사이의 경계는 더욱 모호해졌다. 요컨대 비정부기구는 통치구조의 일부로 기능하는 것이다(Morris-

문적 지식과 미디어에 기초한 여론형성을 통해 영향력을 행사했다. 그들은 시민의 다양한 권리를 옹호하면서 기존 정책과 대결을 벌였지만, 그러한 갈등은 대체로 더 효과적인 국가적 관리를 모색하는 것으로 귀결되는 경향이 있었다. 대다수의 국가에서 비정부기구는 시민사회의 민주적 활성화가 아니라 전문가에 의한 관리나 행정적 절차의 확립을 선호했던 것이다(Hirsh, 2003: 239; Morris-Suzuki, 2000: 69; Skocpol, 2003: 127). 따라서 그들은 국가를 보완하면서 국가가 관리해야 하는 사회적 쟁점을 발견·정의하고 그 해법을 실행함으로써 더 신축적인 구조를 갖는 '우량통치'의 일부로 기능할 수 있었다(Harvey, 2005: 77-78; Morris-Suzuki, 2000: 81).

기존의 국가장치는 전통적인 국가장치 외부의 조직들에게 부분적으로 관리업무를 위임하거나 또는 외부의 조직들에서 생산된 정책적 처방을 활용함으로써 효율적인 관리와 함께 관리의 정당성을 획득하는 두 가지 성과를 동시에 얻을 수 있었다. 그것이 국가의 축소나 약화를 의미하지는 않는데, 왜냐하면 정부기구와 비정부기구의 결합을 통해 국가적 관리를 위한 권력의 흐름은 오히려 확대·강화되었기 때문이다(Eikenberry, 2007: 182; Hirsh, 2003: 251; Clarke and Newman, 2006: 26).

그러나 그 대신 국가와 사회의 대립이 확대된 국가적 관리의 틀 내부로 흡수되면서 관리의 제도적 안정성은 약화되었다. 정부적·비정부적 기구는 대체로 분절적이고 단기적인 관심에 의해 지배되었다(Eikenberry, 2007: 180). 또한 더 적은 비용으로 사회문제를 봉합하려는 노력은 정부기구 내부에서, 그리고 정부와 비정부기구 사이에서, 나아가 통치구조와 사회운동 사이에서 갈등을 야기할 수 있었다. 예를 들어 정부기구는 수익성이 높은 부분을 유지하고 비용이 높은 부분을 다

Suzuki, 2000: 69; Hirsh, 2003: 238).

른 기관으로 이전시키려고 경쟁했으며, 정부기구와 사적 기업 사이에서도 마찬가지의 '경계분쟁'이 발생했다. 그리고 때로는 특정한 사회적 쟁점을 둘러싸고 정부와 비정부기구, 그리고 사회운동이 서로 경쟁하거나 대립할 수도 있었다(Clarke, 1999: 181; Hirsh, 2003: 239).

2) 경제-기술관료 지배와 정치의 위기

신자유주의의 확산이 관리국가의 재구성을 수반했다면, 그것의 사회적 결과는 모순적이었다. 신자유주의적 '통치구조'는 국가경영이라는 관점에서 행정과 정치를 융합하는 경향이 있었다. 이에 따라 한편으로는 기존의 국가적 관리의 제도적 안정성이 약화되었지만, 다른 한편으로는 국가의 자율성이 오히려 증가했다. 즉 국가는 사회로부터의 압력에도 불구하고 정책을 추진할 수 있는 더 큰 권력을 획득했고, 그 결과 국가와 사회의 정치적 연계는 약화된 것이다. 이와 함께 국가와 사회를 정치적으로 매개하는 역할을 했던 정당체계 내에서도 변화가 발생했다(O'Riain, 2000; Gritsch, 2005: 14).

신자유주의적 통치구조는 민주주의에 관한 경영자적(managerial) 관념에 기초했다. 여기서 민주주의는 '인민의 지배'가 아니라 사실상 경제 및 사회를 효율적으로 관리하고 경제적·사회적 문제를 더 효과적으로 해결하는 통치구조의 확립을 의미했다(Veltmeyer and Petras, 2001; Costilla, 2000; Doornbos, 2006: 82; Mair, 2006: 28-29). '우량통치'는 기술관료적·행정적 논리를 정치적으로 뒷받침할 수 있는 정당정치를 필요로 했지만, 동시에 '비효율적인' 이념적·정치적 논쟁으로부터는 자유로운 민주주의를 추구했다(Mair, 2000: 30; Burham, 2001). 이에 따라 과학적인 것으로 인정을 받는 전문적 지식과 그것에 기초한 문제-해결 전

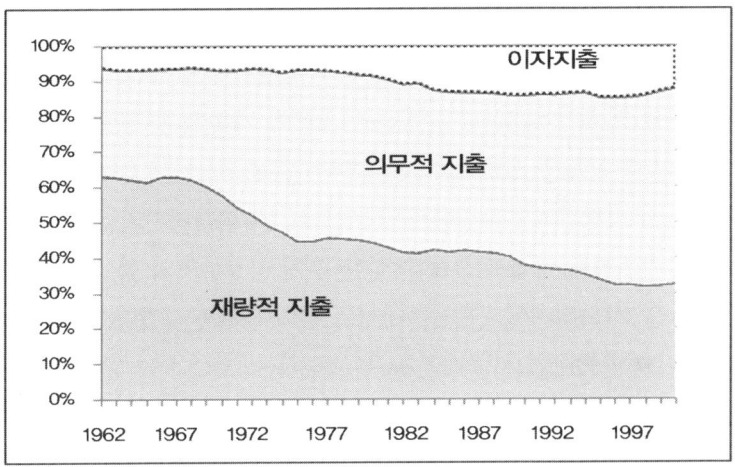

〈그림 5-4〉 미국 GDP 대비 예산 범주(%)

자료: Congressional Budget Office, *The Budget and Economic Outlook*, 2003, Table F-6.

략이 정치적 갈등에서 점점 더 중요한 요소가 되었다(Hirsh, 2003: 204; Mair, 2006: 27).

전통적으로 의회가 통제력을 갖는 정치적 문제로 간주되었던 재정정책과 사회정책은 이자율과 부채관리라는 기술적 문제를 중심으로 하는 화폐정책에게 주도권을 넘겨주었다. 정책결정과정에서 기술관료의 역할이 증가한 반면 의회에서 정책입안의 범위는 협소해지는 경향이 있었다. 기술관료들이 확립한 새로운 관리의 규칙이 '세계적 표준'으로 강화된 반면, 정치적 논쟁과 타협에 기초한 재량적 관리는 약화된 것이다(Aronowitz and Bratsis, 2002; Burnham, 2001: 142-145; Mishra, 1999: 55). <그림 5-4>가 보여주는 것처럼 의회의 고유한 권한으로서 예산에 대한 결정에서도 재량적 지출의 여지는 점차 축소되고 의무적 지출과 이자지출의 비중이 증가했다. 그 결과 의회가 여전히 강한 영향력을 행사할 수 있었던 사회정책에서도 정당의 역할은 약화되었다(Kettl,

2003: 53; Weir, 1998: 8).

의회정치를 둘러싼 이와 같은 변화는 20세기에 '전형'이 된 대중정당이라는 정당의 모형을 위기에 빠뜨리는 경향이 있었다. 정당과 기층의 대중적 연계가 약화되고, 대신 워싱턴에 기반을 둔 고도로 집중된 이익집단의 활동은 크게 증가했다(Weir, 1998: 10). 전통적인 이익집단과 새로운 비정부기구(NGO)는 정당이라는 매개를 거치지 않고 전문적 지식에 기초해서 직접 여론을 형성한 후에 행정부와의 협상을 통해 경제정책 및 사회정책에 영향을 미치는 전략을 발전시켰다(Crouch, 2004; Daalder, 2001: 50).32)

정당 외부의 전문적 정책생산 기관, 즉 싱크탱크가 신보수주의 세력의 집권에 결정적인 역할을 하면서 신자유주의적 정책을 생산하는 싱크탱크도 급속하게 증가했는데, 이들은 정책적 문제에 대해 대체로 유사한 기술관료적 해법을 제시하는 경향이 있었다(Ley, 2000). 그리고 기술관료적 해법에 기초한 실용적 중도파가 승리를 거두면서 경제정책과 관련해서는 정치이념이 쇠퇴하고 정당 사이의 유사성이 증가했다(Boggs, 2000; Mulgan, 1994: 28; Mair, 2006: 34). 정당은 시민사회와 그 사회적 제도——노동조합, 교회, 기업결사체, 우애협회, 사회클럽 등——에 뿌리를 두고 그들을 이념적으로 대표하려고 하기보다는 통치기관이 되거나 또는 되기 위해 준비하는 데 주력하게 되었다. 정치지도자들도 대표성보다는 정부 또는 행정기관에서의 경력을 더 중요한 것으로 간주하게 되었다. 그 결과 정당은 시민사회 내에서의 정치적 의사를 대

---

32) 정책적 쟁점에 대한 미디어의 영향력이 증가한 것도 여기에 일조했다. 풀란차스(Poulantzas, 2000)가 지적했던 것처럼, 경제 및 사회문제에 대해 미디어는 대체로 행정적 논리를 따른다. 즉 미디어, 특히 20세기 후반 비약적으로 발전한 방송 미디어는 문제를 가능한 단순화하고 그것에 대한 기술적 해법을 요약하여 제시하거나 또는 그런 해법의 실행을 촉구했던 것이다(Boggs, 2000; Wolfe, 2006).

표하는 '사회적 행위자'에서 우량통치를 준비하고 실행하는 '국가적 행위자'로 전환되었다(Mair, 1997: 103; 2006: 34; Purcell, 2002; Dalton and Wattenberg, 2000; Gottfried, 1999).

통치기구로서 정당의 역할이 강화되면서 정당의 대표기능은 약화된 반면, 선거를 중심으로 하는 절차적 기능은 강화되었다.[33] 선진 자본주의 국가의 대다수 정당은 점차 집권을 위한 자기 충족적이고 전문화된 조직으로 변화했다. 그리고 선거에서의 정치적 갈등은 부차적인 논쟁에 집중되며 사회체계 전반과 관련된 계급적 쟁점은 일선에서 배제되었다. 정당의 선거전략은 장기적인 이념과 정책보다는 단기적으로 변화하는 여론에 민감해졌다. 정치적 경쟁이 미디어와 전문가에 의존하게 되면서 이에 대한 지출도 증가했고, 그 결과 정치체계의 재생산에 필수적인 '정치적 비용'은 개인 당원의 자발적 기부로 충당될 수 없게 되었다. 이는 정부의 보조금과 사적 기업에 대한 정당의 재정적 의존도를 상승시켰다(Tsoukalas, 2002: 187; Mair, 2006: 47; Mair, Muller, and Plasser, 2004: 267).

이처럼 정당의 중앙집중성과 선거과정에서의 기술적 전문성이 증가하면서 정당은 자금의 획득이나 선거 캠페인에서 더 큰 성공을 거두었지만, 대중을 정치적으로 통합하고 국가의 정치적 정당성을 생산하는 역량은 오히려 쇠퇴하는 양상을 보였다(Scarrow, 2000: 83). 그 중요한 결

---

[33] 이러한 맥락에서 마이어는 유럽의 다당제 연립정부 하에서 대중정당이 무지개 정당을 거쳐 '카르텔정당'으로 변화하고 있다고 주장한다. 유럽의 정치는 사회민주주의 정당이 신자유주의를 수용한 이후 점차 미국화(Americanization)되는데, 그것의 한 가지 효과가 선거 시기에 집권을 목적으로 군소정당이 연합하는 카르텔정당의 형성이라는 것이다. 미국에서는 여전히 양당제가 유지되고 있지만, 각 정당은 이념적 통일성보다는 집권을 목적으로 하는 세력의 연합이라는 형태를 취하고 있다(Mair, 1997; Mair et al., 2004).

과가 바로 정치에 대한 시민들의 신뢰 상실이다. 시민들이 정치로부터 퇴각하면서 기존의 의회정치와 시민의 분리가 강화되는 경향이 생겼다(Norris, 1999; Inglehart, 1999; Mair, 2006: 33; Crouch, 2004; Boggs, 2000; Gottfried, 1999; Mulgan, 1994). 선진 자본주의의 정당정치에 관한 연구들(Dalton and Wattenberg, 2000; Mair, 2006: 34)이 보여주는 것처럼, 주요 정당은 더 이상 자신에 대한 '당파적' 충성심을 갖는 당원을 획득하지 못하고 있다. 공적 대중이 참여를 위한 신뢰를 상실하고 '탈정치화'되거나(Skocpol, 2003: 244; Boggs, 2000; Gofffried, 1999) 또는 도덕이나 정념에 기초해 기존의 정치를 부정하고 공격하는 '반정치'(anti-politics)로 경도될 위험이 증가한 것이다(Mair, 2006: 49).[34]

특히 유럽에서 유럽통합(EU)에 대항하면서 확산된 극우파——때때로 '신나치'로 불리는——의 인민주의와 라틴아메리카에서 신자유주의적 정책개혁과 함께 확산된 '새로운 인민주의'(new populism)는 그러한 '반정치의 정치'(politics of anti-politics)의 대표적인 사례라 할 수 있다(Boggs, 2000: 18; 박상현, 2005). 인민주의적 정치인은 대안적인 정치적 전망을 제시하는 것이 아니라 기존 정치에 대한 공격을 주된 동원 수단으로 활용한다. 또 그들은 의회와 노동조합 같은 기존의 대표기관과 매개조직을 기득권세력의 온상으로 공격하는 동시에 기존 조직으로부터 배제되었던 다양하고 이질적인 '인민'(people)을 직접 동원한다. 정치적 지도력의 개인화(privatization of leadership)(Marquand, 2004: 83)라는 일반적 추세를 반영하면서 지도자에 대한 감정적 애착과 개인적 충성이 대중 정치의 유일한 응집적 요소가 된 것이다(Taggart, 2000: 73-88; Weyland, 1999; Marquand, 2004: 121).

---

34) '민주주의의 질' 또는 '민주주의의 위기'라는 문제가 제기되는 것(Diamond and Morlino, 2004; Rueschemeyer, 2004; O'Donnell, 2007; Meny and Surel, 2002; 손호철, 2007)도 동일한 맥락에서 이해될 수 있다.

민주당과 공화당이라는 양대 정당이 상대적으로 안정적인 정치구도를 형성해 온 미국에서 2000년대 들어 인민주의의 확산은 중요한 쟁점이 된다(Wolfe, 2006: 7). 특히 그것은 경제정책을 둘러싼 정치적 논쟁의 소멸과 사회정책을 둘러싼 '문화전쟁'의 격화를 배경으로 한다. 도덕적·문화적 정념에 의해 추동되는 기성 정치에 대한 반대라는 측면에서 미국의 인민주의는 특정한 지지자를 추종하는 독자적인 정당의 형태를 취하기보다는 운동의 형태를 취하고 있는 것으로 보인다. 그것은 때로는 티파티(tea party)와 같은 우파적 운동의 양상을 보이지만, 때로는 훨씬 포스트-모던한 좌파적 운동의 양상을 띠기도 한다. 어떤 형태건 휘발성이 높은 대중의 정념은 인민주의의 토양이 되고 있다.[35]

3) 금융지배의 재생산: 위기와 위기관리의 악순환

신자유주의는 1980년대부터 만성화된 금융위기와 같은 긴급한 상황에 대처하는 과정에서 체계화되었다. 이 때문에 신자유주의에 의해 주도되는 정책개혁은 기존의 '정치'를 우회해서 위기에 대처하는 정책수단을 실용적으로 활용한다는 특징을 보인다(Brunhoff, 2003: 150; Collins, 2000: 240). 이 과정에서 신자유주의적 위기관리는 금융시장의 자율적 활동이 야기하는 '신용의 위기'를 관리했지만, 금융시장 자체의 위험을 해결하려고 하지는 않았다. 또한 그것은 금융활동을 심화시킴으로써 경제회복을 달성하는 정책을 채택했는데, 그러한 정책은 일시적인 거시적 안정을 달성할 수 있었지만 수익성을 개선할 수 있는 실질적인 기술혁신에 기초한 지속적인 성장을 보장하지는 못했다(Brunhoff, 1999).

---

[35] 미국의 일부 좌파들이 '포스트-모던 인민주의'를 진지하게 제안하는 것(Raventos, 2002)도 이런 맥락에서 이해될 수 있다.

미국에서 1990년대 초의 조세감면과 낮은 금리는 부채위기를 완화했고 경제를 침체에서 벗어나게 만들었다. 그러나 그 상승추세는 매우 불균등한 양상을 보였다. 생산은 거의 증가하지 않았고 실업은 여전히 높게 유지되었으며 임금도 크게 상승하지 않았다. 조세감면의 대부분은 배당수익에 대한 세금징수 감축에 의해 달성되었기 때문에, 그것은 부유층에게 더 큰 이득을 주었고, 그러한 이득은 다시 금융자산 구매의 증가로 나타났다(Brenner, 2005: 223). 또 법인기업도 낮은 이자율로 자금을 조달해 생산적 투자를 강화하는 것이 아니라 주식에 투자하는 경향을 강화했다. 1995년에서 2000년 사이에 주식시장에서 가장 큰 순구매자는 미국의 법인기업이었다(Guttmann, 1996: 33; Brenner, 2005: 218). <표 5-3>이 보여주는 것처럼 미국 법인기업의 기업 내부금융에 대한 총부채의 비율은 점점 상승했다. 또 1980년대에 미국의 주식가격 상승률은 국민소득 증가율을 추월했고, 1990년대에는 그 격차가 더 커졌다. 실질적 소득의 증가보다 금융자산의 가치가 더 빨리 증가했던 것이다.

〈표 5-3〉 미국 금융시장의 주요 지표(%)

	1969~1976	1977~1980	1981~1992	1993~2000	2001~2006
S&P 500 연평균증가율	1.4	4.2	11.7	17.0	-0.6
S&P 500 증가율 − 실질GDP 증가율	-1.4	0.9	8.7	13.3	-3.0
총가계부채/가처분소득	63.4	68.8	76.0	91.6	118.5
기업내부자금/총부채	12.7	11.6	10.3	9.3	8.7
실질이자율[1]	0.41	-0.89	4.40	2.47	0.19

자료: Flow-of-Funds Accounts of United State, 2008, F-102, L-102, Economic Report of the President: 2008, Table B-1, B-64, B-73, B-95, B-96에 기초해서 계산.
1) 연방기금 이자율로 계산.

금융적 축적은 부유층과 법인기업의 금융투자에 그치지 않았다. <표 5-3>에서 나타나는 것처럼 엄청나게 낮은 실질이자율은 금융투자자와 기업뿐만 아니라 가계의 부채를 증가시키는 데도 기여했다. 특히 2000년대에는 총가계부채가 가처분소득을 상회할 정도로 크게 증가했다. 그리고 이와 같은 가계부채의 증가는 대중적 소비뿐만 아니라 대중적 투자를 뒷받침함으로써 경기회복을 이끌었다. '가계의 금융화'라고 할 수 있는 이런 변화는 미국 사회에서 금융의 지배가 확고한 대중적 토대를 가졌다는 것을 의미했다(Aglietta, 2000: 155; Brenner, 2008: 70; Rosenberg, 2003: 299).

그리고 신자유주의적 위기관리는 그러한 금융의 지배를 재생산하는 데 결정적인 역할을 했다. 미국의 재무부와 중앙은행은 1980년대 말 미국의 은행위기, 1994년 멕시코와 1997년 아시아의 위기, 그리고 롱텀캐피탈매니지먼트(LTCM)의 위기 등에 대해 적극적으로 구제금융을 제공하면서 연쇄적인 채무불이행을 막고 미국 투자자들의 부를 방어하는 데 성공했다. 그렇지만 이러한 위기관리는 위기의 원인을 제거하지 않은 채 금융시장을 재활성화하는 미봉적인 대응에 불과했다. 그 결과 금융기관의 '대마불사'라는 신화가 만들어졌고, 기업과 금융기관의 '단기주의'와 '도덕적 해이'는 지속되었다. 1990년대 '좋은 시절'의 황홀경 속에서 1990년대 말의 주식시장 '거품'이 배양되었다. 그것은 결국 2001년 나스닥 시장이 폭락하고 정보통신기업들이 파산하면서 '신경제 붕괴'라는 위기로 귀결되었다(Pollin, 2003: 60; Shull, 2005: 15).

중앙은행은 다시 한 번 위기의 해결사로 등장했다. 연준 의장 그린스펀은 2001년의 금융위기와 주식시장 침체에 대응하면서 11차례나 금리를 인하하고 1%대의 '초저금리'를 유지하는 '가격완화'(price easing) 정책을 취함으로써 주식시장의 경착륙(hard lending)을 막는 데 성공했다. <표 5-3>에서 드러나는 것처럼 2001년 이후 실질금리는 평균

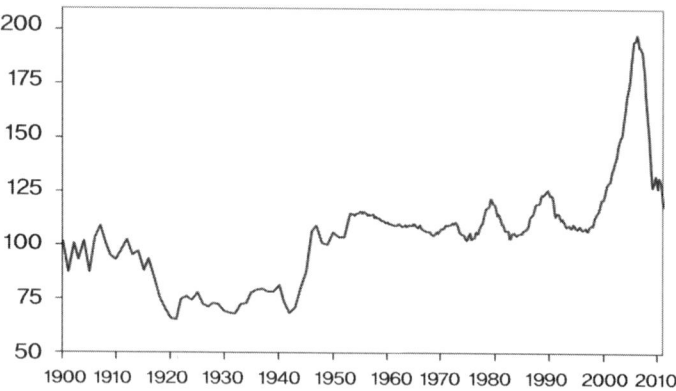

〈그림 5-5〉 미국의 주택가격[1]

자료: Economic Report of the President, 2011.
1) 쉴러지수(1900=100), 인플레이션 조정.

0.19%에 불과했다. 물론 이와 같은 화폐정책이 실제로 어떤 경로로, 그리고 어느 정도 미국 경제에 영향을 미쳤는지는 확실하지 않지만, 그것이 가계부채의 증가에 기여한 것은 확실하다.

그러나 그러한 정책은 주택시장에서 '거품'을 초래함으로써 새로운 위기의 씨앗을 뿌렸다. <그림 5-5>에서 볼 수 있는 것처럼 2001년 이후 미국의 주택가격은 전례 없는 수준으로 상승했다. 1997년에서 2006년 사이에 주택가격은 거의 두 배로 뛰어올랐다. 그런데 문제는 단순히 주택가격의 거품이 아니었다. 주택가격의 급속한 상승보다 더 중요한 것은 모기지 대출을 매개로 해서 주택시장과 새로운 종류의 증권시장이 결합되었다는 것이다. 낮은 이자율과 주택시장의 활성화로 인해 가계의 모기지 대출은 꾸준히 증가했는데, 국책 모기지 회사와 민간은행의 자회사인 민간 모기지 회사는 모기지 대출을 증권시장에서 거래될 수 있는 모기지담보부증권(mortgage backed securities: MBS)으로 전환시켰다. 그리고 모기지담보부증권은 여타 회사채들과 결합되어 부채담보부증권(collateralized debt obligation: CDO)과 같은 새로운 증권이 되었고, 고수익을 추구하는 대규모 투자은행과 기타 금융기관에 의해 인수되었다. 또 새로운 고수익 금융상품이 거래되면서 미국으로의 해외자본 유입은 지속되었다. 그러나 이와 같은 다단계의 '금융혁신'은 금융시장의 불안정성을 심화시켰고, 결국 '서브프라임 위기'로 촉발된 2007~09년 금융위기의 진앙지가 되었다(Guttmann, 2008; Foster, 2008; Blackburn, 2008: 63).[36]

외견상 매우 복잡한 양상을 보였던 이와 같은 사태의 전개과정은 신자유주의적 위기관리를 배경으로 하는 금융적 축적의 확대과정으로 요약된다. 그리고 금융적 축적의 확대는 외연적 확대와 내포적 확대로 구별될 수 있는데, 두 유형은 서로가 서로를 강화하는 경향이 있다.

첫째, 금융적 축적은 새로운 행위자를 금융으로 통합시키는 방식을 통해 외연적으로 확대된다. 과거에는 세계화된 금융으로 통합되지 않았던 신흥공업국이 1980~90년대 금융위기를 거치면서 '글로벌 증시'

---

[36] 2007년의 '서브프라임' 모기지 사태는 전형적인 '위기관리의 위기'를 보여준다. 위기는 비우량 모기지 회사의 붕괴에서 시작되었지만, 모기지담보부증권(MBS) 과 거기에서 파생되는 부채담보부증권(CDO) 같은 금융상품에 투자한 금융기관의 부실로 인해 미국 금융시장 전반으로 확산되었다. 미국 1위의 보험회사 AIG 와 1위의 상업은행인 시티그룹은 국유화되었고 미국 2위의 투자은행 리먼브라더스(Lehman Brothers)는 파산을 맞이했다. 베어스턴즈(Bear Stearns)는 부도위험에 직면해서 JP모건체이스(J.P. Morgan Chase)에 인수되고 연방준비제도의 긴급구제와 지급보증을 받았다. 부도위험에 직면한 메릴린치(Merrill Lynch)는 아메리카은행(BoA)에 인수되었다. 월스트리트의 투자은행들은 결국 파산 또는 인수되거나 은행으로 변신해서 구제금융을 받아야 했다. 또 위기의 여파로 미국 금융시장에 투자한 해외 금융기관과 아부다비, 싱가포르, 한국, 중국 등의 '국부펀드'도 심각한 자산손실을 겪었다(Guttmann, 2008; Blackburn, 2008: 63-64; 윤소영, 2008). 2007~09년 금융위기를 둘러싼 국내의 논의에 대한 비판적 검토는 윤종희·박상현(2010)을 참조하라.

로 통합되고 '금융세계화'가 진전되면서 2000년대에는 중국을 비롯한 수출국가들의 수출달러가 미국 증시로 유입되었다. 마찬가지로 미국 내에서도 과거에는 금융시장과 거의 무관하게 생활하던 노동자들조차 이른바 '가계의 금융화'를 매개로 금융투자 메커니즘에 통합된다. 노동자 가계는 은행저축보다는 증권시장에 대한 투자에 직간접으로 참여하는데, 특히 모기지를 매개로 하는 주택과 증권의 연계는 금융적 축적을 최대한 확장시키는 데 기여했다. 금융시장의 외연이 넓어지면서 금융적 축적의 규모는 더 커지고 더 많은 행위자들이 금융의 논리에 따라 자신의 행동방식을 변경시킨다.[37] 그 결과 금융적 축적의 외연적 확대는 투자자들의 다양한 요구를 충족시키는 '금융혁신'과 함께 금융적 축적의 내포적 확대를 동반하게 된다.

둘째, 금융적 축적은 지속적으로 새로운 종류의 '가공자본'을 고안하는 방식을 통해 내포적으로 확대된다. 위험을 분산시키고 관리한다는 명목으로 이른바 '금융공학'이 발전하면서 실물적 토대와는 완전히 괴리된 금융상품이 또 다른 금융상품을 생산하는 과정이 반복된다. 모기지담보부증권(MBS), 부채담보부증권(CDO), 자산담보부기업어음(ABCP), 신용부도스왑(CDS) 등과 같은 새로운 파생금융상품은 바로 그러한 다단계적 '가공화'(架空化)의 산물이다. 게다가 가공자본의 다단계적 생산은 소수의 금융기관에게 더 높은 수익을 제공했을 뿐만 아니라 더 많은 행위자들을 고이윤·고위험의 금융상품에 대한 투자로 유입시킴으로써 금융적 축적의 외연적 확대에도 기여했다. 그러나 '대부자

---

[37] 금융적 축적이 외연적으로 확대되면서 가계는 기업처럼 행동하고, 기업은 은행처럼 행동하며, 은행은 헤지펀드처럼 행동하게 된다. 그리고 헤지펀드는 점점 더 높은 위험의 높은 수익을 추구하게 된다(Blackburn, 2008: 100). 이러한 행동방식의 변화 때문에 금융적 축적의 외연적 확대는 필연적으로 다양한 파생금융상품의 출현을 수반한다.

본'의 '가공자본'으로의 전환을 특징으로 하는 최근의 금융혁신은 은행과 증권회사의 활동을 체계적으로 연계시킴으로써 오히려 증권시장의 위기가 은행 체계 전반의 위기를 야기할 수 있는 '체계적 위험'을 증가시켰다.[38]

신자유주의적 위기관리는 금융적 축적에 수반되는 고유한 위기를 금융적 축적의 외연적·내포적 확대를 통해 봉합하는 경향이 있다. 위기를 관리하는 경제정책은 금융위기의 손실을 사회화하여 공적으로 해소하지만, 금융의 자율성은 침해하지 않는다. 그 결과 위기관리의 정책과 제도를 배경으로 금융은 안정적인 장기적 수익보다는 더 위험하지만 단기적 수익이 높은 금융투자를 추구하는 경향을 보인다. 위기관리의 역설은 그것이 금융의 지배를 재생산하지만, 그 과정에서 위기의 잠재성과 파괴력은 더 커진다는 것이다. 바로 이 때문에 신자유주의적 위기'관리'가 오히려 새롭고 더 큰 위기를 야기하는 위기관리의 악순환이 발생할 수 있다(Boyer, 2000: 141; Duménil and Lévy, 2004a; Guttmann, 1994; Crotty, 2005: 107).

이런 시각에서 볼 때, 2007~09년 미국의 금융위기는 신자유주의적 위기관리의 한계를 보여준다. 1990년대 신경제 거품(dot com bubble)이 2001년에 붕괴된 이후 금융적 축적은 종결되는 것이 아니라 주택시장과 증권시장의 연계를 통해 외연적·내포적으로 심화되었다. 이 과정에서 은행과 증권회사의 경계는 모호해졌고, 증권시장의 붕괴가 결국 은행 체계 전반을 붕괴의 위험으로 끌고 가는 '구조적 위기'로 발전했

---

[38] '금융화'에 관한 많은 논의는 최근 금융화의 구체적인 메커니즘, 특히 대부자본의 가공자본으로의 전환의 고유한 메커니즘을 분석하지 않은 채 민스키의 금융불안정성 명제를 활용하는 경향이 있다. 그러나 이는 대부자본과 가공자본, 즉 은행신용과 증권의 차이를 분석하지 못하며, 그 결과 이번 금융위기의 특수성을 분석하지 못하는 한계를 갖는다.

던 것이다. 1930년대 대불황의 경험에 근거를 둔 미국의 재무부와 연방준비제도의 전례 없는 개입이 증권시장의 붕괴가 은행과 화폐금융체계 전반의 붕괴로 확산되는 것을 일시적으로 저지하기는 했지만, 이중침체(double dip)의 위험이 여전히 사라지지 않는 것은 위기의 구조적인 측면을 보여준다.

제6장 결론: 신자유주의의 위기?

2007년 미국에서 서브프라임 대출기관의 붕괴로 시작된 위기는 자본주의의 역사에서 획기적인 사건으로 기록될 것이다. 세계헤게모니 국가 미국에서 발생한 2007~09년의 금융위기는 세계적인 충격을 낳았고 아직까지도 완전히 종결되지 않고 있다. 장기적인 시각에서 볼 때, 그것은 단순한 금융투기의 과열로 인한 일회적인 사건이 아니라 1970년대 이후 금융적 축적과 그것을 재생산했던 신자유주의의 내적 모순의 산물이다. 뿐만 아니라 위기는 '신자유주의적 금융세계화' 과정에서 형성된 금융적 축적의 제도적 장치를 파괴했다. 미국의 5대 투자은행이 사실상 붕괴했고, 증권시장은 마비되었으며, 달러의 지배도 위협을 받았다. 그렇다면 이제 금융적 축적은 종결되고 그것을 제도적으로 뒷받침한 신자유주의도 종결되는 것인가? 그리고 재무부와 연방준비제도를 중심으로 하는 미국 정부의 정책적 대응은 케인즈주의로의 복귀를 의미하는 것인가? 그렇지 않다면 신자유주의의 위기는 무엇을 의미하는 것인가?

이러한 질문은 개별 정부정책의 단기적 양상에 대한 분석으로 해결될 수 없다. 또한 정치엘리트의 선택이나 그것에 영향을 미친 관념에 대한 분석만으로는 그러한 변화가 충분히 파악될 수 없다. 오히려 그것은 장기적인 역사적 변화 속에서 국가를 구성하는 정책적·제도적 배치의 전환으로 이해되어야 한다. 이 같은 거대한 역사의 전환을 분석하기 위해서는 그에 걸맞는 이론적 도구가 요구된다. 20세기 세계 헤게모니 국가로서 미국의 자본주의와 국가의 관계에 관한 연구는 그 실마리를 제공한다. 즉 자본주의의 구조적 변화와 제도적 복합체로서 국가 사이의 객관적 관계를 분석할 필요가 있는 것이다.

자본주의의 역사동역학(historical dynamics)에 주목하는 이런 분석은 우선 자본주의를 고정불변의 체계가 아니라 일정한 유형에 따라 변화하는 동역학적 구조로 파악한다. 자본주의는 끊임없이 변화하며, 자본축적은 그러한 변화를 추동한다. 그러나 변화가 무작위적인 것은 아닌데, 왜냐하면 자본축적은 이윤율의 장기적 운동에 종속되기 때문이다. 고정자본보다 노동생산성을 더 빨리 상승시키는 특정한 제도적 반작용에도 불구하고 이윤율은 장기적으로 하락하는 경향이 있다. 그 결과 헤게모니 국가의 체계적 축적순환은 수익성 있는 기술진보에 의해 추동되는 산업적 축적과 그런 축적의 위기에서 유래하는 금융적 축적의 교차라는 역사적 추세를 따르게 된다.

그런 역사적 추세에서 제도의 복합체로서 국가는 일정한 사회적·계급적 형세를 재생산한다. 특히 20세기 미국에서 법인자본주의라는 새로운 자본주의의 형성과 긴밀히 결합되어 상이한 역사적 전통을 갖는 제도가 경제적·사회적 관리의 제도적 복합체로 재구성되었다. 이후에도 국가를 구성하는 제도적 장치는 계속해서 변화하는데, 그러한 변화의 과정은 자본주의의 역사동역학에 대한 국가의 '제도적 적응과정'으로 묘사될 수 있다. 국가를 구성하는 다양한 제도적 장치는 각자의 방식으로 구조적 경향에 반작용하며, 이 과정에서 일정한 상호 보완성을 갖고 조정되었던 것이다.

특수한 경제적 기능을 특수한 방식으로 수행하는 경제적 국가장치는 자본축적 과정에 필수적인 역할을 수행하면서 상이한 자본분파 사이에서 일정한 계급적 통일성을 확립한다. 그런 과업에 성공할 때에만 국가는 일정한 '자율성'을 확립할 수 있다. 경제적 국가장치는 또한 결코 완전히 기술적인 논리로만 자신의 활동을 정당화할 수 없다. 국가의 경제적 실천은 '사회적 권리' 또는 '사회적 안전' 같은 이데올로기나 상대적으로 사회적 갈등에 민감하게 반응하는 사회행정과 결합되는 경향이 있다. 이런 이유로 인해 자본주의 국가의 역사적 제도 형태는 추상적인 '자본의 논리'로부터 도출될 수 없다. 케인즈주의나 신자유주의가 20세기 자본주의의 역사 속에서 이해되어야 하는 것도 이 때문이다.

20세기 미국에서 확립된 관리국가는 제2차 세계대전 이후 미국 헤게모니의 토대 중 하나가 되었다. 20세기 초부터 지속된 법인자본의 성장이 케인즈주의의 결과였던 것은 아니지만, 그럼에도 불구하고 1950~60년대의 '황금기' 동안 케인즈주의는 성장의 재생산에 필수적인 역할을 했다. 즉 케인즈주의 국가는 금융억압에 기초하여 산업자본의 성장을 중심으로 사회적 세력관계를 재생산함으로써 산업적 축적을 관리했던 것이다. 성장과 고용이 체계적으로 연계되면서 경제정책과 사회정책이 상대적으로 안정적인 형태로 결합되었다. 이는 의회에 근거를 둔 '합의의 정치'를 가능케 했다.

그러나 수익성 있는 기술진보의 곤란으로 인해 산업적 축적은 한계에 부딪힐 수 있다. 이윤율의 하락에서 기인하는 1970년대 산업적 축적의 위기는 정치적·경제적 제도에 하나의 구조적 제약요인으로 작용했다. 기술혁신이 아니라 금융혁신에 기초를 두는 금융적 축적은 단순히 금융의 투기적 속성이나 몇몇 투기적 금융기관의 일탈의 산물이 아니라 그런 위기에 대한 하나의 '반작용'으로 이해될 수 있다. 물론 그것은 사회적 세력관계의 변화를 야기하면서 사회적 갈등을 촉발시켰고, 그러한 갈등은 국가의 제도적 배치를 둘러싼 격렬한 정치적·이데올로기적 갈등을 수반했다. 전환의 과정에서 국가는 때때로 문제의 해결기관이 아니라 문제의 주범으로 공격을 받기도 했다. 그러나 국가의 역할 자체가 부정될 때조차 갈등의 핵심적 공간은 국가의 외부가 아니라 국가의 내부였다. 특히 의회와 행정기관 사이의 관계, 그리고 행정적 장치들 사이의 관계가 핵심적인 문제가 되었다.

그 과정에서 국가의 핵심적인 정책과 그것을 실현할 수 있는 제도적 배치를 개혁하는 신자유주의 관리 패러다임이 출현했다. 의회는 물론이고 특수한 이익을 추구하는 '사회정치'의 영향력으로부터 경제정책의 입안과 실행을 분리하려는 일련의 제도적 혁신이 추구되었다. 그리고 경제적 국가장치 중에서도 특히 강력한 기술적 실행 능력을 갖는 중앙은행의 정책적 자율성이 강화되었다. 반면 재정적 부담의 주범으로 공격을 받은 사회정책의 위상은 크게 약화되었다. 기술관료적 지배가 확대되면서 상대적으로 특수이익에 민감한 의회도 상대화되었다.

그러나 신자유주의는 본질적으로 금융해방에 근거해서 금융적 축적을 재생산하는 정책 패러다임이었다. 게다가 그것은 고유한 내적 모순을 가졌다. 우선 금융적 축적은 산업적 축적과 괴리된다는 면에서 '위기'를 내포했다. 금융적 축적은 새로운 물질적 부의 생산, 즉 자본의 집적보다는 기존 물질적 부의 재분배, 즉 자본의 집중을 특징으로 했다. 이는 필연적으로 자본의 '형제 살해'를 내포했다.[1] 또한 금융적 축적은 민족국가의 틀에서 벗어난 '세계적' 영역에서 전개되었기 때문에 이른바 '금융세계화'라는 현상이 출현했다. 세계적 차원에서 자본의 집중이 전개되면서 1980년대 라틴아메리카 외채위기에서 1997년 아시아 금융위기에 이르는 일련의 금융위기가 발생했다. 역설은 신자유주

---

1) 금융적 축적은 단순히 소유자 상층계급의 소득 및 부의 최대화를 위한 수단(Duménil and Lévy, 2011)이 아니라 수익성 있는 기술진보의 어려움으로 인한 산업적 축적의 한계에 기인하는 것이다. 최근 미국의 금융위기와 관련된 논쟁은 윤종희·박상현(2010)을 참조하라.

의가 이런 위기에 대응해 금융, 특히 미국 금융시장의 외연적·내포적 팽창을 강화하는 방식으로 위기를 관리했다는 점이다. 그 결과 미국 증권시장에서 새로운 금융상품이 창조되었고 세계 각지의 자본이 미국으로 유입되었다.

물론 금융적 축적은 무한히 확대될 수는 없다. 최근 세계금융의 중심지인 미국에서 발생한 금융위기는 금융적 축적이 더 이상 지속될 수 없다는 것을 보여준다. 2007~09년 금융위기는 2000년대의 주택시장 거품 붕괴라는 '정세적' 성격뿐만 아니라 1960년대 중반 이후 수익성 있는 기술진보가 불가능한 조건에서 1980년대 이후 지속된 금융적 축적의 한계라는 구조적 위기의 성격을 갖는다. 저소득층의 주택까지 금융적 축적 내부로 포섭되면서 금융적 축적의 대중적 토대는 더 이상 확대될 수 없는 수준에 이르렀다. 또 부채를 증권으로 전환시키는 금융혁신 이후 새로운 금융수단도 더 이상 고안되기 어려운 것으로 보인다. 금융적 축적은 외연적 측면에서나 내포적 측면에서나 더 이상 확대될 수 없는 것이다.

이는 세계적으로도 중요한 의미를 갖는다. 왜냐하면 미국 자본주의의 금융적 축적은 해외자본의 지속적 유입에 근거를 둔 '금융세계화'의 형태를 취하기 때문이다. 만약 미국의 금융시장으로 더 이상 해외자본의 유입이 지속되지 않는다면 금융세계화는 더 이상 지속될 수 없다. 금융세계화의 균열과 함께 그 동안 미국의 헤게모니를 가능케 했던 이중적자 메커니즘, 즉 미국이 세계 각지에서 상품을 수입하는 동시에 자본도 수입하는 메커니즘도 취약해질 것이다. 최근 '세계경제 불균형'을 둘러싼 미국과 중국의 긴장은 바로 이런 이중적자 메커니즘의 균열을 보여준다.

'신자유주의의 위기'는 이와 같은 구조적 맥락 속에 위치한다. 그것은 금융투기의 우연한 결과가 아니라 금융적 축적의 한계를 반영한다.

또한 금융적 축적이 산업적 축적의 한계에서 기인했다는 점을 고려할 때, 금융적 축적은 몇몇 금융기관의 '도덕적 해이'나 금융자산 소유자의 탐욕의 산물로 설명될 수 없다. 즉 금융이 본래부터 투기적인 것은 아니며, 소득을 최대화하려는 상층계급의 노력이 반드시 금융적 축적을 야기하는 것도 아니다. 문제는 산업이 더 이상 수익성 있는 기술진보를 주도할 수 없다는 객관적 조건에 있다. 미국에서도 금융혁신이 아니라 기술혁신에 근거한 성장이 필요하다는 주장이 제기되지만, 문제는 그 구체적 대안이 존재하지 않는다는 것이다. 이런 측면에서 신자유주의의 위기는 20세기 자본주의의 구조적 위기를 내포한다.

이런 시각에서 볼 때, 신자유주의의 위기가 케인즈주의로의 복귀로 귀결되지는 않을 것이라는 예상이 가능하다. 관리국가의 정책적·제도적 배치를 내포하는 케인즈주의는 수익성 있는 기술진보에 의해 촉발된 산업적 축적이라는 특수한 구조적 조건에서만 실행·지속될 수 있는 것이다. 산업이 아니라 금융이 축적의 중심이 된 조건에서 케인즈가 처방한 것과 유사한 적자재정이 실행된다면, 그것은 금융으로의 자본 유입을 강화하는 효과를 낳을 가능성이 크다. 심지어 금융이 억압되어 있는 상황이라고 하더라도 수익성 또는 이윤율이 상승하는 상황이 아니라면 적자재정 정책은 1970년대와 유사한 스태그플레이션을 야기할 가능성이 높다. 요컨대 개별적인 정책수단은 외견상 유사해 보이더라도 어떤 구조적 조건 속에서, 어떤 사회적 세력관계를 전제로 실행되는가에 따라 판이한 성격과 효과를 가질 수 있는 것이다.

물론 1930년대 대불황의 경험에서 드러난 것처럼 사회·경제적 충격에 대응하는 정책수단의 선택이 자동적인 것은 아니다. 오늘날 국가장치는 정책적 대응을 둘러싸고 다시 한 번 시험대에 올랐다. 1930년대의 경험과 마찬가지로 다양한 사회세력 사이의 이해갈등이 증폭되면서 집권 정당이나 의회는 또 다시 무능력한 모습을 보이고 있다. 그러나 당시와는 대조적으로 경제적 국가장치, 즉 재무부와 연방준비제도는 상당한 연속성과 안정성을 가지고 있으며, 1930년대에는 존재하지 않던 강력한 정책적 대응을 주도하고 있다. 미국 재무부는 위기 직후 대규모 구제금융을 실시했고 2011년까지 두 차례에 걸친 대규모 적자재정 정책을 실행했다. 또 그것과 쌍을 이루면서 연방준비제도는 지속적인 가격완화(price easing: PE)와 두 차례에 걸친 수량완화(quantitative easing: QE)를 실행했다(윤소영, 2011).

재무부는 금융위기가 발생한 직후인 2008년 10월에 7천억 달러의 부실자산구제계획(TARP)을 실시하고, 시티그룹 등 부실은행과 GM 같은 부실기업을 지원했다. 이른바 '국유화 논쟁'이 전개되지만 애초에 재무부는 의결권을 갖지 않는 우선주를 구매했으며, 우선주를 보통주로 전환한 이후에도 경영은 여전히 민간이 담당했다.[2] 그런 점에서 그것은 사실상 구제금융을 통한 민간기업의 자본확충(recapitalization)을 의미했다. 이후 「미국재건재투자법」(ARRA)이 통과되고 나서 재무부는 2009년 2월부터 7,870억 달러의 감세와 재정지출 정책을 추진했다. 미국 정부는 이런 정책을 미국의 역사에서 가장 대담한 재정적 자극으로 자평했다(CEA, 2011). 그리고 2010년에 회복이 둔화될 조짐이 보이자 12월부터 8,580억 달러의 감세라는 2차 재정적자 정책을 실시했다. 그 결과 미국은 2011년에 국내총생산(GDP)의 10%에 가까운 예산적자를 기록했으며, 미국의 국가부채는 국내총생산의 100%에 달하는 전례 없는 수준으로 상승했다.

한편 연방준비제도는 2008년 이후 7차례에 걸쳐 연방기금 금리를 하락시키는 가격완화 정책을 채택했다. 그러나 그린스펀이 2001년 신

---

[2] 미국에서 이와 같은 국유·민영의 전통은 제2차 세계대전 시기로 소급된다. 여기서 국가의 주식보유는 일시적인 것이며 결국 보유주식은 시장이 회복되면 민간에게 매각된다.

경제 거품의 붕괴 이후 추진했던 것과 동일한 가격완화, 즉 제로금리 정책은 일반화된 신용경색을 해결할 수 없었다. 이 때문에 연준 의장 버냉키는 1930년 대불황 이후로는 미국에서 한 번도 실시되지 않았던 '비정통적' 정책인 수량완화 정책을 실행했다. 수량완화는 중앙은행이 일정한 양의 화폐를 경제에 투입하기 위해 금융자산을 구매하는 것을 의미한다. 이는 특정한 이자율 목표를 유지하기 위해 재무부 증권의 유통시장에 개입해서 재무부 증권을 판매 또는 구매하는 통상적인 화폐정책과 구별된다(윤소영, 2011).

1차 수량완화 정책은 재무부의 부실자산 구제계획에 대응하는 것이었다. 연준은 금융위기가 폭발한 2008년 9월부터 12월까지 은행을 비롯한 금융기관, 나아가 기업과 가계에 대한 단기 대부정책을 실시했다. 은행뿐만 아니라 증권회사와 보험회사의 부실자산, 즉 주택담보부증권(MBS)을 구매하는 것을 핵심으로 하는 1차 수량완화는 민간의 부실을 중앙은행으로 이전시켰다.[3] 그 결과 해외 금융기관이 미국 내 금융자산을 구매하는 것에 대한 미국 금융시장의 의존성이 완화되고 미국 금융기관의 대규모 파산이 방지되었지만, 중앙은행의 자산구조는 부실해졌다.

2차 수량완화 정책은 재무부의 1차 적자재정 정책에 대응하는 것이었다. 연방준비제도는 2010년 11월부터 2011년 6월까지 6천억 달러의 장기국채를 추가로 매입했다. 뿐만 아니라 조기 상환되거나 만기 상환된 주택담보부증권(MBS)의 원금 대부분도 장기국채에 재투자되었다. 2011년 1/4분기와 2/4분기 동안 연준은 신규 발행된 재무부 증권의 160%에 해당하는 장기국채를 구매했다. 그 결과 세계 나머지 국가에

---

3) 그 결과 연준 자산 내에서 모기지담보부증권의 비중은 급증하는데, 2010년 6월에는 8천억 달러 수준의 재무부 증권 비중을 추월해 1조 달러 수준에 도달한다(Duménil and Lévy, 2012).

서 외국인이 보유한 재무부 증권의 비중은 크게 감소했다. 이런 정책은 달러가치의 급격한 하락을 막으면서 재무부가 대규모의 재정적자를 운용할 수 있도록 지원했다(Duménil and Lévy, 2012).

결국 미국 정부의 대응은 금융부문에 대한 대규모의 구제금융 또는 대출과 정부의 거대한 적자재정을 결합하는 것이었다. 그렇다면 재무부와 연방준비제도의 이와 같은 활동은 어떤 의미를 갖는가? 외견상 1930년대의 케인즈주의적 대응으로 복귀한 것처럼 보이지만, 역사는 동일한 방식으로 반복되지 않는다. 1930년대에는 광범위한 은행파산 이후 1933년 금융억압이 제도화되었고, 그 이후 전쟁의 발발과 함께 대규모의 적자재정 지출이 있었다. 이번 위기에 대한 대응에서는 그 순서가 뒤바뀌었다. 대규모 재정적자를 수반하는 구제와 재건정책이 선행했다. 반면 금융억압을 둘러싼 미국 내부에서의 논쟁에도 불구하고 금융에 대한 규제는 미비했다. 1990년대 이후 지속되어 온 '겸업화' 추세는 중단된 것이 아니라 오히려 심화되었다.[4] 이는 단순한 시간적 선후의 문제가 아니라 정책적 대응의 기본적 성격을 반영했다. 금융억압 없는 구제와 재건은 케인즈주의로의 복귀라기보다는 금융위기의 비용을 사회화하고 위기의 확산을 저지하는 임시방편적인 대응에 가까웠던 것이다.

그러나 그런 임시방편적 대응의 효과는 예상보다 크지 않았다. '체계적으로 중요한' 거대은행들은 파산을 모면했지만 사실상 '좀비은행'

---

4) 금융위기가 전개되면서 미국의 5대 투자은행은 상업은행으로 탈바꿈하거나 상업은행에 합병되었다. 이러한 전환은 상업은행에 대한 정부의 구제금융을 획득하려는 노력의 일환이었고, 상업은행은 투자은행이 수행하던 증권투자 업무를 병행했다. 따라서 위기에 따른 금융기관의 재편은 겸업화 과정의 중단이 아니라 심화로 이해될 수 있다. 미국 금융기관의 재편과정에 대해서는 전창환(2009)을 참조할 수 있다.

으로 남았다. '신용경색'도 완전히 해소되지 않았다. 더 중요한 것은 새로운 기술혁신에 근거한 성장이 필요하다는 인식에도 불구하고 위기 이후 4년 동안 성장의 자율적 역량은 회복되지 않았다는 사실이다. 2011년 미국의 산업생산 지표는 여전히 위기 이전의 정점보다 10% 포인트 정도 낮은 수준에 머물고 있으며 실업률은 여전히 9%대를 유지하고 있다.

반면 그런 대응의 부담은 점점 늘어나고 있다. 성장이 재개되지 않은 상태에서 재무부가 금융시장을 대체하면서 국가부채가 증가했다. 금융위기 이후 5조 달러 정도 증가한 미국의 국가부채는 2010년 12월에 14조 달러에 도달해 국내총생산 대비 97% 수준으로 상승한다. 국채 상한선을 둘러싸고 미국 의회는 다시 한 번 과잉 정치화된 논쟁에 몰두하고 미국 정부의 채무불이행 가능성에 대한 논란이 이어지는 와중에, 결국 국가신용등급이 강등되는 사태가 발생했다. 국가신용등급의 하락은 단순히 신용평가기관의 월권적 행위의 산물이 아니라 미국 정부의 재정위기 가능성에 대한 객관적 우려를 반영한 것이었다. 그런데 미국의 재정위기는 곧 미국의 화폐이자 세계화폐로 기능하는 달러의 위기를 의미하기 때문에 문제는 결코 단순하지 않다. 국제적으로 거래되는 금의 시세가 계속해서 상승하는 것은 미국의 재정위기와 달러위기에 대한 우려에 기인하는 것이다.

이렇게 볼 때, 신자유주의는 위기를 맞았지만 그것을 대체할 대안은 여전히 존재하지 않는 것으로 보인다. 그리고 이러한 대안의 부재는 우연이 아니라 신자유주의의 위기에 고유한 특성일 수 있다. 애초에 신자유주의는 산업적 축적의 위기에 대응하는 '위기관리'의 성격을 가지고 있었고, 그런 측면에서 신자유주의의 위기는 '위기관리의 위기'라고 할 수 있다.[5] 여기서 '관리의 위기'는 20세기에 누적된 관리 장치의 효과로 인해 과거에는 존재하지 않았던 새로운 위기 형태를 수반할 가능성이 높은 것이다.

한편 20세기 국가의 작동을 보장했던 관리의 장치는 위기 속에서도 자신의 생존을 위해 투쟁하고 있다. 그런데 과도하게 활동적이면서도 맹목적인 그들의 실천은 오히려 고유한 위기를 야기할 수 있다. 즉 사회적·정치적으로 결코 실행될 수 없지만 기술적 정언명령에는 부합하는 정책이 생산될 수 있는 것이다. 예를 들어 성장이 재개될 수 없는 상황에서 재정적자를 감축하는 동시에 수출을 증가시키려는 해법은 결코 실행될 수 없을 뿐만 아니라 국내적·국제적으로 사회적·정치적 긴장을 증폭시킬 수 있다. 재정위기의 위험을 감축해야 한다는 경제적 필요성에도 불구하고 사회적 지출의 삭감을 수반하는 긴축정책은 대중적 저항을 야기할 수밖에 없다. 마찬가지로 자유무역을 유지하면서도 수출을 증가시키려는 정책은 국제적인 갈등과 분쟁을 촉발할 수밖에 없다.

다른 한편 20세기에 관리의 대상으로 생활해 온 시민 대중은 관리의 위기에 모순적인 방식으로 대응하는 경향이 있다. 그들은 위기의 이름으로 정당화되는 기술관료적 정책을 거부하는 동시에 경제적으로 실행될 수 없는 각자의 불만과 요구를 분절적인 방식으로 표출하고 있다. 단기적이고 방어적인 자기이익에 의해 추동되는 분절화된 저항은 때로는 20세기 자본주의의 황금기에 관리국가에 의해 보장되었던 권

---

5) '위기관리의 위기'는 독일의 정치사회학자 오페(C. Offe)가 1970~80년대의 위기를 분석하기 위해 사용했던 용어다. 그러나 그는 20세기 성장기의 자본주의를 19세기 말에서 20세기 초의 위기에 대한 대응으로 출현한 '조직자본주의'로 규정하고, 케인즈주의 국가를 위기관리 국가로 이해했다. 또 그는 1970년대의 위기를 '위기관리의 위기'로 파악했는데, 이 경우 위기관리의 위기는 경제적 위기가 아니라 '정당성의 위기'를 의미했다(Offe, 1984). 그러나 신자유주의의 위기를 특징짓는 '위기관리의 위기'는 오페의 분석과 달리 일종의 '좀비 신자유주의'가 지속되고 있는 상황(Brenner et al., 2010)으로 이해될 수 있다.

리에 대한 복고적 요구로 귀결되기도 하고, 때로는 기존의 정치와 제도에 대한 아나키즘적 거부로 귀결되기도 한다. 기술관료적 맹목과 쌍을 이루는 파편화되고 휘발성이 높은 대중적 불만은 진정한 권리의 주체로서 보편적 요구와 그것에 기초한 제도, 즉 상징적·조직적 대표성(representa- tion)을 확립할 수 없는 대중의 무능을 반영하고 있는 것으로 보인다. 자본주의의 위기가 '상쟁하는 계급의 공멸'을 낳을 수도 있다는 마르크스의 비관적 전망이 조심스럽게 다시 고려되는 것도 이 때문이다.

참고문헌

구갑우 (1999), 「자유주의, IMF위기 그리고 국가형태의 변화」, 『경제와사회』, 40호
김남석 (2000), 「미국 투자은행의 산업기업 지배방식과 그 결과: J.P. Morgan을 중심으로」, 양동휴 편, 『1930년대 세계 대공황 연구』, 서울대학교 출판부.
김대환·조희연 엮음 (2003), 『동아시아 경제변화와 국가의 역할 전환: '발전국가'의 성립, 진화, 위기, 재편에 대한 비교정치경제학적 분석』, 한울.
김세균 (1994), 「영국의 CSE 이론가들의 국가이론: S. Clarke, J. Holloway, S. Picciotto의 국가이론을 중심으로」, 한국정치학회 편, 『현대 국가론의 성과와 과제』, 한국정치학회 논문집.
_____ (2002), 「현시기 세계체계의 발전방향」, 『한국사회과학』, 제24권, 제1호.
김영범 (2001), 「경제위기 이후 사회정책의 변화」, 『한국사회학』, 제35집, 제1호
김영순 (1998), 『복지국가의 위기와 재편: 영국과 스웨덴의 경험』, 서울대학교 출판부.
김윤태 (1999), 「동아시아 발전국가와 지구화」, 『한국사회학』, 제33집, 봄호.
김진균 (1997), 『한국의 사회현실과 학문의 과제』, 문화과학.
박광주 (1998), 「세계 속의 아시아경제 어디로 갈 것인가」, 박광주 편 『신자유주의와 아시아의 경제위기, 그리고 한국』, 부산대학교 출판부.
박명규 (1994), 「국제화, 지역화 속의 한국사회: 역사적 접근」, 『경제와사회』, 제22호.
_____ (1997), 『한국 근대 국가형성과 농민』, 문학과지성사.
박병영 (2003), 「신자유주의 지구화의 진전과 발전 모델의 변화」, 『한국사회학』, 제37집 2호.
박상현 (2005), 「라틴 아메리카의 인민주의」, 정인경·박정미 외, 『인민주의 비판』, 공감

_____ (2010), 「20세기 자본주의 국가 형성의 두 가지 길: 나치와 뉴딜의 비교를 중심으로」, 『사회와 역사』, 88집, 겨울.
_____ · 이태훈 (2011), 「사회학 비판」, 윤소영 외, 『사회과학 비판』
박재규 (1998), 「한국 경제발전과 국가의 역할변화」, 『한국사회학』, 제32집, 가을호.
백승욱 (2001), 「역사적 자본주의와 자본주의의 역사: 세계체계분석을 중심으로」, 『경제와 사회』, 2001년 겨울(통권 제52호).
_____ (2005), 『미국의 세기는 끝났는가?: 세계체계 분석으로 본 미국 헤게모니의 역사』, 그린비.
_____ (2006), 『자본주의 역사 강의』, 그린비.
서관모 (1996), 「시민성 개념의 새로운 구축을 위하여: 에티엔 발리바르의 '인권의 정치'의 문제설정」, 『경제와 사회』, 가을호(통권 제31호).
_____ (2003), 「시민사회 담론의 혼란과 문제점」, 한국산업사회학회 엮음, 『사회이론과 사회변혁』, 한울.
손호철 (2007), 「한국 민주주의 20년」, 민주화운동기념사업회 · 민주화를위한교수협의회 · 학술단체협의회 공동주최, 『한국 민주주의의 현실과 도전: 1987년, 1997년 그리고 2007년』.
송호근 (1994), 『열린 시장, 닫힌 정치: 한국의 민주화와 노동체제』, 나남.
_____ (2001a), 「세계화와 사회정책」, 송호근 편, 『세계화와 복지국가: 사회정책의 대전환』, 나남.
_____ (2001b), 「미국의 사회정책」, 송호근 편, 『세계화와 복지국가: 사회정책의 대전환』, 나남.
안병영 (2000), 「세계화와 신자유주의: 충격과 대응」, 『세계화와 신자유주의』, 나남.
안정옥 (2002), 『현대미국에서 "시간을 둘러싼 투쟁"과 소비적 현대성: 노동, 시간과 일상생활』, 서울대학교 박사학위논문.
양동휴 (2000), 「세계 대공황의 원인 · 경과 · 회복과정」, 「미국 투자은행의 산업기업 지배방식과 그 결과: J. P. Morgan을 중심으로」, 양동휴 편, 『1930년대 세계 대공황 연구』, 서울대학교 출판부.
윤상우 (2005), 『동아시아 발전의 사회학』, 나남.
윤소영 (1999), 『신자유주의적 '금융세계화'와 '워싱턴 컨센서스': 마르크스적 비판의 쟁점들』, 공감.

_____ (2000), 『이윤율의 경제학과 신자유주의』, 공감.
_____ (2006), 『일반화된 마르크스주의 개론』, 공감.
_____ (2008), 『금융위기와 사회운동노조』, 공감.
_____ (2011), 「부록: 2010-11년 경제정세」, 『사회과학 비판』, 공감.
윤영근 (2011), 「행정개혁의 변화유형에 관한 비교연구」, 서울대학교 행정대학원 박사학위 논문.
윤종희 (2005), 「법인자본주의와 대중교육의 역사」, 『대중교육: 역사, 이론, 쟁점』, 공감.
이수훈 (2004), 『세계체제, 동북아, 한반도』, 아르케.
이병천 (2003), 「개발국가론 딛고 넘어서기: 역사와 평가」, 『경제와사회』, 제57호.
이연호 (2002), 「한국에서의 금융구조개혁과 규제국가의 등장에 관한 논쟁」, 『한국사회학』, 제36집, 4호.
임혁백 (2000), 「세계화와 민주주의: 기회와 제약」, 『세계화와 신자유주의』, 나남.
임현진 (1992), 「역사로 되돌아가자: 비교사의 방법론적 전략」, 한국비교사연구회 편저, 『비교사회학: 방법과 실제II』, 열음사.
_____ (1998), 『지구시대 세계의 변화와 한국의 발전』, 서울대학교 출판부.
_____ (2001), 『21세기 한국사회의 안과 밖: 세계체제에서 시민사회까지』, 서울대학교 출판부.
_____ (2005a), 「신자유주의적 세계화와 한국적 근대의 방향」, 『황해문화』, 제47호.
_____ (2005b), 『전환기 한국의 정치와 사회: 지식, 권력, 운동』, 집문당.
전창환 (2000), 「금융세계화와 화폐주권의 동요」, 『경제와사회』, 제45호.
_____ (2009), 「2008년 미국의 금융위기와 금융자본의 재편」, 『동양과 전망』, 76호.
정일준 (1999), 「안보국가에서 발전국가로: 미국의 대한 정책 변화와 발전기제의 형성」, 『경제와사회』, 제42호.
정태석 (2005), 「시민사회와 NGO에 관한 최근 논의의 비판적 검토」, 『경제와사회』, 제68호.
조영훈 (2004), 「사회변동, 복지정치, 복지국가의 변화」, 『한국사회학』, 38집 1호.
조희연 (1998), 『한국의 국가·민주주의·정치변동』, 당대.
_____ (2002), 「한국 '발전국가'의 변화와 사회운동: 발전주의와 세 개의 전선 변

화』, 김대환·조희연 엮음, 『동아시아 경제변화와 국가의 역할 전환』, 한울.

최장집 (1993), 『한국민주주의의 이론』, 한길사.

_____ (2005), 「사회적 시민권 없는 한국 민주주의」, 『위기의 노동』, 후마니타스

Abramovitz, Mimi (2006), "Welfare Reform in the United States: Gender, Race, and Class Matter," *Critical Social Policy*, Vol. 26, No. 2.

Aglietta, Michel (1979), *A Theory of Capitalist Regulation: The U.S. Experience*, New Left Books.

_____ (2000), "Shareholder Value and Corporate Governance: Some Tricky Questions," *Economy and Society*, Vol. 29, No. 1.

_____ (2008), *La Crise: Comment en est-on arrivé là? Comment en sortir?*, Editions Michalon.

Akard, Patrick (1998), "Where Are All the Democrats?: The Limits of Economic Policy Reform," in Clarence Y. H. Lo and Michael Schwartz, eds., *Social Policy and the Conservative Agenda*, Blackwell.

Alesina, Alberto (2004), "The Influence of Political Distortions on Economic Performance", (interviewed by Brian Snowdon), *World Economics*, Oct.

Allen, Christopher S. (1989), "The Underdevelopment of Keyensianism in The Federal Republic of Germany," in Peter A. Hall, ed., *The Political Power of Economic Ideas: Keynesianism across Nations*, Princeton University Press.

Allen, Matthew (2004), "The Varieties of Capitalism Paradigm: Not Enough Varieties," *Socio-Economic Review*, No. 2.

Althusser, Louis (1971), "Ideology and Ideological State Apparatuses: Notes Towards an Investigation," in *Lenin and Philosophy and Other Essays*, Monthly Review Press.

_____ (2006), "Marx in his Limits," in *Philosophy of the Encounter, Later Writings*, 1978-87, Verso.

Amenta, Edwin (1998), *Bold Relief: Institutional Politics and the Origins of Modern American Social Policy*, Princeton University Press.

Amott, Teresa L. (1988), "Welfare Reform: A Workhouse Without Walls," in *The*

　　　　　Imperiled Economy, The Union for Radical Political Economics.
Aronowitz, Stanley and Peter Bratisis (2002), "State Power, Global Power," in *Paradigm Lost: State Theory Reconsidered*, Minnesota University Press.
Arrighi, Giovanni (1983), "The Labor Movement in Twentieth-Century Western Eroupe," Immanuel Wallerstein, ed., *Labor in the World Social Structure*, Sage.

_____ (1990), "Marxist Century - American Century: The Making and Remaking of the World Labor Movement," in Amin et al., *Transforming the Revolution: Social Movements and the World-System*, Monthly Review Press.

_____ (1994), *The Long Twentieth Century: Money, Power, and the Origins of Our Time*, Verso.

_____ (1999a), "The Global Market," *Journal of World-Systems Research*, Vol. V, No. 2.

_____ (1999b), "Globalization and Historical Macrosociology," in Janet L. Abu-Lughod, ed., *Sociology for the Twenty-First Century*, The University of Chicago Press.

_____ (1999c), "Globalization, State Sovereignty, and the 'Endless' Accumulation of Capital," in David A. Smith et al., eds., *States and Sovereignty in the Global Economy*, Routledge.

_____ (2007), *Adam Smith in Beijing: Lineages of the Twenty-First Century*, Verso.

_____ Kenneth Barr, and Shuji Hisaeda (1999), "The Transformation of Business Enterprise", in Giovanni Arrighi et al., *Chaos and Governance in the Modern World System*, Minnesota University Press.

_____ and Jason W. Moore (2001), "Capitalist Development in World Historical Perspective," in Robert Albritton et al., eds., *Phases of Capitalist Development*, Palgrave.

_____ and Silver, Beverly J. (2001), "Capitalism and World (Dis)Order," *Review of International Studies*, Vol. 27.

Baldock, John and Stewart Miller (1985), "Unemployment and Inflation," in Nick Manning, ed., *Social Problems and Welfare Ideology*, Gower.
Balibar, Etienne (1985), "Division du travail manuel et intellectuel," in Georges

Labica, ed., *Dictionnaire critique du marxisme*, PUF.

_____ (1988), "Proposition on Citizenship," *Ethics*, No. 98.

_____ (1991), "The Nation Form: History and Ideology," in Etienne Balibar and Immanuel Wallerstein, *Race, Nation, and Class*, Verso.

_____ (1994) "What is a Politics of the Rights of Man?," in *Masses, Classes, Ideas: Studies on Politics and Philosophy Before and After Marx*, Routledge.

_____ (2010), *La Proposition de l'Egaliberte*, PUF.

Bane, Mary Jo and David T. Ellwood (1994), *Welfare Realities: From Rhetoric To Reform*, Harvard University Press.

Barkai, Avraham (1990), *Nazi Economics: Ideology, Theory, and Policy*, Berg.

Barrow, Clyde W. (2002), "The Miliband-Poulantzas Debate: An Intellectual History," in Stanley Aronowitz and Peter Bratisis, eds., *Paradigm Lost: State Theory Reconsidered*, Minnesota University Press.

_____ (2005), "The Return of the State: Globalization, State Theory, and the New Imperialism," *New Political Science*, Vol. 21, No. 2.

Baskin, Jonathan Barron and Paul J. Miranti Jr. (1997), *A History of Corporate Finance*, Cambridge University Press.

Basso, Pietro (2003), *Modern times, Ancient Hours: Working Lives in the Twenty-first Century*, Verso.

Beaud, Michel and Gilles Dostaler (1995), *Economic Thought Since Keynes*, Edward Elgar.

Bell, Daniel (1962), *The End of Ideology: On the Exhaustion of Political ideas in the Fifties*, Collier Books.

Bendix, Reinhard (1969), *Nation-Building and Citizenship: Studies of Our Changing Social Order*, Anchor Books.

Berle, Adolf A. and Gardiner C. Means (1932), *The Modern Corporation and Private Property*, Macmillan.

Blackbourn, David (1984), "The Discreet Charm of the Bourgeoisie: Reappraising German History in the Nineteenth Century," in David Blackbourn and Geoff Eley, eds., *The Peculiarities of German History: Bourgeois Society and Politics in Nineteenth-Century Germany*, Oxford University Press.

Blackburn, Robin (2006), "Finance and the Fourth Dimension," *New Left Review*, No. 39.

_____ (2008), "The Subprime Crisis," *New Left Review*, No. 50.

Block, Fred (2008), "Swimming Against the Current: The Rise of a Hidden Developmental State in US," *Politics and Society*, Vol. 36, No. 2.

Blyth, Mark (2002), *Great Transformations: Economic Ideas and Institutional Change in the Twentieth Century*, Cambridge University Press.

Boggs, Carl (2000), *The End of Politics: Corporate Power and the Decline of the Public Sphere*, The Guilford Press.

Boltanski, Luc and Eve Chiapello (2005), *The New Spirit of Capitalism*, Verso.

Boron, Atilio A. (2005), "The Truth about Capitalist Democracy," *Socialist Register 2006*, The Merlin Press.

Bourdieu, Pierre (1999), "Rethinking the State: Genesis and Structure of the Bureaucratic Field," in George Steinmetz, ed., *State/Culture: State-Formation After the Cultural Turn*, Cornell University Press.

Boyer, Robert (1996), "State and Market," in Robert Boyer and Daniel Drache, eds., *States Against Markets: The Limits of Globalization*, Routledge.

_____ (2000), "Is a Finance-led Growth Regime a Viable Alternative to Fordism? A Preliminary Analysis," *Economy and Society*, Vol. 29, No. 1.

Brennan, David M. (2008), "Co-opting the Shareholder Value Movement: A Class Analytic Model of Share Repurchases," *Review of Radical Political Economics*, Vol. 40, No. 1.

Brenner, Robert (2002), *The Boom and the Bubble*, Verso.

_____ (2004), "New Boom or New Bubble?: The Trajectory of the US Economy," *New Left Review*, No. 25.

_____ (2005), "After Boom, Bubble and Bust," in Max Miller, ed., *Worlds of Capitalism: Institutions, Governance, and Economic Change in the Era of Globalization*, Routledge.

Bright, Charles and Susan Harding (1984), "Processes of Statemaking and Popular Protest," in Charles Bright and Susan Harding, eds., *Statemaking and Social Movements: Essays in History and Theory*, The University of Michigan Press.

Brinkley, Alan (1989), "The New Deal and the Idea of the State," in Steve Fraser and Gary Gerstle, eds., *The Rise and Fall of the New Deal Order, 1930-1980*, Princeton University Press.

Brint, Steven (1994), *In an Age of Experts: The Changing Role of Professionals in Politics and Public Life*, Princeton University Press.

_____ and Charles S. Levy (1999), "Professions and Civic Engagement: Trends in Rhetoric and Practice, 1875-1995," in Theda Skocpol and Morris P. Fiorian, eds., *Civic Engagement in American Democracy*, Brookings Institution Press.

Brunhoff, Suzanne De (1967), *La Monnaie chez Marx*, Edition Sociales.

_____ (1981), *Etat et capital: Recherches sur la politique économique*, Maspero.

_____ (1986), *L'heure du marché: Critique du libéralisme*, PUF.

_____ (1999), "Which Europe do we need now? Which can we get?," in Riccardo Bellofiore, ed., *Global Money, Capital Restructuring and Labor*, Edward Elgar.

_____ (2003a), "Financial and Industrial Capital: A New Class Coalition," in Alfredo Saad-Filho, ed., *Anti-Capitalism*, Pluto.

_____ (2003b), "Value, Finance and Social Classes," in Richard Westra and Alan Zuege, eds., *Value and the World Economy Today: Production, Finance and Globalization*, Palgrave.

_____ (2005), "Marx's Contribution to the Search for a Theory of Money," in Fred Moseley, ed., *Marx's Theory of Money: Modern Appraisals*, Palgrave.

Bryan, Dick (1995), T*he Chase across the Globe: International Accumulation and the Contradictions for Nation States*, Westview Press.

Bryth, Mark (2002), *Great Transformations: Economic Ideas and Institutional Change in the Twentieth Century*, Cambridge.

Budd, Alan (1996), "Unemployment Policy Since the War: the Theory and the Practice," in Bernard Corry, ed., *Unemployment and the Economists*, Edward Elgar.

Burnham, Peter (1990), *The Political Economy of Postwar Reconstruction*, Macmillan.

_____ (2001), "New Labor and the Politics of Depoliticisation," *British Journal of Politics and International Relations*, Vol. 3, No. 2.

_____ (2006), "Politics of Economic Management in the 1990's," in Andreas Bieler, Werner Bonefeld, Peter Burnham, and Adam David Morton, eds., *Global Restructuring, State, Capital and Labor: Contesting Neo-Gramscian Perspectives*, Palgrave.

Cairncross, Alec (1990), "The United Kingdom," in Andrew Graham, ed., *Government and Economies in the Postwar World: Economic Policies and Comparative Performance, 1945-85*, Routledge.

Calhoun, Craig (1995), "The Rise and Domestication of Historical Sociology," in Terrence J. McDonald, ed., *The Historical Turn in the Human Sciences*, The University of Michigan Press.

Camilleri, Joseph A. and Jim Falk (1992), *The End of Sovereignty?: The Politics of a Shrinking and Fragmenting World*, Edward Elgar.

Campbell, Al (2005), "The Birth of Neoliberalism in United States: A Reorganisation of Capitalism," in Alfredo Saad-Filho and Deborah Johnston, eds., *Neoliberalism: A Critical Reader*, Pluto Press.

Campbell, John L. and Ove K. Pedersen (2001), "Introduction: The Rise of Neoliberalism and Institutional Analysis," in John L. Campbell and Ove K. Pedersen, eds., *The Rise of Neoliberalism and Institutional Analysis*, Princeton University Press.

Cammack, P. (1992), "The New Institutionalism: Predatory Rule, Institutional Persistence, and Macro-Social Change," *Economy and Society*, Vol. 21, No. 4.

Carnoy, Martin (1984), *The State and Political Theory*, Princeton University Press.

Carruthers, Bruce G. (1994), "When is the State Autonomous?: Culture, Organization Theory, and the Political Sociology of the State," *Sociological Theory*, Vol. 12, No. 1.

_____ Sarah L. Babb, and Terence C. Halliday (2001), "Institutionalizing Markets, or the Market for Institutions?: Central Banks, Bankruptcy Law, and the Globalization of Financial Markets," in John L. Campbell and Ove K. Pedersen, eds., *The Rise of Neoliberalism and Institutional Analysis*, Princeton University Press.

Castel, Robert (2003), *From Manual Workers to Wage Laborers: Transformation of*

the Social Question, Transaction Publishers.
Castells, Manuel (1980), *The Economic Crisis and American Society*, Blackwell.
_____ (1997), "A Powerless State?," in *The Information Age: Economy, Society, and Culture*, Vol. 2, Blackwell.
Centeno, Miguel Angel (1997), *Democracy Within Reason: Technocratic Revolution in Mexico*, The Pennsylvania University Press.
Cerny, Philip G. (1997), "Paradoxes of the Competition State: the Dynamics of Political Globalization," *Government and Opposition*, No. 32.
_____ (2006), "Restructuring the State in a Globalizing World: Capital Accumulation, Tangled Hierarchies and the Search for a new Spatio-Temporal Fix," *Review of International Political Economy*, Vol. 13, No. 4.
Cerny, Philip G., Georg Menz, and Susanne Sonderberg (2005), "Different Roads to Globalization: Neoliberalism, the Competition State, and Politics in a More Open World," in *Internalizing Globalization*, Palgrave.
Chandler, Alfred D. (1977), *The Visible Hand: The Managerial Revolution in American Business*, Harvard University Press.
_____ (1990), *Scale and Scope : The Dynamics of Industrial Capitalism*, Belknap.
Chandler, Lester V. (1970), *America's Greatest Depression, 1929-1941*, Harper & Row Publishers.
Chesnais, François (1996), *La mondialisation financière: Genèse, coût et enjeux*, La Découverte & Syros (국역: 한울, 2002).
_____, ed. (1998), *La mondialisation du capital*, 2nd edition, La Découverte & Syros (국역: 한울, 2003).
_____ (2007), "The Economic Foundations of Contemporary Imperialism," *Historical Materialism*, No. 15.
Clarke, John (1999), "Managing and Delivering Welfare," in Pete Alcock, Angus Erskine, Margaret May, eds., *The Student's Companion to Social Policy*, Blackwell.
_____ and Janet Newman (2006), *The Managerial State: Power, Politics and Ideology in the Remaking of Social Welfare*, Sage.
Clarke, Paul Barry (1996), *The Deep Citizenship*, Pluto Press.

Clarke, Simon (1988), *Keynesiansim, Monetarism and the Crisis of the State*, Edward Elgar.

──────── (1991), "The State Debate," in *The State Debate*, St. Martin's Press.

──────── (2005), "Neoliberal Theory of Society," in Alfredo Saad-Filho and Deborah Johnston, eds., *Neoliberalism: A Critical Reader*, Pluto Press.

Clemens, Elisabeth S. (1997), *The People's Lobby: Organizational Innovation and the Rise of Interest Group Politics in the United States, 1890-1925*, The University of Chicago Press.

Coates, David (2000), *Models of Capitalism : Growth and Stagnation in the Modern era*, Blackwell.

──────── (2005), "Paradigms of Explanation," in *Varieties of Capitalism, Varieties of Approaches*, Palgrave.

Codato, Adriano Nervo and Renato Monseff Perissinotto (2002), "The State and Contemporary Political Theory," in Stanley Aronowitz and Peter Bratisis, eds., *Paradigm Lost: State Theory Reconsidered*, Minnesota University Press.

Cohen, Lizabeth (1998), "The New Deal State and Citizen Consumers," in Susan Strasser, Charles McGovern, and Matthias Judt, eds., *Getting and Spending: European And American Consumer Societies in the Twentieth Century*, Cambridge University Press.

Colebatch, Hal K. (1998), *Policy*, Minnesota University Press.

Coleman, John J. (1996), *Party Decline in America: Policy, Politics, and the Fiscal State*, Princeton University Press.

Collins, Randall (1999), "The European Sociological Tradition and Twenty-First Century World Sociology," in Janet Abu-Lughod, ed., *Sociology For the Twenty-First Century: Continuities and Cutting Edges*, The University of Chicago Press.

Collins, Robert M. (2000), *More: The Politics of Economic Growth in Postwar America*, Oxford University Press.

Corry, Bernard (1996), "Unemployment in the History of Economic Thought: An Overview and Some Reflections," in Bernard Corry, ed., *Unemployment and the Economists*, Edward Elgar.

Costilla, Oliver (2000), "The Reconstitution of Power and Democracy in the Age of Capital Globalization," *Latin American Perspectives*, Iss. 110, Vol. 27, No. 1.

Cox, Robert W. (1987), *Production, Power, and World Order*, Columbia University Press.

Crew, David F. (1998), *Germans on Welfare: From Weimar to Hitler*, Oxford University Press.

Crotty, James (2005), "The Neoliberal Paradox," in Gerald A. Epstein, ed., *Finacialization and the World Economy*, Edward Elgar.

Crouch, Colin (2004), *Post-Democracy*, Polity Press.

_____ (2005), "Models of Capitalism," *New Political Economy*, Vol. 10, No. 4.

Daalder, Hans (2001), "The Rise of Parties in Western Democracies," in Larry Diamond and Richard Gunther, eds., *Political Parties and Democracy*, The Johns Hopkins University Press.

De Angelis, Massimo (2000), *Keynesianism, Social Conflict, and Political Economy*, St. Martin's Press.

Deeg, Richard and Gregory Jackson (2007), "Toward a More Dynamic Theory of Capitalist Variety," *Socio-Economic Review*, No. 5.

Deken, Johan Jeroen De and Dietrich Reuschemeyer (1992), "Social Policy, Democratization and State Structure: Reflections on Late Nineteenth-Century Britain and Germany," in Rolf Torstendahl, ed., *State Theory and State History*, Sage.

Department of the Treasury (2006), *Department of the Treasury*, at http://www.ustreas.gov.

Diamond, Larry and Leonardo Morlino (2004), "The Quality of Democracy: An Overview," *Journal of Democracy*, Vol. 15, No. 4.

Dicken, Peter (1999), "Global Shift: The Role of US Corporations," in David Slater and Peter J. Taylor, eds., *The American Century: Consensus and Coercion in the Projection of American Power*, Blackwell.

Dionne, E. J. (1991), *Why Americans Hate Politics*, Simon and Schuster.

Ditch, John (1999), "Income Protection and Social Security," in Pete Alcock, Angus Erskine, Margaret May, eds., *The Student's Companion to Social Policy*,

Blackwell.

Domhoff, William G. (1990), *The Power Elite and the State: How Policy is Made in America?*, Aldine de Gruyter.

Donzelot, Jacques (1994), *L'invention du Social: Essai sur le déclin des passions politiques*, Éditions du Seuil.

Doornbos, Martin (2006), *Global Forces and State Restructuring: Dynamics of State Formation and Collapse*, Palgrave.

Dore, Ronald (1999), *Stock Market Capitalism vs Welfare Capitalism: Japan and Germany versus the Anglo-Saxons*, Oxford University Press.

Dowd, Douglas (2000), *Capitalism and Its Economics: A Critical History*, Pluto.

Dubofsky, Melvyn (1975), *Industrialism and the American Workers, 1865-1920*, H. Davison (국역: 한울, 1990).

_____ (1994), *The State and Labor in Modern America*, University of North Carolina Press.

_____ and Foster Rhea Dulles (1999), *Labor in America: A History* 6th ed, Harlan Davidson.

DuBoff, Richard B. (1989), *Accumulation and Power: An Economic History of the United States*, M.E. Sharpe.

Duménil, Gerard and Dominique Lévy (1993a), *The Economics of the Profit Rate: Competition, Crises and Historical Tendencies in Capitalism*, Edward Elgar.

_____ (1993b), "Economic Functions of Clerical and Managerial Personnel," in Neil Garston, ed., *Bureaucracy: Three Paradigms*, Kluwer Academic Publishers.

_____ (1995), "The Great Depression: A Paradoxical Event," at http://www.jourdan.ens.fr/levy/.

_____ (1998a), *Au delà du capitalisme?*, PUF.

_____ (1999), "Pre-Keynesian Themes at Brookings," in L. Pasinetti and B. Schefold, eds., *The Impact of Keynes on Economics in the 20th Century*, Edward Elgar.

_____ (2001), "Periodizing Capitalism: Technology, Institutions and Relations of Production," in Robert Albritton et al., eds., *Phases of Capitalist Development*,

Palgrave.

_____ (2001b), "Cost and Benefits of Neoliberalism: A Class Analysis," *Review of International Political Economy*, Vol. 8, No. 4.

_____ (2004a), *Capital Resurgent: Roots of the Neoliberal Revolution*, Harvard University Press.

_____ (2004b), "Neoliberal Income Trends: Wealth, Class and Ownership in the USA," *New Left Review*, No. 30.

_____ (2004c), "The Nature and Contradictions of Neoliberalism," in Leo Panitch, Colin Leys, Alan Zuege and Martijn Konings, *The Globalization Decade*, The Merlin Press.

_____ (2004d), "The Real and Financial Components of Profitability: USA 1948-2000," *Review of Radical Political Economy*, Vol. 36.

_____ (2005), "Costs and Benefits of Neoliberalism: A Class Analysis," in Gerald A. Epstein, ed., *Financialization and the World Economy*, Edward Elgar.

_____ (2006a), "Théorie Marxiste du Néolibéralisme," at http://www.jourdan.ens.fr/levy/.

_____ (2006b), "La finance capitaliste: rapports de production et rapports de classe," at http://www.jourdan.ens.fr/levy/.

_____ (2011), *The Crisis of Neoliberalism*, Harvard University Press.

_____ (2012), "Neoliberalism and Its Crisis," in Nobuharu Yokokawa, Gary Dymski, and Shinjiro Hagiwara, eds., *The Crisis of 2008 and the Future of Capitalist World System*, forth coming.

Duffield, Mark (2006), *Global Governance and the New Wars: The Merging of Development and Security*, Zed Books.

Dunn, John (1993), "Conclusion," in *Democracy: The Unfinished Journey, BC508 to AD1993*, Oxford University Press.

Edwards, Rosalind and Judith Glover (2001), "Risk, Citizenship and Welfare," in *Risk and Citizenship: Key Issues in Welfare*, Routledge.

Edsall, Thomas Byrne (1989), "The Changing Shape of Power: A Realignment in Public Policy," in Steve Fraser and Gary Gerstle, eds., *The Rise and Fall of the New Deal Order, 1930-1980*, Princeton University Press.

Eichengreen, Barry (2000), "Twentieth Century US Foreign Financial Relations," in Stanley L. Engerman and Robert E. Gallman, eds. *The Cambridge Economic History of the United States, Vol. III*, Cambridge University Press.

Eikenberry, Angela M. (2007), "Nonprofit Organizations, Philanthropy, and Democracy in the United States," *Democracy and Public Administration*, M. E. Sharpe.

Eisner, Marc Allan (1995), *The State in the American Political Economy: Public Policy and the Evolution of State-Economy Relations*, Prentice Hall.

Eley, Geoff (1984), "The British Model and the German Road: Rethinking the Course of German History Before 1914," in David Blackbourn and Geoff Eley, eds., *The Peculiarities of German History: Bourgeois Society and Politics in Nineteenth-Century Germany*, Oxford University Press.

England, Kim and Kevin Ward (2007), "Reading Neoliberalization," in Kim England and Kevin Ward, eds., *Neoliberalization*, Blackwell.

Esam, Peter, Robert Good, and Rick Middleton (1985), *Who's to Benefit?: A Radical Review of the Social Security System*, Verso.

Esping-Andersen, Gøsta (1990), *The Three Worlds of Welfare Capitalism*, Polity Press.

_____ (2002), "Towards the Good Society, Once Again?," in Gøsta Esping-Anderson et al., eds., *Why we need a New Welfare State*, Oxford University Press.

Evans, Peter (1995), *Embedded Autonomy: States and Industrial Transformation*, Princeton University Press.

_____ (1996), *State-Society Synergy: Government and Social Capital in Development*, University of California Press.

_____ (1997), "The Eclipse of the State?: Reflections on Stateness in an Era of Globalization," *World Politics*, No. 50.

Evans, Richard (1977), *The Feminists: Women's Emancipation Movements in Europe, America and Australasia, 1840-1920*, Routledge.

Ferge, Zsuzsa (2001), "Transparent and Messy Contracts: How do They Serve Social Security?," in Rosalind Edwards and Judith Glover, eds., *Risk and Citizenship*, Routldege.

Ferguson, Thomas (1989), "Industrial Conflict and the Coming of the New Deal: The Triumph of Multinational Liberalism in America," in Steve Fraser and Gary Gerstle, eds., *The Rise and Fall of the New Deal Order, 1930-1980*, Princeton University Press.

Fligstein, Neil (1990), *The Transformation of Corporate Control*, Harvard University Press.

_____ (2001), *The Architecture of Markets: An Economic Sociology of Twenty-First Century Capitalist Societies*, Princeton University Press.

Foley, Duncan (1978), "State Expenditure From A Marxist Perspective," *Journal of Public Economics*, No. 9.

Foster, John Bellamy (2008), "The Financialization of Capital and the Crisis," *Monthly Review*, Vol. 59, No. 11.

Fourcade, M. and K. Healy (2007), "Moral View of Market Society," *Annual Review of Sociology*, No. 33.

Fraser, Steve (1989), "The 'Labor Question'," in Steve Fraser and Gary Gerstle, eds., *The Rise and Fall of the New Deal Order, 1930-1980*, Princeton University Press.

Galambos, Louis (2000), "The US Corporate Economy in the Twentieth Century," in Stanley L. Engerman and Robert E. Gallman, eds. *The Cambridge Economic History of the United States, Vol. III*, Cambridge University Press.

Galbraith, J. K. (1985), *The New Industrial State*, Penguin Books.

Garrido, Maria Gomez (2005), "Work, Employment and Activity: Reflections on the History of A Fictitious Commodity," in Christan Joerges et al., eds., *The Economy as a Polity: The Political Constitution of Contemporary Capitalism*, UCL Press.

Garraty, John A. (1978), *Unemployment in History: Economic Thought and Public Policy*, Harper & Row.

Geyer, Michael (1984), "The State in National Socialist Germany," in Charles Bright and Susan Harding, eds., *Statemaking and Social Movements: Essays in History and Theory*, The University of Michigan Press.

Ghilarducci, Teresa (2000), "Social Security Reform in the United States," in Ron

Baiman, Heather Boushey, and Dawn Saunders, eds., *Political Economy and Contemporary Capitalism*, M.E. Sharpe.

_____ (2006), "The End of Retirement," *Monthly Review*, Vol. 58, No. 1.

Giddens, Anthony (1985), *The Nation-State and Violence*, Polity Press.

Gill, Greame (2003), *The Nature and Development of the Modern State*, Palgrave.

Glickman, Lawrence B. (1997), *A Living Wage*, Cornell University Press.

Glyn, Andrew (2006), *Capitalism Unleashed: Finance, Globalization, and Welfare*, Oxford University Press.

_____ Alan Hughes, Alain Lipietz, and Ajit Singh (1990), "The Rise and Fall of the Golden Age," in Stephen A. Marglin and Juliet B. Shore, eds., *The Golden Age of Capitalism: Reinterpreting the Postwar Experience*, Clarendon Press.

Goldfield, Michael (1987), *The Decline of Organized Labor in the United States*, University of Chicago Press.

Goldstone, Jack A. (2003), "Introduction: Bridging Institutionalized and Noninstitutionalized Politics," in Jack A. Glodstone, ed., *State, Party, and Social Movements*, Cambridge University Press.

Gotteried, Paul Edward (1999a), *After Liberalism: Mass Democracy in the Managerial State*, Princeton University Press.

_____ (1999b) "Public Administration and Liberal Democracy," *Telos*, No. 116.

Gough, Ian (1981), T*he Political Economy of the Welfare State*, Macmillan.

_____ (1999), "Social Policy and Economic Policy," in Pete Alcock, Angus Erskine, and Margaret May, eds., *The Student's Companion to Social Policy*, Blackwell.

Gowan, Peter (1999), *The Global Gamble: Washington's Faustian Bid for World Dominance*, Verso.

Greider, William (1987), *Secrets of the Temple: How Federal Reserve Runs the Country*, Simon and Schuster.

Gritsch, Maria (2005), "The Nation-State and Economic Globalization: Soft Geo-Politics and Increased State Autonomy?," *Review of International Political Economy*, Vol. 12, No. 1.

Grugel, Jean (2003), "Democratization Studies: Citizenship, Globalization and Governance," *Government and Opposition*, Vol. 38, No. 2.

Gunsteren, Herman van (1998), *A Theory of Citizenship*, Westview Press.

Guttmann, Robert (1994), *How Credit-Money Shapes the Economy: The United States in a Global System*, M. E. Sharpe.

_____ (1996), "The Federal Reserve as Policy Maker," in *Reforming Money and Finance: Toward A New Monetary Regime*, M.E. Sharpe.

Hacker, Jacob S. (2002), *The Divided Welfare State: The Battle over Public and Private Social Benefits in the United State*, Cambridge University Press.

_____ (2004), "Privatizing Risk Without Privatizing the Welfare State: The Hidden Politics of Social Policy Retrenchment in the United States," *American Political Science Review*, Vol. 98, No. 2.

Hall, John A. and John G. Ikenberry (1989), *The State*, Minnesota University Press.

Hall, Peter A. (1989), "Conclusion: The Politics of Keynesian Ideas," in *The Political Power of Economic Ideas: Keynesianism Across Nations*, Princeton University Press.

_____ and D. Soskice (2001), "An Introduction to Varieties of Capitalism," in *Varieties of Capitalism: The Institutional Foundations of Comparative Advantage*, Oxford University Press.

_____ (2003), "Varieties of Capitalism: The Institutional Change: A Response to Three Critics," *Comparative European Politics*, Vol. 1, No. 2.

Hallett, Graham (1990), "West Germany," in Andrew Graham and Anthony Seldon, eds., *Government and Economies in the Postwar World: Economic Policies and Comparative Performance, 1945-85*, Routledge.

Handler, Joel (2000), "Reforming/Deforming Welfare," *New Left Review*, No. 4.

Hardt, Michael and Antonio Negri (2000), *Empire*, Harvard University Press.

Harmes, Adam (1998), "Institutional Investors and the Reproduction of Neoliberalism," *Review of International Political Economy*, Vol. 5, No.1.

_____ (2001), "Mass Investment Culture," *New Left Review*, No. 9.

Harney, Stefano (2002), *State Work: Public Adminstration and Mass Intellectuality*, Duke University Press.

Harrison, Bennett and Barry Bluestone (1988), *The Great U-Turn: Corporate Restructuring and the Polarizing of America*, Basic Books.

Harvey, David (2005a), *New Imperialism*, Oxford University Press.

_____ (2005b), *A Brief History of Neoliberalism*, Oxford University Press.

_____ (2006), *The Limits to Capital*, Verso.

Hawley, Ellis W. (1988), "Social Policy in Twentieth-Century America," in Donald T. Critchlow and Ellis W. Hawley, eds., *Federal Social Policy: The Historical Dimension*, The Pennsylvania State University Press.

Hearn, Frank (1983), "The Corporatist Mood in the United States," *Telos*, No. 56.

Helleiner, Eric (1994), *State and Reemergence of Global Finance: From Bretton Woods to the 1990s*, Cornell University Press.

_____ (2003), *The Making of National Money: Territorial Currencies in Historical Perspective*, Cornell University Press.

Henwood, Doug (1997), *Wall Street: How It Works and For Whom*, Verso.

Hirsh, Joachim (2003), "The State's New Clothes: NGOs and the Internationalization of States," *Rethinking Marxism*, Vol. 15, No. 2.

Hirst, Paul and Grahame Thompson (1999), *Globalization in Question: The International Economy and the Possibilities of Governance*, Polity.

Hobsbawm, Eric (1981), *Industry and Empire: From 1750 to the Present Day*, Penguin Books.

Hobson, John M. (2000), *The State and International Relations*, Cambridge University Press.

Hoffman, John (1995), *Beyond the State: An Introductory Critique*, Polity Press.

Hogan, Joseph and Andrew Graham (1990), "The United State," in Andrew Graham and Anthony Seldon, eds., *Government and Economies in the Postwar World: Economic Policies and Comparative Performance, 1945-85*, Routledge.

Holloway, John and Sol Picciotto (1978), "Towards a Materialist Theory of the State," in *State and Capital*, Eward Arnold (국역: 『국가와 자본』, 청하, 1985).

Holtfrerich, Carl-Ludwig (1988), "Relations between Monetary Authorities and Governmental Institutions: The Case of Germany from the 19th Century to the Present," in Gianni Toniolo, ed., *Central Banks' Independence in Historical*

Perspective, Walter de Gruyter.

Hopkins, Terence (1990), "Note on the Concept of Hegemony," *Review*, XIII, No. 3.

Huber, Evelyne and Stephens, John D. (2001), *Development and Crisis of the Welfare State: Parties and Policies in Global Markets*, The University of Chicago Press.

Huntington, Samuel P. (1993), *The Third Wave: Democratization in the Late Twentieth Century*, University of Oklahoma Press.

Hyman, Prue (1999), "Social Wage," Phillip Anthony O'Hara, ed., *Encyclopedia of Political Economy*, Routledge.

Inglehart, Ronald (1999), "Postmodernization Erodes Respect for Authority, but Increases Support for Democracy," in Pippa Norris, ed., *Critical Citizens: Global Support for Democratic Government*, Oxford University Press.

Isin, E. F. and P. K. Wood (1999), *Citizenship and Identity*, Sage.

Jacoby, Semford M. (1997), *Modern Manors: Welfare Capitalism Since the New Deal*, Princeton University Press.

James, Harold (1989), "What is Keynesian About Deficit Financing? The Case of Interwar Germany," in Peter A. Hall, ed., *The Political Power of Economic Ideas: Keynesianism Across Nations*, Princeton University Press.

Jansson, Bruce S. (1993), *The Reluctant Welfare State: A History of American Social Welfare Policies*, Brooks/Cole Publishing Company.

Jessop, Bob (1990), *State Theory: Putting the Capitalist State in its Place*, Polity Press.

_____ (2002a), *The Future of the Capitalist State*, Polity Press.

_____ (2002b), "Globalization and Nation State," in Stanley Aronowitz and Peter Bratisis, eds., *Paradigm Lost: State Theory Reconsidered*, Minnesota University Press.

_____ (2002c), "Liberalism, Neoliberalism, and Urban Governance: A State-Theoretical Perspective," *Antipode*, Vol. 34, No. 3.

Jordan, John M. (1994), *Machine-Age Ideology: Social Engineering and American Liberalism, 1911-1939*, The University of North Carolina Press.

Joxe, Alain (2002), *Empire of Disorder*, Semiotext(e).

Julius, DeAnne (1990), *Global Companies and Public Policy: The Growing Challenge of Foreign Direct Investment*, Royal Institute of International Affairs/Pinter.

Katz, Michael B. (2001), *The Price of Citizenship: Redefining the American Welfare State*, Metropolitan Books.

Katz, Richard S. (2007), *Political Institutions in the United States*, Oxford University Press.

Katznelson, Ira (1989), "Was the Great Society a Lost Opportunity?," in Steve Fraser and Gary Gerstle, eds., *The Rise and Fall of the New Deal Order, 1930-1980*, Princeton University Press.

_____ (1998), "Knowledge about What? Policy Intellectuals and the New Liberalism," in Theda Skocpol and Dietrich Rueschemeyer, eds., *States, Social Knowledge, and the Origins of Modern Social Policies*, Princeton University Press.

Kazin, Michael (1988), "A People Not a Class: Rethinking the Political Language of the Modern US Labor Movement," in Mike Davis and Michael Sprinker, eds., *Reshaping the US Left*, Verso.

Keller, Morton (1988), "Social Policy in Nineteenth-Century America," in Donald T. Critchlow and Ellis W. Hawley, eds., *Federal Social Policy: The Historical Dimension*, The Pennsylvania State University Press.

Kemp, Tom (1990), *The Climax of Capitalism: The US Economy in the Twentieth Century*, Longman.

Kettl, Donald F. (2003), *Deficit Politics: The Search for Balance in American Politics*, Longman.

Khun, Thomas S. (1996), *The Structure of Scientific Revolution*, University of Chicago Press.

Kirchheimer, Otto (1966), "The Transformation of the Western European Party System," in Joseph LaPalombara and Myron Weiner, eds., *Political Parties and Political Development*, Princeton University Press.

Kleinberg, Benjamin S. (1973), *American Society in the Postindustrial Age: Technocracy, Power, and the End of Ideology*, Charles E. Merrill Publishing Company.

Kleinman, Mark (2002), *A European Welfare State?: European Union Social Policy in Context*, Palgrave.

Knight, Jack (2001), "Explaining the Rise of Neoliberalism: The Mechanisms of Institutional Change," in John L. Campbell and Ove K. Pedersen, eds., *The Rise of Neoliberalism and Institutional Analysis*, Princeton University Press.

Knoop, Todd (2004), *Recessions and Depressions: Understanding Business Cycles*, Praeger.

_____ (2008), *Modern Financial Macro Economics: Panics, Crashes, Crises*, Blackwell.

Kolberg, Jon Eivind and Gøsta Esping-Andersen (1992), "Welfare States and Employment Regimes," in Jon Eivind Kolberg, ed., *Between Work and Social Citizenship*, M. E. Sharpe.

Koole, Ruud (1996), "Cadre, Catch-All or Cartel? A Comment on the Notion of the Cartel Party," *Party Politics*, No. 2.

Kotz, David M. (2002), "Globalization and Neoliberalism," *Rethinking Marxism*, Vol. 14, No. 2.

_____ (2008), "Contradictions of Economic Growth in the Neoliberal Era: Accumulation and Crisis in the Contemporary US Economy," *Review of Radical Political Economics*, Vol. 40, No. 2.

Krasner, Stephen D. (1999), "Globaliztion and Sovereignty," in David A. Smith, Dorothy J. Solinger and Steven G. Topik, eds., *States and Sovereignty in the Global Economy*, Routledge.

Krippner, Greta R. (2003), "The Fictitious Economy: Financialization, the State, and Comtemporary Captitalism," Ph. D. Thesis, University of Wisconsin-Madison.

Kruedener, Jurgen Baron von (1990), "Introduction: The 'Borchardt Debate' on the Failure of Economic Policy at the End of the Weimar Republic," in *Economic Crisis and Political Collapse: The Weimar Republic 1924-1933*, Berg.

Krugman, Paul (1994), *Peddling Prosperity: Economic Sense and Nonsense in the Age of Diminished Expectations*, W.W. Norton.

Kus, Basak (2006), "Neoliberalism, Institutional Change and the Welfare State: The Case of Britain and France," *International Journal of Comparative Sociology*,

Vol. 47, No. 6.
Landes, David S. (1966), "The Structure of Enterprise in the Nineteenth Century," in *The Rise of Capitalism*, Macmillan.
Lazare, Daniel (1998), "America the Undemocratic," *New Left Review*, No. 232.
Lazonick, William (1991), *Business Organization and the Myth of the Market Economy*, Cambridge University Press.
_____ and Mary O'Sullivan (2000), "Maximizing Shareholder Value: A New Ideology for Corporate Governance," *Economy and Society*, Vol. 29, No. 1.
Levine, Rhonda F. (1988), *Class Struggle and the New Deal: Industrial Labor, Industrial Capital, and The State*, University of Kansas Press.
_____ (2002), "The Withering Away of the Welfare State?: Class, State, and Capitalism," in Stanley Aronowitz and Peter Bratisis, eds., *Paradigm Lost: State Theory Reconsidered*, Minnesota University Press.
Leys, Colin (2006), "The Cynical State," *Socialist Register 2006*, The Merlin Press.
Lindert, Peter H. (2000), "Twentieth-Century Foreign Trade and Trade Policy", in Stanley L. Engerman and Robert E. Gallman, eds. *The Cambridge Economic History of the United States, Vol. III*, Cambridge University Press.
Livingston, James (1986), *Origins of the Federal Reserve System: Money, Class, and Corporate Capitalism, 1890-1913*, Cornell University Press.
_____ (1994), *Pragmatism and the Political Economy of Cultural Revolution, 1850-1940*, University of North Carolina Press.
Lustig, R. Jeffery (1982), *Corporate Liberalism: The Origin of Modern American Political Theory, 1890-1920*, University of California Press.
Lynch, Frances (1990), "France," in Andrew Graham and Anthony Seldon, eds., *Government and Economies in the Postwar World: Economic Policies and Comparative Performance, 1945-85*, Routledge.
MaCarthy, Patrick and Eric Jones (1995), "The Crisis of the State in Advanced Industrial Societies," in *Disintegration or Transformation?: The Crisis of the State in Advanced Industrial Societies*, St. Martin's Press.
MacGregor, Susanne (1999), "Welfare, Neoliberalism and New Paternalism: Three Ways for Social Policy in Late Capitalist Societies," *Capital and Class*, No.

67.

_____ (2005), "The Welfare State and Neoliberalism," in Alfredo Saad-Filho and Deborah Johnston, eds., *Neoliberalism: A Critical Reader*, Pluto Press.

Magdoff, Harry (2003), *Imperialism Without Colonies*, Monthly Reivew Press.

Mai, Gunther (1996), "National Socialist Factory Cell Organization," in Conan Fischer, ed., *The Rise of National Socialism and the Working Classes in Weimar Germany*, Berghahn Books.

Maier, Charles S. (1987), *In Search of Stability: Explorations in Historical Political Economy*, Cambridge University Press.

Mair, Peter (1997), *Party System Change: Approaches and Interpretations*, Clarendon Press.

_____ (2006), "Ruling the Void?," *New Left Review*, No. 42.

_____ Wolfgang C. Muller, and Fritz Plasser (2004), "Political Parties in Changing Electoral Markets," in *Political Parties and Electoral Change*, Sage.

Mann, Michael (1993), "Nation-States in Europe and Other Continents: Diversifying, Developing, not Dying," *Daedalus*, Vol. 122, No. 3.

_____ (1986), "The Autonomous Powers of the State: It's Origins, Mechanisms and Results," John A. Hall, ed., *States in History*, Basil Blackwell.

Manning, Nick (1985), "Constructing Social Problem," in *Social Problems and Welfare Ideology*, Gower.

Markoff, John (1996), *Waves of Democracy: Social Movements and Political Change*, Pine Forge Press.

_____ (1997), "Really Existing Democracy: Learning From Latin America in the Late 1990s," *New Left Review*, No. 223.

Marshall, T. H. (1973), *Class, Citizenship and Social Development*, Greenwood Press.

Martin, William G. (1994), "The World-Systems Perspective in Perspective: Assessing the Attempt to Move Beyond Nineteenth Century Eurocentric Conception," *Review*, XVII, 2.

Mason, Timothy (1993), *Social Policy in the Third Reich: The Working Class and the 'National Community'*, Berg.

McDermott, John (1991), *Corporate Society: Class, Property, and Contemporary*

Capitalism, Westview Press.

_____ (1992), "History in the Present: Contemporary Debates about Capitalism," *Science and Society*, Vol. 56, No. 3.

McDonough, Terrence (1994), "The Construction of Social Structures of Accumulation in US History", in David M. Kotz, Terrence McDonough, and Michael Reich, eds., *Social Structures of Accumulation: The Political Economy of Growth and Crisis*, Cambridge University Press.

Meeropol, Michael (1998), *Surrender: How the Clinton Administration Completed the Reagan Revolution*, The University of Michigan Press.

Meny, Yves and Yves Surel (2002), "The Constitutive Ambiguity of Populism," in *Democracies and the Populist Challenge*, Palgrave.

Micklethwait, John and Adrian Wooldridge (2003), *The Company: A Short History of a Evolutionary Idea*, Weidenfeld and Nicolson.

Minns, Richard (2001), *The Cold War in Welfare: Stock Markets versus Pensions*, Verso.

Minogue, Martin (1998), "Changing the State: Concepts and Practices in the Reform of the Public Sector," in Martin Minogue, Charles Polidano, and David Hulme, eds., *Beyond the New Public Management: Changing Ideas and Practices in Governance*, Edward Elgar.

Minsky, Hyman P. (1982), "The Breakdown of the 1960s Policy Synthesis," *Telos*, No. 50.

_____ (1994), "Full Employment and Economic Growth as an Economic Policy: Some Thoughts on the Limits of Capitalism," in Paul Davidson and J. A. Kregel, eds., *Employment, Growth and Finance: Economic Reality and Economic Growth*, Edward Elgar.

Mishkin, Frederic S. (2004), *The Economics of Money, Banking and Financial Markets*, Pearson Education Inc. (국역: 한티미디어, 2004).

Mishra, Ramesh (1999), *Globalization and the Welfare State*, Edward Elgar.

Mitchell, Timothy (1999), "Society, Economy, and the State Effect," in George Steinmetz, ed., *State/Culture: State-Formation After the Cultural Turn*, Cornell University Press.

Mizruchi, Mark S. and Linda Brewster Stearns (1994), "Money, Banking, and Financial Markets," in Neil J. Smelser and Richard Swedberg, eds., *The Handbook of Economic Sociology*, Princeton University Press.

Montgomery, David (1979), *Workers' control in America: Studies in the History of Work, Technology, and Labor Struggles*, Cambridge University Press.

Moody, Kim (1999), *Workers in a Lean World: Unions in the International Economy*, Verso.

_____ (2007), *US Labor in Trouble and Transition: The Failure of Reform form Above, the Promise of Revival form Below*, Verso.

Morely, Morris and James Petras (1998), "Wealth and Poverty in the National Economy: The Domestic Foundations of Clinton's Global Policy," in Clarence Y. H. Lo and Michael Schwartz, eds., *Social Policy and the Conservative Agenda*, Blackwell.

Morris, Lydia (1994), *Dangerous Classes: The Underclass and Social Citizenship*, Routledge.

Morris-Suzuki, Tessa (2000), "For and Against NGO: The Politics of the Lived World," *New Left Review*, No. 2.

Moseley, Fred (1999), "The United States Economy at the Turn of the Century: Entering a New Era of Prosperity?," *Capital and Class*, No. 67.

Mouzelis, Nicos P. (1984), *Politics in the Semi-Periphery: Early Parliamentarism and Late Industrialisation in the Balkans and Latin America*, Macmillan.

Mudge, Stephanie Lee (2008), "What is Neolieralism," *Socio-Economic Review*, Vol. 6, No. 4.

Mulgan, G. J. (1994), *Politics in an Antipolitical Age*, Polity Press.

Munck, Ronaldo (2005), "Neoliberalism and Politics, and the Politics of Neoliberalism," in Alfredo Saad-Filho and Deborah Johnston, eds., *Neoliberalism: A Critical Reader*, Pluto Press.

Murnane, Susan M. (2004), "Selling Scientific Taxation: The Treasury Department's Campaign for Tax Reform in the 1920's," *Law and Social Inquiry*, Vol. 29, No. 4.

Myles, John (1988), "Postwar Capitalism and the Extension of Social Security in a

Retirement Wage," in Margaret Weir, Ann Shola Orloff, and Theda Skocpol, eds., *The Politics of Social Policy in the United State*, Princeton University Press.

Neary, Mike and Graham Taylor (1998), "From the Law of Insurance to the Law of Lottery: An Exploration of the Changing Composition of the British State," *Capital and Class*, No. 65.

Neocleous, Mark (1996), *Administering Civil Society: Towards a Theory of State Power*, Macmillan Press.

_____ (1997), *Fascism*, Open University Press.

Nesvetsailova, Anastasia (2005), "United in Debt: Towards a Global Crisis of Debt-Driven Finance?," *Science and Society*, Vol. 69, No. 3.

Noble, Charles (1997), *Welfare as We Know It: A Political History of the American Welfare State*, Oxford University Press.

Noble, David F. (1977), *America by Design : Science, Technology, and the Rise of Corporate Capitalism*, Oxford University Press.

Nolan, James L. Jr. (1998), *The Therapeutic State: Justifying Government at Century's End*, New York University Press.

Norris, Pippa (1999), "The Growth of Critical Citizens and its Consequences," in *Critical Citizens: Global Support for Democratic Government*, Oxford University Press.

Norton, Hugh S. (1985), *The Quest for Economic Stability: Roosevelt to Reagan*, University of South Carolina Press.

O'Connor, James (1973), *The Fiscal Crisis of the State*, St. Martin's Press.

_____ (1984), *Accumulation Crisis*, Basil Blackwell.

O'Donnell, Guillermo (2007), "The Perpetual Crisis of Democracy," *Journal of Democracy*, Vol. 18, No. 1.

Ohmae, Kenichi (1995), *The End of the Nation-State*, Free Press.

Offe, Claus (1984), *Contradictions of the Welfare State*, The MIT Press.

_____ (1996), *Modernity and the State*, The MIT Press.

Onis, Ziya and Ahmet Faruk Ayan (2000), "Neoliberal Globalization, the Nation-State and Financial Crisis in the Semi-Periphery: A Comparative Analysis," *Third

World Quarterly, Vol. 20, No. 1.

Orhangazi, Ozgur (2008), *Financialization and the US Economy*, Edward Elgar.

Ostrom, Vincent (1989), *The Intellectual Crisis in American Public Administration*, The University of Alabama Press.

Palley, Thomas I. (2005), "From Keynesianism to Neoliberalism: Shifting Paradigms in Economics," in Alfredo Saad-Filho and Deborah Johnston, eds., *Neoliberalism: A Critical Reader*, Pluto Press.

Panebianco, Angelo (1988), *Political Parties: Organization and Power*, Cambridge University Press.

Panitch, Leo (1996), "Rethinking the Role of the State," in James H. Mittelman, ed., *Globalization: Critical Reflections*, Linne Rienner Publishers.

_____ (2000), "The New Imperial State," *New Left Review*, No. 2.

_____ and Sam Gindin (2005), "Finance and American Empire," *Socialist Register 2005*, Merlin Press.

Parenteau, Robert W. (2005), "The Late 1990s' US Bubble: Financialization in the Extreme," in Gerald A. Epstein, ed., *Finacialization and the World Economy*, Edward Elgar.

Paxton, Robert O. (2004), *The Anatomy of Fascism*, Alfred A. Knopf (국역: 교양인, 2005).

Peck, Jamie (2001), *Workfare States*, The Guilford Press.

Peele, Gillian (1994), "Culture, Religion and Public Morality," in Andrew Adonis and Tim Hames, eds., *A Conservative Revolution?: The Thatcher-Reagan Decade in Perspective*, Manchester University Press.

Petras, James and Henry Veltmeyer (2001), *Globalization Unmasked: Imperialism in the 21st Century*, Zed Books.

Peukert, Detlev J. K. (1987), *Inside Nazi Germany: Conformity, Opposition, and Racism in Everyday Life*, Yale University Press.

Pfaller, Alfred (1991), "The United State," in Alfred Pfaller, Ian Gough, Gøran Therborn, eds., *Can the Welfare State Compete?*, Macmillan.

Pfeffer, Jeffrey (1987), "A Resource Dependence Perspective on Intercorporate Relations," in Mark S. Mizruchi and Michael Schwartz, eds., *Intercorporate*

Pierson, Christopher (1996), *The Modern State*, Routledge.
Pierson, Paul (1998), "The Deficit and the Politics of Domestic Reform," in Margaret Weir, ed., *The Social Divide: Political Parties and the Future of Activist Government*, Brookings Institution Press.
_____ (2006), "Public Policies as Institutions," in Ian Shapiro, Stephen Skowronek, and Daniel Galvin, eds., *Rethinking Political Institutions: The Art of the State*, New York University Press.
Picciotto, Sol (1997), "The Internationalisation of the State," *Capital and Class*, No. 43.
Pieterse, Jan Nederveen (2004), "Neoliberal Empire," *Theory, Culture and Society*, No. 21.
Pijl, Kees van der (1984), *The Making of an American Ruling Class*, Verso.
_____ (1998), *Transnational Classes and International Relations*, Routledge.
Piore, Michael (2005), "The Neoliberal Ideal and Workplace Practice," in Max Miller, ed., *Worlds of Capitalism: Institutions, Governacne, and Economic Change in the Era of Globalization*, Routledge.
Pitney, John J. Jr (1994), "Republican Elites Under Reagan and Bush," in Andrew Adonis and Tim Hames, eds., *A Conservative Revolution?: The Thatcher-Reagan Decade in Perspective*, Manchester University Press.
Piven, Frances and Cloward, Richard A. (1985), *The New Class War: Reagan's Attack on the Welfare State and Its Consequence*, Pantheon Books.
_____ (1993), *Regulating the Poor: The Functions of Public Welfare*, Vintage Books.
Plattner, Marc F. (2004), "The Quality of Democracy: A Skeptical Afterword," *Journal of Democracy*, Vol. 14, No. 4.
Poggi, Gianfranco (1990), *The State: Its Nature, Development and Prospects*, Stanford University Press.
Polsky, Andren J. (1991), *The Rise of the Therapeutic State*, Princeton University Press.
Polin, Robert (2000), "The 'Reserve Army of Labor' and the 'Natural Rate of

Unemployment': Can Marx, Kalecki, Friedman, and the Wall Street All Be Wrong?," in Ron Baiman, Heather Boushey, Dawn Saunders, eds., *Political Economy and Contemporary Capitalism: Radical Perspectives on Economic Theory and Policy*, M. E. Sharpe.

_____ (2003), *Contours of Descent: US Economic Fractures and the Landscape of Global Austerity*, Verso.

Poulantzas, Nicos (1969), "The Problem of the Capitalist State," *New Left Review*, No. 58.

_____ (1975), *Political Power and Social Classes*, New Left Books.

_____ (1978), "Les Transformations Actuelles de l'Etat, la Crise Politique et la Crise de l'Etat," in *La Crise de l'Etat*, PUF.

_____ (1979), *Fascism and Dictatorship: The Third International and the Problem of Fascism*, Verso.

_____ (2000[1980]), *State, Power, Socialism*, Verso.

Pratt, Nicola (2004), "Bringing Politics Back In: Examining the Link between Globalization and Democratization," *Review of International Political Economy*, Vol. 11, No. 2.

Procacci, Giovanna (2001), "Poor Citizens: Social Citizenship versus Individualization of Welfare," in Colin Crouch, Klaus Eder and Damian Tambini, eds., *Citizenship, Markets, and the State*, Oxford University Press.

Purcell, Mark (2002), "The State, Regulation, and Global Restructureing: Reasserting the Political in Political Economy," *Review of International Political Economy*, Vol. 9, No. 2.

Putnam, Robert D., Susan J. Pharr, and Russell J. Dalton (2000), "What's Troubling the Trilateral Democracy?," in Susan J. Pharr and Robert D. Putnam, eds., *Disaffected Democracies: What's Troubling the Trilateral Countries?*, Princeton University Press.

Quadagno, Jill (1987), "Theories of the Welfare State," *Annual Review of Sociology*, Vol. 13.

_____ (1998), "Social Security Policy and the Entitlement Debate," in Clarence Y. H. Lo and Michael Schwartz, eds., *Social Policy and the Conservative*

Agenda, Blackwell.

_____ (1999), "Creating A Capital Investment Welfare State: The New American Exceptionalism," *American Sociological Review*, Vol. 64.

Radice, Hugo (2004), "Comparing National Capitalism," in Jonathan Perraton and Ben Clift, eds., *Where are National Capitalisms Now?*, Palgrave.

Ranciere, Jacques (2006), *Hatred of Democracy*, Verso.

Ratner, Sidney, James H. Soltow, and Richard Sylla (1993), *The Evolution of American Economy: Growth, Welfare, and Decision Making*, Macmillan.

Raventos, Jorge (2002), "From the New Left to Postmodern Populism: An Interview with Paul Piccone," *Telos*, Winter.

Reed, Michael I. (1989), *The Sociology of Management*, Harvester Wheatsheaf.

Rhodes, R. A. W. (2000), "Governance and Public Administration," in Jon Pierre, ed., *Debating Governance*, Oxford University Press.

Ricci, David M. (1993), *The Transformation of American Politics*, Yale University Press.

Rieder, Jonathan Rieder (1989), "The Rise of the 'Silent Majority'," in Steve Fraser and Gary Gerstle, eds., *The Rise and Fall of the New Deal Order, 1930-1980*, Princeton University Press.

Roche, Maurice (1992), *Rethinking Citizenship: Welfare, Ideology and Change in Modern Society*, Polity Press.

Robinson, Richard and Hewison, Kevin (2005), "Introduction: East Asia and the Trials of Neo-liberalism," *The Journal of Development Studies*, Vol. 41, No. 2.

Robinson, William I. (2003), "The Transnational Capitalist Class and the Rise of a Transnational State," in Wilma A. Dunaway, ed., *Emerging Issues in the 21st Century World-System*, Vol. 2, Praeger.

_____ (2005), "Global Capitalism: The New Transnationalism and the Folly of Conventional Thinking," *Science and Society*, Vol. 69, No. 3.

Ronald, Richard (2008), *The Ideology of Home Ownership: Homeowner Societies and the Role of Housing*, Palgrave Macmillan.

Rose, Nancy E. (1994), *Put to Work: Relief Programs in the Great Depression*, Monthly Review Press.

Rosenberg, Samuel (2003), *American Economic Development Since 1945*, Palgrave.

Roseveare, Henry (1973), *The Treasury, 1660-1870: The Foundations of Control*, Barens and Noble Books.

Ross, Dorothy (2003), "Changing Contours of the Social Science Disciplines", in Theodore M. Porter and Dorothy Ross, eds. *The Cambridge History of Science, Vol. 7: The Modern Social Sciences*, Cambridge University Press.

Rothermund, Dietmar (1996), *The Global Impact of The Great Depression, 1929-1939*, Routledge.

Rothstein, Bo (1998a), "Labor Market Institutions and Working Class Strength," in Julia S. O'Connor and Gregg M. Olsen, eds., *Power Resources Theory and the Welfare State*, University of Toronto Press.

_____ (1998b), *Just Institutions Matter, The Moral and Political Logic of the Universal Welfare State*, Cambridge University Press.

Rueschemeyer, Dietrich (2004), "The Quality of Democracy: Addressing Inequality," *Journal of Democracy*, Vol. 14, No. 4.

Rupert, Mark (1995), *Producing Hegemony: The Politics of Mass Production and American Global Power*, Cambridge University Press.

Russell, Ellen D. (2008), *New Deal Banking Reforms and Keynesian Welfare State Capitalism*, Routledge.

Saad-Filho, Alfredo and Johnston, Deborah (2005), "Introduction," in *Neoliberalism: A Critical Reader*, Pluto Press.

Sakellaropoulos, Spyros (2007), "Towards a Declining State? The Rise of the Headquarters State," *Science and Society*, Vol. 71, No.1.

Saul, John S. (2004), "Globalization, Imperialism, Development: False Binaries and Radical Resolutions," in Leo Panitch and Colin Leys, eds., *Socialist Register 2004*, Monthly Review Press.

Scarrow, S. E. (2000), "Parties Without Members?: Party Organization in a Changing Electoral Environment," in Russell J. Dalton and Martin P. Wattenberg, eds., *Parties Without Partisans: Political Change in Advanced Industrial Democracies*, Oxford University Press.

Scott, John (1997), *Corporate Business and Capitalist Classes*, Oxford University

Press.

Screpanti, Ernesto and Zamagni, Stefano (1993), *An Outline of the History of Economic Thought*, Clarendon Press.

Seabrooke, Leonard (2001), *US Power in International Finance: The Victory of Dividends*, Palgrave.

Seccombe, Wally (2004), "Contradiction of Shareholder Capitalism: Downsizing Jobs, Enlisting Savings, Destabilizing Families," in Leo Panitch, Colin Leys, Alan Zuege and Martijn Konings, eds., *The Globalization Decade*, The Merlin Press.

Serfati, Claude (2001), *La Modialisation armée: Le déséqilibre de la terreur*, Textuel.

Shaw, Martin (2003), "The State of Globalization: Towards a Theory of State Transformation," in Neil Brenner, Bob Jessop, Martin Jones, and Gordon MacLeod, eds., *State/Space*, Blackwell.

Shepsle, Kenneth A. (2010), *Analyzing Politics: Rationality, Behavior, and Institution*, 2nd ed., Norton.

Shohov, Tatiana (2003), "Background of the US Department of Treasury," in *United States Department of the Treasury: Current Issues and Background*, Nova Science Publishers.

Shull, Bernard (2005), *The Forth Branch: The Federal Reserve's Unlikely Rise to Power and Influence*, Praeger.

Silver, Beverly J. and Eric Slater (1999), "The Social Origins of World Hegemonies," in Giovanni Arrighi and Beverly J. Silver, *Chaos and Governance in the Modern World System*, University of Minnesota Press.

Sklair, Leslie (2002), *Globalization: Capitalism and its Althernatives*, Oxford University Press.

Skocpol, Theda (1988), "The Limits of the New Deal System and the Roots of Contemporary Welfare Dilemmas," in Margaret Weir, Ann Shola Orloff, and Theda Skocpol, eds., *The Politics of Social Policy in the United States*, Princeton University Press.

_____ (1992), *Protecting Soldiers and Mothers: The Political Origins of Social Policy in the United States*, Harvard University Press.

_____ (2003), *Diminished Democracy: From Membership to Management in*

American Civic Life, University of Oklahoma Press.
Skowronek, Stephen (1982), *Building a New American State: The Expansion of National Administrative Capacities, 1877-1920*, Cambridge University Press.
Smith, James Allen (1991), *The Idea Brokers: Think Tanks and the Rise of the New Policy Elite*, The Free Press.
Snowdon, Brian, Howard Vane, and Peter Wynarczyk (1994), *A Modern Guide to Macroeconomics: An Introduction to Competing Schools of Thought*, Edward Elgar.
Sohn-Rethel, Alfred (1978), *Intellectual and Manual Labour, Macmillan* (국역: 학민사, 1986).
Song, Ho Keun and Hong, Kyung Zoon (2005), "Globalization and Social Policy in South Korea," in Miguel Glatzer and Dietrich Rueschemeyer, eds., *Globalization and the Future of the Welfare State*, University of Pittsburgh Press.
Soref, Michael and Maurice Zeitlin (1987), "Finance Capital and the Capitalist Class," in Mark S. Mizruchi and Michael Schwartz, eds., *Intercorporate Relations: The Structural Analysis of Business*, Cambridge University Press.
Spicer, Michael W. (2001), *Public Administration and the State*, The University of Alabama Press.
Spicker, Paul (1993), *Poverty and Social Security: Concept and Principles*, Routldege.
Spulber, Nicolas (1989), *Managing the American economy: from Roosevelt to Reagan*, Indiana University Press.
Stein, Herbert (1994), *Presidential Economics: The Making of Economic Policy From Roosevelt to Clinton*, The AEI Press (국역: 김영사).
_____ (1996), *The Fiscal Revolution in America: Policy in Pursuit of Reality*, The AEI Press.
Steinmo, Sven (1993), *Taxation and democracy: Swedish, British, and American Approaches to Financing the Modern State*, Yale University Press.
_____ (2003), "The Evolution of Policy Ideas: Tax policy in the 20th century," *British Journal of Politics & International Relations*, Vol. 5, Iss. 2.
Stevis, Dimitris (1998), "International Labor Organizations, 1864-1997: The Weight of

History and the Challenges of Present," *Journal of World-Systems Research*, Vol. 4, No. 1.

Stillman, Richard J. (1983), *Public Administration: Concepts and Cases*, Houghton Mifflin.

_____ (1992), *The American Bureaucracy*, Wadsworth Publishing

_____ (1997), "American vs. European Public Administration: Does Public Administration Make the Modern State, or Does the State Make Public Administration?," *Public Administration Review*, Vol. 57, No. 4.

Strange, Susan (1996), *The Retreat of the State: The Diffusion of Power in the World Economy*, Cambridge University Press.

_____ (1998), *Mad Money*, The University of Michigan Press.

Strath, Bo (2003), "The State and its Critics: Is There a Post-Modern Challenge," in Quentin Skinner and Bo Strath, eds., *States and Citizens: History, Theory, Prospects*, Cambridge University Press.

_____ and Rolf Torstendahl (1992), "State Theory and State Development: States as Network Structures in Change in Modern European History," in Rolf Torstendahl, ed., *State Theory and State History*, Sage.

Sylla, Richard (1988), "The Autonomy of Monetary Authorities," in Gianni Toniolo, ed., *Central Banks' Independence in Historical Perspective*, Walter de Gruyter.

Taylor, Frederick Winslow (1998), *The Principles of Scientific Management*, Dover Publications.

Taylor, Michael (1999), "The Dynamics of US Managerialism and American Corporations," in David Slater and Peter J. Taylor, eds., *The American Century: Consensus and Coercion in the Projection of American Power*, Blackwell.

Taylor, Peter J. (1996), *The Way the Modern World Works: World Hegemony to World Impasse*, John Wiley & Sons.

Tabb, William K. (2005), "Capital, Class, and the State in Global Political Economy," *Globalization*, Vol. 2, No. 1.

Taggart, Paul (2000), *Populism*, Open University Press.

Tarrow, Sindny (1996), "The People's Two Rhythms: Charles Tilly and the Study of

Contentious Politics," *Comparative Studies in Society and History*, Vol. 38, No. 3.
Tilly, Charles (2000), "Processes and Mechanisms of Democratization," *Sociological Theory*, Vol. 18, No. 1.
Tinker, Tony (1997), "The Dialectic of the Value Form," in David Knights and Tony Tinker, eds., *Financial Institutions and Social Transformations: International Studies of a Sector*, Macmillan.
Torstendahl, Rolf (1992), "State, Society and History," in Rolf Torstendahl, ed., *State Theory and State History*, Sage.
Turner, Bryan (1986), *Citizenship and Capitalism*, Allen & Unwin.
Trattner, Walther I. (1999), *From Poor Law to Welfare State: A History of Social Welfare in America*, Free Press.
Tsoukalas, Constantine (2002), "Relative Autonomy and Its Changing Forms," in Stanley Aronowitz and Peter Bratisis, eds., *Paradigm Lost: State Theory Reconsidered*, Minnesota University Press.
Urban, Michael E. (1982), *The Ideology of Administration: American and Soviet Cases*, State University of New York Press.
U.S. Bureau of Economic Analysis (2002), "Regional Accounts Data, Annual State Personal Income", at http://www.bea.doc.gov/bea/regional/spi/.
Useem, Michael (1996), *Investor Capitalism*, Basic Books.
Waddan, Alex (1997), *The Politics of Social Welfare: The Collapse of the Centre and the Rise of the Right*, Edward Elgar.
Wade, Robert (1996), "Globalization and Its Limits," in Suzanne Berger and Ronald Dore, eds., *National Diversity and Global Capitalism*, Cornell University Press.
Walker, David M. (2003), "Department of the Treasury: Major Management Challenges and Program Risks," in Judith C. Kaufman, ed., *United States Department of the Treasury: Current Issues and Background*, Nova Science Publishers.
Wallace, William (1997), "Rescue or Retreat? The Nation State in Western Europe, 1945-93," in Peter Gowan and Perry Anderson, eds., *The Question of Europe*, Verso.

Wallerstein, Immanuel (1984), *The Politics of the World-economy*, Cambridge University Press.

_____ (1991), *Unthinking Social Science*, Polity Press.

_____ (1995), *Historical Capitalism with Capitalist Civilization*, Verso.

_____ (1998), "The Rise and Future Demise of World-System Analysis," *Review*, XXI, 1.

_____ (1999), *The End of the World as We Know It: Social Science for the Twenty-first Century*, Minnesota University Press.

Waters, Sarah (2003), *Social Movements in France: Towards a New Citizenship*, Palgrave.

Weinstein, James (1968), *The Corporate Ideal in the Liberal State, 1900-1918*, Beacon Press.

Weir, Margaret (1992), *Politics and Jobs: The Boundaries of Employment Policy in the United States*, Princeton University Press.

_____ (1998), "Political Parties and Social Policymaking," in Margaret Weir, ed., *The Social Divide: Political Parties and the Future of Activist Government*, Brookings Institution Press.

Weir, Margaret, Ann Shola Orloff, and Theda Skocpol (1988), "Introduction: Understanding American Social Politics," in *The Politics of Social Policy in the United States*, Princeton University Press.

Weiss, Linda (1998), *The Myth of the Powerless State: Governing the Economy in a Global Era*, Polity Press.

_____ (2003a), "Bringing Domestic Institutions Back In," in Linda Weiss, ed., *States in the Global Economy*, Cambridge University Press.

_____ (2003b), "Developmental States Before and After the Asian Crisis," in Jonathan Perraton and Ben Clift, eds., *Where are National Capitalisms Now?*, Palgrave.

_____ (2005), "The State-augmenting Effects of Globalization," *New Political Economy*, Vol. 10, No. 3.

Weller, Christian E. (2002), "Whose Bank is It Anyway? The Importance of Unemployment and the Stock Market for Monetary Policy," *Review of Radical*

Political Economics, No. 34.
Weyland, Kurt (1999), "Populism in the Age of Neoliberalism," in Micheal L. Conniff, ed., *Populism in Latin America*, The University of Alabama Press.
White, Eugene N. (2000), "Banking and Finance in the Twentieth Century," in Stanley L. Engerman and Robert E. Gallman, eds. *The Cambridge Economic History of the United States, Vol. III*, Cambridge University Press.
Whitfield, Dexter (2001), *Public Services or Corporate Welfare : Rethinking the Nation State in the Global Economy*, Pluto Press.
Widmaier, Wesley W. (2007), "Where You Stand Depends on How You Think: Economic Ideas, the Decline of the Council of Economic Advisers and Rise of the Federal Reserve," *New Political Economy*, Vol. 12, No. 1.
Williams, Raymond (1981), *Keywords: A Vocabulary of Culture and Society*, Flamingo.
Wittrock, Bjorn, Peter Wagner, and Hellmut Wollmann (1991), "Social Science and the Modern State: Policy Knowledge and Political Institutions in Western Europe and the United State," in Peter Wagner, Carol H. Weiss, Bjorn Wittrock, and Hellmut Wollmann, eds., *Social Science and Modern States: National Experiences and Theoretical Crossroads*, Cambridge University Press.
Wolfe, Alan (1977), *The Limits of Legitimacy : Political Contradictions of Contemporary Capitalism*, Free Press.
_____ (2006), *Does American Democracy Still Work?*, Yale University Press.
Van Creveld, Martin, (2002), *The Rise and Decline of the State*, Cambridge University Press.
Zieger, Robert H. (1986), *American Workers, American Unions*, The Johns Hopkins University Press.

신자유주의와 현대 자본주의 국가의 변화
— 세계헤게모니 국가 미국을 중심으로 —

초판 제1쇄 펴낸날 : 2012. 4. 30

지은이 : 박 상 현
펴낸이 : 김 철 미
펴낸곳 : 백산서당

등록 : 제10-42(1979.12.29)
주소 : 서울 은평구 갈현동 394-27 준빌딩 3층
전화 : 02)2268-0012(代)
팩스 : 02)2268-0048
이메일 : bshj@chol.com

※ 저작권자와의 협의 아래 인지는 생략합니다.

값 20,000원

ⓒ 박상현 2012

ISBN 978-89-7327-476-5 93340